혁명을 꿈꾼 낭만주의자

씨올

# 함석헌
# 평전

혁명을 꿈꾼 낭만주의자
# 씨올 함석헌 평전

지은이 | 이치석
펴낸이 | 김성실
기획편집 | 이소영 · 박성훈 · 김진주 · 채은아 · 김성은 · 김선미
마케팅 | 곽흥규 · 김남숙
인쇄 · 제본 | 한영문화사
초판 1쇄 | 2015년 7월 30일 펴냄

펴낸곳 | 시대의창
출판등록 | 제10-1756호.(1999. 5. 11)
주소 | 121-816 서울시 마포구 연희로 19-1 4층
전화 | 편집부 (02)335-6125, 영업부 (02)335-6121
팩스 | (02)325-5607
이메일 | sidaebooks@daum.net

ISBN 978-89-5940-565-7 (03990)

ⓒ 이치석, 2015, Printed in Korea

이 도서의 국립중앙도서관 출판시도서목록(CIP)은
서지정보유통지원시스템 홈페이지(http://seoji.nl.go.kr)와
국가자료공동목록시스템(http://www.nl.go.kr/kolisnet)에서 이용하실 수 있습니다.
(CIP제어번호: CIP2015018235)

혁명을 꿈꾼 낭만주의자

씨을

# 함석헌
# 평전

、

이치석 지음

시대의창

# 들어가는 말

일생을 "하나님의 발길에 채여" 다녔다는 함석헌의 시적詩的 고백은 "무엇 때문에 슬퍼하고 탄식하는가, 인생은 무상한 것인데何以長惆悵人生似朝菌"라는 한산寒山의 시와 대구를 이루면서 언제나 내 귓가에 맴돌고 있다. 그때마다 떠오르는 것은 벌써 스물여섯 해 전에 자신이 믿던 '영원의 나라'로 떠나간 함석헌이 하나의 슬픈 형상처럼 말하던 "까만 하늘"이다. 그것은 다시 만나고 싶어도 만날 수 없는 혈육을 유일하게 만나는 방법이 오로지 꿈밖에 없었을 때 저절로 타들어가던 가슴의 풍경이었을지 모른다. 그럴수록 나는 시대의 독사들이 우글거리는 정글의 현실로부터 벗어나 그의 과거로 거슬러 올라가곤 했다.

그가 걸었던 인생길의 자취를 더듬어보노라면, 무슨 사상이니 철학이니 하는 지식인들의 설명보다 내 가슴에 꽂히는 것은 "내가 너를 만나기만 하면 웃으니 나도 웃음의 사람인 줄 아느냐?"라던 그의 심정이다. 이 강한 반문은 시인, 역사가, 교육자, 언론인, 민주화 운동가, 평화주의자 그리고 씨올사상가 등 세상에 널리 알려진 그의 별칭들의 옷을 벗겨주는 것 같았다. 함석헌 자신도 자기의 모든 것을 다 바치고 난 후에 최후의 진술처럼 진정으로 자기 마음을 알고 싶다면 "너는 슬픔을 품고 오너라"라고 이야기하고 있다. 그것은 그가 "영원 무한한 세계에서 꿈을 깨듯이 돌아온 자기임"을 밝히기 전부터 푸른 꿈에 실려서 다시 "영원의 나라"로 되돌아가기를 바란 욕망 때문이었을 것이다. 이 태초의 통일성으로 돌아가려는 도정을 상상한 것이 내가 함석헌을 주저 없이 낭만주의자라고 부르기 시작한 이유였다.

물론 낭만주의romanticism가 시대와 지역에 따라 차이가 난다는 것은 널리 알려져 있다. 그런 만큼 단순하게 함석헌을 낭만주의자라고 말하기는 쉽지 않았다. 다만 서구에서 낭만주의가 탄생할 때 혁명이란 뜻이 별이 제자리를 찾아가는 천체의 운동을 가리켰던 것처럼, 함석헌도 자기가 추구하던 혁명의 알파와 오메가를 씨올에서 출발하여 씨올로 완성시키는 운동으로 여겼다고 믿는다. 나아가 그가 혁명의 최종 목적지를 무엇보다 "하늘나라"와 "영원한 생명"에 두었다는 점도 내 주의를 끌었다. 왜냐하면 그것은 기독교 천국도 아니요, '국민'과 '인민'의 공화국도 아니었기 때문이다.

그러나 그는 '민民'의 시대와 흐름을 같이하는 새로운 이름의 '씨올'을 내세웠다. 씨올은 국가 공동체를 전면 부인하고, 그것에 대한 혁명을 꿈꾼 주인공으로서 타고난 체질처럼 자연스럽게 서구의 낭만주의를 닮은 이상적理想的인 가치로 창조된 것이지 남의 것을 전적으로 수용한 것은 아니었다. 만약 자신의 삶과 사고 속에 뿌려진 씨올의 씨앗을 가꾸고 돌보는 노력을 하지 않았다면, 어두운 시대의 인생길에서 아무리 앞길을 환하게 비춰주는 등불과 같은 훌륭한 스승을 만났다고 하더라도 단지 '씨알'이란 한마디 단어만 듣고 '민'의 우주적인 깊이와 전 세계적인 운명을 사상의 꽃으로 피워낼 수는 없었을 것이다.

돌이켜 보면, 함석헌이 유영모로부터 '씨알'이란 말을 처음 들었던 것은 해방 후 10여 년이 지난 때였지만, 그것을 메타meta언어 씨올의 실체로 그리기 시작한 것은 그가 '민중과 하나님'을 주제로 〈성서적 입장에서 본 조선 역사〉를 세상에 내놓기 전부터였다고 할 수 있다. 씨올은 한 시대를 반인간적인 전쟁 폭력과 우승열패의 "장터"로 내몰았던 사회진화론Social Darwinism과 계급 혁명을 전면 부정한 것이기도 하였다. 나아가 함석헌은 "영원의 나라"를 목적한 "하나님의 의義"에 따라 자신의 전부를 태워버린 "불꽃"이라는 이름의 씨올을 토착적인 세계관으로 피워냈다. 이것은 말년에 자신의 일생을 마주보고 "동그라미"를 그렸다는《씨올의 소리》에도, 남북의 '국민'과 '인민'을 갈라놓은 두 "가짜 정부"에 대해 역사적 심판을 준비한 "씨올의 헌법"에도 그대로 깃들어 있다.

이 책에서 나는 '낭만주의자 함석헌'의 일생을 편의상 두 시기로 나누었다. 그가 "무한의 전체"를 꿈꾸던 인생의 전반기와 꿈으로부터 시대의 "장터"로 나온 후반기다. 전반기에 그는 스승과 아버지와 어린 자식과 친구를 잃었다. 후반기에는 어머니와 맏아들과 생이별하고 고향의 집과 땅을 빼앗겼다. 우연하게도 두 시기의 경계선은 해방 공간과 일치하는데, 당시 함석헌 자신도 신의주 학생 사건으로 처형과 옥고와 유배의 위기를 겪고 "운명의 한 선"이라는 삼팔선을 넘었다.

실로 그것은 꿈같이 지나간 비통한 순간이 아닐 수 없다. 꿈을 꾸는 때는 밤이다. 꿈 이야기로 가득 찬 자서전을 내놓으면서 함석헌은 스스로 "세상은 밤이더라"라고 썼었다. 그 밤의 은밀한 풍경은 그가 새로운 정신적 혈통으로 씨올을 만들어내던 순간이기도 하다. 씨올은 바로 밤의 시대에 자신을 존재케 한 존재를 위해 "인간혁명"을 꿈꾸던 그의 주인공이 분명했다. 세상을 구원해준다는 혁명이란 이름의 낡은 미신을 도리어 혁명해야 한다는 것이다. 나는 그것의 서사적 진실을 낭만주의자의 꿈이라고 믿었다.

까닭에 10년 전에 낸 《씨올 함석헌 평전》의 개정판을 준비하면서 '꿈꾸는 사람' 함석헌에 초점을 맞추게 되었다. 그동안 부끄러움과 도망치고 싶은 마음을 달래기 위해 다시 함석헌을 읽고 새기면서 단지 일부 설명만 덧붙이는 데 그치지 않고 전면적으로 수정하고, 책의 제목도 '혁명을 꿈꾼 낭만주의자―씨올 함석헌 평전'으로 고쳤다. 그래도 형형색색으로 보이는 원대한 함석헌 정신에 비하면 이것은 하나의 작은 서설序說에도 미칠 수 없을 정도로 아주 짧은 한 토막의 이야기에 지나지 않을 것이다.

반면에 극히 작은 것이나마 꾸준히 함석헌을 뒤적인 결과 이번에 몇 가지를 처음 발견하게 되었다. 이를테면 해방 전의 사실로는 오산학교 수석 졸업, 동경 유학 중 재일본조선교육연구회 가입, 역사 선생으로 학생들에게 집단 폭행을 당한 시기, 첫 시집 《쉰 날》 이전 최초의 시작詩作을 확인한 일 등이 있다. 또 해방 후의 사실로는 북한에서 그가 신의주 학생 사건으로 투옥 중 석방된 것과 관련돼 보이는 김일성의 신의주 방문 집회 연설문 내용, 역시 같은 사건의 주인공으로 남한에서 이승만 정권에서 표창을 받았던 사실, 그리고 어쩌다가 자기 의사와 관계없이 유영모 등과 함께 5·16 군사 정권 산하의 주요 기관에 임면任免된 사실 등이 있다. 이런 내용들은 현재까지 전혀 알려지지 않았던 것으로 알고 있다.

귀중한 구술 자료를 제공해준 많은 분들과 함석헌 이야기를 함께 나눈 분들께 깊이 감사드리고 싶다. 그 가운데서도 특히 함석헌의 육촌 동생 함석조 님으로부터 약 1년간 들었던 생생한 회상은 함석헌의 참모습을 발견한 중요한 계기가 아닐 수 없었다. 또한 퀘이커 원로이자 계성종이 역사박물관 관장을 지낸 '종이박사' 조형균 님의 놀라운 기억들과 함석헌의 부름을 받고 천안의 구화고등공민학교에서 헌신했던 정해숙 님의 아름다운 추억 등도 이 책을 쓰는 데 커다란 도움이 되었다.

아울러 부족한 나의 함석헌 공부를 격려해주신 존경하는 교수님들께 감사드리고 싶다. 생전에 독실한 기독교 신앙으로 "조선옷을 입은 청교도 함석헌" 이야기를 진지하게 들려주신 행정학자 고 이문영 교수, 오래전에 내게 함석헌 연구를 권하면서 그의 사상적 기반을 설명해준 서양사학자 고 노명식 교수, 언제나 부드러운 목소리로 따뜻한 격려를 잊지 않던 한국사학자 진영일 교수, 함석헌이 '씨알'이란 말을 듣기 이전에 그 사상의 언어적 흔적을 발견하는 데 큰 도움을 준 서양철학자 유종열 박사, 특히 지난 늦가을 '낭만주의자 함석헌' 강의와 함께 함석헌 사상에 대한 연구 의욕을 끊임없이 자극해준 신학자 김경재 교수 등 여러 선생님들께 깊이 감사드리고 싶다. 끝으로 이 책을 10년 만에 새롭게 내준 시대의창 김성실 사장께도 진심으로 감사드린다.

이치석

# 차례

제1부

、

꿈을 꾸다

1장

# 용천 바닷가에서

## 감탕물을 먹고

함석헌은 1901년 3월 13일 함형택咸亨澤과 김형도金亨道 사이에서 장남
으로 태어났다. 태어난 곳은 평안북도 용천군 부라면에 속한 다사도多獅
島로, '사점'이라 불리던 다사도는 함석헌이 자서전《죽을 때까지 이 걸음
으로》에서 이야기한 신점, 간염, 삽섬, 구염, 남겸 등의 다섯 섬과 함께
'사자육도獅子六島'로 불렸으나 현재 다사도 외 다른 섬들은 지도에서 찾
아볼 수 없다. 다사도는 한자명이 '多獅島'로 기록되기 이전에는 바다로
흘러드는 토사가 파도에 의해 퇴적된 섬이라는 뜻('多砂島' 또는 '多沙島')
으로 쓰였다. 함석헌은 다사도의 토양에 대해 "살찐 흙", "비가 오면 다
니기가 불편한 흙"이라고 이야기하기도 했다. 그것은 자신이 어렸을 때
부터 "감탕"이란 소리를 듣던 땅이다.

　사점은 충돌을 피할 수 없는 국경 지역이기도 하다. 사점 일대는 압록

강을 사이에 두고 한반도와 중국 대륙이 마주보는 군사와 교통의 요지여서 예로부터 전쟁이 끊이지 않았다. 한때는 고구려 영토였다가 발해의 서경 압록부가 되었고 이어 거란의 땅이 되었다. 거란이 고려를 침공할 때 서희가 세 치 혀로 담판해 획득한 압록강 동쪽의 6주 가운데 한 곳이었으며, 20세기 초에는 일본 군대가 점령하여 러일전쟁을 준비했던 곳이기도 하다.

본디 출생지는 한 인간의 운명을 좌우하기 마련이다. 셋째로 태어난 함석헌이 장남이 된 것도 청일전쟁 중에 잠시 평안북도 철산군의 가두섬〔伽島〕으로 피란살이를 떠난 그의 부모가 난리 통에 두 아이를 잃었기 때문이었다. 함석헌은 《사상계》에 연재한 자전적 에세이 가운데 하나인 〈물 아래서 올라와서〉에서 자신이 '사점 사람'임을 강조한 바 있다.[1]

내 속엔 사점이 있다. 사자앙천혈獅子仰天穴이 있다. 나는 물 아래 감탕물을 먹고 자라나 하늘로 올라가고야 말려는 사자 새끼의 영혼을 받았다.

사점은 단순히 꿈속의 고향이 아니다. 사자가 하늘을 우러러본다는 풍

---

1    이하 출처에 대한 별다른 설명이 없는 인용문은 모두 1959년부터 10회에 걸쳐 《사상계》에 연재한 자전적 에세이에서 발췌한 것이다. 이 에세이는 1964년 《죽을 때까지 이 걸음으로》(부제: 나의 자서전)라는 단행본으로 출간되었다.

수의 명당(사자앙천혈)을 자랑하자는 것도 아니다. 그가 사점에서 받았다는 사자 새끼의 영혼은 결코 늙지 않는 '꿈꾸기' 그 자체였을 것이다.

함석헌의 아버지 함형택은 평범한 소작농의 아들로, 결혼 후 스물이 가까울 때까지 서당에 다녔다고 한다. 이후 의술을 공부해서 주변에 꽤 알려진 한의韓醫가 되었는데, 김교신金教臣은 그의 처방이 "불치不治의 고질痼疾"로 고생하던 어느 중환자에게 큰 도움을 주었다고 《성서조선》에서 언급한 바 있다. 함석헌은 자서전 《죽을 때까지 이 걸음으로》에서 아버지에 대해 "자주적인 판단"과 "날카로운 양심"을 가진 이성의 소유자이자 속되지 않고 인자한 성품을 가진 분이라고 했다. 또한 "예술가가 되었더라면" 하는 생각이 들 정도로 그림을 잘 그렸으며, 손수 가구도 잘 짜고 아로새기는 재주도 뛰어났다고 묘사했다.

한편 함석헌은 〈나의 어머니〉라는 글에서 자신에게 "끊임없이 올라가야" 한다는 꿈을 심어준 어머니에 대한 존경심을 한껏 내보였다. "명석한 두뇌와 균형 잡힌 체격" 그리고 "맑고 점잖은 타입"의 얼굴을 가진 어머니는 어린 함석헌에게 밥상 앞에서 수저를 들고 놓는 법과 어른에게 절하는 법을 자상하게 가르쳐주었으며, 동네에서 "장베틀집"이라는 칭찬이 자자할 만큼 바느질 솜씨가 좋았다는 것이다.

함석헌의 어머니는 다음과 같은 태몽을 꾸었다고 한다. 꿈에서 어머니는 집으로 돌아오는 길에 우연히 이웃집의 커다란 가래나무를 쳐다보았다. 이 나무는 북켠 댁 뒤에 서 있는 굵은 고목인데, 나무가 두 가지로 갈라진 틈에서 거울 두 개를 발견했다. 저고리 앞섶을 들치고 거울을 가슴에 품은 채 집으로 향하던 어머니는 마침 맞은편에서 오던 건넌방 숙모

뻘 되는 이와 마주쳤다. 그가 "거울이 둘이니까 하나는 나를 주게" 하며 요구하길래 거절할 수 없이 "똑바르고 맑고 보기 좋은 것"을 챙기고 조금 찌그러지고 덜 예쁜 것을 건네주었다. 우연하게도 이 꿈을 꾸고 난 뒤 그 숙모뻘 댁에서도 득남을 하고, 그도 석헌을 낳았다(함석보, '애놈의 어린 시절', 《씨올의 소리》, 1992년).

옛날에 청동 거울을 소지한 사람은 귀한 신분이었다. 거울은 밝은 곳에서 보는 물건이므로 빛과 관련된 지배자, 역사의 교훈 등을 상징하기도 한다. 심리학자 융Carl Gustav Jung에 따르면, 꿈에 나타나는 거울은 개체를 객관적으로 반영하는 무의식적 힘의 상징으로서 우주적 진리를 드러내는 물건이다. 가령 만다라는 인간 내면세계의 거울이다. 특히 우주와 보편적인 영혼을 비춰주는 맑은 거울은 인간의 정신을 의미한다. 그러므로 어머니의 태몽은 사상가 함석헌을 예감한 것이었는지도 모른다.

어린 시절 함석헌은 집안에서 "애놈"이라 불렸다. 애놈은 동네에서 어린아이를 가리키는 말이었다고 한다. 애놈은 아랫동네에 살았다. 함석헌은 〈물 아래서 올라와서〉에서 윗동네 아이들로부터 "물 아랫놈들", "감탕물 먹는 놈들"이라고 조롱받았다고 했다. 함석헌에게 아랫동네는 "대개 가난하고 하잘것없는 사람들"이 사는 곳으로, 아랫동네 사람들은 윗동네에 사는 교만한 자들과 대조되는 소박한 사람들이었다.

그 가운데 가장 본보기가 되었던 인물이 집안 아저씨뻘인 함일형咸─亨이었다. 그에 대해 함석헌은 자서전에서 "몸집이 크고 목소리는 우렁차고 풍채 좋고 맘도 점잖고 공공한 일에 대한 정신"이 강한 인물이라고 묘사했다. 함일형은 1898년에 만민공동회가 열린 평북 용천에서 부패한 용천부사의 해임을 주장하다가 관가에 끌려가서 악형을 겪고, 3·1운동 후에는 임시정부 연통제의 용천군 군감郡監으로 활동하다가 일제에 의해 옥고를 치렀던 인물이다.[2] 또한 근대 교육을 위해 마을 서당을 고쳐 애놈이 다녔던 덕일학교德一學校를 세운 선각자였다. 이 학교는 사점에서 애놈이 신식 교육의 첫걸음을 내딛는 데 중요한 역할을 했다. 소년 함석헌은 그때부터 "글의 귀한 것"과 사람의 "점잖은 것"이 어떤 것인지를 배웠으며, 어린 나이에도 "나라가 뭔지를 조금 깊이 느낀" 덕분에 열렬한 민족주의자의 문중임을 자랑스러워했다.

내가 열 살 때, 나라가 망하던 때, 그는 몇 사람 되는 동리 어른들과 이 예배당에서 눈물을 흘려 통곡을 하며 '하나님…' 하던 것이 지금도 눈에, 귀에 선하다. 어른이 그렇게 통곡하는 것을 볼 때 나는 무서운 것도 같고, 나도 섧기도 하고, 무슨 형용할 수 없는 느낌이 전신에 뒤흔들리는 것을 느꼈다.

---

2   함일형에게는 독립운동의 공로로 1963년 대통령 표창, 1990년 건국훈장 애족장이 수여되었다. 3·1운동 때 평안도 학생 운동과 대한청년단을 조직하여 활약하다가 옥고를 치르고 처형당한 함석은咸錫銀은 그의 차남이다. 자세한 내용은 원로 한국사학자 서굉일 교수가 함석헌·씨올사상연구원에서 발표 한 〈함석은 연구〉(2002)를 비롯해 김승학의 《한국독립사(하)》(1971), 국가보훈처의 《한국독립사(4권)》(1966) 참고.

함석헌에게 이름을 지어준 것도 함일형이었다. 함석헌은 〈물 아래서 올라와서〉에서 자신의 이름에 대해 꽤 자세하게 설명한 바 있다. 본디 '석錫'은 항렬자요, '헌'은 자전에도 없는, 헌憲 자에 불 화火 변을 붙인 글자다. 함석헌은 한학漢學을 한 학자가 이를 몰랐을 리 없다면서 그 '헌' 자에 붙인 불에 대해 강한 애착을 드러냈다.

　이름대로 되는 것이라면 이제라도 다시 잃었던 불 도로 찾아 불 '화' 변에 쓰고 싶다.

이 이야기를 할 때 함석헌의 추억은 강렬하게 타오르는 것처럼 보인다. 어쩌면 수평적 평온을 거의 알지 못한다는 불의 일시적인 삶이 이루어지지 못한 데 대한 불만 때문인지도 모른다. 결국 불 '화' 변을 찾아 쓰지는 못하였다고 하더라도 그 시뻘건 마음의 불씨는 일생 동안 그의 내면에서 신성하게 타오르면서 때때로 그를 역사의 현장으로 이끌었는지도 모른다. 그래서 그가 잃었던 불 화 자는 함석헌의 사상적 이미지처럼 꺼지지 않는 형태로 끊임없이 재생되어 시인 박두진은 그를 "불의 사람"이라 부르기도 했다.

함석헌은 고향 바닷가에서 감탕물을 먹고 지내던 소년 시절에 기독교를 만났다. 사점에 처음으로 장로교 교회를 세운 사람은 함일형의 맏아들 함석규咸錫奎였다. 서울 배재학당에서 유학하고 돌아온 함석규 목사는 함석헌이 여섯 살 때부터 교회에 다니게 했으며, 그의 나이 아홉 살에 보통 열두 살이 넘어야 될 수 있는 학습교인으로 세워주었다. 덕분에 함석헌은 〈하나님의 발길에 채여서〉(《씨올의 소리》 1970년 4월 호 및 5월 호)에서 "어려서부터 교회에서 자라난 것이 참 고마운 일"이라고 술회했다. 이어 자신이 "내촌(內村, 우치무라 간조) 밑에서 무교회주의자無敎會主義者가 된 것으로 오해가 많다"라면서 자신은 "장로교에서 나와서 무교회에 들어간 것은 아니"라고 밝히기도 했다. 함석규는 3·1운동에 참여했던 일로 평양고등보통학교를 자퇴하고 고향에서 방황하던 함석헌을 남강 이승훈이 세운 오산학교로 인도한 인물이기도 하다. 그러나 해방 후 공산당에 체포된 뒤로 소식이 전해지지 않았다.

## 혼자 방을 쓸던 아이

대개 위인들의 어린 시절 모습처럼 애놈도 길게 땋은 머리카락 사이로 넓은 이마가 드러나고 둥글고 조화로운 얼굴은 윤곽이 매우 뚜렷하여 사랑스럽고 지혜로워 보였을지 모른다. 슬픈 듯 고요한 눈빛으로 마치 무언가를 찾는 것처럼 먼 곳을 뚫어지도록 응시하는 애놈의 모습도 상상된다. 사상가 함석헌이 우리에게 그런 인상을 주기 때문이다.

여동생 함석보가 회고한 〈애놈의 어린 시절〉에 따르면, 애놈은 얼굴이 잘생기고, 첫돌 전에 말을 거의 다 하고, 여섯 살에 천자문을 뗐다. 게다가 "무엇이나 꼬치꼬치 캐고, 묻고 또 묻고 뿌리부터 가지 끄트머리까지 캐고" 물었다. 그러나 어른들 앞에서는 수줍어하는, 말 잘 듣고 싸움 한 번 안 하는 아이였다. 이는 아이들 앞에서 부모가 한 번도 다투는 일이 없었던 온화한 가정환경 덕분이었는지도 모른다.

소년 함석헌은 바야흐로 한반도에 확산되기 시작한 근대 교육을 받고 새 시대의 젊은이로 탈바꿈하게 된다. 오늘날은 아이들에게 "어느 학교에 다니느냐?"라고 묻지만 을사늑약으로 나라를 일본에 빼앗긴 시절만 해도 길에서 만난 아이에게 "아버지가 누구냐?", "성은 무엇이냐?"라고 묻곤 했다. 시절이 시절인 만큼 애놈도 천자문을 떼고 동네 서당인 삼천제三遷齊에 다니면서 《명심보감》 등을 배웠다. 함일형이 세운 덕일학교는 그 삼천제를 고친 사립 기독교 학교였다. 비록 책상이 없는 방에 하루 종일 앉아 있는 모양새는 서당과 다르지 않았지만 이 소학교는 《초등소학初等小學》, 《유년필독幼年必讀》, 《사민필지士民必知》, 《산술算術》 그리고 역사와 지리 등을 새롭게 가르치던 근대 교육 기관이 틀림없었다.

　당시 용천군에는 덕일학교를 비롯하여 양시楊市, 보명普明, 협창協創, 정칙正則, 구세救世, 명신明信, 보신普信, 입성立星, 입암立庵 등등 총 11개의 학교가 있었다. 군당 학교 수가 보통 한두 개에 지나지 않던 당시 상황에서 보면 상당히 많은 편이었다. 이는 을사늑약 이후 멀리 압록강 유역의 국경 마을까지 확산되던 민족 교육 운동의 열기를 반영한 것이라 할 수 있는데, 이즈음은 '네이션nation'의 일본어 역어인 '민족'이 한반도에 상륙한 때이기도 했다. 덕일학교에 다니던 함석헌은 당시 세계를 휩쓴 민족주의의 세례를 받았다. 민족주의는 '하나의 민족이 세운 하나의 국가'를 위해 민족 교육을 중요시한다. 동시에 민족국가는 전쟁 수행 기관이라고 한 토인비Arnold Joseph Toynbee의 말처럼 군대를 하나의 기둥으로 여긴다. 아이들은 부모를 닮기보다 시대를 더욱 닮는다는 아라비아의 격언이 있다. 함석헌은 '일본 놀이'를 하던 애놈 시절의 이야기를 잊지 않았다.

- 나는 일본이다. 너는 아라사(러시아)야.
- 아냐, 내가 일본 할래!

    불행하게도 자기 나라를 빼앗긴 애놈 시절의 영웅은 러일전쟁에서 러시아를 패배시킨 일본군이었다. 아이들은 언제나 승자 편이요, 동심의 세계에는 국경이 없으니까. 그러나 민족 교육의 열기가 당시 민족국가를 세우지 못한 조선에서 오히려 더욱 뜨겁게 달아올랐던 것도 사실이다.

> 장하도다 우리 학도 병식 행보가
> 나팔륜의 군인보다 질 것 없겠네
> 도이치 비사맥의 철혈정략이
> 모두 다 학문으로 말미암았네

    함석헌은 〈물 아래서 올라와서〉에서 자기도 그때 "양고 나팔을 불고 북을 치며" 신나게 운동가를 부르거나 고수 노릇을 하면서 힘차게 행진하는 즐거움에 젖었다고 회상했다. 여기에 나오는 '나팔륜'은 유럽을 정복한 프랑스의 나폴레옹이고, '비사맥'은 분열된 독일을 통일시킨 비스마르크다. 이 노래는 당시 '아이는 곧 병사'라는 민족주의의 물결이 얼마나 강력한 것이었는지를 보여주는 단적인 예다.
    소년 시절 함석헌의 개성은 다른 데서 드러났다. 《죽을 때까지 이 걸음으로》에는 함석헌 스스로 잊지 못하는 어린 시절의 경험 두 가지가 나온다. 하나는 이웃을 사랑하라는 성경 말씀을 의식적으로 처음 실천한 열

두 살 때의 경험이다. 어느 이른 아침 함석헌은 자신을 가르치던 선생님을 전송하기 위해 어른들을 따라 동구 밖까지 5리쯤 걸어갔다. 돌아오는 길에 자기보다 서너 살 어린 시례라는 아이가 힘이 없어 주저앉아 있는 것을 보고 함석헌은 집까지 업어서 데려다주었다. 며칠 후 소녀의 어머니가 새우 한 바가지를 들고 와서 함석헌의 행동을 칭찬해주었는데, 함석헌은 그것이 처음으로 "기쁘고 부끄러운" 마음을 무한히 안겨주었다고 회고했다.

다른 하나는 앞서 언급한 그 선생님이 덕일학교에 부임하던 날의 이야기다. 또래 아이들은 새 선생님을 마중한다면서 하나같이 달려 나가고 함석헌 홀로 텅 빈 방에 남게 되었다. 함석헌 역시 한시바삐 선생님의 얼굴을 보고 싶었지만 선생님이 가르칠 방을 치우지 않는 것은 선생님을 맞이하는 도리가 아니라고 생각해 혼자 남아 그 방을 비로 쓸고 치웠다. 함석헌은 그것이 자신에게 딱 맞는 일 같아서 마음도 편하고 기분도 좋았다고 했다. 장차 맞이할 새 나라를 준비하기 위해 '개인' 잡지인《씨올의 소리》를 발간하던 말년의 함석헌의 모습은 혼자 방을 쓸던 아이의 모습과 닮아 있다.

그렇다고 어린 시절에 마음의 상처가 아주 없었던 것은 아니다. 함석헌은《죽을 때까지 이 걸음으로》에서 아물기는 했지만 끝내 지울 수 없었던 소년 시절의 생채기 두 가지를 감추지 않았다. 하나는 함석헌이 키우던 부엉이 새끼를 "아랫집에 사는 고약한 할머니가 자기 집 닭을 타고 앉았다"며 때려죽인 일이다. 그 부엉이 새끼는 그가 "수백 척 되는 깎아세운 듯한 낭떠러지에 자칫 잘못 떨어지면 황해 바다 물속"에 빠지는 곽

곳이 끝 된낭코숭이 중턱에서 데려온 것이었다. 그런데 그 노파는 "훨훨 날갯짓을 하도록 정성을 들여 키운" 어린 함석헌의 희망을 무자비하게 꺾어버렸다.

다른 하나는 함석헌이 덕일학교에서 공립 양시소학교로 편입할 때 생긴 일이다.[3] 당시 함석헌은 "묻는 말에 일본 말로 대답 못 했다"는 이유로 열등생 취급을 받고 한 학년 아래로 내려가게 되었다.

나는 소학교를 열네 살 때까지 다니다가 일본 말을 몰라서, 밑져서 열여섯 살에 졸업하고 관립 평양고보에 들어갔다.

일제 시절 신의주에서 소년 시절을 보낸 퀘이커 원로 조형균에 따르면, 양시소학교는 신의주 시내에서 다사도를 연결하는 철도를 따라 남신의주 쪽으로 향하는 양시통로楊市通路 중간에 위치하고 있었다.[4] 당시 압록강변의 수많은 목재가 일본으로 실려 나가던 신의주에는 일본인들이

---

3    학교 명칭은 조선총독부 치하에서 여러 번 바뀌었는데, 소학교도 한일 합병 이전에는 보통학교라고 했다.

4    조형균(1929~ )은 서울 퀘이커 모임의 원로이자 일명 '종이박사'로 계성종이역사박물관 관장을 역임한 바 있다. 해방 직후부터 함석헌의 기독교 신앙을 생생하게 목격한 극소수 가운데 한 분으로, 함석헌의 《노자》와 《장자》 강의를 한 번도 빠짐없이 수강하기도 했다. 이 이야기는 그가 펴낸 《씨올의 오솔길》에 수록된 내용과 2006년 필자에게 들려준 내용 중 일부이다.

많이 거주했다.

당시 양시소학교는 오늘날의 영어처럼 일본어가 필수 과목이었다. 소년 함석헌이 일본 말 때문에 겪은 일화는 1911년 8월 시행된 조선총독부의 조선교육령 때문이었는데, 그러한 식민지 교육 정책의 바탕은 러일전쟁이 끝날 무렵인 1905년 2월 학정참여관 시데하라 기주로幣原喜重郎[5]가 마련한 '한국교육개량안'이었다.

양시소학교에 들어가기 전 어린 함석헌이 이토 히로부미伊藤博文를 사살한 안중근 의사의 단지동맹斷指同盟을 흉내 내다가 들킨 일이 있었다. 함석헌을 포함해 다섯 명의 아이들이 일본군을 물리치겠다면서 단지를 하는 대신 잉크로 손도장을 찍고 일심단一心團이라 이름을 지었는데, 함석헌의 실수로 그만 그 문서가 동네 친구들에게 알려져 버리고 말았다. 함석헌은《죽을 때까지 이 걸음으로》에서 이 일을 두고 "꿈같은 일이요, 어린애다운 한 웃음거리"라고 말하기도 했지만 스스로도 "잊을 수 없이 내 속에 남긴 무엇이 있다"고 했다. 그것은 인간의 삶 전체를 상기시켜주는 것이 어린 시절이란 뜻인지 모른다.

---

5    시데하라 기주로(1872~1951)는 외무차관(1915), 주미대사(1919) 등을 지내며 주로 소련, 미국, 중국에 대한 외교 정책을 다루었던 인물로 일제가 패망한 직후 미군정하에서 총리(1945~1946)를 역임하기도 했다.

## '나'를 기다리던 길

이런 내면의 사건들을 겪으면서 함석헌은 씩씩한 청년으로 성장해갔다. 그 시절 그의 저항 정신은 3·1운동에서 유감없이 폭발하였다. 이 민족 운동에 참여한 것은 그의 인생길에 결정적인 이정표가 되었다.

신의주에서 양시소학교를 졸업한 함석헌은 아버지의 뜻을 따라 의사를 꿈꾸며 평안도의 중심지 평양으로 갔다. 그가 자서전에서 '평고'라고 부르는 평양고등보통학교에 입학한 것이다. 평고의 교모校帽에는 하얀 두 줄이 둘러 있었는데, 이는 1909년 조선통감부의 '고등학교령 시행규칙'에 따라 한반도에서 두 번째로 개교한 공립 고등학교임을 뜻하는 표시였다. 당시에는 고등학교가 교육 과정의 마지막 단계였는데, 중학교에서 대학 교육까지 예정된 교육 과정을 단축시키기 위한 우민화 정책의 일환이었다. 그리하여 기존의 중학교란 명칭을 고등학교로 바꾸고, 7년제 중학교 수업 연한도 4년으로 줄였다. 그러다 1911년 8월에 시행된 조선총독부의 제1차 조선교육령에 따라 평양고등학교는 교명을 평양고등보통학교로 개칭한 것이다.

그때 우리나라 공립학교라면 나라 팔아먹는 놈만 가는 곳으로 알아서 업신여겼는데 우리 동리에서 내가 맨 처음으로 거기를 가게 될 줄은 몰랐다.

함석헌은《죽을 때까지 이 걸음으로》에서 평고 시절은 현실과 이상 사이의 틈바귀에서 이상보다 현실을 추종한 시절이었다고 고백한 바 있다.

처음에는 "나라 팔아먹는 놈만 가는 곳"에 다닌다는 부끄러움을 느꼈으나 자신도 모르게 "어느덧 관립 학교 학생인 것을 자랑하는 심리"에 빠지게 되었다고도 했다. 이는 "날이 갈수록 일본 세력은 굳어져가고 사회에서는 아무 반항의 기색도 보이는 것이 없어지자" 무기력해진 당대 젊은이의 심정을 반영한 것으로 보인다. 그래서 함석헌은 다음과 같이 덧붙였다.

나는 나기를 민족주의 가정에 났고, 처음부터 교육받기를 강한 민주주의 기독교 학교에서 받았건만 공립보통학교 이태를 거쳐 고등보통학교 삼 년을 다니는 동안 그만 그 정신은 다 잠자버리고 그저 속된 입신 출세주의의 생각밖에 남은 것이 없었다.

눈에 보이지 않는 식민 교육 정책의 위력은 평고생 함석헌도 감당할 수 없었던 것 같다. 그때 그에게 현실의 세속주의를 박차고 새로운 방향으로 나아가도록 해준 역사적 사건이 등장했다. 바로 한국 현대사에서 가장 중요한 민족 운동인 3·1운동이다. 그 역사적 사건은 함석헌에게 일생일대의 통쾌한 경험을 선사하게 된다. 이는 함석헌이 자신의 역사관을 설명하면서 "역사 없는 인생 없고, 인생 내논 역사 없다"라고 강조한 배경이 된 체험이었는지도 모른다. 그가 이상적 세계를 향해 자신의 의지와 열정을 쏟는 인생길을 걷기 시작한 것도 그때부터일 것이다. 그것은 내면에서 폭발한 것이었으므로 괴테의 말처럼 논리적이기보다는 체험 그 자체를 일방적으로 말하게 되는 방식으로 자서전에 격렬한 문체로 표현되어 있다.

나는 삼일운동이 없으면 오늘은 없다. 그것은 내 일생에 큰 돌아서
는 점이 됐다.

기미년 새해가 밝았을 때 함석헌은 자신도 모르는 운명의 전환점을 맞
이하게 되었다. 그해에 일본 메이지 대학을 졸업하고 평양숭덕학교 교사
로 부임한 평안남북도 청년 운동의 책임자 함석은咸錫殷을 만난 것이다.
그 자리에서 함석은은 "자네가 평고를 분담하여 학생을 동원해주어야겠
어"라고 동생에게 요구했다. 그리하여 함석헌은 "일생의 전환점"이라고
말한 3·1운동에 평고 연락 책임자로 자연스럽게 참여하게 되었다.

함석은은 함일형의 둘째 아들로 함석규의 친동생이다. 함석헌의 육촌
동생 함석조에 따르면[6] 함석은과 함석헌은 용모가 거의 똑같아서 사진으
로 보면 구별이 쉽지 않았고 집안에서도 누가 더 낫게 생겼느냐는 이야
기가 돌 정도였다고 한다.[7]

---

6   함석조(1920~)에게 함석헌은 집안 형님이자 오산고등보통학교 1학년 때
    담임 교사였다. 그는 오랫동안 함석헌과 가장 가깝게 이웃해 살면서 크고
    작은 일을 직접 의논한 산증인이다.

7   함석은이 일본 유학 중 여름 방학을 맞이해 고향에 돌아왔을 때 용천 앞바
    다에서 고래를 발견하고 요동치는 고래의 거대한 꼬리를 붙잡은 채 끝끝
    내 육지로 끌고 나와 자신이 다니던 메이지 대학 과학관 표본실에 기증했

독립운동으로 짧은 생애를 마감한 함석은은 함석헌의 민족의식에 깊은 영향을 주었다. 독립운동사 자료에 따르면, 함석은은 3·1운동 직후 만주로 망명하여 대한청년단을 조직해 무장 독립 투쟁을 준비하다가 일경에게 체포되어 총살형을 선고받았다. 다행히 한 중국인의 도움으로 구사일생으로 목숨을 건진 후에도 그는 계속해서 투쟁을 벌이다가 다시 체포되어 서대문형무소에서 3년간 옥고를 치렀다.[8]

함석헌은 함석은의 지시에 따라 자기 하숙집을 평고생 연락 장소로 제공하고, 3·1 만세 시위 때 나눠줄 태극기를 목판에 직접 새겨 밤새 찍어내기도 했다. 그리고 3·1운동 바로 전날에는 숭실학교 지하실에서 찍은 독립선언서를 자신의 하숙집에 숨겨두기도 했다. 그때 하숙집에서 함께 시위 계획을 의논하던 동료들 가운데 그가 기억하는 학계 인사로는 박종홍, 노진설, 이재훈 등이 있었다. 다음은 1959년 3월 3·1운동 40주년을 맞이하여 함석헌이 《조선일보》에 기고한 글의 일부다.

---

다는 일화도 있다.

8    함석헌은 함석은이 출옥할 때 오산학교를 졸업하고 동경 유학길에 올랐으며 그가 옥중에서 얻은 질병으로 세상을 떠나기 직전에 오산학교(당시 교명은 오산고보) 역사 교사로 부임했다. 부임 직후 함석헌은 평양 용성의원에 입원 중이던 함석은을 찾았고, 얼마 후 그가 운명하자 물어볼 것이 많았다면서 아쉬워했다. 훗날 박정희 유신 체제와 싸우던 시절 함석헌이 외치던 "모두 다 일어나야 돼!"라는 말은 함석헌이 함석은에게서 들었던 말이기도 하다.

내 하숙에 당시 4학년 학생 몇 명과 동기생 몇 명을 모아놓고 협의한 결과 서로 뜻이 일치되었다. 나와 몇몇 동지들은 거사 전날 숭실학교 지하실에서 학생 대표들과 함께 모여 만세 운동에 대한 계획을 의논하였다. 그때 나는 경찰서 앞에다 독립선언문을 살포하기로 되었고, 다른 학생들도 각각 지역을 맡게 되었다. 고종 황제의 추도식이 거행되는 기회를 타서 우리들은 일제히 독립선언서가 실린 '삐라'를 살포하였지만, 그때만 해도 이러한 거사가 무저항주의에 입각하여 너무도 질서정연하고 용의주도하게 진행되었던 만큼, 별달리 제지를 당하지 않았던 것이다.

평양에서 만세 시위가 계속되던 10여 일간 평고생 함석헌은 자기가 맡았던 평양경찰서 앞에서 독립선언서를 뿌리고 "대한 독립 만세"를 외치면서 시위행진을 벌였다. 당시 일본군 77연대와 일본 헌병 기마대가 평양 시내로 출동했으나 시위대의 행진을 저지하기에는 역부족일 만큼 평양 거리 전체가 시위 분위기에 휩싸였다. 이날 함석헌은 평양경찰서 앞에서 총검을 든 일본 헌병에게 대들다가 헌병의 발길에 차여 쓰러지기도 했다. 1919년 3월 1일은 그 안에 숨어 있던 '불의 정신'이 되살아난 날이었다.

내 60이 되어오는 평생에 그날처럼 맘껏 뛰고 맘껏 부르짖고 그때처럼 상쾌한 때는 없었다. 목이 다 타 마르도록 '대한 독립 만세'를 부르고 팔목을 비트는 일본 순사를 뿌리치고, 총에 칼 꽂아 가지고 행진해

오는 일본 군인과 마주 행진을 해 대들었다가 발길로 채여 태연히 짓밟히고 일어서고, 평소에 처녀 같았던 나에게서 어디서 그 용기가 나왔는지 나도 모른다. 정말 먹었던 대동강 물이 도로 다 나오는 듯하였다.

시위 중 함석헌은 "평양 시내를 내려다볼 수 있는 뒷산에 올라" 변두리 시골에서 자진하여 참가하던 "수많은 패의 봉기대"를 목격하고 감격했다. 그 감격은 평범하기 이를 데 없는 평고생 함석헌이 자신의 평범함을 뛰어넘을 수 있도록 해준 어떤 힘이기도 했다. 함석헌은 3·1운동에 참여한 '죄'를 인정하라는 학교 당국의 반성문 요구를 일축하고 자퇴의 길을 선택했기 때문이다. 그것은 당시 평고 졸업생에게 주어졌던 경성의학전문학교京城醫學專門學校 무시험 입학 자격이라는 특권을 스스로 포기한 것이었다. 그럼으로써 자신이 의사가 되기를 바랐던 아버지의 기대를 순식간에 무너뜨렸지만, 비로소 그때까지 자신을 얽매고 있던 입신立身출세주의로부터 탈출할 수 있었다.

그리하여 평양고등보통학교 3학년 신학기를 앞두고 함석헌은 귀중한 교육의 기회를 버린 채 정들었던 평양을 떠나게 되었다. 고향에 돌아온 함석헌은 그때부터 장래를 예측할 수 없는 방황의 시간을 보내게 된다. 평고에 다시 복교할 수 있는 기회가 아주 사라진 것은 아니었다. 고향에 돌아온 지 얼마 안 돼서 학교 당국으로부터 복교하라는 통지를 받았기 때문이다. 그러나 그는 반일 정신으로 복교를 거부했다.

그 일본 놈 밑에 다시 머리 숙이기 싫다.

여동생 함석보가 〈애놈의 어린 시절〉에서 회상한 것처럼 함석헌이 만세 시위에서 받은 감격은 분명하게 현실을 부정하고 있었다. 그러나 만세 시위 이후 달라진 것이라고는 조선총독부의 문화 정책뿐이었고 현실을 긍정하는 세속의 풍경은 별로 달라지지 않은 듯했다. 함석보는 당시 오빠가 동네 사람들로부터 눈총받고 외면당하는 존재가 된 것을 어느 "못생긴 여인네"의 말을 빌려 전한다.

요즘 이 집 아들이 미쳤다고 소문났던데, 만세 부르다가 학교에서 쫓겨나서 학교에도 못 가고 맨날 산에 올라서 동쪽 보고 절하고, 서쪽 보고 절하고 미쳐서 창가唱歌만 부른다지요?

함석헌이 〈하나님의 발길에 채여서〉에서 그려놓은 자퇴생 시절 그의 모습은 절망적이다. 평고 자퇴 후 그는 "수리조합의 사무원도 됐다, 명신소학교에 선생이 됐다" 하면서 낮이면 용골산 마루를 지나는 흰 구름을 뒤로 한 채 바닷가 숲을 헤매 다니다가 밤이면 다시 바닷가 포플러 나무에 기대고 서서 밤하늘에 쏟아지는 은하수를 멍청하게 쳐다보다 돌아와 어린 신부와 잠자리에서 같이 운 적이 많았다고 한다. 평양에서 사점으로 돌아온 후 2년간 그는 "어떤 길이 나를 기다리고 있었는지" 몰랐던 것이다.

하지만 내면에서 이상과 현실 사이의 균열을 겪고 남모르게 고뇌하던 방황의 시절은 외려 자기 정체성을 새롭게 찾아보는 중대한 기회이자 새로운 꿈을 준비하는 계기가 되었을지도 모른다. 그 결정적인 계기의 하나가 걸음걸이 습관을 바꾼 것이었다. 그의 자서전인 《죽을 때까지 이 걸음으로》의 제목도 여기에서 비롯되었다.

어느 날 자퇴생 함석헌은 용암포에서 열린 시국강연회에 참석했다. 당시 연사로 나선 이는 3·1운동 때 옥고를 치른 바 있는 여성 독립운동가인 김마리아였다. 그녀는 "우리나라 사람들은 활발한 기상이 없어서 못 쓰겠다"면서 "우리나라 청년들 걸음걸이가 모두 잠자리 잡으러 가는 것만 같다"고 했는데, 함석헌은 그 말이 마치 타성적인 자기 자신을 겨냥한 말처럼 들렸다고 했다. 그때부터 시작된 빠른 걸음걸이는 그에게 아리스토텔레스가 말하는 제2의 본성이 되었다.

영원히 빠르나 급하지는 않게, 뚜벅뚜벅 걸으나 느리지는 않게 길이 길이 걸었으면!

자신이 "평생에 이루어본 단 하나의 일"이라고 고백한 그의 빠른 걸음걸이는 철학적으로도 그에게 중요한 영향을 미쳤을 것이다. 새로운 습관이 과거의 타성적 습관을 바꾼 것은 베르그송Henri Bergson이 "정신적 활동성의 화석화된 잔재"라고 말한 습관으로부터의 해방, 곧 자유를 의미하기 때문이다. 그가 영원히 걷고자 한 걸음걸이는 노력을 게을리하지 않겠다는 행동의 격률 속에서 자발적 의지를 위해 '싸우는 자아le moi militant'의 터전이 되었다. 그것이야말로 3·1운동이 함석헌에게 선사한 진정한 선물이었을 것이다. 나아가 "빠르나 급하지 않은" 걸음걸이의 자발적 의지는 자발성에 의해서만 설명될 수 있는 생명의 원리에 따라 자유로운 영혼의 세계를 향하는 꿈을 키웠을 것이다.

그때 그를 맞이해준 곳이 아직 조선총독부 학무국으로부터 고등보통학교 인가를 받지 못한 남강南岡의 오산학교였다.

2장

# 다섯 뫼 그늘에서

## 고읍역에 내려서

함석헌은 1921년 봄 오산학교 보결생으로 들어갔다. 다시 학교에 가라
는 아버지의 명령이 떨어질 때까지 단 한 번도 학교 이야기를 입 밖에 낸
적이 없었던 그가 곧장 오산으로 갈 준비를 했던 것은 아니다. 뒤늦게 중
단된 학업을 계속하려고 늦은 봄 경성京城에 올라와 이 학교 저 학교 문
을 두드려봤지만 입학 시기가 지나서 안 된다는 대답만 듣고 실망한 채
사점으로 돌아가는 길에 우연히 고읍古邑역에 내려 들른 곳이 오산학교
였던 것이다.

만일 그가 "떼쓸 줄 모르는" 온순한 성격이 아니었다면 그때 서울에
서 학교를 다닐 수 있었을지도 모른다. 입학 시기가 조금 늦었다 하더라
도 한반도에 단 둘뿐이던 관립 평고생 학력에다가 중퇴 사유가 거족적인
3·1운동에 적극 참가한 것 때문이라면, 이런 학생을 환영할 만한 학교가

전혀 없었다고 볼 수도 없기 때문이다. 아마 함석헌 자신도 그런 정도의 형편은 알고 있었으므로 그저 "준비도 아무것도 없이" 경성에 왔던 것이 아닐까 한다. 그런데 자신의 기대가 좌절되어 고향 용천으로 돌아가던 길에 경성역에서 우연히 만난 함석규의 충고를 듣고 평안도 정주定州에 있는 오산학교로 발길을 돌리게 된 것이다.

하나님이 그리 보냈지.

자신이 오산에 간 것은 우연이 아니라는 말이다. 학업을 계속할 수 없게 되자 귀향 열차를 타려고 경성역을 향해 걷던 자신에게 "하나님"이 목사 석규 형을 보내 "여러 말 할 것 없다. 정주에 있는 오산학교에 가도록 해라"라는 말로 자신을 오산으로 이끌었다는 것이다. 그렇지만 거의 열 시간이나 타고 가는 신의주행 열차 안에서 함석헌이 아무런 고민도 하지 않고 오직 석규 형 말만 믿고 오산학교로 향했다고 보기는 어렵다. 집안 형의 조언을 가볍게 듣지도 않았겠지만, 이번에 들어가지 못했다고 해서 다음 해에 들어갈 기회마저 사라진 것은 아니었기 때문이다. 그렇다고 해서 용천 바닷가 청년 함석헌이 "하나님"의 뜻을 미리 알아채고 오산에 간 것도 아닐 것이다.

그가 '옛 고을'이란 뜻을 가진 고읍역에 내려 2킬로미터쯤 떨어진 오산학교를 찾아간 그 순간부터 "하나님의 발길에 채여서" 다녔다는 그의 일생이 진정으로 시작된 것인지 모른다. 함석헌의 일생이 진정으로 달라진 것은 여기에서부터라고 할 수 있다. 함석헌은 그곳에서 3·1운동의 주역이자 그의 일생과 결코 분리될 수 없는 남강 이승훈의 정신세계와 만났다.

나는 열네 살쯤 남강의 이름을 들었다.

당시 스물한 살의 함석헌은 예정대로라면 평고를 졸업하고 무시험 특전으로 벌써 경성의학전문학교에 다닐 나이였다. 그런데 7년 전에 들었던 남강의 이름을 오산학교에서 다시 듣게 된 것이다.

본디 오산학교의 모태는 항일 비밀 조직 신민회新民會였다. 1907년 4월 결성된 신민회는 민족 교육과 민족 실업實業에 중점을 두고 평양에 대성학교大成學校와 평양자기제조주식회사平壤磁器製造株式會社를, 정주에 오산학교를 세웠다. 남강 이승훈, 단재 신채호, 도산 안창호 등이 중심이 된 신민회는 일시적인 군사 행동보다 민족의 완전한 자주독립을 위한 지속적인 민중 운동을 실천하는 데 목적을 두었다. 당시 이승훈은 "사흘 동안 한잠도 자지 못하고 그 일만 골똘히 생각"한 끝에 오산학교를 설립했다고 한다. 그는 전 재산을 바친 것으로도 모자라 학교 지붕에 얹을 기왓장이 부족하자 자기 집 지붕에서 기와를 떼어 왔을 만큼 모든 정성을 기울여 1907년 12월 24일 오산학교를 개교했다. 개교식에서 그는 "나라를 남에게 빼앗기지 않는 백성이 되기를 부탁한다"라는 뼈저린 말을 남겼다. 이승훈의 헌신은 유명한 '똥 이야기'에서도 단적으로 드러난다. 겨울철에 손수 학교 변소를 치우면서 얼어붙은 학생들의 똥을 곡괭이로 깨뜨리다가 그 부스러기가 입으로 튀어 들어갔다는 일화다.

승천재. 일명 경의재. 향교 소유이던 이 집을 남강 이승훈이 인수하여 오산학교를 창립했다.

함석헌은 〈남강·도산·고당〉에서 오산학교에 대한 첫인상을 두 가지로 이야기했다. 모순적이지만 하나는 학교 같지 않아 보이던 모습이요, 다른 하나는 학교다운 정신이다. 우선 함석헌의 눈에는 학교 건물과 선생, 학생 모두가 학교답지 않았다. 서당이었던 기와집 한 채를 사무실로 사용할 뿐 학생과 선생이 직접 지었다는 교실은 기와 대신 짚으로 이엉을 얹어 초라하기 이를 데 없었으며, 학생들은 책상도 걸상도 없이 마룻바닥에서 수업했다. 그것은 3·1운동 때 일경이 민족주의의 소굴이라면서 학교 건물에 휘발유를 뿌리고 불을 질러 건물을 잿더미로 만들어버렸기 때문이었는데, 그 상태가 그때까지 개선되지 않았던 듯하다. 게다가 수십 채에 불과한 동리에 모여들었던 학생들 400~500명은 수준이 고르지 못한 "합탕"으로 "농갓집 사랑방이나 건넌방에 서로 끼어 욱적거리니 옴이 성하고 장질부사가 나고 더럽기 한이 없"었다. 이런 와중에 교사들도 "엉터리"가 많아서 한 달 수업료 1환 50전이 아깝다는 친구 하나는 "오늘도 5전어치는 배워야 한다"고 항의하기도 했다.

이런 학교였음에도 너나 할 것 없이 "우리 오산", "우리 오산" 하고 지

내던 그곳이야말로 그가 "하나님"이 보내서 오게 되었다는 새로운 세상이었다. 평고 시절 일본인 선생들이 조선인 학생들을 하대하며 부르던 '너'라는 일본 말 오마에ぉまぇ를 오산학교에서는 한 번도 들을 수 없었다. 그뿐만이 아니다.

나는 거기서 처음으로 '한글', '배달', '한배'라는 말을 배웠다.

그때까지 함석헌이 '한글' 등을 몰랐다는 사실은 한반도에 정착한 근대 학교 체제가 도리어 민족적 재난이 되었다는 점을 드러낸다. 그것은 조선총독부의 식민 교육 정책이 성공했다는 뜻이기도 하다. 함석헌은 당시 풍조를 학생들의 "관립 심리"라고 표현한 바 있다. 처음에는 학생들이 "관립, 사립의 대립 경향"을 나타냈다. 즉 "관립학교 학생은 사립학교 학생을 실력 없는 것으로 깔보고, 사립학교 학생은 관립학교 학생을 정신없는 것으로 업신여"기는 경향이 있었다. 하지만 시간이 흐름에 따라 모두가 관립을 존중하는 분위기로 바뀌었다는 것이다. 그러한 식민 교육 정책의 재난으로부터 해방된 것이야말로 함석헌이 3·1운동을 겪고 "하나님"의 뜻으로 오산학교에 온 의미였다.

이 오산학교에 간 것이야말로 하나님의 발길에 채여서 된 일입니다. 그때까지 오산학교가 있는 줄 알지도 못했습니다. 이제부터의 내 나가는 길은 지금까지 뜻하지도 않았던 곳으로 가게 됩니다. (〈하나님의 발길에 채여서〉)

청년 함석헌이 "지금까지 뜻하지 않았던 곳"으로 가게 된 그의 인생길에서 무엇보다 중요했던 것은 다석多夕 유영모와의 만남이다. 함석헌은 자서전에서 유영모가 부임하던 날을 비교적 자세하게 묘사했다. 스물한 살의 '늙은 학생'은 취임인사를 하는 서른두 살의 '젊은 교장'이 배울 학學이란 글자 하나를 놓고 두 시간 동안 학교 운동장에서 훈화하는 것을 보고 "혀를 내두를 정도"였다고 회고했다. 사실 유영모와 오산학교는 인연이 깊다. 유영모는 춘원春園 이광수보다 딱 한 달 늦은 1910년 10월 오산학교에 부임해 4년간 물리와 천문학을 가르친 적이 있다. 오산학교 개교 초기에 유영모가 초빙된 것은 러일전쟁 때 이승훈이 국내 최대 피혁상이던 유명근柳明根과 거래하던 인연이 작용한 것으로 알려지고 있다. 유명근은 유영모의 부친이다.

이제 서른을 갓 넘긴, 키는 작고 등은 이상하게 툭 튀어나온 특이한 모습의 교장 유영모는 수신修身 교과를 가르쳤다. 그 시간에 함석헌은 노자와 톨스토이의 이름을 처음 들었으며, 인간의 순수하고 원대한 감정이 사랑과 종교의 원천이라는 그들의 믿음을 따르게 되었다. 당시 유영모는 겨울철 추운 날씨에도 불구하고 아침마다 냉수마찰을 거르지 않았는데 그것을 모든 학생들이 본받아 학교의 전통이 되기도 했다. 유영모는《노자》,《장자》, 사서오경 등 중국 고전에 능통하면서도 성경을 가르치고 신앙을 심는 데 주력해 오산학교를 기독교 신앙의 터로 만들었다. 오산학교가 우리 근대 교육사에서 눈길을 끄는 점은 매우 드물게도 '조선 사람'이 자발적으로 미션스쿨을 만들었다는 점이다.

유영모는 1914년에 공부를 더 해야 한다며 일본 동경물리학교로 유학을 떠났다가 함석헌이 오산학교 학생으로 들어온 해인 1921년 9월에 학교장으로 부임했다. 이승훈이 서대문형무소에서 출옥을 1년 앞두고 유영모에게 학교를 맡아달라고 부탁했기 때문이다. 그러나 안타깝게도 학교장 유영모는 재임 1년여 만인 1922년 11월에 다시 오산을 떠났다. 조선총독부 학무과로부터 교장 인준을 받지 못했기 때문이다.

유영모가 오산학교를 떠나던 늦가을 날 풍경은 쓸쓸하면서도 한편으로는 훈훈했다. 유영모는 서울로 떠나면서 자기 어머니에게 드린다며 오산의 특산물인 굴 한 포대를 허드렛일 하는 학교 직원에게 지우고 걸었다. 초저녁 어두컴컴한 길이었는데, 그 뒤를 따라가던 함석헌은 "빛, 빛 하지만 빛보다 어둠이 더 큰 것 아니냐? 삶, 삶 하지만 삶보다 죽음이 더 먼저 아니냐?"라는 유영모의 혼잣말을 들었다. 그리고 그 "알아듣기 어려운 말씀" 끝에 유영모는 함석헌에게 다음과 같이 이야기했다고 한다.

내가 이번에 오산 왔던 것은 함咸 자네 한 사람을 만나기 위해서였던가 봐.

제자를 알아보는 스승과 스승을 따를 줄 아는 제자 사이가 아니면 나올 수 없는 찬사였다. 그런데 뒤집어 생각해보면, 함석헌이 고읍역에 내려 오산학교를 찾아온 것이 바로 유영모를 만나기 위해서였던 것인지도 모른다. 그리고 그때 유영모를 오산학교 교장으로 보낸 것도 "지금까지 뜻하지 않았던 곳"으로 함석헌을 인도하기 위한 "하나님"의 뜻이었는지 모른다.

## 꿈을 트는 '나'

오산학교는 다섯 개의 산으로 둘러싸인 마을에 있었다. 이 다섯 뫼 그늘에서 청년 함석헌은 새로운 꿈을 꾸게 되었다. 그 시절은 현실을 보다 객관적으로 인식한 후에 자신의 내면적 삶에 대한 자각이 시작된 시간이기도 했다. 그가 "인생의 전환점"이었다고 회고한 오산 시절은 의사를 꿈꾸던 평고 시절 2년간의 '나'와, 평고 자퇴 후 용천 바닷가를 헤매던 2년간의 '나'를 완전히 탈바꿈시킨 새로운 꿈꾸기의 2년이었다고 할 수 있다. 이제 함석헌은 의사를 꿈꾸던 과거와 완전히 단절하게 된 것이다.

> 나는 어느 사인지 모르게 이담에 의사가 되겠다는 생각을 버렸습니다. (《하나님의 발길에 채여서》)

아마도 오산에서 의사의 길을 포기했기 때문에 함석헌은 다른 길을 모색할 수 있었을 것이다. 또한 영원한 것과 소통하고자 하는 꿈도 피어났을 것이다. 그가 일본어 책을 통해 "로맹 롤랑, 베르그송, 입센, 블레이크 등을 깊이 알지도 못하면서 읽은 것"도 이때였다. 그밖에 타고르의 《기탄잘리》와 웰스Herbert G.Wells의 《세계 문화사 대계》도 구입해 읽었으며, 독일 시인 실러를 비롯하여 투르게네프, 괴테, 니체 그리고 칼라일 등도 곳곳에서 언급하였다.

> 무엇을 이해했으랴마는 이들의 이름을 지금도 기억하고 역시 나의 나 되는 데에 모두 다 각각 끼쳐준 것이 있다.

함석헌은 《죽을 때까지 이 걸음으로》에서 이들 문학, 철학, 역사의 대가들을 일생 동안 "잊지 못하는 스승이요 벗"이라고 불렀다. 그들로부터 배운 깊고 넓은 정신세계는 수줍은 겉모습과 달리 그가 "떠는 잎 한 데 얽히어 부르짖어" 운다고 읊었던 열정적인 푸른 갈대 같은 그의 정신적 성장을 예고했던 것인지 모른다. 함석헌은 오산학교 시절을 새로운 "세계국가주의와 과학주의 사상"에 대한 관심으로 상상력이 꽃피던 시절이자 동시에 "자기와 역사와 우주의 뜻을 깨닫지 못해 여러 가지 생각"으로 본질적이고 궁극적인 세계를 찾아다니던 방랑의 시절이었다고 회고했다. 그때부터 함석헌은 꿈꾸는 낭만주의자의 길을 걷기 시작했을 것이다.

그때부터 나는 '나'를 문제 삼게 되었다.

함석헌은 스무 살 나이에 '나'의 꿈을 틔우기 위해 용천에서부터 오산에 이르기까지 여러 사람의 도움을 받았다. 집안의 아저씨 함일형을 비롯해 그의 아들 함석규와 함석은, 그리고 남강 이승훈과 다석 유영모 등은 고비마다 나타나서 그에게 행운의 기회를 제공했다. 또한 그가 부정하는 현실과 새로운 꿈 사이에서 발생하는 균열로부터 새롭게 상호 매개적인 길을 찾아가도록 해주었다.

함석헌은 유영모가 오산을 떠난 다음 해에 열아홉 명의 동기생들 가운데 강대형康大亨과 함께 우등상을 받고 졸업했다. 1923년 3월 24일에 열린 졸업식에서 함석헌은 며칠 전 출옥한 오산학교 설립자 이승훈을 생애

함석헌이 일간지에 최초로 소개된 것은 《동아일보》 1923년 3월 25일 자 1면, 오산학교 수석 졸업 기사이다.

처음으로 직접 만난 듯하다. 한편 우등상을 받은 두 학생의 진로는 신문에도 실렸다. 이는 함석헌이 처음으로 언론에 등장한 기사였다.

두 사람은 다 일본으로 류학留學을 간다더라.

현실적으로 함석헌의 동경 유학은 꿈을 활짝 트기 위한 최선의 시도였다. 당시 식민지 조선 땅에는 중등 교육 기관마저 매우 드문 상태였으므로 대학은커녕 2년제 전문학교조차 몇 개 되지 않았다. 그가 동경으로 떠나던 해, 독립운동을 벌이던 민족진영은 일제의 우민화 정책에 대항하여 이승훈과 월남月南 이상재를 중심으로 '민립民立대학 설립 운동'을 벌인 바 있다. 하지만 야학과 초등 교육의 확대를 급선무로 여긴 사회주의 계열의 반대와, 민족진영의 대학 설립 운동을 불온시한 조선총독부의 반대로 결국 실현되지 못했다. 서로 적대적인 조선총독부와 사회주의 계열이 일치해서 민족진영의 희망을 좌절시킨 것이다.

개항 이후 근대 학교로서 한반도에 최초로 출현한 대학은 조선총독부가 1924년에 설립한 2년제 경성제국대학이다. 이 대학은 함석헌이 동경고등사범학교에 재학 중이던 1926년에 이르러서야 4년제인 법학과와 의예과를 설치했는데, 그마저도 교수와 학생 대부분이 일본인이었다. 참고로, 일본은 메이지 유신 초기에 이미 소학교부터 대학교까지 일원화된 학제를 시행했다. 반면 우리나라는 1890년대에 이르러서야 중등 교육을 가르치는 교과 과정이 등장하게 되었다. 대개 중등 교육이 충분해야 문맹률이 낮고 대학 진학률이 높은 법이다.

함석헌이 대학 공부를 위해 동경으로 떠나는 순간은 그의 자전적 이야기 속에 아주 비장하게 그려져 있다. 그가 가는 곳은 '내지內地'다. 즉, 일본이 남의 나라가 아니라 '우리나라'라는 것이다. 그것은 자기 땅과 자기 말을 부인하는 것이었다. 그래서 함석헌은 부모님과 선생님께 하직 인사를 하고 나올 때부터 어떤 깊은 설움을 느꼈다고 했다. 일본 유학은 슬픈 일이지 결코 자랑거리가 아니었다. 더욱이 "엄두도 낼 수 없던" 유학 비용을 대준 남강의 오산학교에 대해 커다란 부담을 안고 떠났다. 고향의 다사도역을 출발하여 신의주역에서 증기기관차 융희호隆熙號를 타고 평양을 거쳐 경성에 도착한 다음 다시 경부선 종착역인 부산에 이르는 데 걸린 시간을 계산해보면 대략 탑승 시간만 23시간쯤 걸렸던 것으로 보인다. 그리고는 부산항에서 관부연락선關釜連絡船을 타고 시모노세키로 향한 뒤 그곳에서 다시 신칸센新幹線을 타고 하루를 달려 동경에 도착했다. 이때 함석헌은 연락선 갑판 위에서 어머니가 지어준 흰옷을 입고 망국민의 설움을 뼛속 깊이 새겼다.


　나는 현해탄을 건널 때 품고 간 것이 있다. 비바람보다 더한 눈총 속에서도, 땅을 태우고 하늘을 지키는 불길 속에서도, 번쩍이는 창검 속에서도, 내버리지 못하고 품고 간 것이 있다. 하던 일 다 마치고 얼굴빛 더 그을고 현해탄 도로 넘어 다시 돌아올 때도 품고 돌아온 것이 있다.


　땅을 태우는 불길과 번쩍이는 창검 속에서도 그가 끝까지 품고 간 것, 그리고 다시 품고 돌아온 것은 무엇이었을까? 아마도 그것은 자기 내면에 은닉해둔 꿈이었을 것이다.

　유학생 함석헌은 동경으로 가는 길에 "떠날 때 말 못 하고 고개 숙이던 어머니가 가늘고 가는 실 손톱이 닳도록 다듬고 자아 짜내고 꿰매서 지은" 흰옷을 입었다. 그의 어머니가 "마지막 순간까지 한 바늘 뜸 뜰 때마다 기도하며 당기고 죄어 실 끝 풀리지 않게 맺고 또 맺은 후 당부하고 당부하며" 입혀준 그 '조선 사람'의 흰옷은 "실보다 더 가는 마음을 뽑아내고 자아내어 하늘 볕에 바래서 역사 흐름에 헹구어 엮어서 지어낸" 옷이었다.

　이 흰옷을 입고 함석헌은 동경에 도착했다. 미리 연락을 받고 나온 이승훈의 둘째 아들 이택호는 그에게 간다구神田區에 있는 세이소쿠正則 영어 학교를 안내해주었다. 그 학교는 조선 학생들이 대학 입학 자격을 얻기 위해 검정시험을 준비하는 곳이었다. 함석헌도 예외는 아니었다. 당시 오산학교 졸업생에게는 대학 입학 자격이 부여되지 않았기 때문이다.

오산학교 졸업생들에게도 대학 입학 자격이 주어진 것은 그로부터 몇 년 뒤인 1926년 4월부터였다. 고당古堂 조만식이 교장에서 사퇴하는 조건으로 조선총독부 학무과가 오산학교의 5년제 학력을 인정하기로 한 것이었다. 당시 이승훈과 조만식은 고민 끝에 학생들의 반발을 무릅쓰고 조선총독부 학무과의 요구를 수용했다. 겉으로는 타협처럼 보이더라도 한반도에서 싸우는 길이 그것밖에 없다고 판단했기 때문이다. 그 다섯 뫼 그늘에서 영글기 시작한 꿈을 안고 청년 함석헌은 꿈의 자양분을 채우기 위해 동경에 왔다.

3장

# 동경에서 생긴 일

### '인생대학' 입학식

함석헌이 꿈을 품고 간 동경은 당시 동양 최대의 도시였다. "저녁이면 동리 아이들이 반딧불 벌레 사냥을 하느라" 떠들고 다니던 모습은 낯설지 않았지만 그가 "지옥보다 더한 것"이라고 회고한 대학 입시 준비에는 커다란 이질감을 느꼈다.

그런데 그 도시에서 실로 지옥과 같은 세상을 만났다. 그해 9월 1일 정오에 동경을 초토화시킨 진도 7.9의 대지진 때문이다. 함석헌은 사건이 난 지 꼭 50년 뒤에 《씨올의 소리》에 쓴 〈내가 겪은 관동대진재關東大震災〉에서 그때의 참상을 다음과 같이 묘사했다.

장엄이라 할까 처참이라 할까 처절이라 할까, 지옥 연옥이 있다면 그런 곳일까. (《씨올의 소리》, 1973년)

함석헌은 그 지진의 참혹한 현장에서 죽어가는 사람들과 함께 밤을 새우고 살아남았다. 관동대진재는 "동양 제일이라던 대도시가 눈 깜짝하는 사이에 다 무너지고 겸하여 불이 일어나 하룻밤 사이에 그 3분의 2가 타 버리는" 믿을 수 없는 커다란 재앙이었다. 이 일로 10만 명 가까이 사망하고 350만 명에 달하는 이재민이 발생했다. 특히 시신 4만여 구는 밤새 시노비즈 연못不忍池가에서 불에 타 죽은 사람들이라고 한다.

함석헌은 자신 앞에 하늘과 지옥과 땅이 한꺼번에 펼쳐진 거대한 광경을 떠올리면서 자신의 생존을 "돈을 주고 사려 해도 살 수 없고, 권력을 갖고 만들려 해도 만들 수 없고, 지혜로 찾아내려 해도 찾아낼 수 없는, 그야말로 천재일우千載一遇의 기회라면 기회요, 계시라면 계시"라고 여겼다. 자신도 영락없이 불타 다른 시신들처럼 연못 위에 떠다닐 수밖에 없었는데, 그때 수만 명을 집어삼킨 불길이 신기하게도 갑자기 방향을 틀어버리는 바람에 죽지 않았다는 것이다.

자신의 '안'과 '밖'에서 겪은 그날의 경험은 함석헌이 동경에서 배우려고 기대했던 것과 무척이나 달랐다. 뜻밖에도 그가 겪은 것은 거대한 천재지변 자체라기보다 그로 인한 인간성의 변동이었다. 역사학자 마르크 블로크Marc Bloch의 말처럼 "역사적 사실은 본질적으로 심리적 사실"인 것이다.

먼저 함석헌은 남들 앞에 나서고 싶었던 영웅심의 발동이라든가 "여자의 얼굴이 예쁘고, 그 보드라운 살갗" 때문에 생긴 원시적인 색정色情 등 자기 '안'에서 겪었던 "본능·충동의 불길"부터 이야기하였다. 그러한 본능과 충동 때문에 마치 염불을 외우듯이 지새웠다는 그날 밤의 고통스러운 마음의 풍경을 그는 무려 50년이 지나서야 털어놓았다.

　나는 불인지不忍池 못가의 그 밤에 밤새도록 내 마음속 밑바닥의 모래 위에 백팔번뇌百八煩惱의 가지가지의 글자를 쓰고는 지우고 또 쓰고는 또 지웠습니다. 이튿날 아침 먼동이 환난의 하늘 위에 훤히 터올 때 … 나는 지옥에서 놓여나오는 느낌이 있었습니다.

이른바 "이성·오성의 한때 공백기"에 나타났던 자신의 본능에 관한 이야기다. 그는 이 불길과 밤새 싸워 이겨낸 것이야말로 "참 의미"에서 자기 자신이 재앙으로부터 살아난 것이라고 고백하였다.

　함석헌이 "인생대학"의 "입학식"이었다고 이야기한 사건은 자기 '밖'에서의 경험이었다. 단 하룻밤뿐이었지만 우연히 "불난 데 가서 도둑질하던 것들"과 함께 처음으로 경찰서 유치장에서 지낸 일이다. 대재앙 바로 다음 날, 자신의 하숙집에 찾아온 고향 친구와 함께 반찬거리를 사러 나갔다가 골목길에서 "저게 진짜다"라면서 달려드는 일본인들 때문에 생긴 일이었다. 여기서 '진짜'란 일본 정부가 퍼뜨린 유언비어에 속아 일본인들이 대재앙 때 닥치는 대로 죽이던 '조선 사람'을 가리킨다. 이때부터 함석헌은 여러 차례에 걸쳐 인생대학에 적을 두게 된다. 그날의 경험은 그가 "인간이란 어떤 것인지를 보았고, 종교도 도덕도 어떤 것인지 눈앞에 똑바로 보았"으며 "모든 도둑의 근거"가 국가라는 것을 인식하게 된 인생대학의 입학식이었다.

　그런데 그 입학식의 후유증이 매우 심했던 모양이다. 오직 인간의 자유만 생각하면서 하룻밤을 새우고 풀려나던 순간에 유학생 함석헌은 전혀 온전하지 못한 상태가 된 것이다. 그는 길 가는 사람들을 보면 "저것도 사람 죽인 놈 같고, 이것도 사람 죽인 놈"으로 보였다고 했다.

그래 나와서 20분을 걸어야 하는 거리를 가려니 '저게 진짜다, 저게 진짜다' 사방에서 일제 사격이 오는 듯해 겨우 걸음을 옮겨놓았습니다.

이는 폭행을 당한 사람이 일으키는 일종의 착란 증세였는지도 모른다. 사건 당시 함석헌은 "사방에서 일제 사격이 오는 듯" 느꼈는데, 그것은 직접 물리적 폭행을 당한 것이 아니라 심리적으로 자신이 누군가에게 공격당한다는 환각에 빠졌음을 뜻한다. 가해자가 누구인지 모르는 피해자는 순간적으로 기억이 배제된 채 피해 의식만 남게 되는데, 그 배제된 기억을 채운 것이 '인간 사냥'을 당연시하던 병적 상태의 일본 사회와 일본 사람들이었다.

실제로 당시에는 동네 골목길에서 팽이 치는 코흘리개부터 대학 강단의 교수에 이르기까지, 도저히 상상할 수 없는 야만의 폭력이었던 일본인의 "조선 놈 사냥"이 활개를 쳤다. 한번은 함석헌이 와세다 대학 부속의 고등예비학교 수업에 참석했을 때 한문 선생이 "나도 조선 놈 사냥했어요"라고 자랑스럽게 말하는 것을 보고 놀라기도 했다. 더욱 놀란 것은 그 말을 들은 수백 명의 일본인 학생들이 그저 "하하 웃고 지나가는 이야기"로만 들었을 뿐 단 한 명도 그 살인 행위에 대해 항의하는 이가 없었다는 점이었다.

그 엇메었던 일본도, 그 깎아들었던 대창, 그 증오에 타는 눈들, 그 거품을 문 이빨들, 어디서 그것이 나왔을까? 몇 달 동안은 거리를 나가 다녀도 기운을 펴고 다니지를 못했습니다.

그들은 평소에 인정과 의리를 앞세우던 일본인이 아니었다. 함석헌은 그런 "일본인을 속여 미치도록 만든 원흉"이 곧 국가였다고 지적한다. 이것이야말로 함석헌이 국가는 야만적인 실체라고 지각하기 시작한 중대한 계기였을지 모른다. 당시 대재앙의 위기를 모면하기 위해 일제의 지배 권력은 치안 책임자를 앞세워 "조선 놈이 우물에 독을 푼다"거나 "폭동을 일으킨다"는 기만적인 유언비어를 조직적으로 퍼뜨리고, 그 '조선 사람'을 만나는 대로 죽창과 칼로 찔러 죽이거나 집단 학살하도록 선동했던 것이다.

이 같은 일은 이미 유럽에서 전염병처럼 번진 바 있다. 국가주의자들은 자신들의 위기감을 국가의 위기로 가장하고, 내부의 단결과 질서를 위해 속임수와 거짓말을 동원했다. 이런 수법을 일본 제국주의가 모방한 것이 틀림없다.

문제는 국가주의입니다. 그것이 동양 평화란 이름으로 전쟁을 일으켰고, 한국을 먹었고, 혁명을 막기 위해 조센징을 제물로 잡았습니다. … 대일본제국은 전체 일본이 아닙니다.

함석헌은 〈내가 겪은 관동대진재〉에서 그 재앙을 일으킨 국가주의를 인류에 대한 범죄라고 규정하면서도 "전체 일본"을 국가주의로부터 구별했다. 그때 그에게 "위험하니 절대 밖에 나가지는 말라"는 충고를 해주고 이웃들에게도 그의 신변 안전을 당부한 어느 점잖은 일본인 목사와 같은 사람들까지 국가주의자로 볼 수는 없었기 때문이었다.

당시 국내 신문도 관동대진재와 그에 따른 조선인의 피해를 다룬 기사를 내보냈다. 그중《동아일보》동경 특파원은 약 400명의 생존자 명단을 보내왔는데 그 가운데 함석헌의 이름도 실렸다.

　　그때 마을 사람들 말은 아버지가 '다 죽어서 다니시는 얼굴'이었다고 합니다.

그 기간에 유일하게 통신이 가능했다는 중앙우편국에서 함석헌이 고향의 부모에게 전보를 친 것은 "한 주일 동안을 집 안에 갇혀" 지낸 뒤였으며, 자신을 사랑하는 아버지의 마음을 비로소 알게 된 것도 그의 전보를 받고 빨리 귀향하라는 아버지의 회신을 몇 번이나 받았을 때였다고 한다. 그가 '조선 사람'의 꿈을 품고 간 동경에서 겪은 관동대진재는 그에게 인간은 단지 인간이어서는 안 되며 인간 이상이 되기 위해 이상理想적인 세계로 비상하지 않으면 안 된다는 낭만주의의 체험 학습이었다.

## 우치무라의 세례

함석헌은 "인생대학"의 입학식을 치른 이듬해 동경고등사범학교(이하 동경고사) 문과 1부 갑조甲組에 입학한다.[9] 동경고사는 1897년부터 제2차 세계 대전으로 패망할 때까지 존속했던 중등교사 양성 기관이었다. 그가 이 학교에서 역사와 윤리를 전공한 것은 그의 말대로 "민족의 장래"를 위해 민족 교육을 급선무로 여겼기 때문일 것이다.

함석헌은 법률, 수학, 물리, 문학, 철학, 신학, 미술, 교육 등 전공 분야를 모두 검토해보고 최종적으로 교육을 선택했지만 마지막까지 미술에 대한 미련을 버리지 못했다. 자신이 그림 그리는 데 소질이 있다는 것을 알게 된 것은 평고 시절의 미술 시간이었던 듯하다. 그는 당시 일본인 교사로부터 그리기는 단번에 하라고 배웠으며 물감을 칠하면서 자신이 원하는 색깔을 내는 법을 터득했다고 한 강연에서 술회한 바 있다. 그뿐만 아니라 오산학교 학생 시절 시인 김억金億의 시집 표지 그림을 그리기도 했으며, 교사로 재직하던 시절 아들에게 그려준 붕어가 진짜 살아 움직이는 것만 같았다는 이야기도 있다. 이처럼 타고난 소질을 살리기보다 민족 교육을 선택한 데에는 그의 인생을 뒤바꾼 3·1운동과 남강의 오산학교에서 받은 민족주의의 세례가 큰 영향을 끼쳤을 것이다.

그런데 하마터면 동경고사 입학이 좌절될 뻔했다. 시험 답안지를 작성

---

9   갑조에서는 일본사, 동양사, 서양사를 4년간 수강했다. 또한 사범학교이므로 1, 2학년 때는 수신修身, 일본어, 한문, 교육학 위주의 교과목과 더불어 법제와 경제도 배웠다. 함석헌의 동경고등사범학교 학적 관련 내용은 다음을 참조. 조광, 〈1930년대 함석헌의 역사인식과 한국사 이해〉, 《한국사상사학》 제21집, 한국사상사학회, 2003.

하던 중에 만년필 잉크가 떨어졌기 때문이었다. 함석헌은 순간 눈앞이 캄캄해졌는데 마침 이를 발견한 시험 감독관이 만년필을 빌려준 덕분에 무사히 시험을 치렀다고 한다.[10] 만일 그때 인정머리 없는 냉혹한 시험 감독관을 만났더라면, 민족 교육의 길을 선택한 교육자 함석헌은 등장하지 못했을지도 모를 일이다.

함석헌이 동경고사에 응시한 데에는 현실적인 문제도 있었던 듯하다. 애초에 그가 입학하고 싶어 했던 학교는 동경제일고등학교와 동경제국대학(이하 동경제대)이었다. 하지만 당시 오산학교 졸업생에게는 대학 입학 자격이 주어지지 않아 동경제대 입시에는 응시 자격에 문제가 있었다. 그런 가운데 원서를 접수한 두 학교 중 동경고사에 먼저 합격하자 동경제일고등학교는 아예 시험을 보러 가지 않았던 것이다.

그가 역사와 수신을 가르치기 위해 오산고보에 부임하게 된 것은 동경고사에서 묵묵히 공부한 결과 중등학교 교원 면허증 등을 받았기 때문이다. 그러나 그의 선택은 자서전에서 밝힌 대로 얼마 안 가 심한 자책을 불러오고 말았다.

교사, 목사, 신부치고 고린내 아니 나는 것 있던가? 사범엘 들어가고 나서야 그것을 느껴서 이런 데를 왜 왔나 후회했다.

---

10    이 이야기는 함석조의 증언으로 알게 된 사실이다.

이런 후회 때문이었는지 실제로 《죽을 때까지 이 걸음으로》에서 동경고사와 관련한 이야기는 거의 찾아볼 수 없다. 심지어 자손에게 유언을 남긴다면 경찰과 "선생질"만은 하지 말라는 말을 하고 싶다고도 했다. 그러나 동경고사 없이는 그 스스로 "황금시절"을 보냈다는 오산에서의 10년간의 청년 교사 기간도 없었을 것이다. 그가 사범 교육을 후회하고 "선생질"을 비판한 것은 '이제 졸업하면 선생이 된다'는 생각에 "팔아먹을 것을 벌써 생각하고 배우는" 기계적인 반인간성을 겨냥한 것이지 학교 교육과 교사 자체를 무조건적으로 부인한 것은 아니라고 본다. 실제로 함석헌은 동경고사 시절에 일본의 《대한화사전大漢和辭典》을 편찬한 모로바시 테츠지諸橋轍次郎로부터 《맹자孟子》의 해석 방법을 배웠는데, 그것은 그가 동양 고전을 풀이하는 데 결정적인 기반이 되었다(서지학자 김영복의 증언).

함석헌이 "이런 데를 왜 왔나" 하며 후회할 때 인생의 등불처럼 무교회주의자 우치무라 간조內村鑑三가 그의 앞에 나타났다. 함석헌에게 우치무라의 강의를 소개해준 것은 친구 김교신이었다. 함석헌의 자전적 이야기인 〈이단자가 되기까지〉에 따르면, 그가 우치무라의 성서연구회에 처음 참석한 날은 자기보다 꼭 마흔 살이 많은 우치무라가 《예레미야》를 강의하던 때였다. 그 강의의 주제는 "신 없는 문명의 몰락"이었다. 그때부터 함석헌은 일요일마다 열리는 한 시간의 성서 강의를 듣기 위해 동경에서 기차로 한 시간 거리에 있는 이마이칸今井館에 오갔다. 이마이칸은 쓰노하즈角筈의 요도바시초淀橋町 내 감자밭 가운데 있었는데, 우치무라의 교우였던 역무원 이마이의 미망인이 제공한 기부금으로 1907년에 세

우치무라 간조.

운 곳이었다. 그곳에 갈 때 함석헌은 집에서 책을 읽는 것이 좋을지 강의를 듣는 것이 좋을지 계산해 보았는데, 막상 집에 돌아올 때는 "오늘 그 말씀 안 들었으면 어떡했을까?"라면서 강의에 참석한 것을 매우 다행스럽게 여겼다.

우치무라는 십자가에 매달린 예수를 믿지 않고서는 인간의 죄를 속죄할 수 없다고 믿었다. 이 십자가 신앙은 그가 미국 에머스트 대학 3학년에 재학 중이던 1883년 3월 8일에 경험한 회심에서 비롯되었다고 한다. 우치무라는 1900년 3월 《무교회無教會》를 창간하였다. 그에게 무교회란 "집이 없는 사람의 합숙소"이자 "교회가 없는 사람의 교회"를 의미했다. 《무교회》를 발행한 목적도 당시 미국의 선교 단체에 지나치게 의존하고 있는 일본의 교회 조직을 비판하고 교회가 없는 신자, 목자가 없는 양을 위함이었지 무교회주의를 위한 것은 아니었다(스즈키 노리히사鈴木範久, 김진만 옮김, 《무교회주의자 우치무라 간조內村鑑三》, 소화, 1995).

우치무라의 성서 연구는 함석헌의 앞날에 하나의 물길을 터줬다. 진실로 '예수를 믿는' 기독교인이라면 교회냐 무교회냐 하는 것 자체는 문제가 되지 않는다는 것을 확신하게 되었기 때문이다. 이마이칸을 드나들던 함석헌은 귀국하기에 앞서 우치무라로부터 신앙의 세례를 받았다. 퀘이커 원로 조형균이 우리말로 옮긴 함석헌의 일본어 기고문 〈내가 알고 있는 우치무라 간조 선생〉에 따르면, 함석헌은 "세례를 받아도 좋고 아니 받아도 좋다. 받아서 믿음이 굳건해진다고 생각한다면 내가 세례를 줄 테니까 와라"라는 우치무라의 이야기를 듣고 자신의 결심을 표현하듯 그에 따랐다고 한다. 우치무라는 함석헌에게 세례를 주던 날 다음과 같이 일기에 적어놓았다.

> 1928년 3월 17일(토. 맑음)
> 고등사범학교 한 사람, 동 여자사범 세 사람, 도쿄여자대학 한 사람. 합해서 다섯 사람. 모두가 금년도 졸업생인데 이들에게 오늘 세례를 베풀었다. 늘 하는 대로 간단하고 엄숙한 식이었다. 우리들에게는 세례는 입신의 필요조건이 아니다. 그러므로 지원자의 절실한 요망에 따라서만 베푼다. 이것은 예수와 함께 사랑의 생애를 보내며, 그와 더불어 고난과 영광을 함께하겠다는 기원과 결심의 표창이다. 교권적으로는 아무런 뜻도 없다. 그만큼 신성하고 의미심장하다. (조형균,《씨울의 오솔길》에서 재인용)

이날의 세례는 함석헌의 새로운 인생길의 첫걸음이 되었다. 앞서 우치무라는 세례를 "쓰디 쓴 잔"에 비유한 적이 있다. 그것은 "그리스도의 영광 속에 들어가는 첫걸음이지만, 직접 당하게 되는 것은 영광이 아니라 치욕"이며 "이 세상 사람들에게 혐오를 받고, 비웃음을 받고, 배척을 받는 일"이라는 것이다. 사제동행의 의미에서 함석헌은 그가 말하는 세례의 의미도 믿었을 것이다.

그렇지만 나는 그 쓴 잔을 그리스도의 손으로부터 받은 것을 후회하지 않는다. 그 속엔 무한한 생명이 있다. … 잔의 쓴맛은 생명의 단맛이다. 깊고 깊은 기쁨이다. 허공 저편에 숨어 있는 별빛 같은 것이다. (우치무라 간조, 〈영욕 50년〉, 《성서의 연구》 1927년 6월 호, 《우치무라 전집》에서 재인용)

함석헌은 세례를 받기 전 이미 다섯 명의 신앙 동지들과 함께 "성서를 조선에"라는 기치 아래 《성서조선》을 창간하였는데, 여기에서 새로운 세상을 동경하는 그의 낭만주의자로서의 면모가 더욱 두드러지게 드러난다. 그가 《성서조선》에 기고한 글을 보면 영혼과 더불어 이상적 세계를 그리는 꿈이 자주 발견된다. 그것은 기독교 신앙의 관점에서 이야기하고 있지만, 유한한 인간 너머 무한한 우주를 동경하던 낭만주의자들의 시선과 달라 보이지 않는다. 사실 낭만적 요소들은 당시 함석헌의 "성서적 입장"뿐만 아니라 지적인 습관이나 사고의 성향 속에도 뒤섞여 있었다.

따라서 함석헌을 낭만주의자라 부르고자 하는 것은 그의 성서적 입장을 부인하자는 것이 아니라 그의 성서적 입장을 서구 낭만주의 전통 속에서 재발견해보자는 데 있다. 우치무라에게서 배운 성서의 세계관은 함석헌이 꿈꾸는 새로운 세상의 결정적인 주춧돌이 되었다. 그 때문에 우치무라에 대한 그의 존경심은 우리가 상상하기 어려울 만큼 깊었다.

나는 이따금은 우리가 일본에 36년간 종살이를 했더라도, 적어도 내

게는, 우치무라 하나만을 가지고도 바꾸고도 남음이 있다고 생각하기도 합니다. (《하나님의 발길에 채여서》)

함석헌은 이전부터 이런 생각을 공공연하게 밝혀왔다고 한다. 그러나 아무리 존경스러운 인물이라 해도 2,000만 '조선 사람'이 겪어야 했던 식민지 시절의 고통스러운 삶과 맞바꿀 수 있다는 생각에는 '조선 사람' 누구도 수긍할 수 없었을 것이다. 그런 만큼 그가 추구하는 "성서적 입장"도 장차 땅 위의 역사가 끝나면 새로운 나라가 올 것이라고 믿는 낭만주의자의 꿈과 크게 다르지 않았다.

## 한 편의 영화

동경에서 함석헌은 그의 일생에서 결코 빼놓을 수 없는 친구 둘을 만난다. 한 사람은 함석헌에게 우치무라의 강의를 소개해준 김교신으로 둘의 관계는 해방 직전 김교신이 급서하기 전까지 20여 년간 지속되었다. 그는 사후에도 함석헌이 "깊은 밤 남모르는 대화"를 나눈다고 했을 만큼 함석헌의 유일한 신앙 동지였다.

한편 또 한 명의 "일생의 친구"는 함석헌이 직접 만난 적이 없었고 만날 수도 없었던 인물이다. 그는 함석헌보다 약 110년 먼저 태어나 서른 나이에 일찍 세상을 떠난 영국의 시인 셸리다. 함석헌이 《사상계》에 10회에 걸쳐 자전적 이야기를 연재할 때 첫 번째로 쓴 글인 〈겨울이 만일 온다면〉의 제목은 셸리Percy B.Shelly의 시 〈서풍부Ode to the west wind〉의 맨 마지막 구절이기도 하다.

셸리는 나의 친구요, 이 앞으로도 아마 그는 끊어지는 날이 없이 내게 위로를 주고 힘을 줄 것이다. 〈〈겨울이 만일 온다면〉〉

두 친구 중에서 누구를 먼저 만났는지는 알 수 없으나 우치무라에게 자신을 소개해준 김교신이 에토스의 동지라면, 시인 셸리는 날마다 가슴으로 만나던 파토스의 동무라고 할 수 있을 것이다. 함석헌이 셸리를 "일생의 친구"로 만난 것은 동경 유학 시절이지만, 그가 셸리를 처음 알게 된 것은 평양이었다. 그는 이미 평고 재학 시절에 나쓰메 소세키夏目漱石가 옮긴 셸리의 〈종달새〉, 〈느낌의 나무〉, 〈해방된 프로메테우스Prometheus Unbound〉, 〈에피사이키디온Epipsychidion〉, 〈구름〉 등을 읽었다고 자전적 이야기에서 밝힌 바 있다.

특히 셸리의 시 〈서풍부〉는 신의 섭리를 바탕으로 전개되는 한 편의 드라마로서 선과 악, 고통과 영광, 죽음과 부활, 심판과 용서라는 기독교 성경의 구약과 신약의 세계관을 압축한 종교시다. 셸리가 영국의 암흑기였던 18세기 초에 읊었던 〈서풍부〉를 함석헌이 조선총독부 시절, 이승만의 자유당 정권 시절, 그리고 박정희의 유신 시절에 이야기한 것은 밤의 세상에서 "새 시대를 바라는 혼"과 "새 시대에 대해 날카롭고 억센 힘으로 나가려는 독수리 같은 정신" 때문이었다. 간간이 글쓰기를 중단하던 시절에도 함석헌은 자신이 "좋아서 입에 떼지 않고 외는 글귀"였던 〈서풍부〉를 "마지막까지 잊지 않고 부를 것"이라 다짐했다.

그것은 슬플 때의 나의 위로요, 맥 날 때의 나의 가다듬어주는 자요,

내가 터무니없는 잘못을 하고 내 혼이 거꾸러질 때 내 손을 잡아 일으
켜주는 길동무요, 내 맘이 둔해질 때 나를 책망해 뒤의 것을 일으켜주
는 길동무요, 내 맘이 둔해질 때 나를 책망해 뒤의 것을 잊고 알 수 없
는 앞을 향해 막 더듬어 나가게 하는 '빈 들의 소리'다. 〈겨울이 만일 온
다면〉

　그 "사나운 서풍"은 "죽은 사상을 시든 잎처럼 몰아" 날려버리는 구
체제의 파괴자요, "싱싱한 새싹을 대기 속에" 넘쳐흐르게 하는 생명의
창조자다. 이처럼 〈서풍부〉에는 셸리 자신의 혁명 사상이 녹아 있다. 그
"혼의 친구"가 부르던 노래는 세상의 어둠과 싸우던 민주화 운동 시절
함석헌의 시대 인식을 대변한 것이기도 하다. 그랬기에 나이 예순에 이
르도록 만난 적도 없고 만날 수도 없는 셸리를 "일생의 친구"라고 부를
수 있었던 것이었는지도 모른다.
　그 노래가 함석헌의 심중을 점령하게 된 것은 〈이프 윈터 컴스If Winter
Comes〉라는 영화의 마지막 대사였던 "겨울이 깊으면 봄이 어찌 멀었으리
오?"라는 구절 때문이었다고 한다. 함석헌은 스물네 살 때 그 영화를 "어
느 정도 감격을 가지고" 보았다. 〈이프 윈터 컴스〉는 1923년 3월 미국에
서 처음 개봉한 영화로 일본에서는 함석헌이 관람했던 1924년에 상영했
다. 동경고사 신입생 함석헌은 영국의 유명 배우 마몬트Percy Marmont가 연
기한 주인공 사브르Sabre를 퍽 동정했을지 모른다.
　영화는 주인공 사브르가 한적한 숲속의 고풍스러운 집에 거주하면서
자기보다 두 살 어린 아내 마벨Mabel과 사고방식의 차이 때문에 갈등을

1947년 리바이벌한 〈이프 윈터 컴스〉 포스터.

겪는 과정을 그리고 있다. 평소 읍내로 출퇴근하는 사브르는 때때로 일
상에서 탈출하여 수많은 장서가 있는 자신의 서재에서 커다란 기쁨을 찾
고자 한다. 그러나 그를 별종으로 취급하는 이웃들과 마찬가지로 아내도
남편의 서재를 보며 경멸하듯이 "이건 당신의 굴窟이야!"라고 소리 지른
다. 그녀는 남편을 조금도 이해하지 못한다. 그런데 어느 날 이웃에 사는
어린 소녀가 임신한 채 죽었다는 소식이 들린다. 평소에 사브르가 돌봐
주던 소녀였으므로 이웃들은 그를 의심했다. 억울하지만 도무지 해명할
방법을 찾지 못해 정신적 고통을 당하던 사브르에게 뜻밖에도 구원의 손
길이 등장한다. 바로 읍내에서 가장 매력적인 타이버Tyber 부인이다. 사

브르가 이 부인을 만나는 순간이 영화의 마지막 장면인데, 그때 사브르는 "겨울이 깊으면 봄이 어찌 멀었으리오?"라고 읊조린다.

영화에서 작가 사브르는 자기중심의 자물쇠를 꼭 잠그고 들어앉은 폐쇄적인 인간 군상과 매우 대조적인 인물로 그려지는데, 그래서 함석헌은 영화의 마지막 대사를 더욱 잊지 못했던 듯하다. 이 영화는 120분 동안 다양한 등장인물을 통해 제1차 세계 대전 직후의 비극적 현실과 사회적 모순을 잘 드러냈다고 평가받았다.

〈겨울이 만일 온다면〉에서 함석헌은 신입생들에게 이 영화를 추천한 경제원론 강사 야마다 모리타로山田盛太郎의 인상에 대해 다소 길게 언급한다. 그는 "시시한 소리"나 하는 늙은 교수가 아니라 "두 눈에서 빛이 반짝반짝하고" 또 "언제나 재지와 진실이 흘러나오는 인상 좋은 사람"이라는 것이다. 그래서 자기는 "영화를 좋게 여기는 사람은 아니"라면서도 그가 소개하는 영화이므로 "섶을 지고 불로 들어가라 해도 하는 단순한 학생 심리"에 따라 〈이프 윈터 컴스〉를 보았다는 것이다.

문제는 셸리의 시나 영화 자체에 있는 것이 아니라 셸리의 노래를 되살려낸 함석헌 내면의 어떤 감수성에 있다고 할 수 있다. 철학자 바슐라르Gaston Bachelard의 《공기와 꿈》에 따르면, 셸리의 시는 인간의 정신 활동과 상승 활동을 일으키는 존재다. 예컨대 장시長詩 〈에피사이키디온〉은 '혼의 분신'이란 뜻의 신조어인데, 이 시에 등장하는 "조각배"는 앨버트로스를 닮았다고 한다. 어쩌면 그 앨버트로스가 하늘을 나는 꿈은 시인 셸리가 낭만주의자 함석헌을 친구로 맞이하기 위한 꿈이었을지도 모른다.

## 사회주의를 거부한 "가슴"

함석헌이 셸리를 만날 즈음 야마다의 경제학 강의는 사회주의 때문에 그에게 고민을 안겨주었던 것으로 보인다. 야마다는 도쿠가와의 봉건 막번체제幕藩體制를 분석하고, 메이지 유신부터 제1차 세계 대전 이후까지 일본 자본주의의 위기를 진단한 신진 학자였다. 그는 아시아에 대한 일본의 군사적 침략을 반半봉건적인 일본의 자본주의 발달 과정 때문이라고 파악했으며, 그것을 주도하고 있는 것은 반봉건적인 관계의 토대 위에 있는 천황제 국가라고 비판하였다. 나아가 역사를 연구하고 해석하는 데만 그치지 않고 그 역사적 현실 자체를 변혁시키기 위해 천황제 국가에 적극적으로 의문을 제기했다(高橋幸八郞·永原慶二, 차태석·김이진 옮김, 《일본근대사론》, 지식산업사, 1981).

> 그 야마다라는 사람이 그저 한때 지나가는 이야기로 그 영화 소개를 한 것인지 그렇지 않으면 역시 공산주의자의 교묘 치밀한 선전 방법으로 계획적으로 한 건지 그가 셸리의 사상을 혁명적이라 해서 그랬는지 … 나는 다 모른다. 야마다 씨는 셸리에 관해서는 한마디도 말해준 것이 없다. 또 그날 그 소개를 받은 수십 명 중 몇 사람이 그 영향을 입었는지조차 알 길이 없다. (〈겨울이 만일 온다면〉)

비록 마르크스주의자 야마다의 의도와 "전연 반대의 결과"를 초래했다고 하더라도 그 영화가 함석헌에게 "일생의 친구"를 만나게 해준 것은 매우 긍정적이고 의미 있는 일임에 틀림없다. 함석헌은 〈겨울이 만일 온다면〉에서 야마다가 〈이프 윈터 컴스〉를 권한 의중에는 사회주의 혁명 이념을 선전하려는 목적이 숨어 있었을지도 모른다는 생각을 감추지 않았다. 때마침 중국에서 마오쩌둥毛澤東이 출현하고 국공합작이 이루어진 시점이었기에 야마다가 제기한 문제의식은 신입생 함석헌에게 상당한 공감과 자극을 불러왔을 것으로 보인다.

그럼 혁명에는 좌도 우도 없고 그저 끊임없이 스스로 새롭는 생명의 꿈틀거림이 있을 뿐이란 말인가? 모든 것은 그저 내 가슴 속 하나에 있 단 말인가? (〈겨울이 만일 온다면〉)

함석헌의 가슴을 지배한 것은 성경이었다. 그것은 그가 파스칼Blaise Pascal의 말처럼 머리만큼이나 가슴에도 나름대로 이유가 있다고 믿었기 때문일 것이다. 정치적 수단에 의한 인간 해방을 추구하지 않고, 개인적인 자유와 내적인 탐구를 목적한 그는 사회주의와 사상적 힘겨루기를 할 수밖에 없었다. 당시 성경을 강의하던 우치무라는 사회주의와 명백하게 차이를 드러내는 기독교의 입장을 《무교회》 창간호에서 다음과 같이 밝힌 바 있다.

기독교가 보는 바에 따르면, 사회의 불공평은 모두 사람이 하나님을 버린 데서 온 것이요, 사회조직의 불완전에서 온 것이 아니기 때문에 이를 바로잡는 방법은 인간을 아버지이신 하나님께로 데려오는 일이 지, 여기에 새 사회 조직을 만들 필요는 없습니다. 그러므로 기독교는 제도나 조직 같은 것에는 중점을 두지 않습니다. (우치무라 간조, 〈기독교와 사회주의〉, 《우치무라 전집》 10권)

함석헌의 입장도 이와 비슷하다고 본다. 그는 기독교가 "어떤 일정한 사회제도를 정해놓고, 사람들에게 이대로 따르라"고 가르치는 행위를 부정한다고 하였다. 우치무라는 〈기독교와 사회주의〉에서 기독교와 사회주의 사이에는 다음의 세 가지 차이점이 있다고 이야기했다. 첫째, 기독교는 천국의 가르침이지 이 세상을 개선하기 위한 주의主義가 아니다. 둘째, 기독교는 반드시 재산의 공동 소유 또는 국유國有를 부르짖는 것이 아니라 소수의 부자나 귀족이 부를 독점해서는 안 된다는 것을 가르친다. 셋째, 기독교와 사회주의는 일하는 방법이 다르다.

우치무라의 무교회주의는 함석헌이 '조선'의 장래를 고민하던 시기에 사회주의 혁명에 대한 유혹을 해소하는 데 결정적인 해법을 제공했던 것으로 보인다. 예컨대 마르크스가 사적 유물론을 주장하며 "종교는 인민의 아편이다"라고 한 것에 대해 함석헌은 그것을 "종교를 잘못 알아들은 것"이라며 마르크스가 인간의 영혼을 인정하지 않는다고 비판했다. 합리적 이성에 대응하는 가슴의 자유는 신의 죽음을 이야기하는 인간의 논리가 아니라 인간과 신 사이의 인격적인 관계를 중시하는 낭만주의의 근원과도 상통한다.

결과적으로 함석헌이 사회주의를 거부한 것은 그의 가슴이 "사람을 보는 방법이 다르다"는 것을 알았기 때문일 것이다. 하지만 동경고사 시절은 함석헌이 셸리를 깊이 알기에는 아직 이른 때였다. 그가 셸리의 시집을 들고 고향에 온 것은 동경고사를 졸업하던 해였으며, 〈서풍부〉를 우리 말로 옮겨 《성서조선》에 실은 것은 오산고보를 떠나기 바로 전이었다. 이 사이에 함석헌은 자신의 기독교 신앙에 따라 "죄에서의 해방"을 외쳤다. 그것은 동경고사를 졸업한 직후 〈조선에 기독교는 필요하냐〉라는 글에서 던진 단도직입적인 질문에 대한 스스로의 대답이었다. 즉, 모든 사회적 모순과 고통과 시대의 종말에 대한 최종 열쇠는 "혁명론도 아니요, 사회 개조론도 아니"며 "최급최대의 문제요, 최근본의 문제"는 오직 기독교 신 앙의 본질인 '죄'로부터의 해방이라는 것이다. 그것은 궁극적으로 인간의 모든 사상事象이 절대자로부터 기인한다는 낭만적 관점과 상통한다.

# 4장

# 변방에 나타난 목자

## 남강의 숲

1928년 3월 어느 날, 함석헌은 오산고보 교무실에서 《요한복음》 10장의
'선한 목자'를 읽으며 그것이 자신의 취임사라고 밝혔다. 그는 "있는 정
성을 다 붓고 싶은 심정"으로 선한 목자의 길을 다짐했다.

나는 선한 목자이다. 선한 목자는 자기 양을 위하여 목숨을 바친다.
목자가 아닌 삯꾼은 양들이 자기 것이 아니기 때문에 이리가 가까이
오는 것을 보면 양을 버리고 도망쳐버린다. 그는 삯꾼이어서 양들을
조금도 생각하지 않기 때문이다. 나는 선한 목자이다. 나는 내 양들을
알고 내 양들도 나를 안다. 이것은 마치 아버지께서 나를 알고 내가 아
버지를 아는 것과 같다. 나는 내 양들을 위하여 목숨을 바친다. 나에게
는 이 우리 안에 들어 있지 않은 다른 양들도 있다. 나는 그 양들도 데

려와야 한다. 그러면 그들도 내 음성을 알아듣고 마침내 한 떼가 되어 한 목자 아래 있게 될 것이다. (《하나님의 발길에 채여서》)

이때 신임 교사 함석헌의 나이는 만으로 스물일곱이었다. 날 수로는 1만 날쯤 지날 때였다. 아무리 천재라 하더라도 1만 날 정도는 살아야 세상을 알 수 있다는 것은 나이를 세지 않고 하루씩 날짜를 센 유영모에게서 배웠을 것이다. 꼭 1만 날은 아니지만 그와 비슷한 나이였던 1902년에 슈바이처는 스트라스부르 대학에서 '《요한복음》에 나타난 로고스'라는 주제로 취임 강연을 했고, 1855년에 톨스토이는 세바스톨에서 만난 어린 병사들의 고통과 죽음 때문에 '절대자에 대한 어떤 감상'에 빠졌다고 한다. 그들 모두 자서전에서 젊은 날에 꾸던 무한한 세계에 대한 꿈을 이야기한다. 함석헌이 취임사로 읽던 '선한 목자'도 그가 꿈꾸던 세상을 드러낸 것인지 모른다. 본디 선한 목자는 변방에서 나타나는 법이다. '잃어버린 양'을 찾을 수 있는 곳은 변방일 테니까. 중심에 새로운 변화를 자극하는 이 변방은 반드시 지리적인 것만은 아닐 것이다.

이 '선한 목자'를 가슴에 새긴 청년 교사 함석헌을 학생들은 "함도깨비"라고 불렀다. 질문하면 모르는 것이 없는 '만능' 교사라는 뜻이었다. 한편 도깨비는 밤에 나타나기에 "함도깨비"의 출현은 곧 시대의 밤을 전제하기도 한다. 또한 "도깨비도 수풀이 있어야 재주를 피운다"는 속담처럼 "함도깨비"라는 별명은 그를 "생각하는 사람"으로 거듭나게 한 곳이자 '조선 사람'을 '조선 사람'답게 길러내기 위해 남강이 일생을 바친 오산학교를 민족 교육의 숲으로 읽히게 한다. 그 남강의 숲에서 "함도깨

오산중학교 교사 함석헌.

비"는 선한 목자로 거듭 태어나게 된 것이다.

오산고보 학생들은 아침 6시 나팔 소리에 일어나서 학교 운동장에 모여 아침 체조를 한 다음 하숙집으로 돌아와 아침을 먹었다. 학교 수업은 8시 반에 시작해 오후 4시에 끝났다. 그때부터 저녁 식사 때까지가 자유 시간이고, 저녁 식사 이후부터 밤 10시 사이에 교사들은 하숙집을 돌면서 학생들을 돌봤다. 한번은 함석헌이 동네 하숙집을 돌아보다가 아이들이 무슨 이야기를 하는지 궁금해서 잠깐 엿들었는데, 한 아이가 "쉿, 조용히 해라. 함도깨비가 들을라"라고 하자 다른 아이가 "아니야, 적어도 함도깨비는 이런 데서 비겁하게 엿듣지는 않아"라고 하는 소리를 듣고는 얼른 자리를 떴다고 한다.

함석헌이 학생들을 가르치던 교실은 붉은 벽돌로 지은 3층짜리 건물이었다. 그 서편에는 1930년 5월 3일 세워진 남강 이승훈의 동상이 있었는데, 그 동상 받침대에는 춘원 이광수의 〈쓰어 붙이는 말〉이 새겨져 있었다. 함석헌은 해마다 신입생들을 동상 앞으로 인솔하여 그것을 외우도록 했다고 한다.

남강 이승훈 선생은 서력 1864년 갑자년 3월 25일에 평안도 정주 본집에서 이석주 씨 둘째 아들로 나니 모친은 홍주 김씨라. 어려서부터 밝고 참되니 사람들의 믿음을 받다. … 1919년 기미년 33인의 한 사람으로 옥에 들어가기가 세 번이요, 있기가 전후 아홉 해, 선생의 백발이 옥중에서 난 것이다. … 선생의 품에 자라난 오산학원 동창들이 선생의 은혜를 기리기 위해 힘을 모아 이에 선생의 동상을 세우니, 서력 1929년 을사년 11월 30일이다. (이광수, 〈쓰어 붙이는 말〉, 《남강 이승훈과 민족 운동》에서 재인용)

　　이 동상 제막식에서 민세民世 안재홍安在鴻은 웅장한 목소리로 축사를 하다가 일경에 제지당했는데, 그때 답사에 나선 남강은 지극히 겸손하게 자신은 "불학무식不學無識"하며 자신의 일생은 "신神이 나를 지시하시며 도우심뿐"이라고 하였다. 그때 참석자들 뒤에 서서 그 말을 적어두었다가 아이들에게 들려준 이가 함석헌이었다. 남강은 동상 제막식 일주일 후에 예순일곱 살의 나이로 풍운에 찬 일생을 마감하게 되었다. 그해 6월 함석헌은 이승훈의 전기인 〈남강 이승훈 선생〉을 《성서조선》에 기고했는데, 그 글에서 자신을 이승훈의 "특별한 사랑을 받은 자요, 그의 깊은 곳을 아는 자"라고 밝혔다. 그 깊은 곳에서 나온 이승훈의 유언은 자신의 유해를 생리 표본으로 제작해 그의 "영혼을 잊지 않고 사랑하는 학생의 머리에 그대로 남아 있게" 되기를 바란다는 것이었다.

　　내 뼈는 학교에 보관하여 표본으로 사랑하는 학생들에게 보여주고,

교육에 진력하는 사람들에게도 보여주기를 원한다. (《조선일보》 1930년 5월
11일 자)

그러나 경성제국대학 병원으로 옮겨진 남강의 유해는 그의 영혼이 학
생들에게서 부활할 것을 두려워한 탓인지 조선총독부의 방해로 실험용
으로 쓰이지 못하고 11월 2일 밤 정주로 되돌아오게 되었다(《동아일보》
1930년 11월 5일 자).

함석헌은 이승훈의 민족정신과 기독교 정신을 되살려내는 것을 자신
의 의무라고 믿고 지냈다. 이승훈도 생전에 함석헌의 오산성서연구회에
참석했는데, 어느 날에는 단둘이서만 성서를 공부한 적도 있으며, 또 어
느 일요일에는 "바른 말인 담에야 누구나 다 들어야 해"라면서 전체 교직
원을 모두 소집하기도 했다. 이승훈은 함석헌의 성서 모임 동지들까지 사
랑했던 것으로 보인다. 김교신은 어느 일요일 저녁 두 명의 신앙 동지와
함께 안국동의 여관에서 이승훈을 만난 기쁨을 다음과 같이 표현했다.

선생은 우리를 마지막 전차로써 뜨게 하였다. 내금강에 순일旬日 을
보내다가 외금강을 향할 때 영상嶺上에서 동해의 청풍淸風을 한 입에
다 삼킨 것 같은 부푼 가슴으로 누룩 만드는 공덕리로 돌아왔다. 내가
남강 선생을 뵈옵기는 이것이 처음이었다. 오호라, 또한 마지막 대면
이 될 줄이야! (《성서조선》 1929년 11월 호)

남강이 떠난 '남강의 숲'에 둥지를 튼 "함도깨비"의 이야기는 당시 재

학생들에 의해 생생하게 전해지고 있다(오산학교 동창회 편,《함석헌 선생 추모문집》. 1994 참조). 그 청년 교사는 여름이면 흰옷에 모시 두루마기를 입고 고무신을 신으며, 겨울이면 무명옷에 짙은 회색빛 두루마기를 입는 '조선 사람'의 인상이었다. 또한 학교에서 고개 하나를 넘어가면 나오는, 과수나무가 딸린 그의 농가에는 "보잘 것 없는 나무 상자에 흰 종이를 발라서 포개 놓은 서가"가 있었는데, 한번은 우체부가 "함 선생님이 주문하신 책만 없다면 퍽 힘이 덜 들 텐데"라고 이야기하기도 했다(동창회장 윤창흠). 실제로 함석헌이 오산을 떠나 평양으로 이사할 때 그의 책을 실은 마차가 열 대나 될 정도였다(아들 함우용).

일요일에는 자기 집에서 하숙하던 열 명의 학생들과 함께 마루에서 예배를 드렸다(이하 육촌 동생 함석조의 증언). 또한 산을 좋아해서 학교 오른편에 보이는 약 200미터 높이의 제석산帝釋山에 자주 올랐다. 그 산에 올라가면 경치가 좋은 다섯 뫼가 주위를 둘러싸고 있는 데다 서해 바다도 잘 보인다. 그가 오산고보를 사임한 이후 2년간 평일 아침마다 무릎이 젖어 있던 것은 새벽에 일찍 산에 올라 무릎을 꿇고 기도를 드렸기 때문이었다. 함석헌은 기도할 때뿐 아니라 밥상 앞에서도 항상 무릎을 꿇고 앉았는데, 식사할 때는 한 톨의 밥알도 남기지 않고 밥그릇을 깨끗이 비웠으며 밥상을 닦을 때는 상 위만 아니라 상다리까지 모두 닦았다.

하루는 학생들에게 "너희들 밥 먹을 때 밥알이 떨어지면 어디 떨어진 것까지 먹을 수 있니?" 하고 물었다. 학생들이 "상 위에 떨어진 것까지 먹는다"라고 대답하자 함석헌은 "발등에 떨어진 것까지 먹어야 한다"면서 당나라 시인 이신李紳의 '딱한 농민〔憫農〕'이란 시를 즉석에서 들려주

기도 했다.[11]

이 시는 당시 '조선 사람'의 현실을 고뇌하던 함석헌의 마음과 다르지 않았다. 그가 가르치던 국사와 수신은 근대식 학교가 태어난 때부터 20세기 후반까지 거의 공통적인 교과였다. 역사는 지리와 함께 조국의 과거를 배우는 것이 보통이었으며, 수신은 오늘날 도덕 수업의 원조가 아니라 원래는 종교 수업이던 과목이었다. 그러나 조선총독부가 지배하는 학교 체제에서 국사는 일본 역사와 일본 지리를 학습하는 '국사'로, 종교는 '천황'의 신민臣民을 복제하기 위한 '수신'으로 변질되었다.

하지만 함석헌은 국사 수업 때 조선총독부의 교과서 자체를 책상 위에서 치워버리고 오로지 '조선 역사'를 가르쳤으며, 수신 시간에도 일본어를 빼놓고 한자만 골라서 읽는 방법으로 강요된 식민지 수업을 거부했다. 따라서 학생들 눈에도 학무국의 지시를 정면으로 거부하는 민족 교육자의 위험한 행위가 역력하게 드러날 수밖에 없었을 것이다. 당시 조선 역사를 가르치는 수업은 한반도의 모든 학교에서 허용되지 않았다. 그 금지된 수업을 흑판 앞을 떠날 때까지 끊임없이 감행한 것은 민족적 양심의 발로가 아닐 수 없다.

한편 함석헌의 수업 풍경 역시 매우 인상적이었다고 전해진다. 교실

---

11  鋤禾日當吾 汗滴禾下土 (서화일당오 한적화하토)
　　誰知盤中餐 粒粒皆辛苦 (수지반중찬 입입개신고)
　　호미 들고 김을 매는 한낮이 되면 땀방울이 곡식 아래 떨어진다.
　　누가 알리요, 상 위에 밥이 한 알 한 알 모두 농부의 고통인 것을.

오산중학교 신입생 갑조 담임 시절.

은 언제나 찬물을 끼얹은 듯 조용했고, 함석헌이 늘 의자에 똑바로 앉도록 했기에 수업 시작 전부터 학급 전체가 정좌한 상태로 대기해야 했다. 그의 수업에서 일본 역사에 대해서는 한마디도 들을 수 없었다. 대신 학생들은 빼앗긴 '조선'의 역사와 나라를 사랑하는 길을 이야기하는 선생의 목소리에 젖어들었다. 학생들은 선생이 추천한 책을 구하기 위해 평양까지 가기도 했으며, 《성서조선》에 연재하던 선생의 〈성서적 입장에서 본 조선 역사〉(이하 〈조선 역사〉)를 구해 돌려 읽기도 했다. 그리고 그렇게 책을 읽다 비분강개하여 주먹으로 벽을 치기까지 했다(《함석헌 선생 추모 문집》).

1931년 5월 말 기준으로 한반도에는 사립 남자고등보통학교가 총 11개 있었다. 오산고보는 그 가운데 하나로, 학년당 50명 안팎의 학급 두 개씩, 총 400~500명의 학생이 재학했다. 청년 교사 함석헌에게 배당된 수업 시간은 전교 10개 학급의 수신 한 시간씩과 3학년 이상 국사 세 시간씩으로 주당 총 28시간이었다. 해방 직후 미군정에 의해 현재와 같은 각각 3년씩의 중학교와 고등학교 학제로 바뀌기 이전에는 오산고보와 같은 5년제 중등교육이 보편적이었다.

함석헌의 담임 학급 학생이었던 송정현이 술회한 〈시학視學과 수업 참관의 변辨〉에는 당시 금지된 수업 때문에 일어난 교실 풍경이 선명하게 나타나 있다. 어느 가을날 국사 수업 때 학생들은 학교 직원으로부터 작은 쪽지를 건네받은 선생의 지시에 따라 평소에는 거들떠보지도 않던 조선총독부 발행 교과서를 책상 위에 펼쳐놓았다. 그 순간 학무과의 "여우 같은 일본인" 시학 두 명이 교실로 들이닥쳤다. 시학이란 오늘날 교육청의 장학사 역할을 하는 학무과의 관료였다. 아무런 예고도 없이 들이닥친 시학의 국사 수업 참관은 벼르고 별렀던 역사 선생의 '조선 역사' 수업을 현장에서 적발하는 것이 목적이었다. 그가 일본어인 '국어'로 일본 역사인 '국사'를 가르치지 않고, 조선어로 '조선 역사'를 가르친다는 것은 공공연한 비밀이었기 때문이다. 이때 역사 선생은 자신의 일거수일투족을 노려보는 시학들 앞에서 조선어로 수업을 마치고 교무실로 불려갔다. 시학들이 그의 조선어 수업 내용을 잘 알아들었는지는 알 수 없지만, 조선어로 수업한 것만은 학무국에서 명백히 금지한 행위였기 때문이다.

다음 날 학생들 사이에서는 역사 선생이 학교 차원에서 큰 문제가 된 것처럼 소문이 돌았으나 며칠 뒤에 알려진 이야기는 뜻밖이었다. 교무실에서 얼굴을 붉히고 언성을 높이며 야단치던 시학들에게 역사 선생이 "시골 학생들에겐 조선어로 말해야 이해가 더 빠르다. 중요한 것은 교육 내용인데, 그래도 군이 '국어'로만 가르쳐야 한다면 교육 내용의 이해 여부와 관계없이 그렇게 하겠다"고 태연하게 답변하자 이해했다면서 순순히 돌아갔다는 것이다. 어쨌거나 이 일은 역사 선생이 학무과 시학들에게 '찍힌' 불온한 교사였다는 것을 재확인하는 데 지나지 않았던 셈이다 《함석헌 선생 추모문집》).

함석헌이 오산고보에서 '조선 역사'를 가르친 기간은 1928년부터 1938년까지로, 그때는 3·1운동 이후 이른바 "도끼를 독약으로 바꾼 것"이라는 조선총독부의 문화정책과 함께 제2차 조선교육령이 시행되던 시기였다. 이 시기의 식민지 우민화 교육은 채만식의 소설 《탁류濁流》에서 주인공 승재가 토로하듯이 "절름발이를 만드는 짓"이거나 "사실상 이익보다 독을 끼쳐주는" 것이었다. 당시 함석헌이 학생들에게 주입한 '조선'은 낭만주의 시인 블레이크William Blake가 즐겨 쓴 '컨트리country'처럼 빼앗긴 나라에서 가난하고 순박하게 살아가는 고향 사람들의 어떤 원형을 회복하려는 시도였다고 할 수 있다. 그것이 '선한 목자'를 꿈꾸던 한 청년 교사가 부임하여 '남강의 숲'에서 "함도깨비"라고 불린 또 하나의 배경일 것이다.

## 어느 겨울밤의 교실
그런데 '남강의 숲'에서는 종종 보기 드문 일이 벌어지기도 했다. 그것은 민족 교육을 억누르는 일제 식민지 현실에서 불가피했던 사건처럼 보인다. 하지만 그때마다 "함도깨비"의 미담이 끊이지 않고 들려왔다. 그중 무엇이 교육자의 참 모습인지 성찰하게 해주는 평안도 산골 마을의 교실 풍경이 있어 소개한다.[12]

당시 오산고보는 조선총독부 학무과의 지시에 따라 의무적으로 '국어', 즉 일본어를 가르치는 일본인 교사 두 명을 채용하지 않으면 안 되었다. 물론 오산고보는 그것을 납득할 수 없는 분위기였으나 그 지시를 거부하면 더 큰 문제가 생길 것이 뻔했다. 이런 까닭으로 학교 당국은 일본에서 철학을 전공한 윤 모 선생에게 국어를 가르치도록 하는 편법을 썼는데, 그것이 학생들의 반발을 사게 되었다. 어느 날 국어 수업을 거부하기로 결정한 학생들은 수업 시간에 학급 학생 전원이 돌아가면서 윤 선생에게 야유와 조롱을 퍼붓기로 모의했다. 그 사실을 모르고 국어를 가르치기 위해 교실에 들어온 윤 선생에게 학생들은 계획한 대로 한마디씩 하였다. 이에 윤 선생은 "너희들을 가르칠 수 없다"면서 수업을 포기하고 교실에서 나가려 했다. 그러자 일단의 학생들이 "선생님, 못 나가십니다. 우리는 당당히 월사금을 지불했습니다. 선생님은 이 시간에 우리를 가르칠 의무가 있습니다"라면서 교실 문을 가로막고 나섰다. 학생의 학

---

12  이 일화는 1931년 당시 오산고보 3학년 학생이던 안이현이 1989년 6월 《씨올의 소리》에 기고한 〈함석헌 선생님을 생각하면서〉를 토대로 필자가 재구성해본 것이다.

습권을 빙자하여 선생을 골탕 먹이려는 수법이었다.

마침내 윤 선생이 "너희가 사람이냐?"라면서 통곡하자 비로소 학생들은 교실 문을 열어주었다. 학생들에게 모욕을 당하고 교무실로 돌아온 윤 선생에게 동료 교사들이 어떠한 반응을 보였는지는 알 수 없다. 다만 윤 선생을 동정했을지라도 학생들의 거친 행동을 바로잡기 위해 선뜻 나서기는 쉽지 않았을 것이다. 여러 정황으로 미루어볼 때 함석헌은 윤 선생의 이야기를 듣자마자 혼자서 곧장 교실로 달려갔던 듯하다. 그는 윤 선생이 국어를 가르치지 않으면 안 되는 이유를 학생들에게 자상하게 설명했고, 아마 학생들도 역사 선생의 이야기에 대체로 수긍했을 것이다.

그러나 그것으로 문제가 종결된 것은 아니었다. 수신 선생이기도 했던 함석헌은 선생을 모욕하고 수업 시간에 소란을 피운 학생들의 잘못을 그냥 묵과하지 않았다. 일제에 대한 반항 정신은 이해할 수 있지만 학생의 본분을 망각한 행위까지 용납할 수는 없었기 때문이다. 무릇 학생들 자신의 인격 발달을 위해서나 교사의 권위를 위해서나 반드시 해결하지 않으면 안 될 중대 사항이었기에 함석헌은 학생들에게 분명하게 책임을 묻기 시작했다. 그때 그의 모습은 한 사람의 선생을 넘어 마음속에서 저지른 죄를 대하는 일종의 사제司祭나 다름없었다. 평상시의 온화한 모습은 온데간데없이 사라지고, 교실에는 "주동자가 누구냐?"라고 묻는 엄숙한 목소리만 남아 울렸다.

학생들도 조금 놀랐던 것 같다. 그들이 그러한 일을 꾸민 것은 항일정신의 발로였고, 더욱이 함석헌은 '조선 역사'를 가르치는 선생이었기에 으레 야단이나 한번 치고 끝낼 줄 알았는데 그 예상이 빗나가고 만 것이었다. 어쨌든 학생들은 하교 시간을 훌쩍 넘길 때까지 단 한 명도 입을 열지 않았다. 만약 끝까지 입을 열지 않는다면 자기들끼리의 의리와 배짱으로 윤 선생에 이어 역사 선생의 권위마저 무너뜨릴 수 있었을 것이다. 추운 겨울 날씨에 난로불도 꺼져버리고 저녁 식사 시간도 지나 밤이 깊어갈 때였다. 학생들이 밤늦도록 귀가하지 않자 소식을 듣고 교실로 찾아온 동네 하숙집 주인들은 자신들이 존경하는 수신 선생의 마음을 움직이고자 이번 한 번만 용서해달라고 학생들을 대신해 정중하게 빌기도 했다.

하지만 수신 선생은 귀먹은 사람처럼 입을 꽉 다문 채 돌부처럼 꿈쩍도 하지 않았다. 어느덧 자정을 넘기고 날짜도 바뀌었으나 수신 선생은 날을 새우더라도 주동자가 나타나지 않는 한 그대로 서 있을 것만 같았다. 그때 한 학생이 불쑥 일어나 자기가 주동했다고 말했다. 자신들의 행위를 도저히 그냥 넘기지 않겠다는 수신 선생의 교육적 의지가 교실의 정적을 가득 메우자 마음이 흔들리고 만 것이다. 그제야 더 이상 참을 수 없다는 듯이 여기저기서 "아니요, 제가 했습니다"라는 소리가 터져 나왔다. 마치 기다리기나 한 것처럼 누가 먼저라 할 것도 없이 "저희들 모두가 했습니다. 한번 용서해주세요"라고 울먹이는 소리가 합창처럼 고요한 겨울 밤하늘에 메아리쳤다.

이는 '선한 목자'를 꿈꾸던 함석헌의 탁월한 교육 기술이 그 일면을 드러낸 것인지 모른다. 그리고 당시 '조선 역사'를 가르치면서 "교육을 직업으로 아는 가련한 인생"을 강하게 부정하던 '선한 목자'의 길은 말년에 씨올 혁명의 꿈으로 부활하게 된다.

## 두 손으로 가린 얼굴

함석헌이 취임사에서 밝힌 '선한 목자'의 모습은 그 겨울밤의 사건이 있기 전 학생들로부터 얻어터졌을 때 보다 더 명백하게 드러났다. 그러나 그가 폭행당했다는 사실만 알려졌을 뿐 언제 어떻게 생긴 일인지는 아직까지 알려진 바가 거의 없다. 함석보가 구술한 〈애놈의 어린 시절〉에 따르면, 주동자들은 선생들을 폭행하기 위해 인근 산기슭에 모여 작전을 짜고 누가 누구를 폭행할 것인지 구체적으로 분담했다. 대개 민족주의 진영으로 분류된 선생들이 표적이었으므로 함석헌도 예외는 아니었다. 드디어 예정된 날이 오자 가장 슬프고 놀라운 일이 아침 조회가 열리던 학교 운동장에서 일어났다. 학생들은 주동자의 구호에 따라 각자가 맡은 선생에게 달려가 인정사정없이 폭행하기 시작했다.

30대의 청년 교사 함석헌은 아무 말도 없이 자신이 가르치던 학생들이 때리는 대로 정신이 몽롱해질 때까지 그 자리에 서서 뭇매를 다 맞았다. 다만 가슴을 맞으면 안 되겠다고 생각해 두 팔을 가슴에 모으고 손으로 얼굴을 가렸을 뿐이다. 학생들이 선생들을 폭행할 예정이라는 소식을 미리 듣기는 했지만 함석헌은 다른 선생들처럼 도망치거나 그들을 꾸짖지 않고 가만히 폭행이 끝나기만을 기다렸으므로 그가 교무실에 돌아온 것은 학생들의 '작전'이 모두 끝난 후였다. 얼마나 시간이 지났을까? 일부 학생들이 교무실에 나타나 역사 선생에게 자신들의 잘못을 빌었다. 역사 선생은 누구처럼 변절한 민족주의자도 아니었고, 비난받아야 할 일도 없었기 때문이다. 교무실 밖으로 나가면서 한 학생이 함석헌에게 자신들이 폭행할 때 왜 두 손으로 얼굴을 가렸느냐고 물었다. 이에 함석헌은 다음과 같이 솔직하게 대답했다.

　　나도 사람인데, 누가 나를 때렸는지 알고 나면 '저놈이 날 때렸지' 하
는 맘이 생길까 봐. (《하나님의 발길에 채여서》)

　　이 폭행 사건은 학교 울타리 밖에서 신간회新幹會가 해소되던 것과 무
관치 않았던 것 같다. 분열된 민족주의 진영과 사회주의 진영이 1927년
일시적으로 손잡고 항일 민족 운동의 통일 전선을 구축하며 결성한 신간
회는 이념적 갈등 끝에 결국 1931년 5월 해소되었다. 그 사이 '인텔리'
중심의 조직 대신 빈농과 노동자 중심의 조직을 건설하려던 사회주의 운
동에 동참하는 과정에서 학생들은 '민족개량주의자'들에 대한 적대감을
드러냈다. 실제로 오산고보에서도 "조국 러시아"를 외치거나 학교 설립
자 이승훈에게 물러가라고 요구하는 학생들이 생겨났다. 심지어 사회주
의 혁명을 위해 "보수 꼴통"인 자기 아버지부터 죽이자는 '살부회殺父會'
가 조직되기도 했다.

　　그런데 당시 집단 폭행의 주동자 중에는 함석헌의 육촌 동생인 함석홍
咸錫弘도 있었다. 그는 사회주의 운동가로, 자신의 사회주의 이념에 따라
오산고보를 졸업한 후 1년 정도 일본 유학 후 소만蘇滿 국경 지역에서 조
선인 인민위원회 책임자로서 열정을 바쳤다. 함석조의 증언에 따르면,
함석홍은 만주의 일본인 참사관을 공개적으로 혼낸 일로 유명했다고 한
다. 그의 행적을 통해 어렴풋이나마 폭행 사건이 발생한 때를 짐작해볼
수 있는데, 그가 주동한 오산고보의 만세 시위는 1930년 1월 18일 토요

일 오전에 일어났다. 당시 《동아일보》 기사 등을 종합해보면, 그날 아침 조회를 마친 학생들은 오전 9시 반경 교실에 들어왔는데, 그때 자신의 책상 서랍 속에 있는 격문을 발견하고는 일제히 소리치며 교정으로 뛰쳐나와 만세를 불렀다. 이 시위로 인해 5학년을 제외한 1~4학년 320명 전원이 일주일간 정학에 처해졌으며, 시위 주동자 25명은 요시찰 대상인 사회단체 관계자들과 연계돼 있다는 이유로 일경에 끌려갔다. 이승훈에게 학교에서 물러나라고 요구한 것도 그들이었는데, 그때 일경에 취조를 받은 4학년 학생 네 명 가운데 한 명이 함석홍이었다.

이듬해인 1931년 2월에 오산고보 학생들은 식민지 교육 반대와 언론 집회의 자유를 내걸고 동맹휴학에 들어갔다. 그리고 민족주의 진영과 사회주의 진영 사이에 갈등이 커져가면서 5월부터 각 지역별로 신간회 해소 운동이 벌어졌다. 이때 오산고보에서 일어난 학생들의 시위가 단 두 차례뿐이었는지는 알 수 없지만, 추측컨대 함석헌이 폭행을 당한 것은 그 두 차례의 시위 과정에서였던 것 같다. 왜냐하면 당시 함석헌은 적극적으로 사회주의 진영의 학생들과 철학적인 논쟁을 벌였기 때문이다. 이 논쟁을 통해 함석헌은 자신의 "성서적 입장"을 더욱 분명하게 드러내게 되었다.

당시 오산고보 학생들은 포이어바흐Ludwig A. Feuerbach의 《기독교의 본질》에 커다란 영향을 받았다(이하 인용구는 1980년대 초로 추정되는 함석헌 강연 녹음에서 인용한 것임). 그 책에서 포이어바흐는 "하나님이 자기 모습대로 인간을 만든 것이 아니라 오히려 인간이 자기 모습대로 하나님을 그렸다"고 주장한다. 신도 인간의 감정과 관념을 떠나서 존재할 수 없다는 것이다. 즉, 종교를 통해 드러나는 것은 인간의 본질이라는 이야기다. 이러한 사상은 오산고보의 교육 이념인 민족 교육과 기독교 정신에만 부정적인 영향을 끼치는 것이 아니라 역사 선생 함석헌의 교육관과 신앙에도 위협적인 도전이었을지 모른다. 따라서 함석헌은 포이어바흐의 논리를 깨뜨리지 않고는 학생들의 잘못된 생각을 바로잡아줄 수 없다고 판단했다. 그것은 단순히 학생들을 훈계해서 될 일이 아니라 일종의 이념 논쟁이었기 때문이다. 함석헌은 그들에게 "너희들 말대로 포이어바흐의 주장이 옳다고 하자. 그럼 '인간이 자기 모습대로 하나님을 그리고 있다'는 생각 자체는 도대체 어디서 나온 것이냐?"라고 되물었다.

내게 생각이라는 게 있을 땐 내가 있기 전부터 … 이 우주 전체에 근본 생각이 있어! 그러니까 거기서 '나'라는 게 나왔지, 내가 생각을 해낸 게 아니거든. 그런 의미에서 다시 한 번 뒤집으면, 하나님의 모습대로 이게 나온 거지. 하나님의 모습은 이것만 아니지. 산도 하나님의 모습을 드러내고, 바다도 모습을 드러내고… (필자가 소지한 함석헌의 강연 녹음 중에서)

이는 그가 기독교의 본질에 대한 자신의 믿음을 드러낸 것이다. 그는 산과 바다라는 자연이 "하나님의 모습"을 "드러내고" 있으며, '나'라는 것도 우주 전체에 있는 "근본 생각"에서 출생했다고 믿는다. 그와 같이 상상하는 '나'는 우주에 참여하기 위해 세계와 자기의 존재를 묻는 낭만주의적 자아이기도 하다. 즉, '나'는 우주를 기계론적으로 파악하는 합리주의적인 세계관이 분리시킨 주관과 객관을 포괄하는 통일성의 원칙을 추구하는 존재다. 그 통일성의 원칙이란 시인 슐레겔Friedrich Schlegel이 말한 무한한 것에 대한 동경으로써 상대적 대립을 극복하고 통일해나가는 변증법적 과정을 무한히 반복하는 것과 같아 보인다. 그 무한의 전체성은 함석헌이 절대시하는 "하나님"과 다른 존재가 아니며, '나' 자신과 자연은 "하나님의 모습"이 드러난 것이라고 강조하는 그의 생각은 낭만주의자의 관점과 다르지 않다.

하지만 이미 포이어바흐의 이념을 따르는 사회주의 계열의 학생들에게 그가 믿는 "하나님"은 오히려 폭행의 빌미가 되었을지도 모른다. 어쩌면 합리주의와 충돌하던 낭만주의자의 세계관이 두 손으로 가린 얼굴에서 세속을 초월한 성자의 풍모로 드러난 것 같기도 하다.

## 마지막 수업

1938년 3월 함석헌은 뼈를 묻기로 한 '남강의 숲'을 돌연히 떠났다. 1928년 3월에 부임해 꼭 10년 만이다. 그의 사임은 그 숲이 더 이상 "함도깨비"가 살 수 없는 곳으로 변했다는 뜻이었는지도 모른다. 그의 사임이 전적으로 개인적인 것만은 아니라는 이야기도 있다. 오산고보 졸업생들에 따르면 역사 선생이 부임한 이래 교무실에서는 '고꾸고[國語]'를 추방하고 경멸받던 '초셍고[朝鮮語]'를 당당히 사용했으며 그것이 오산고보의 새로운 전통으로 자리 잡았다고 한다. 하지만 더 이상 그 전통을 지킬 수 없게 되었기에 함석헌이 사임한 것이라는 이야기였다. 또한 당시 조선총독부 학무국이 신사참배를 압박하자 그는 오산고보의 자진 폐교를 주장했는데 그 주장이 받아들여지지 않았기 때문이라는 이야기도 전해진다. 실제로 그가 학교를 떠날 무렵에 평양 숭실학교 교장 윤산온George S.McCune은 학무과의 지시를 정면으로 거부하며 학교를 자진 폐교시킨 바 있다. 미션스쿨이 어떻게 '천황'을 섬길 수 있느냐는 것이다. 그러나 불행하게도 대부분의 미션스쿨은 학무국의 지시에 동조하며 적극적으로 신사참배를 받아들였다.

그러므로 함석헌이 오산고보를 사임한 '사건'은 우리 학교사에서 민족 교육의 공백을 증거하는 하나의 역사적 자취로 볼 수 있을 것이다. 저명한 교육사가 이만규李萬珪는 《조선교육사》에서 일제 말기를 "교육의 파멸기"라고 규정하며 당시 교사들을 다섯 유형으로 분류했는데, 그중 민족 교육자의 본보기로 함석헌을 들었다.

강한 민족적 양심이 일본인의 제도에 굴복하는 것을 허용하지 아니하며 일본어로 교육하라는 학무과 지시를 듣지 않고 교육계에서 떠난 이들이니, 오산중학교의 함 모, 중앙중학의 문 모가 이런 예였다. 이 부류는 소수였다. 그 가운데에는 일본어가 유창함에도 불구하고 차마 못하겠다고 나온 이도 있었다.

여기 나오는 중학교는 현재의 중학교와 동일한 것이 아니라 일제가 태평양 전쟁 때 조선총독부의 우민화 정책에 따라 제4차 조선교육령에서 '고등보통학교'의 명칭을 중학교로 격하시킨 것이다. 위에 언급된 '함 모'는 함석헌이며 '문 모'는 언론인이자 교육자인 호암湖巖 문일평文一平이다. 참고로 이만규가 분류한 두 번째 부류는 개별적으로 민족적 양심을 말하다가 법망에 걸린 교사들이며, 세 번째 부류는 간신히 걸리지 않고 학교 현장에 남아서 민족의식을 심던 교사들이고, 네 번째 부류는 양심은 없지 않으나 타협적이고 복종적이며 아무런 교육 이념이 없는 천박한 교사들이다. 끝으로 다섯 번째 부류는 자발적으로 친일 훈화에 앞장서며 일제에 아첨한 이기적이고 속물적인 교사들이다.

물론 함석헌과 문일평이 같은 시기에 학교를 떠난 것은 아니다. 문일평은 1908년에 평양 대성학교 교사를 시작으로 1932년 8월에 중앙중학을 그만둘 때까지 3·1운동으로 옥고도 치르고 일본 유학을 다녀온 후 조선물산장려회와 신간회에 발기인으로 참여하기도 했다. 또한 개성의 송도고보를 비롯해 서울의 경신, 배재, 중동, 경성여상 등 여러 학교에서 학생들을 가르치면서 한편으로 중외일보와 조선일보에 재직하기도 했다. 이력이 다른 이 두 사람을 이만규가 동등하게 평가한 것은 그만큼 "강한 민족적 양심"을 가진 교육자들이 매우 드물었다는 뜻일 것이다.

저명한 한국사학자였던 이기백李基白은 자신의 역사관이 단재 신채호와 함석헌의 민족주의적 역사관에 결정적인 영향을 받았다고 밝혔다. 함석헌이 오산고보를 떠날 때 3학년 학생이던 그는 함석헌의 마지막 수업을 다음과 같이 회상했다.

그러던 어느 날이었다. 선생의 수업 도중에 갑자기 문이 요란하게 열리며 도道의 시학관이 교장 선생과 함께 교실로 들이닥쳤다. 예고 없이 급습하여 선생이 우리말로 강의하는 현장을 적발하려는 의도가 분명하였다. 우리는 모두 숨을 죽이고 긴장하지 않을 수 없었다. 선생은 잠시 뜸을 들이고 나서 일본말로 강의를 계속하시었다. 그때 선생의 일본말이 우리의 상상 이상으로 능숙하였다고 느꼈던 기억이 나는데, 우리는 선생이 동경고사 출신이라는 것을 잊고 있었던 것이다. 이렇게 해서 우선 급한 불을 끄게 되었다. 그러나 그 뒤 얼마 되지 않아 선생께서는 학교를 떠나시었다. 잘은 모르지만 이 사건과 선생의 사임과는 무관하지 않으리라는 느낌을 가졌다. 그래서 그 수업시간은 실질적으로 선생의 '마지막 수업'으로 나의 기억 속에 남아 있다. 나는 그 뒤 《퀴리 부인전》을 읽으면서 제정 러시아의 지배하에 있던 폴란드에서도 그와 유사한 일이 벌어졌던 것을 알게 되었고, 그래서 더욱 그 '마지막 수업'은 오랜 동안 잊히지 않고 기억에 남게 되었다. (이기백, 〈함 선생님의 속마음〉, 《함석헌 선생 추모문집》)

이 글에서 이기백은 나라를 일본에 빼앗긴 시절 학무과에 '찍힌' 민족 교육자의 모습을 생생하게 전해준다. 어느 날 영문도 모른 채 학교 유도실에 집합한 전교생은 교장 주기용朱基瑢으로부터 역사 선생이 학교를 떠난다는 소식을 듣게 되었다. 함석헌이 학생들에게 작별 인사를 한 날은 1938년 2월의 어느 날로, 그의 작별 인사는 점심시간 이후 첫 시간부터 꽤 오랜 시간이 걸렸다.

학생들 미안합니다. 나라 사정에 의해서 내가 오늘로 오산의 교단을 떠나게 되었습니다. 정말 미안합니다. (전제현, 〈함석헌 선생님을 보내드리고〉,

그는 얼마 전 기차를 타고 평양을 다녀오다가 고향을 등지고 남부여대
男負女戴로 만주 벌판을 향해 떠나가던 가난하고 비참한 '조선 사람' 가족
이야기를 하며 겨울 해가 넘어간 저녁때까지 비감한 목소리로 마지막 인
사를 했다.

그즈음 함석헌은 자신의 심정을 김교신에게 편지로 적어 보냈다. 김교
신의 조언대로 10년을 채우느라 적지 않은 고민을 했지만, 어쩔 수 없이
학교를 떠나지 않으면 안 될 만큼 막다른 현실을 즉감한다는 내용이었
다.

제弟는 금일 드디어 숙제를 결決하였소. 그 전에 형이 10년이나 채우
라 하시었던 말이 다시 생각나오. 금년이 만 10년이오. 과연 이 4~5년
은 좌고우시左顧右視하면서 지나왔소. 이제 떠나기로 결하니 유비의 수
년도수곤 공대구산천數年徒守困 空對舊山川의 구句가 생각나오. 도수가
아니라면 아니기도 하지만 지금의 즉감卽感으로는 그러하오. 학교의
교육 방침과도 맞지 않고, 세상 형편도 그렇고, 아무래도 그만두려고
는 했으나 집회가 아깝고 제弟가 떠나버리면 무책임한 듯도 하고 하여
가급 있어볼까 하여⋯ 《성서조선》 1938년 2월 호)

함석헌은 자신의 결심이 쉽지 않았다는 사실보다 자신의 과거와 단절
하겠다는 의지를 더욱 강조하고 있다. 무엇보다 "학교의 교육 방침과도

맞지 않고, 세상 형편도 그렇고"라는 말에서 조선총독부의 신사참배 강요에 대한 자신의 양심이 주위의 의견과 충돌하고 있다는 인상을 준다. 그런데 이 편지에서 주의를 끄는 것은 유비의 시를 인용한 부분이다. 시의 원문은 다음과 같다.

數年徒手困 (수년도수곤)
空對舊山川 (공대구산천)
龍豈地中物 (용기지중물)
乘雷欲上天 (승뇌욕상천)


여러 해 동안 맨손으로 수고하며 피곤한데
나라 잃어 텅 빈 옛 산천 공허한 맘으로 대하누나
용이 어찌 땅속의 물건이겠느냐
우뢰 타고 저 하늘 높이 승천하길 바라노라


이 시는 함석헌의 아버지가 아들에게 들려준 것으로, 한국 퀘이커 원로 조형균은 함석헌이 이 시를 적어둔 노트를 그가 세상을 떠나기 보름 전에 우연히 입수했다고 밝혔다. 시의 내용상 아마도 아들이 3·1운동 직후 평양고보를 자퇴하고 고향으로 돌아왔을 때나 동경고사를 졸업하고 귀국했을 시기에 함형택이 아들에게 이 시를 들려주었을 것으로 추정된다. 자기 아들이 단지 "땅속의 물건"에 그치지 않고 장차 용천에서 승천을 꿈꾸던 용이라고 믿던 아버지의 심중이 잘 드러나 있기 때문이다. 아버지는 "저 하늘 높이 승천"할 아들의 미래를 확신했으므로 그 미래를 위해 벌써부터 자신이 "어떤 봉사를 해야겠다"는 마음을 먹고, 아들이 유학을 마치고 귀향하기 전부터 동리에 세워진 명신학교를 위해 교회 장로로서 적극 활동해오던 터였다.

물론 이 시는 함형택의 자작시가 아니다. 나관중의 소설 《삼국지연의》에 나오는 이 시는, 유비가 조조에게 패하고 유표에게 몸을 의탁하던 때에 유표의 부하 채모가 유비를 모함하여 역모의 혐의를 씌우기 위해 마치 유비가 쓴 것인 양 그가 머물던 역관의 벽에 써 놓은 시다. 이 〈제벽시題壁詩〉는 비록 유비 자신이 쓴 것은 아니지만 천하를 평정하려던 유비의 속마음을 그대로 그려낸 시이기도 하다.

중요한 것은 함석헌이 '유비의 구句'라고 알고 있던 시의 출처가 아니라 그 "십년도수곤"의 심정 그대로 자발적 고립을 선택한 양심적 행위일 것이다. 거기에는 자신의 신앙과 동떨어진 세상을 닮지 않겠다는 강한 의지가 드러나 있다. 그 세상이란 "교육을 직업으로 아는 가련한 인생"들의 현장 또는 학교 체제가 전쟁의 도구로 전락되던 시기의 풍경일 것이다.

그의 편지는 김교신에게도 충격이었던 듯하다. 그 편지를 받고 "앉았다 섰다" 했던 김교신에게 그다음 날에도 함석헌의 편지가 전해졌다.

제弟는 지금 뒷줄을 끊어놓고 앞을 살피고만 있습니다.

그가 '남강의 숲'을 떠난 것은 '선한 목자'의 길을 찾아 새로운 방랑을

시작한 것이었는지도 모른다. 좁은 교실에서 광활한 공간으로 나아가려
는 기대감 섞인 마음과 점점 어둠과 혼란 속으로 빨려들던 시대에서 조
용히 칩거하고자 하는 욕망이 동시에 작용한 것처럼 보이기도 한다. 그
러나 시인 노발리스Novalis의 말처럼 그것은 현재 상태를 벗어나기 위해
모든 것을 원거리화 하는 낭만적 태도의 하나로, 자신이 동경하고 추구
하는 "무한한 한 점"을 지키기 위한 낭만주의자의 일관된 모습이기도
하다.

5장

# 《성서조선》과 함께

## 겨울철 성서 모임

돌이켜보면 함석헌에게 "무한한 한 점"의 존재는 그가 믿는 "하나님"일 수밖에 없다. 그의 하나님은 역사 교사 10년간 성경을 공부하면서 신앙 동지들과 함께《성서조선》을 펴낼 수 있었던 원천이었다. 그 창간사에 따르면, 스스로를 "우자愚者"라 칭한 동경 유학생 대여섯 명이 1927년 어느 봄날 동경 시외 스기나미 마을[杉並村]에서 모임을 갖고 조선성서연구회를 창립하였다. 그들은 동갑내기 김교신, 함석헌, 양인성, 정상훈과 그들보다 두 살 아래 유석동, 그리고 세 살 아래 송두용이었다. 그들은 그로부터 1년여 후에 《성서조선》을 창간하였다.

   그들 여섯은 우치무라의 성서연구회에서 만났다. 이 연구회는 1901년 3월부터 일요일 아침마다 우치무라의 자택에서 열리던 성서 강의의 참석자들을 중심으로 발족되었다. 이는 《무교회》라는 월간지가 발행된 것과 때를 같이하고 있다. 앞서 말한 것처럼 함석헌은 김교신을 따라 처음으로 성서연구회에 참석한 날《예레미야》강의를 들었다. 함석헌은 그때부터 2년 반 정도 성서연구회에 참석했다. 퀘이커 원로 조형균의 〈젊은 날의 함석헌과 신앙 동지들〉에 따르면, 우치무라의《예레미야》강의는 1925년 9월 27일부터 다음 해 5월 23일까지 띄엄띄엄 총 14회에 걸쳐 진행되었으며, 청년 남녀 200명이 참석하였다. 특별한 규정이 있었던 것은 아니지만, 그들은 모두 우치무라의 허락을 받고 입회비를 낸 회원들이었다.

한편 김교신은 〈내가 본 내촌감삼 선생〉에서 우치무라의 강연에 매 주일 600~800명이 참석했는데, 자신은 당시 60회에 걸쳐 진행한《로마서》강의에 단 한 번도 빠짐없이 참석한 네 명 가운데 한 명이자 유일한 '조선 사람'이었다고 하였다. 우치무라의 모임은 정시에 시작하며 집회 시작과 동시에 출입문이 닫혔다. 이 때문에 지각하는 사람은 스스로 참석을 포기할 수밖에 없었는데, 출입 자체를 막은 것은 아니지만 예의상 참석하지 않는 것이 관례처럼 굳어졌다고 한다.

잡담이나 교제가 일체 금지된 집회에서 훗날《성서조선》을 발간하는 여섯 명이 한자리에 모인 것은 1926년 어느 봄날이었다. 송두용은 〈은사 내촌 선생〉에서 1925년 6월 1일에 우치무라의 성서연구회에 입회했다고 하였다. 그리고 1년쯤 지나서 이미 성서연구회에서 알고 지내던 양정고보 선배 유석동의 제안에 따라 다른 네 명의 '조선 사람'을 찾아냈다는 것이다. 어느 일요일, 성서연구회에 일찍 참석한 두 사람은 맨 앞자리에 앉아 강의를 들은 뒤 집회가 끝나고 퇴장할 때 문간에 나와 한 사람씩 얼

《성서조선》 창간호.

굴을 살피면서 중국인이나 일본인이 아닌 '조선 사람'을 찾아냈는데, 그들이 김교신, 양인성, 함석헌, 정상훈이었다. 두 사람의 관상 '실력' 덕에 운명적으로 만난 그들 여섯은 "앞으로 조국에 전도하기 위하여 우리말 성서를 같이 배우며 연구하자는 뜻"에서 조선성서연구회를 창립하였다. 그리고 이듬해 7월 1일 "조선에 성서를" 선물하기 위해 동인지 《성서조선》의 창간호를 펴내었다.

그들은 귀국 후 각자 자신의 삶의 터전에서 성서 모임을 이끌었다. 김교신의 경성성서연구회와 함석헌의 오산성서연구회가 대표적이다. 그 모임들은 우치무라의 성서연구회를 본받은 것처럼 보인다. 하지만 우치무라의 모임에서는 볼 수 없었던 것이 있었는데, 그것은 매년 한 차례씩 전국의 《성서조선》 독자들을 대상으로 열린 '본지 독자 동계 성서 강습회'라는 겨울철 성서 모임이다. 참석자들은 강습회 기간 내내 "전투를 치르는 병사의 정신"으로 새벽 6시에 일어나 찬물로 씻고 새벽기도를 드리면서 하루를 시작해 식사 시간을 제외하고는 일체의 휴식 없이 밤 9시까지 성서 연구에 매진했다. 비록 금욕주의나 탈속주의를 표방하지는 않았지만, 그 모임은 새로운 영성을 강조하는 수도원 운동을 연상시키는 하

《성서조선》6인 동지들. 뒷줄 오른쪽이 함석헌, 앞줄 왼쪽에서 세 번째가 김교신.

나의 작은 신앙 공동체였다.

모임의 참석자는 《성서조선》의 독자로 20명 정도밖에 되지 않았다. 그들은 서울을 비롯하여 함경도, 평안도, 전라도, 경상도 등 전국 각지에서 모여들었는데, 모임에 참석하려면 적어도 집회 일주일 전까지는 반드시 《성서조선》의 주필 김교신의 허락을 받아야 했다. 그렇게 하지 않으면 아무리 멀리서 찾아오더라도 참석할 수 없었다. 딱 한 번 예외가 있었다. 나중에 "한국의 슈바이처"라고 불린 의사 장기려張起呂가 신청 마감 이후에 모임 소식을 듣고 참가 희망을 밝혔는데, 도저히 참석이 불가능하다는 것을 잘 알고 있던 그의 후배이자 김교신의 제자인 의사 손정균孫楨

均이 김교신의 어머니께 호소하고, 그 어머니가 자신을 극진하게 모시는 아들에게 간청해 겨우 참석을 허락받았다.

집회 기간은 6박 7일로 대개 12월 말경에 시작해 1월 초에 끝났다. 연말연시의 요란한 세속 풍경과 정면 대결하듯이 모임은 매우 엄숙한 분위기에서 진행되었는데, 모임의 첫 장소는 공덕동 정상훈의 자택이었다. 이후에는 오류동 송두용의 자택을 비롯하여 종로 6가 부활사復活社 강당과 김교신의 정릉 자택 등으로 장소를 옮겼다. 대체로 숙박 시설이 좋지 않았기에 참가자들은 모피 등을 가져와 추위에 대비했다. 모임을 지도한 김교신은 참석자들에게 과대한 기대를 갖지 말도록 부탁하면서 모임의 취지를 다음과 같이 밝혔다.

종교적이라기보다 학구적으로 한다. 고로 흥분은 금물이요 냉정은 필보必保하고자 한다. … 자연과학으로써 우주의 법칙을 배우고 지리 역사로써 인류의 경험에 감鑑하여 더 깊이 성서를 읽고저 노력한다.

(김교신, 〈동계성서강습회에 관하여〉, 《성서조선》 1933년 12월 호)

교육학자 김정환은 《김교신, 그 삶과 믿음과 소망》(한국신학연구소, 1994)에서 복음적, 윤리적, 비신학적, 체험적, 과학적인 성격에 바탕을 둔 이 강습회가 "학문적 수준으로 보거나 청강자의 진지한 태도로 보거나 당시 교회의 사경회보다 수준이 월등히" 높았다고 평한 바 있다. 함석헌이 조선 역사를 강의할 때 다른 여러 강사들은 복음서 연구, 예언자 연구, 성서식물학, 구약성서의 사적 가치, 지리학적으로 본 조선인의 사명

등을 강의했다. 그러나 무슨 인문학 강좌처럼 수강생들끼리 화기애애하게 교양을 쌓기 위한 모임은 아니었다. 그 모임의 핵심 강사는 김교신과 함석헌이었다. 그들은 평소에 성서를 연구한 내용을 해마다 강습회에서 발표했는데, 그때 함석헌이 강의했던 내용은 아래와 같다.

제1회: 《사도행전》 연구
제2회: 성서적 입장에서 본 조선 역사
제3회: 성서적 입장에서 본 세계 역사
제4회: 기독교사
제5회: 성서적 입장에서 본 교육 문제
제7회: 《히브리서》 연구
제8회: 《묵시록》 연구

동계 성서 강습회는 1932년부터 1941년까지 총 아홉 번 열렸는데, 중일전쟁 후에 예정된 제6회 강습회는 시국 문제로 김교신, 유달영, 함석헌, 송두용 등이 긴급하게 의논한 끝에 집회 직전에 중지키로 하였다. 함석헌이 오산고보를 떠난 것은 그 직후였으며, 유일하게 불참한 제9회 강습회는 그가 '계우회鷄友會 사건'으로 평양 대동경찰서에 투옥 중일 때였다. 당시 김교신은 함석헌이 빠진 성서 강습회가 "생각할수록 무모한 기도"라고 여기면서 처음으로 연말이 아닌 연초에 강습회를 시작하였다. 다음 날 새벽기도회에서 "부자유한 선생을 위하여 정성을 다한 기도를 합심하여" 올리고 6박 7일간의 일정을 마쳤는데, 그다음 달부터 김교신이 일기 형식으로 소식을 전하던 〈성서통신〉도 《성서조선》에서 영영 사라져 그때까지 전해주던 함석헌의 옥중 소식도 들을 수 없게 되었다.

이듬해 《성서조선》은 김교신의 〈조와弔蛙〉를 빌미로 결국 강제 폐간되어 역사 속으로 사라지고 말았다. 이 필화 사건을 일으킨 김교신의 글은 추운 겨울 날씨에 죽은 개구리에게 조의를 표하는 글이라기보다 죽지 않고 살아남은 개구리의 생명력을 일제 치하에서 신음하던 '조선 사람'의 미래로 은유한 것이었다. 그렇다고 그동안 김교신이 《성서조선》에 기고한 글과 특별히 다른 것도 아니었다.

"성서조선 사건"이라 불리는 이 필화 사건으로 일제는 1942년 3월 일본 동경과 한반도 전역에서 약 300명을 검거했으며, 이들의 가택을 수색하고 열흘 가까이 유치장이나 경찰국 구치소에서 문초했다. 김교신을 포함한 12명은 미결수로 서대문형무소에 1년간 투옥되었다. 당시 함께 투옥된 농촌 운동가 유달영柳達永의 자서전 《소중한 만남》에 따르면, 일본인 검사는 그들을 향해 "500년 후를 내다보고" 있어서 "지금까지 잡아온 놈들 중에서 제일 악질"이라고 했다. 하지만 겨울철 성서 모임을 이끌던 인물들은 단지 '조선'의 독립만을 목적한 것이 아니었다. 그들은 식민지의 어둠뿐만 아니라 세계의 암흑으로부터 인간을 구원하는 것이 목적이라고 믿었기 때문이다. 겨울철 성서 모임은 그들의 세계관을 실천하기 위한 작은 공동체 실험이었다.

바야흐로 세계가 전쟁 폭력과 대량 학살의 집단적 광기와 혼돈에 빠져들던 시기에 그들이 보여준 열정은 국가와 자본과 집단의 노예 상태로 전락한 개별 인간의 비극을 자신의 내면으로 받아들인 것이었다. 교회

개혁과 무교회 신앙으로 인간의 위기를 극복하고, 순수한 형태의 기독교를 위해 신의 이름으로 "영원한 생명"의 씨앗을 파종하고 가꾸던 그들의 노력은 새로운 영적 존재의 힘을 회복하기 위해 20세기에 새롭게 등장한 수도원 운동의 모형처럼 보이기도 한다. 왜냐하면 인간의 구원과 새로운 삶의 창조는 오직 기독교를 통해서만 가능하다면서 새로운 영성의 계발을 위해 기독교 본연의 영적 생활로 되돌아갈 것을 적극 주장했기 때문이다. 이 성서 강습회가 "하나님"을 믿는 함석헌에게 "끊임없이 전진하는 창조의 과정"을 추구하는 낭만주의자의 길을 열어주었다는 것은 매우 주목할 만한 점이다.

## '의'를 구하기

《성서조선》에 실린 함석헌의 글은 대략 다음의 네 시기로 구분해볼 수 있다. 첫 번째 시기는 창간호에 〈몬저 그 의義를 구하라〉가 실린 이후부터 4년간이다. 약 30편의 단편 속에서 그의 열정은 무교회 정신과 십자가 신앙에 집중되었다. 이 기간은 광주 학생 운동이 전국적으로 확대되던 때로, 그가 좌익 학생들한테 뭇매를 맞은 때도 이 시기였다.

두 번째 시기는 그 후 약 2년간으로, 이 기간 동안에는 《성서조선》에서 그의 이름을 찾아볼 수 없다. 그 사정을 좀 더 검토해볼 필요가 있는데, 이 기간에 그는 친구 김교신에게 보낸 편지에서 자신이 "루비콘 하河를 건넜다"고 이야기했기 때문이다. 함석헌은 어떤 회심을 경험하면서 자신이 운명적으로 우주와 맺고 있는 섭리를 드러내는 것이 자신의 할 일이라고 믿었던 듯하다.

세 번째 시기는 오산을 떠나기 전까지 약 4년간이다. 그의 〈조선 역사〉가 태어난 때가 바로 이 시기다. 〈성서적 입장에서 본 세계 역사〉 또한 〈조선 역사〉와 마찬가지로 22회에 걸쳐 연재되었다. 〈성서적 입장에서 본 세계 역사〉의 연재가 끝나던 때가 함석헌이 오산고보를 떠난 달이다. 그는 겨울철 성서 모임에서 〈기독교사〉와 〈성서적 입장에서 본 교육 문제〉를 발표했는데, 그 둘은 안타깝게도 《성서조선》에서 찾아볼 수 없다.

끝으로 네 번째 시기는 오산을 떠난 후부터 《성서조선》의 폐간 때까지다. 처음 1년간은 아무런 글을 발표하지 않다가 그다음 해부터 약 1년간 〈히브리서〉를 연재했다. 그 글이 사실상 《성서조선》에 실린 그의 마지막 성서 연구이다. 그 이후로 함석헌의 글은 《성서조선》이 1942년 3월 폐간될 때까지 보이지 않는다. 다만 1940년 9월 계우회 사건으로 투옥되었다가 다음 해 출옥하면서 〈지우誌友 여러 형제들께〉라는 간단한 출옥 소감을 기고했을 뿐이다. 마침 그때는 《성서조선》이 창간 14년 주년을 맞이한 때였다. 그리고 몇 달 후 《성서조선》은 폐간되었다.

함석헌이 《성서조선》에 발표한 글들은 그의 "성서적 입장"이 피어난 사상의 꽃이었다. 서양사학자 노명식盧明植은 《성서조선》에 실린 〈조선 역사〉가 사상가 함석헌의 토대라고 지적한 바 있다. 그것은 생명의 법칙을 따르는 모든 꽃의 운명처럼 우주의 본성과 일치된 불멸의 씨앗으로부터 피어난 사상적 꽃 가운데 하나였을지 모른다. 그가 최초로 기고한 〈몬저 그 의를 구하라〉뿐 아니라 《성서조선》에 기고한 대부분의 글들이 그 "의"에 충실한 내용이었다. 함석헌은 "짓는 이의 하고자 하는 뜻"을 "의"라고 부르고 "지음을 입은 자"는 반드시 그것을 따라야 한다고 역설하였다.

　나는 현실에서 눈을 옮기어 "그 나라와 그 의"를 바라지 않을 수 없
이 되었다. 〈몬저 그 의를 구하라〉,《성서조선》1927년 창간호)


　청년 함석헌은 "영원한 생명"의 씨앗을 가꾸기 위해 그 "의"의 태초로
향하게 되었다. 그것은 그가 아직 사상적으로 만나지 못한 노자가 "큰 길
이 없어져서 인과 의가 생겨났다〔大道廢有仁義〕"고 말한 뜻과 다르지 않
다고 본다. 그래서 그것은 "의란 것은 마땅함이다〔義者宜也〕", "의는 사람
이 가야 할 바른 길이다〔義人之正路也〕", "의란 모든 일의 시작이다〔義者百
事之始也〕" 등 유학儒學에서 말하는 '의'나 정치적 도구로 쓰이는 '정의正
義'와 일치하는 것이라 보기도 어렵다.

　〈몬저 그 의를 구하라〉에서 함석헌은 문제의 현실이 "욕망을 위한 욕
망" 때문에 인간이 "욕망의 암연暗淵에서 의식을 잃고" 맹목적인 욕망의
노예가 된 상태, "채찍에 몰리는 돼지"같이 변해버린 인간의 위기라고
파악하고 있다. 물론 욕망의 문제는 어제 오늘 생긴 일도 아니며, 함석헌
만의 문제의식도 아니다. 그러나 청년 교사 함석헌은 그것을 단순하게
비인간화 현상으로 파악하지 않고, "지음을 입은 자"가 "지으신 이의 뜻"
을 어긴 "죄" 때문이라고 아주 분명하게 지적하고 있다.

　함석헌이 이야기하는 "의"는 살아 있는 인간의 전체로부터 출발하는
것이기에 현실 세계에 대한 추상적인 가정이 될 수 없다. 그래서 혁명이
나 사회 개혁을 외면한 "의"가 되어서는 안 된다는 것이다. 그것은 그가

"방금 굶어 죽고 방금 쫓겨 가는" 사람들의 참상을 목격하면서 "현실의 전사戰士가 되려고까지" 생각한 근원이기도 하였다. 그러나 그는 결국 "선혈과 인육으로 장식하는 혁명론도 아니요, 사회개혁론도 아니"며 오직 "믿음으로 말미암아 사는" 종교적 신념의 "의"라고 고백하며, 나아가 "의의 법칙"은 "소위 생물 진화의 법칙이 아니오, 소위 경제적 생산관계가 아니오, 소위 문화 이상理想이 아니"라고 확실하게 말한다. 현실 세계를 신의 세계와 구별하는 의식의 터가 "성서적 입장"이라는 것이다.

이에 따라 유학생 함석헌은 당시 유행하던 사회진화론을 반기독교적이라며 정면에서 부인했다. 사회진화론은 정치학자 전복희의 말대로 세계 대전을 일으킨 독일과 일본의 제국주의자들이 추종한 국가사상이다(전복희, 《사회진화론과 국가사상》, 한울아카데미, 1996). 그런데 어이없게도 함석헌 사상 연구자를 자처하는 학자가 함석헌을 사회진화론자라고 주장한다면 아마도 그것은 함석헌 사상의 근원을 이루는 "성서적 입장"과 그 성서적 입장을 전면 부정하고 왜곡하는 사회진화론 자체에 대한 무지를 드러낸 일이 아닌가 한다.

함석헌이 자신의 모든 것을 희생해 이상적인 삶의 가치를 추구하기 위한 원천으로서 "하나님의 의"를 내세운 것은 인류의 비극이었던 제1차 세계 대전이 일어난 지 10년이 조금 지난 때였다. 동시에 그것은 10여 년 전 3·1운동으로 평양고보를 자퇴한 이후 함석헌이 처음으로 밝힌 인생관이었다. 당시에 현실을 지배하던 것은 역사학자 토인비가 "전쟁 수행 기관"이라고 명명한 국민국가nation state의 국가주의였는데, 함석헌이 그 국가주의를 결정적으로 체험한 것은 《성서조선》을 발간하기 4년 전인 관동대진재 때였다. 그는 국가주의는 인간이 "지음을 입은 자"의 자리를 망각하고 자신의 욕망 때문에 스스로를 하나의 동원 대상으로 전락시킴으로써 자기 스스로 귀중한 가치를 지닌 존재가 아니라는 것을 자인한 셈이라고 비판하였다. 국가주의가 일으킨 전쟁을 인간이 꿈꾸던 이상적인 나라를 하나의 허상으로 만들어버린 형이상학적인 사건으로 이해한 것이다.

> 암흑이 전지全地를 덮혔다. 세계는 혼돈 가운데 방황한다. … 구주歐洲 전쟁에서 구주의 물질문명은 그 장자를 잃었다. (〈20세기의 출애굽〉, 《성서조선》 1930년 7월 호)

그에 따르면 이와 같이 인간을 암흑과 혼돈의 세계로 몰아넣은 것은 역사의 종말이 아니라 역사에 대한 심판이다. 위기에 처한 인간의 방황은 뒤집어 보면 기독교에 대한 심판을 뜻한다. 즉, 유럽 문명이 세계 대전의 재앙을 겪은 것은 인간의 정신적 위기를 나타내는 것인데, 그것은 역사적으로 유럽 문명의 바탕을 이루는 기독교 정신이 썩었기 때문이라는 것이다. 실제로 일부 기독교 세력은 조국애를 내세워 전쟁 참여를 적극 독려하기도 했다.

따라서 인류를 구원할 수 있는 것은 온전한 기독교의 진리뿐이라고 주장한 극소수 '조선인' 청년들은 매우 이례적인 존재이며, 그들이 발간한 《성서조선》도 예사로운 것이 아니다. 그들은 《성서조선》을 내면서 기독교의 적은 타 종교도 사회주의나 유물사관도 아닌 바로 "교회 그 자체"

요, "기독 신자라 하는 그 자신"이요, 그 신자들을 인도하는 "교직들"이라고 선포한 바 있다. 그 심판을 위해 그것을 한층 더 뚜렷하게 드러내자는 것이 함석헌의 일관된 "성서적 입장"이었다.

> 오늘 우리는 생활의 파멸을 당한 자들이다. 생야사야生耶死耶하는 생명의 극한점에 선 우리들이다. 우리는 물질, 정신을 물론하고 각하脚下에 사死의 암연을 굽어보고 부르르 떨고 있는 자들이다. 이제 여기서 더 밀린다면 새 힘을 얻어 암연을 건너뛰어 광명의 저쪽에 가거나 그렇지 않으면 발이 선 자리에서 거꾸러져 밖으로 암연에 삼켜버리는 것에 어느 한편이다. (〈조선에 기독교는 필요하냐〉, 《성서조선》 1928년 7월 호)

그는 "의"를 구하기 위해 "사느냐 죽느냐"라는 선택의 여지가 없는 배수진을 쳐야 한다고 주장하였다. 그것은 그가 오산고보에 부임하기 전부터 품었던, 자신의 기독교 신앙으로 참세상을 구하려는 거대한 꿈의 전략이었는지도 모른다. 함석헌이 연달아 쓴 글을 참고해서 본다면, 이 글의 바탕은 무엇보다도 현실 세계를 근원적으로 부정하는 낭만주의자의 꿈꾸기라는 것을 알 수 있다. 그가 세운 첫 번째 꿈의 '전략'은 선전포고를 하듯이 《성서조선》에서 〈몬저 그 의를 구하라〉는 사상의 깃발을 앞세운 것이다. 두 번째는 "영생은 오직 주主에게만" 있으니 "오직 주主를 우러러보고" 살기 위해서 "낮이면 온종일, 밤이면 밤새도록 1분 떼어먹음 없이 주께 바쳐지"도록 〈주여 믿어지이다〉라고 기도하는 일이다. 세 번째는 그 "나라의 의"를 구하기 위해서 "보내신 이의 뜻"을 따르는 〈선지

자先知者)의 자리를 떠나지 않는 것이다. 네 번째는 세상의 모순과 불의에 맞서 "진두陳頭에 친림親臨하시는 그"를 따라 "그의 전선戰線"에서 "싸워 순사殉死"하기 위해 〈살아계신 하나님〉을 철저하게 믿는 일이다. 끝으로, 그것은 〈물 위에 씨를 뿌리는 자〉와 같이 대가 없는 희생을 치러야 한다는 것이다.

이와 같이 함석헌의 "성서적 입장"은 "의의 나라"라는 참세상의 탈환을 위해 거짓 세상을 향한 배수진을 친 다음 씩씩한 "프로테스탄트의 정신"으로 임전태세를 갖추자는 것이었다. 여기서 우리는 이사야 벌린Isaiah Berlin이 말한 낭만주의적 영웅의 심리를 볼 수 있다. 자신이 헌신하는 가치를 위해 필요하다면 죽음도 무릅써야 한다는 순교적 행위를 결심했기 때문이다. 그만큼 "의"를 구하려는 "성서적 입장"은 비장하고 순수하고 이상적이다. 자신이 믿는 하나님을 위해 자신의 모든 것을 바쳐야 한다고 믿었기 때문이다.

함석헌은 "아름답고 장하고 고상하고 숭엄한 이상"을 실현한 꿈의 나라를 "의의 나라"라고 그렸다. 그 나라는 "암연黯然을 건너뛰어 저쪽"에 있다는 "영생永生의 터"요 "영화靈化된 자연"이라는 것이다. 그 나라로 출발하기 전 그는 신비하고 의미심장한 소리를 듣는다.

이제나 이제나 사라지려는 듯이 실개암이의 소리같이 들리었다. 그러나 그렇듯 연하고 약하고 막연하고 몽롱하였으나 이를 무시할 수 없었다. 사라지려는 듯 사라지지 않고 막연한 듯 아주 꺼지지 않았다. … 나는 그 소리를 표현할 만한 적절한 세상 말을 가지지 못하였다. 그러

나 만일 구태여 한다면 "영생을 위하여"라고 쓸 수밖에 없다. (〈몬저 그
의를 구하라〉)

함석헌은 이 "영생을 위하여"라는 소리야말로 생명의 "신천신지新天新
地"를 향해 "암야대양暗夜大洋으로 나가는 일엽소주一葉小舟의 인생에게"
필수불가결한 "생명의 양식"이 되었다고 했다. 그때부터 "영생의 터"를
찾는 함석헌은 꿈꾸는 세상을 떠나지 않는 낭만주의자의 모습을 뚜렷하
게 드러내게 된다.

## '루비콘 하河'를 건널 때

함석헌이 《성서조선》에 〈조선 역사〉를 연재하기 시작한 것은 두 번째 겨
울철 성서 모임 때의 일이다. 성서 모임은 그가 오산고보에 역사 교사로
부임한 지 5년 뒤 시작되었는데, 그로부터 1년 전 함석헌은 오산학교에
"뼈를 묻기로" 한 자신의 초심이 흔들린다는 고민을 김교신에게 털어놓
았다. 이에 김교신은 "그래도 10년은 채우는 것이 좋겠다"며 답장을 보
냈다. 그 무렵 김교신은 함석헌에게서 통지를 하나 받았다.

함 형으로부터 루비콘 하를 건넜다는 통지 있었다. 인생 70년간 세
포분열을 계속하고 고희를 축祝하는 이도 있으련만 원컨대 단 7년간
이라도 루비콘 하를 건넌 자의 확고한 무보武步로써 혼신 매진하는 생
활자가 되고 지고. 금후의 오산에 우리의 관심은 배전倍前하지 아니치
못함이 있다. (《김교신 일기》, 1932년 2월 13일 자)

"주사위는 던져졌다"는 말이다. 당시는 서울에서 겨울철 성서 모임이 정식으로 열리기 전인데, 함석헌이 어떤 행동을 결심한 계기를 암시하고 있지만 구체적으로 그것이 무엇인지는 알 수 없다. 오산의 성서 연구 모임은 매우 적극성을 띠고 있었는데, "루비콘 하"라는 표현을 통해 함석헌이 그에 대한 강한 의지를 표현한 것이 아닌가 한다. 그즈음 함석헌의 신앙생활은 오산고보를 졸업하고 상급 학교 진학을 포기한 채 오산성서연구회에서 성서를 배우던 한 청년이 김교신에게 보낸 편지에서도 잘 드러난다.

> 저는 함 선생님 댁에서 지금은 성경을 읽고 있습니다. … 지난 일주일간은 새벽 6시부터 7시까지 기도회로 모여서 많은 은혜를 받았고, 지금 성서연구회는 20여 인씩 넘습니다. 이것이 오산에 있기 때문에 캄캄한 방안에 있는 적은 촛불 같아서 비록 미미한 것 같으나 오산을 밝힐 수 있는 것인 줄 압니다. (《김교신 일기》 1932년 2월 2일 자)

이 편지는 김교신이 과중한 업무로 잠시 병석에 누워 있을 때 받은 것인데, 그는 일생을 성서 연구에 바치겠다는 청년의 말을 듣고는 "역시 반도의 빛은 서북西北인가"라면서 성서 모임에 자못 고무된 듯한 인상을 남겼다. 그가 함석헌으로부터 "루비콘 하" 이야기를 들은 것은 그보다 열하루가 지난 날이었다. 그리고 열한 달이 지난 뒤 《성서조선》 독자들을 대상으로 제1회 '본지 독자 동계 성서 강습회'를 열게 되었다.

그러므로 겨울철 성서 모임은 서울과 오산의 성서 연구 모임을 전국적으로 확장시킨 새로운 기독교 공동체 실험으로 보인다. 당시에 함석헌은 오산에서 일요일마다 무교회 집회를 가졌다. 장소는 학교에서 고개 하나 너머에 있는 자택이었는데, 그곳은 자신이 오산에 부임할 때 하숙하던 농가를 구입한 것이었다. 함석조의 증언에 따르면, 그의 집에는 자신의 아내와 자녀뿐 아니라 오산고보에 재학 중이던 함씨 문중의 자녀들도 열 명 가까이 머물렀다고 한다. 그들과 함께 일요일 오전에 기도를 드리면서 시작한 무교회 집회는 그가 오산을 떠나기 전까지 계속되었다. 말하자면 함석헌은 '조선 역사'를 가르치면서 "성서적 입장"의 진지를 쌓았던 셈이다. 그것은 그가 믿는 "영원의 터"를 위한 혁명의 방법 자체에 대하여 혁명적 인생의 첫걸음을 내디딘 것이었다.

함석헌은 "중인衆人의 약점을 이용하여 일시의 성공을 탐하는 혁명적 정치가"는 "일시적 구주救主"이지 "영원의 구주"가 아니라고 비판하였다. 당시 '구주'를 자칭하던 사회진화론자들은 진정한 사회적 유기체는 국가라고 주장하고 문명을 이끈다는 사회적 강자의 권리를 정당화하면서 전쟁을 '정치의 연장'으로 여겼다. 하지만 함석헌은 그 "정치적 구원은 일시적 구원에 지止하는 것"이므로 "진리가 아니"라고 강조하였다. 그가 꿈꾸는 혁명은 역사 전체를 부정하는 "성서적 입장"에서 인류의 구원을 찾는 길이었다.

세상에서 혹 인류의 구주라 하여 모세, 그리스도, 레닌, 손문孫文 운 운하는 것을 간간이 듣는다. … 그리 말하는 사람은 역시 그리스도의 진정한 구주인 의미를 모르는 사람이다. 그리스도는 이미 광야의 유혹에서 모든 정치적, 무력적, 세속적 혁명 운동의 유혹을 이기고 났다. 그리하여 종래 십자가에서까지 이기었다. 그에 의하여 비로소 인류 위에 새로운 참구원의 길이 열렸다. (〈참구세주〉, 《성서조선》 1930년 12월 호)

요컨대 혁명의 본질은 '참구원'에 있다는 것이다. 이 '참구원'의 길은 사상적으로 함석헌 자신을 사회주의 혁명론으로부터 구원하게 된다. 그리고 이는 약 30년이 흐른 뒤 《인간혁명》이란 꽃으로 만개하게 된다. 그의 성서적 입장은 "현세주의가 되나 내세 소망을 가지는가"를 가르는 기준으로 부활의 신앙을 "종교상의 문제로 간단히 생각"해버리는 것은 잘못이라고 지적한다. 즉, 부활은 사후의 문제이지만 "진실한 인생은 저의 멸망을 견디지 못한다"라고 보기 때문에 오히려 "사후의 문제인 만큼 현세에 미치는 영향이 지대하다"는 것이다. 이 부활의 신앙이 없는 민족을 "가련한 민족"으로 간주하는 그에게 "참구원"은 '조선 사람'과 인류의 구원을 약속하는 혁명 사상의 바탕을 이룬다. 그러나 함석헌은 "영적 구주"를 따르지도 않았고 세속적인 무슨 운동도 벌이지 않았다. 그에게 "참구원"이란 이성적으로 이해할 수 있는 것이 아니라 개별적인 체험으로만 가능한 일이기 때문이다.

이러한 구원론은 그 자신의 체험에 바탕을 둔 것이 틀림없다. 실제로 함석헌은 〈참구세주〉를 기고하기 1년 전쯤 자신이 "천상으로 불어 오르는 듯"한 신비한 체험을 했다고 기록한 바 있다. 그것은 1931년 정월 초하루 아침에 일어난 일이었다.

이 사회를 향하여 문을 닫고 나는 서재에 앉아 《시편》을 들었다. 1편, 2편, 3편, 4, 5, 6으로 차례로 읽어 내려갔다. 감격과 호소와 신뢰와 찬송은 또 한 번 내 가슴에 넘치기 시작하였다. 내 전인격은 형용할 수 없는 진동에 떨기 시작하였다. 나는 손에 맡겨 뒤집혀지는 대로 25편, 31편, 50편, 46편으로 읽었다. 모두 다 "아멘 아멘"이었다. 최후에 내 시선은 제13편에 떨어졌다. 그 제1편을 "여호와여 나를 잃어버리시기를 어느 때까지 이르겠나이까" 하고 읽었을 때 문득 폭발하는 격동이 내 영혼의 오저娛底에서부터 일어남을 깨달았다. 지금까지 격리되어 있었던 외계의 모양과 음향은 불길같이 전후의 창구로 침입하여 내 전신을 휩싸가지고 천상으로 불어 오르는 듯하였다. 과연 이는 이날에 내게 가장 적합한 기도다. (〈하나님은 이 세대를 버리었나 — 시편 제13장 연구〉, 《성서조선》 1931년 2월 호)

자기 내면에서 일찍이 경험한 적 없는 자아 폭발의 순간을 그는 "내 전인격"과 "내 영혼"과 "내 전신"을 관통하는 "형용할 수 없는 진동"과 문득 "폭발하는 격동"이라고 표현하였다. 이 말은 마치 우주가 폭발하여 신비스러운 태양계가 탄생한 것처럼 그 자신의 태양이 출현하는 이미지를 연상시킨다. 그때부터 함석헌은 태양이 자기 주위를 회전한다고 믿는 자아중심성에서 벗어나 자기가 지구가 되어 태양의 주위를 도는 진리 세계의 거주민으로 탈바꿈했을 것이다.

유영모는 '참 나(眞我)'가 신고 있는 신발과 같은 것이 '제 나(自我)'인데, 그 '제 나'가 '참 나'를 찾으면 "자아는 아무 때나 죽어도 좋다"는 '얼 나'

가 된다고 하였다. 그렇다면 함석헌의 자아 폭발은 '참 나'를 일거에 드러낸 '얼 나'의 체험인 셈이다. 그것은 우주의 탄생처럼 자기의 고유한 태양이 내면에서 새롭게 태어난 것을 의미한다. 여기서 태양은 융의 심리학에서 말하는 '님'의 전형적인 상징인데, 이때부터 '님'에 대한 함석헌의 인식도 태양의 존재처럼 일생 동안 고갈되지 않았다. 그러므로 그의 '하나님'은 영원한 긍정을 의미하면서 '참세상'을 꿈꾸는 '영생의 터'가 되었다 드러났다. 그것은 '조선 역사'를 가르칠 때도 고스란히 하나의 고백처럼 드러났다.

드디어 나는 자기기만을 하지 않고는 유행식의 "광휘 있는 조국의 역사"를 가르칠 수 없음을 깨달았다. … 나는 '왜 역사 교사가 되었던고' 하고 탄식하지 않을 수 없었다. 끓는 물을 돋아나는 싹 위에 붓는 일이라고 생각했다. 그러나 성경은 그 가운데서 진리를 보여주었다.

그 진리란 탈자아중심성의 세계관이 분명하다. 이렇게 함석헌은 인류가 극히 최근에 체득했다는 '역사가의 관점 형성' 과정을 인간이 지닌 하나의 사명으로 표시하고 있다. 동시에 그의 역사관은 자아중심성을 탈출하는 근원적인 견해로서 역사에 최대의 의미를 부여하는 의지를 하나의 드라마로 여긴다. 이를테면 '조선 역사'는 "학대받는 비녀婢女"가 "가시면류관의 여주인공"과 같으며, 무엇보다 "고난의 역사"의 의미부터 깨닫지 않으면 안 된다는 것이다. 그것이 '조선 역사'를 가르치던 함석헌의 꿈이었으며, 그 꿈을 오해할까 염려하여 그것이 "초당춘수草堂春睡에 한 바탕 감몽甘夢을 꾸는 일"과는 전혀 다르다는 말도 잊지 않았다.[13] 이 구절의 원문은 매우 시사적인데, 참세상에서 바라본 현실 세계는 답답하기 이를 데 없다는 것이다. 즉, 함석헌도 "고난의 역사"라는 박옥璞玉을 캐어 놓고 낮잠이나 잘 만큼 한가할 수 없었다는 말인데, 그것은 '조선 역사'의 진실을 떠나서 "자기중심의 설명을 하는 한까지는 고난의 무게는 없어지지 않는다"는 믿음 때문이었다. 바로 그것이 "루비콘 하"를 건너 현실 세계를 혁명하고자 한 "성서적 입장"의 진실이요, 고난으로부터의 해방을 위한 절절한 기도의 대상이었을 것이다. 옴에 따르면 기도란 "님의 뜻"을 이루어지게 하는 데 있는데, 그러한 시도가 바로《성서조선》에 연재한 〈조선 역사〉와 〈성서적 입장에서 본 세계 역사〉였는지 모른다. 그러므로 함석헌은 "영원의 나라"와 "영원한 생명"의 참세상을 인간이라면 누구나 만날 수 있다는 '기독교 본의本意'를 강조하고 있다.

그즈음 그는 이미 한차례 입학한 적이 있던 "인생대학"에 다시 입학하게 되었다. 그는 "기다리던 강아지가 마중 나와 꼬리를 치는 듯"했다던 조선인 형사 둘에게 정주경찰서로 끌려갔는데, 다소 황당했던 이 사건을 "유치장이 어떤 곳"인 줄 알게 되어 "훗날에 퍽 도움이 되었다"고 회고하

---

13    이 구절은《삼국지연의》에 나오는 것으로 유비의 삼고초려 이전에 제갈량
      이 읊은 시다.
      大夢誰先覺 / 平生我自知 / 草堂春睡足 / 窓外日遲遲
      (큰 꿈을 누가 먼저 깨쳤느냐 / 평생 내 스스로 배웠노라 / 초당에서 봄잠
      을 실컷 잤는데 / 창밖의 해는 왜 이리 더디냐)

기도 했다.

　　그해는 1930년, 남강 선생님은 5월에 돌아가시고 여름에 나는 서울에 있는 김교신 형과 같이 독일어 공부를 하기로 약속을 하고 올라와서 정릉리에 새로 지은 그 집에서 두 주일을 지내고 새 학기를 위해 집으로 내려간 그날이었다. (〈한 배움〉, 《사상계》 1959년 10월 호)

　　그런데 "그날"은 1930년이 아니라 1931년 9월이다.[14] 그가 말한 1930년 여름에는 오산에 이웃한 선천의 중앙교회에서 '프로테스탄트의 정신'을 강연하고 김교신과 함께 오산고보 탐승반探勝班을 따라 묘향산에 올랐다. 게다가 그가 정주경찰서에 끌려가 취조받은 일을 보도한 "전 조선 학생층 망라 적색 문화 운동 발각" 제하의 기사가 나온 날도 1931년 9월이었다(《동아일보》 1931년 9월 13일 자). 이 보도에 따르면, 신의주경찰서 형사 두 명과 정주경찰 세 명이 각각 동경, 평양, 경성, 충남과 경북 등에 파견되어 대대적으로 수사를 벌이던 중에 평북경찰부고등과 과장 김덕기와 형사부장 배 모에 의해 오산고보 교무주임 함석헌도 수 명의 학생들과 함께 극비밀리에 엄중 취조를 받았다. 평안북도 경찰부장 백석白石은 "불원간 전국적으로 대검거를 보게 될 것"이라고 예고

_____

14　이는 함석헌의 자서전 《죽을 때까지 이 걸음으로》의 착오인데, 함석헌 연보가 실린 모든 책에 그대로 잘못 기록되어 있다.

했으나 다음 해 10월 사건 관련 학생 등 다섯 명은 석방되고 두 명은 치안유지법에 의해 재판에 넘겨지면서 종결되었다.

나와서 들으니 신문에다는 ML당 관계자를 잡았다고 대서특필로 냈더라는 것이다.

이것은 다소 과장된 것이고, 실제 기사 제목도 앞서 말한 "적색 문화 운동 발각"이었다. 함석헌은 자신이 "적색 문화 운동" 사건으로 정주경찰서에 투옥되었을 때 "속에는 정말 아무것도 짚이는 것이 없으니 태연한 맘으로 갔다"고 말했다. 그들의 투쟁 노선이나 방법이 자신이 믿던 "성서적 입장"과 너무나 달랐기 때문일 것이다. 하지만 이 사건 자체를 통해서 당시 활발하게 진행되던 적색 운동의 흐름을 엿볼 수 있다. 당시 공산주의자협의회 계열은 지역별로 노동조합 운동을 벌였으며, 《콤뮤니스트》를 발행하던 박헌영 등의 '콤뮤니스트 그룹'도 무너진 조선공산당의 재건을 진행하던 중이었다. 그리고 1930년 9월에는 코민테른의 〈조선의 혁명적 노동조합 운동의 임무에 관한 테제〉에서 신간회를 민족개량주의적 단체로 규정하기도 했다. 또한 이해 초에는 신의주에서 공산당을 재건하려다가 발각된 사건이 세상에 알려지기도 했다. 함석헌이 학교 운동장에서 사회주의 계열의 학생들로부터 폭행당한 것도 그 무렵이었을 것이다.

그의 "성서적 입장"은 나라가 남북으로 갈라져 내전을 치른 역사의 풍경 속에서도 달라지지 않았다. 자기 내면에서 빅뱅으로 태어난 우주의 법칙이 외부 세계의 압력으로 파괴되는 법은 없을 테니까. 그 법칙을 바탕으로 그가 생애 최초로 강연한 내용이 〈프로테스탄트의 정신〉일 것이다. 이 정신세계에 역사적 근거를 제공한 것은 독일의 마르틴 루터인데, 그것이 일생 동안 함석헌의 정신적 기둥이 되었던 것만은 확실해 보인다. 그가 다음 해인 1931년 여름에 김교신의 정릉 집에서 독일어 공부를 한 것도 그것 때문일지 모른다. 그리고 친구 김교신에게 "루비콘 하를 건넜다"라고 말한 것은 그로부터 6개월쯤 뒤였다. 이 무렵을 전후해서 무한의 세계와 하나가 되려는 낭만주의자의 인생길이 비로소 새롭게 시작된 것인지도 모른다.

## '조선 사람' 그리기

함석헌은 "루비콘 하"를 건넌 뒤 2년간 《성서조선》에서 침묵한다. 그 침묵을 깨뜨린 것이 〈조선 역사〉였다. 하지만 〈조선 역사〉가 "루비콘 하"를 건넌 일과 직접 관계가 있다는 근거는 어디에서도 찾아볼 수 없다. 다만 그는 잃어버린 인류의 황금시대를 찾는 사람처럼 〈조선 역사〉에서 잃어버린 '조선 사람'의 기원을 찾아 나섰다. 그것은 끊임없이 하나의 태초라는 신화를 상기시키는 낭만주의자의 꿈이 분명하다.

　함석헌이 "새로운 건축적인 세계관"이라고 규정한 "성서적 입장"은 생명의 모든 근원을 정신과 동일시하는데, 그것은 인류의 역사를 하나의 태초를 망각함으로써 시작되는 하나의 극劇으로 본다는 뜻이기도 하다. 그 드라마에서도 가장 중요한 것은 주인공의 개성인데, 조선 사람의 원형archetype은 본래 어질고 착하고 용감했으나 하나님의 각본에 따른 세계 역사의 무대에서 그 개성을 잃어버림으로써 '조선 역사'는 "고난의 역사"로 변질되었다는 것이다. 그럴수록 '조선 사람'이 태초의 모습으로 돌아오지 않으면 안 된다는 강력한 메시지를 전달하려는 것이 함석헌의 〈조선 역사〉였다. 그 스스로도 〈조선 역사〉는 역사 연구가 아니라고 말했다. 그것은 〈조선 역사〉가 역사적 사실을 연구한 것이 아니라는 말이 아니라, 역사를 과거 사실의 나열로 여기는 지식에는 그 자신이 무관심하다는 뜻이었다. 그에게 "역사를 산출하는 자는 생명"이므로 역사적 사실을 기록할 때도 "전일적인 생명체를 재현"하는 해석이 중요하다. 따라서 "신앙생활은 확실한 근거가 있어야 한다"라는 문장으로 시작하는 〈조선 역사〉는 '조선 역사'를 이끌어온 '조선 사람'의 정신과 태도를 문제 삼는다. 이는 지금껏 출간된 여타 한국사 책에서는 찾아볼 수 없는 독특한 점이다.

조선이란 땅이 있어서 조선 사람이 나온 것이 아니요, 조선 사람이라 부르게 되는 생명이 그 어떤 한 줄기가 있어서 조선이라는 한 들판이 생긴 것이다. (〈조선 역사〉 제7장 조선 사람)

함석헌에 따르면 '조선 사람'에 의한 '조선 역사'는 하나의 극으로, 그 극의 의미는 고난에 있으며 그 고난의 원인은 주인공의 타고난 개성이 변질되었기 때문이다. 그리하여 "고난의 역사"는 '조선 사람'이 상실한 원형의 복귀라는 신화적인 사건이 된다. 따라서 함석헌은 역사적 사건의 의미를 "결국 정신 문제에 귀착"되는 "성서적 입장"에서 구했다.

함석헌의 사상적 기반인 "성서적 입장"은 그가 역사가인가 아닌가에 대한 논란을 남겼다. 가령 문학평론가 김현은 〈조선 역사〉의 개정판인 《뜻으로 본 한국 역사》를 "에세이로 읽어야 한다"고 말한 바 있다. 함석헌은 서양사 교수 김동길金東吉과 인터뷰하면서 자신이 〈조선 역사〉를 집필할 때 메시아사상, 간디, 그리고 이탈리아 통일 운동의 기초를 놓은 민주주의 사상가 마치니Giuseppe Mazzini를 생각했다고 밝힌 적이 있는데, 그 셋은 일반적으로 역사학적 관점과는 거리가 있다. 하기야 역사적 사실을 역사학자들처럼 인과관계로 파악하지 않은 점이 〈조선 역사〉의 특징이기도 하다.

이 땅에서는 불가피적으로 필연적으로 고난의 역사가 나온다고 할 수는 없다. 만일 그렇다면 그것은 일개 자연 현상이지 역사는 아니다.

(〈조선 역사〉 제6장 지리적으로 결정된 조선사의 특질)

함석헌은 결정론적인 역사의식을 부정하였다. 고난의 역사는 '조선 사람'에게 예정된 운명적인 것이 아니라 오히려 '조선 사람'이 만들어낸 운명이기 때문이다. 역사의 시작과 끝을 인간 문제로 귀일시킨 그의 "성서적 입장"은 자신의 사명을 먼저 생각하는 낭만주의자의 꿈과 분리되지 않는다. 그에게 인간이란 "생명의 어떤 자기 결정"으로 출현한 것이다. 그 생명의 움직임은 맹목적인 것이 아니기에 인간은 일정한 방향으로 진보하는 존재가 된다. 이른바 "생生은 명命이다"라는 것이다.

조선이 고난의 길을 걷는 것은 자기의 사명을 다하기 위하여 필요한

일이다. (《조선 역사》 제5장 조선사의 기조)

함석헌은 "큰 터전을 생각하면서" 《조선 역사》의 첫 장면을 "당당한 출발"이라고 명시하였다. 그것은 당시 나라를 잃어버리고 과거를 동경하던 절망적 사회 분위기와 매우 대조되었다. 《조선 역사》를 발표한 1934년에는 "타향살이"로 불리던 대중가요 《타향》이 유행하였고, 그해 전후로 "황성옛터"로 알려진 《황성의 적跡》과 《목포의 눈물》이 전국적으로 유행하기도 했다. 그 집단 감수성을 그대로 직설한 고난을 고난 자체로 인식하지 않았던 것이 "고난의 역사"의 주제였다고 할 수 있다.

함석헌이 제시한 '조선 사람'의 본보기는 고구려의 온달, 백제의 검도령, 신라의 처용인데 그들의 특징은 어짊[仁]과 착함[善]과 날쌤[勇]이다. 그런데 그 '조선 사람'의 원형적 인격이 변질되었다는 것이다.

조선 사람의 근본성이 착하다고 하였지만, 오늘날 조선 사회는 질투 음해로 서로 쟁탈하는 수라장이 아닌가? … 조선 사람은 강용하다 했지만 지금은 유약柔弱 이것이 조선 사람의 대명사가 아닌가? 의분은 조선 사람의 특질이라 했지만 지금은 구차苟且가 천성같이 되지 않았나? (《조선 역사》 제7장 조선 사람)

'조선 사람'을 "잔패민족殘敗民族"이라고 칭할 만큼 함석헌은 민족적 개성을 상실한 정신 상태를 질타했다. 그것은 서구의 낭만적 사상가들이 원형적 인격으로부터 분리된 존재를 죄악으로 본 것과 다르지 않다. 지금부터 80년 전에 그가 비판하던 '조선 사람'의 일단은 다음과 같다.

> 권세를 주마 약속하면 신의를 버리기 폐리弊履를 버리듯이 쉽게 하
> 고, 이익이 있을 만하면 동족을 팔아먹기 단일전單一錢에도 서슴지 않
> 고 한다. 이를 보고 누가 인仁한 민족이라 하며, 용감한 민족이라 할
> 까? (〈조선 역사〉 제7장 조선 사람)

이 "인仁"을 잃어버린 '조선 사람'의 풍경이 〈조선 역사〉일 것이다. 하
지만 함석헌은 아직까지 세계 역사에 기여한 적이 없는 '조선 사람'이 앞
으로 세계 역사에 기여할 수 있는 유일무이한 민족성의 밑천이 바로 '어
짊'이라고 말한다. 이 어짊을 보다 명확하게 '조선 사람'의 개성으로 파악
하려는 그의 도덕적 감수성이 엄청난 상상력으로 작용한 것이 "고난의
역사"를 서술한 배경일 것이다. 고난은 인생을 심화시키고, 또 역사를 정
화시킨다는 것이다. 그는 고난으로써 '조선 사람'의 결함을 메우지 않는
다면, 장차 '조선 역사'의 기조도 고난으로부터 벗어날 수 없다고 보았다.
이는 우리 '조선 사람'에 대한 혁명을 요구하는 것과 같다. 사회학자 귀르
비치Georges Gurvitch의 용어를 빌려 말하자면, 그것은 '조선 사람'의 정신적
태도를 '수동적 우리'에서 '능동적 우리'로 탈바꿈하는 일이다. 그가 이야
기하는 고난은 '수동적 우리'에 빠져 있는 '조선 사람'의 운명이지 원래부
터 타고난 '조선 사람'의 운명은 아니기 때문이다.

그러한 운명으로의 비극적 전환은 "풀무 속의 삼국시대"와 신라의 삼
국 통일 사이에 일어났다. 이른바 일통삼한一統三韓의 진정한 의미가 만

주 상실과 외세 이용으로 약화되었다는 일부 한국사학자들과 견해와 상통하는 지점이다. 민족을 "하나의 인격적 존재"로 여기는 그에게 그 시기는 민족의 성격이 변질되던 절망적 순간이었다.

사람으로 하면 골탑, 인격이 다 틀이 잡히는 청소년 시대인데 그때에 소아마비가 생기고 등뼈가 꺾어진 셈이니 그 이후의 발달이 제대로 될 리가 없었다. (《조선 역사》 제11장 고구려의 다하지 못한 책임)

그렇기에 함석헌은 고구려가 신라에 의해 멸망한 것을 "만고의 한恨"이라고 평하고, 이후 궁예, 윤관, 묘청, 정몽주, 임경업, 홍경래 등 옛 고구려 땅을 동경한 인물들에게 관심을 가졌다. 나아가 그들에게 잃어버린 '조선 사람'의 개성을 되살리기 위한 역사적 사명을 부여했다. 이렇듯 그가 선택한 역사적 사실은 통시적으로 '조선 사람'다운 정신을 바로 잡으려는 인물들에게 초점을 두었다. 비록 당대에 실패한 인물이었다 하더라도 그들은 '조선 사람'의 원형을 상기하는 존재이기 때문이다. 그가 〈조선 역사〉에서 그려낸 '조선 사람'다운 인물들은 우리의 미래를 결정하는 '능동적 우리'의 대변자였다. 그들은 고난의 역사로부터 한 걸음을 내딛기 위한 정신적 밑천이었다.

함석헌은 '조선 역사'의 주인공을 "민중"이라고 불렀다. 그의 민중은 인도의 간디와 이탈리아의 마치니가 믿었던 민중처럼 민족의 토대를 이루는 존재다. 그러나 그가 말한 〈조선 역사〉의 민중은 그가 믿던 하나님과 결코 분리될 수 없었다. 그 민중을 붙들고 '조선 사람'의 원형을 찾아

'루비콘 하'를 건넜던 한 낭만주의자의 꿈이 〈조선 역사〉에 서려 있다.

## 헌신지교憲臣之交

그런데 〈조선 역사〉는 김교신의 권유가 아니었다면 세상에 전해지지 않았을지 모른다. 〈조선 역사〉가 《성서조선》에 연재된 것은 겨울철 성서 모임을 주관하던 김교신 덕분이었다. 그들의 교우 관계는 관포지교管鮑之交와 비견될 만큼 오늘날 쉽게 볼 수 없는 고고하고 탈속적인 사이였다. 함석헌의 '헌憲'과 김교신의 '신臣'을 따서 '헌신지교'라 불러도 될 법한 그들의 교우 관계는 "성서적 입장"에 일생을 헌신獻身한 그들 자신의 삶과도 닮았다.

그들이 맨 처음 어떻게 만나게 되었는지는 알려진 바 없다. 함석헌의 자서전에도 동경 유학 시절에 김교신의 소개로 우치무라의 성서연구회에 참석하게 되었다는 이야기만 쓰여 있다. 그런데 한 신문 기사에 따르면, 함석헌이 1924년에 창립식을 가졌던 '재일본조선교육연구회'의 회원이었음을 알 수 있다. 1928년 2월 동경고사 구내식당 점춘루点春樓에서 열린 재일본조선교육연구회 총회 겸 졸업생 송별연 참석자 명단에 함석헌의 이름이 올라 있기 때문이다.[15] 졸업 직후부터 교육 현장에서 활동할 정도로 교육에 관심이 많았던 그들이었던 만큼 김교신도 함석헌과 같이 재일본조선교육연구회의 회원이었을 것으로 보인다. 짐작컨대 연구

---

15    《동아일보》 1928년 3월 4일 자.

김교신.

회 창립식에서 신입생 함석헌과 선배 김교신이 자연스럽게 만났을지 모른다. 그러나 그들이 재일본조선교육연구회에서 무슨 활동을 했는지는 전혀 알 수 없다. 다만 1926년까지 두 번에 걸쳐 "조선문朝鮮文으로 된 유일한 교육 잡지"였던《교육연구》를 발행해 조선의 교육과 교육자의 수양 등을 다루었다는 사실과 1925년 하기강습회를 함경북도 경성鏡城의 청년회관에서 열기로 했으나 도道 학무과의 "괴상한 태도" 때문에 열리지 못했다는 사실만이 알려져 있을 뿐이다.

김교신은 함석헌보다 생일이 두 달 느리다. 그렇지만 함석헌은 그를 "형" 또는 "형님"이라 불렀는데, 단순히 동경고사 한 해 선배를 예우해서 그런 것 같지는 않다. 김교신도 함석헌을 "함 형"이라고 불렀기 때문이다. 서로 형이라고 부른 심중에는 핏줄보다 더 진한 "성서적 입장"의 영적인 무언가가 작용했을 것이다. 사실 두 사람은 각자 친동생을 두었다. 하지만 김교신은 지방 여행 중 하룻밤을 보낼 때도 그 지역의 은행 간부로 있던 동생 집 대신《성서조선》독자 집에서 머물렀고, 함석헌도 고문高文 시험에 합격한 동생에 관해서는 만주 여행 때를 제외하고는 거의 언급한 적이 없다.

그들의 우정이 겉으로 드러나기 시작한 것은《성서조선》이 일단 정간되었다가 김교신이 단독으로 주필과 발행인을 맡아 복간했던 1930년

4월 이후다. 그 무렵 함석헌이 존경하던 남강이 세상을 떠났는데, 남강은 '김교신 그룹'을 누구보다도 매우 아낀 인물이었다. 함석헌과 김교신이 헌신지교의 씨앗을 뿌린 곳도 남강이라는 거대한 나무 그늘 아래였는지 모른다. 남강의 유해를 유언에 따라 학생 실험용 백골 표본으로 제작하기 위해 기차로 경성의 대학병원에 옮기던 날 새벽, 김교신은 "최후의 경례를 표하기" 위해 송두용과 함께 "효창동 솔밭 이슬을 차면서" 경성역으로 달려가기도 했다.

함석헌은 "김교신의 김교신 된 소이는 허위, 불의라고 생각하는 데 대하여 용서를 않는 데 있다"라고 회고한 바 있는데, 그것은 상대적으로 자신의 부드러움을 강조하고자 한 것이 아니라 김교신의 철저하고 엄격한 태도를 높이 산다는 말이었다. 함석헌의 타고난 성품은 "엄격함으로써 많은 성공을 거둘 수 있으나 사랑으로써 더욱 많은 효과를 거둘 수 있다"는 괴테의 말에 더욱 가까웠을 것이다. 하지만 김교신에게 그러한 엄격함이 없었더라면 어쩌면 헌신지교는 이루어지지 않았을지도 모른다. 그들은 서로 개성을 존중하면서 "둘은 각자 둘을 만들어낸다"는 낭만주의자의 우정을 드러냈다. 그러므로 그들이 상대방으로부터 얻었던 것은 키케로의 말처럼 "이익이 아니라 친구의 사랑 그 자체"였다고 할 수 있다.

함석헌이 10년 동안 오산고보에 재직한 것은 김교신 덕분이기도 하다. 만약 김교신이 "10년은 채워보라"는 조언을 하지 않았다면 함석헌은 5년 만에 오산고보를 떠나버렸을지도 모른다. 김교신은 함석헌의 아버지가 운명했을 때 만사를 제치고 경성에서 밤차를 타고 급히 용천으로 달려와 장남의 상복을 대신 입고 상주 노릇을 한 바 있다. 당시 함석헌은

'계우회 사건'으로 평양 대동경찰서에서 옥고를 치르던 중이었다. 또한 김교신의 장녀는 함석헌의 주례로, 함석헌의 장남은 김교신의 주례로 혼인을 치렀다. 그만큼 두 사람 사이의 믿음은 핏줄보다 진했다.

김교신은 함석헌이 인솔하는 오산학교 학생들의 묘향산 탐승단을 따라 묘향산에 오른 일이 있었는데 당시의 감상을 다음과 같이 남겨놓았다.

> 물 중에서 귀한 샘물은 약산 서운사 샘물, 절 중에 절 같은 절은 묘향산 상원암이었고, 중 같은 중도 그 암자에서 보았다. … 바라보는 비로봉이 위대하였지만 나와 동행하는 자 중에 더욱 숭고한 자를 보았다.

〈김교신 일기〉 1930년 8월 1일 자)

김교신이 말한 "숭고한 자"는 분명히 함석헌이다. 자신과 "동행하는 자 중"에 학생들을 빼면 함석헌과 자기밖에 없기 때문이다. 그 말은 함석헌의 인격을 그려내지만, 한편으로는 그 인격을 직감한 김교신이 아니면 헌신지교가 이루어질 수 없었음을 암시하기도 한다.

그들은 "교육을 직업으로 아는 가련한 인생"이 되길 적극 거부하는 선생들이었다. 김교신의 '무레사네'(물에 산에)라는 모임은 경성 인근을 답사하면서 지리를 통한 민족의식을 일깨웠고, 함석헌은 당시 유행하던 웅변대회를 지도하고 심사하면서 식민지 조선의 현실을 아이들과 함께 나누는 시간을 가졌다. 또한 그들은 "크리스천의 본직本職"에 충실하기 위해 자신들이 가르치는 학생들처럼 손에서 책을 놓지 않았다.

정릉의 김교신 자택에서 독일어 공부를 하고 떠나던 어느 여름날, 함석헌은 배은희 목사의 《방애인 소전方愛仁小傳》을 두 권 구입하였다. 함석헌의 추천으로 김교신도 한 권 구입해 그날 저녁 식구들 모두에게 읽혔다. 개성 호수돈여학교를 졸업하고 전주기전여학교 교사로 부임한 방애인은 스물네 살의 젊은 나이로 세상을 떠날 때까지 헐벗은 아이들을 돕기 위해 전주 시내 전 가옥을 찾아다닌 일화로 유명했다. 몇 해 뒤 김교신은 유달영에게 방애인과 동갑인 최용신崔容信의 이야기를 《최용신 소전》이란 책으로 펴내게 하였다. 심훈의 소설 《상록수》를 읽고 "소설의 여주인공 최용신 양의 신앙이 그 정도뿐이었는지 혹은 작자 심 씨의 사상이 그 정도에 지나는 것인지"라며 실망과 격분을 감추지 못한 김교신이 동료들과 "눈물겨움 없이는 볼 수 없는" 현장을 직접 찾아가 가족과 주민들의 생생한 이야기를 듣고 크리스천 최용신의 삶을 세상에 알린 것이었다.

함석헌과 김교신은 연말연시에 열리는 겨울철 성서 모임에서만 정기적으로 만나는 것이 아니었다. 함석헌은 정릉에 살던 김교신을 자주 만나러 왔다. 때로는 보고 싶은 마음에 조급한 성격을 드러내기도 했다.

붓을 들고 글을 써 붙이려다가 막 올라가 뵙고 싶은 생각이 솟구쳐 올라와서 붓을 던지고 금일 석夕 출발키로 생각했던 차였습니다. (《김교신 일기》 1938년 10월 6일 자)

김교신은 함석헌을 만나서 밤늦도록 이야기하고 아침 일찍부터 또 이야기하다가 등교 시간이 되어 중단한 적도 있다고 했다. 또한 출근 시간에 갑자기 찾아와서 겨울철 성서 모임이나《성서조선》간행 건 등을 의논하다가 "오후에 함께 입시人市"할 만큼 둘 사이에는 격의가 없었다.

함석헌이 김교신을 만나려면 고읍이나 평양에서 초만원 기차를 타고 여덟 시간 넘게 시달려야 경성역에 도착했다. 이어 김교신이 일러준 길을 따라 경성역 앞에서 동대문행 전차로 종로5가까지 와서 다시 돈암동행 버스로 갈아타고 종점까지 가면 40분쯤 더 걸렸다. 그 버스 종점에서 백운대를 정면으로 바라보고 10분쯤 걸으면 왼편에 채석장이 보이는 조그만 고개에 이르는데, 사람들이 아리랑고개라 부르던 그 고개를 김교신은 정릉고개[貞陵峴]라 불렀다. 버스 종점에서 내려 김교신의 집까지 걸어가는 길 중간에 있던 그 고개는 당시 경성과 경기도의 경계이기도 했다. 거기서 상점, 이발소, 중국집을 지나 만세교萬歲橋를 건너 왼편 산기슭으로 돌아들면 약사사藥師寺가 나오는데, 바로 그 앞 초콜릿색 지붕이 김교신의 집이었다. 사실 약사사는 봉국사奉國寺의 300여 년 전 이름인데, 행여 일제를 받든다는 오해를 살까 봐 김교신은 일부러 옛날 이름으로 부른 것이었다. 김교신은 멀리서 찾아온 친구를 맞는 기쁨이 옛말을 빌려 표현하기에도 부족할 정도로 크다고 했다.

저녁에 함 형이 개성을 거쳐 상경. 막혔던 정회情懷 둑이 터질 것 같아 오전 한 시 지나도록 담차담談且談. 상별相別하여 겨우 반년이 지났고, 음신音信이 끊긴 것도 아니요, 오산이라야 그다지 먼 곳도 아니건만 우리의 회합은 유붕이자원방래有朋自遠方來 운운으로서는 모두 표현할 수 없는 바 있다. 〈김교신 일기〉 1934년 8월 25일 자)

무엇보다 그 둘이 우정과 의리와 신뢰의 탑을 쌓는 데 결정적인 토대가 된 것은 성서 모임과 《성서조선》에 바친 그들의 열정이었다. 성서 모임은 이승훈이 세상을 떠난 다음 달 초하루부터 열렸다. 그때 김교신은 "진眞과 영靈으로 항상 하나님을 예배하게 되기를 빌며, 또한 성서의 깊은 우물에서 생명수를 항상 떠먹게 되기를 빈다"면서 제1회 성서연구회 집회를 시작하였다.

그다음 달에는 오산에서 2박 3일간 새벽기도회와 성서 강좌 모임을 가졌다. 김교신의 일기에 따르면, 모임 참석자는 스무 명이 채 안 되었는데 개중에는 30리 밖에서 온 사람도 있었다. 첫날은 매우 엄숙하고 경건한 분위기에서 김교신의 '《사도행전》'과 송두용의 '성서에 관하여' 설교로 마쳤다. 다음 날 오전 10시에는 유석동의 '청년기의 존 밀턴'과 송두용의 '신앙의 내용과 고금'이란 강의가 열렸고, 밤에는 인근 교회의 요청에 따라 모임을 대표하여 김교신이 '참된 용기'라는 제목으로 설교를 맡았다. 이어 이웃 선천으로 옮겨 신성학교 교사 양인성의 선천 성서 모임에 함께했다. 이날 밤 선천 기독교청년회관에서 열린 강연회에서 함석헌은 성서의 권위를 내세워 조선 기독교를 강하게 비판하고 무교회 신앙을 역설했다. 《성서조선》 독자들의 첫 번째 전체 모임이기도 했던 이 성서 모임은 장차 서울에서 정기적으로 열리는 겨울철 성서 집회의 모태가 되었다.

이후 《성서조선》의 주필인 김교신이 조선총독부의 검열 때문에 지쳐가고 있을 때 충돌을 예감한 함석헌은 자신의 의견을 단호하게 밝히기도 했다.

정말 그렇게 어렵게 굴면 전사戰死하는 것이 좋을 줄 압니다. 40년 간을 양 치라면 치지요. 아무려나 꺼리실 것 없이 맘이 쑥 가시는 대로 결決하시오. 《김교신 일기》 1940년 4월 29일 자)

태평양 전쟁이 일어난 직후 《성서조선》은 어둠의 세력과 맞서다가 결국 "전사"하기에 이른다. 그때 그들이 서대문형무소에서 1년간 함께 치른 옥고야말로 가장 오래도록 합숙한 '성서 모임'이자 헌신지교의 절정이었다. 김교신이 출옥 후 1년여 만에 해방을 앞두고 갑자기 세상을 떠남으로써 헌신지교는 이승에서 막을 내리고 만다. 함석헌은 1944년 초로 짐작되는 어느 "추운 겨울날"의 풍경을 《죽을 때까지 이 걸음으로》에 다음과 같이 기록해놓았다.

그 여행하기 어려운 때에 천 리 길을 달려 용천 구석을 찾아와 흥남에 가서 질소비료회사에 몸을 의탁하고 무슨 일을 해보자고 권하였다. 그것이 이 땅에서 마지막이 될 줄은 꿈에도 몰랐지만 그래도 그때 하룻밤 지낸 모양이 지금도 눈에 선하다.

김교신이 자기 집에서 지낸 하룻밤을 함석헌이 "이 땅에서 마지막"이라고 말한 것은 말 그대로 이 땅에서만 마지막이라는 뜻일 것이다. 이 땅은 영원한 친구의 영원한 거처가 아니므로 그 하룻밤은 지금도 무한한 시간 속에 지속되고 있는지 모른다. 낭만주의자에게 죽음은 사멸이 아니라 변신이며, 생의 소멸이 아니라 갱신 과정이다. 그렇기에 말년에 함석헌은 "깊은 밤 … 남 못 듣는 대화"를 나누는 사람은 김교신뿐이라고 말했던 것이다.

## 지나가는 사람들 중에

함석헌은 김교신에게 보내는 편지마다 앞뒤에 "하나님", "은혜", "주主", "그리스도"를 언급하고 있다. 그것은 단순히 상투적인 표현이 아니라 세상의 크고 작은 일을 초월자의 뜻으로 간주하는 신앙의 표시였다. 그러나 그 뜻을 따르는 삶은 매우 고독한 일이 아닐 수 없다. 그는 "루비콘하"를 건넌 후 채 1년도 지나지 않았을 때인데 벌써부터 크리스천으로서 어떤 회의懷疑에 직면했음을 고백하고 있기 때문이다. 그가 어느 가을날에 보낸 편지에는 그것이 그대로 드러나 있다.

집수리는 교무 여가 여가로 하려니 실로 오랩니다. 이제는 대개 되었습니다. … 아직 같아서는 와 있기를 원하는 자가 별로 없습니다. … 청한 자가 아니 오면 길가에 지나가는 사람 중에서 불러오지요. … 형님! 또 한 번 이렇게 말하고 자위합시다. 《김교신 일기》 1933년 10월 15일 자)

그가 기독교 신앙을 전파하려고 해도 오는 사람이 없다는 것이다. 해방 이전에 우리나라의 기독교인 수는 모든 교파를 합쳐서 50만여 명이었는데, 평안도가 15만여 명으로 가장 많았다. 함석헌은 그중에서도 극소수인 무교회 기독교인 중 한 사람이었다. 그래서 집수리까지 해놓고 전도하려는데 사람이 없어서 길 가는 사람이라도 붙잡고 싶었다는 것이다.

현실적으로 함석헌이나 김교신의 "본직"은 고등보통학교 교사였다. 조선총독부의 1934년도 통계에 따르면, 당시 공립과 사립을 통틀어 총 26개의 남자 고등보통학교에서 조선인 교사는 200여 명으로 일본인 교사 약 300명보다 적었다. 따라서 그들처럼 극소수의 역사 선생이나 박물 선생은 사회적으로 선망받는 안정적인 신분이 틀림없었다. 하지만 그들은 "교육을 직업으로 아는 가련한 인생"을 거부하고 "사회의 하수도"처럼 사회적으로 하잘것없어 보이는 이를 위해서 "병인, 죄인만을 친구로 가지려는" 크리스천의 본직을 수행하는 데 정성을 다했다. 그것은 마음속에서 "빛나는 이상"을 지키려는 낭만주의자의 참모습이기도 하였다.

당시 함석헌은 김교신의 부탁을 받고 평안도의 《성서조선》 독자 김운경金雲京에 대해 알아본 일이 있었다. 김교신이 그에게 보낸 잡지가 '수취인 사망'으로 반송되었기 때문이었다. 김운경의 사정을 알아본 함석헌은 "신앙의 개선凱旋"이라며 답장을 보냈다.

저 김 형은 본래 인간 중에 최악자라는 지명을 받았습니다. 무지하고, 음주습이 있고, 직업은 자동차 운전수인데, 항상 자기 친부를 구타하고 차마 외울 수 없는 악행의 위인이었답니다. 그런 것이 주의 주먹에 맞아 부스러졌습니다. 한번 회개하자 … 부친에 대한 태도를 고친 것은 물론 만나는 사람마다 보고 전도했답니다. … 차를 세워두고 '날 봐라 날 봐라' 하며 어쩔 줄 몰라 했답니다. 《김교신 일기》 1933년 5월 26일 자)

알아보니 김운경은 악행을 저지르다 회개하고 기독교 신앙을 전도하다 세상을 떠난 것이었다. 김운경의 회개는 선천 맹중리의 보통학교 훈도 계희중에 의해 촉발되었는데, 계희중은 함석헌과 옥호동 약수터에서 만나 가깝게 지낸 사람이었다. 이 과정에서 지우誌友 박승방 덕분에 김운경은 《성서조선》의 독자가 되었으며, "교회에 안 가는 선생"인 양인성의 말이 "자기에게 아주 깊이 들어오더라"면서 무교회의 영향을 실감하게 되었다. 게다가 창녀였던 부인마저 기독교 신앙을 갖게 되면서 과거의 기색을 볼 수 없을 만큼 외모까지 달라졌다고 한다.

김교신은 "무학無學한 악인 김 형은 '날 봐라! 날 봐라!' 하는 힘이 있다"고 감동했다. 김교신과 함석헌은 김운경을 인간 전체의 상징으로 보았다. 크리스천에게 '죄'는 태초의 조화를 깨뜨린 데서 비롯한 것이므로 김운경의 속죄는 태초의 자연으로 돌아가는 것과 같다. 이는 본래 하나의 전체를 회복시키기 위한 시도를 자연에서 찾고자 하는 낭만주의자의 모습과 일치한다. 이런 관점에서 개별적 존재는 전체의 불완전한 반영이된다. 모든 피조물은 전체성을 통해서만 생명의 절대적 관념을 표현할수 있기 때문이다.

함석헌은 오산고보 교사라는 본직을 떠났지만 크리스천의 본직은 평소와 다름이 없었다.


주일 성서 연구 시간은 여전如前, 목요일에 기도회, 주일 오후에 영어 성경반, 화요일에 한문반을 시작하기로 하였습니다. 한문은 우선 《대학大學》으로 정했습니다. 등 너머 학교에서는 웅장한 낙성연, 음악회, 활동사진회가 있었는데, 여기서는 혼자서 전투 기분으로 '가난한

자 복 있나니 천국이 저의 것이오' 하고 있습니다. 신이 만일 보시지 않는다면 과연 광대놀음입니다. (〈김교신 일기〉 1938년 11월 14일 자)

그의 삶은 퇴직 이후에도 한가롭거나 여유롭지 않다는 것이다. 세상은 신의 부재 상태이므로 신을 믿는 자신이 도리어 창극의 배우가 연기하는 미친 짓처럼 보일 수도 있다는 것이다. 실제로 신을 추방한 인간이 대신 신 노릇을 하던 "광대놀음"이 당시 일어난 제2차 세계 대전이라고 할 수 있다.

그런데 그가 "혼자서 전투 기분"을 느낄 때마다 그의 가슴에는 언제나 하나의 태초라는 정신과 더불어 자연을 불러들이고 있다. 자연에도 우주 전체의 운명이 깃들어 있는 것처럼 말하기 때문이다. 그것은 자연을 영혼의 어떤 무의식적인 행위로 여기는 낭만주의자의 인간관이기도 하다. 즉, 그의 "본직"도 차안此岸의 세계와 피안彼岸의 세계가 통합되어 죽음을 초월할 수 있는 신념을 갖지 않으면, 깊고 깊은 생의 세계로 들어갈 수 없다는 것이다.

봄이 깊었습니다. 좋습니다. 맘은 후조候鳥 같이 대주大洲에서 대주로 비상하렵니다. 은혜 중에 계시오며 댁내 고루 평안하시옵니까? 아기 더구나 건강합니까? 형은 혹 과히 피로해짐 없는지요? 제弟는 지금 수년 전 기분과 방불한 중에 있습니다. 학과 시간은 늘고 사무는 적고 비교적 자유롭고. 이 세상을 기숙假宿으로 알 수 있는 것처럼 행복한 일은 없을 것 같습니다. (〈김교신 일기〉 1934년 4월 26일 자)

아름다운 봄날에 세상을 "가숙"으로 여긴다는 것은 우주의 운명을 자기 내부에 지녔다는 철저한 "성서적 입장"의 또 다른 표현이다. 그에게서 세상은 기독교적 신의 계시를 드러내는 존재였다. 함석헌은 계절이 바뀔 때마다 김교신에게 쓴 편지에서도 "성서적 입장"을 잠시나마 떠나지 않았다.

깊어가는 가을날이 참 아름답습니다. … 그리고 매우 황송한 말이나 금년 동기 집회의 공부를 이제야 시작합니다. 형이 보시지 못하였더라도 일日, 영문英文의 교회사 현재 구할 수 있는 것 소개하여 주십시오.

〈김교신 일기〉 1935년 10월 22일 자)

과연 일상의 삶을 통해 영적 세계를 추구하는 그에게 세속은 무의미한 것처럼 보였다. 세상과 등지고 오로지 성서 연구에만 전념하는 것을 자신의 의무로 여긴 것 같았다. 먼 미래를 꿈꾸면서 한 낭만주의자가 "혼자 전투 기분"으로 인생길을 그렇게 걸어가고 있었다.

6장

# 풀 아래 머리를

## 셸리와의 해후

바야흐로 참세상을 꿈꾸는 낭만주의자의 길에서 함석헌은 역사 선생이
란 직업을 버렸다. 이 버림은 꿈과 현실 사이에 펼쳐지는 인생길을 선명
하게 구별하는 첫걸음인지 모른다. 이를테면 "성서적 입장"에서 생명의
절대적 관념과 만나기 위해 자연으로 돌아가던 길이었기 때문이다. 그
리하여 그가 동경에서 "영원한 생명"의 소리를 듣고 나서 "의"의 나라를
회복하기 위해 동분서주한 지 어언 10년 만에 운명의 들판으로 나선 것
이다.

그 무렵 그는 까맣게 잊고 지내던 "영원한 친구" 셸리와 재회하는데,
동경 유학에서 돌아올 때 가지고 온 셸리의 시집을 뒤늦게 찾아내 "오,
사나운 서풍아, 너 가을의 산 숨이야" 하고 시작하는 〈서풍부〉를 우리말
로 소개한다. 그것은 그가 오산고보 교문을 나오기 직전으로, 기묘하게

도 우치무라의 산문山門을 벗어나기 시작한 때와 거의 일치하고 있다. 미완성으로 끝낸 〈성서적 입장에서 본 세계 역사〉를 3회 더 연재하고 중단하기 전의 일이었다. 이 시는 '풀의 시인' 김수영이 1960년대 초에 우리말로 옮기려고 준비할 때까지 오랫동안 한국 문단에도 잘 알려지지 않았던 것 같다.

함석헌은 기독교적 예언자의 소리로서 〈서풍부〉를 "반항적"이며 "미래를 희망하는" 시로 읽었다. 대개의 비평가들이 이 시가 정치·사회적 혁명 사상을 담고 있다고 평하는 것처럼 그도 셸리의 시가 "장차 올 세계"를 향한 혁명의 꿈을 노래한다고 보았다. 이른바 무신론자인 셸리는 유럽에서 반교회주의와 민중 혁명의 물결이 휩쓸 때도 인간의 진보와 평화에 대한 무한한 전망을 도리어 기독교 신앙에서 찾았는데, 그가 함석헌의 "영원의 친구"가 된 것도 함석헌이 셸리의 노래를 기독교적 예언자의 소리로 들었기 때문이었을 것이다.

나는 '무서운 영이여, 내 영이 되라'고 열도熱禱를 하며, '겨울이 만일 왔거든 봄이 어찌 멀었으리오' 하고, 예언자의 외침을 하는 것을 듣고 저가 신 없이 산 자라고 하고 싶지 않다. 정통 신앙자는 저를 저주하고 버려도 좋다. 우리는 모든 형식 신자와 손을 끊고 셸리 편에 서서 저를 영원히 산 자의 하나로 꼽으리라. 《성서조선》 1937년 12월 호)

함석헌에게 셸리는 "영원히 산 자의 하나"요, 결코 무신론자가 아니므로 그의 노래를 "영靈의 음흡"이라고 믿었다. 그와 대조적으로 함석헌은 세상의 현실을 인간이 진정으로 살 수 없는 절망적인 상태로 보았다.

눈을 들어 세계를 보면 틀림없이 포어지사鮑魚之肆에 들어간 것 같다. 보이는 것은 누누이 넘어져 부패를 기다리는 사체뿐이요, 생동하여 물결을 끊고 폭류를 거슬러보려는 자를 볼 수 없다. (앞의 글)

현실이 마치 굴비나 어란을 파는 생선 가게에 들어가면 몸에 비린내가 배어도 그 냄새를 맡을 수 없는 것과 같다는 것이다.

함석헌이 셸리를 다시 만난 것은 '조선 역사'를 가르치던 오산고보의 교문을 나올 무렵이었다. 그로부터 40여 년이 지난 뒤에도 함석헌은 "포어지사에 들어간 것"처럼 더욱 절망적으로 변한 세상을 비판하는 서풍의 소리를 《씨올의 소리》에 토로한 적이 있다. 그만큼 낭만주의 시인 셸리는 참세상을 위해 혁명을 꿈꾸는 그에게 여전히 변치 않는 "벗이요, 위로자요, 경성자警醒者"였던 것이다.

재앙처럼 보이는 세상에서 볼 수 없는 새로운 세상을 노래한 셸리의 서풍은 함석헌에게 커다란 정신적 힘이 되었다. 그는 자신의 실존적 가능성을 "차라리 저와 한가지로 낙엽을 공중에 날리는 서풍"에서 찾기를 열망하였다. 날개를 달고 비상하는 것은 신성불가침하다고 믿는 이는 지상의 모든 것을 더욱 무의미하게 믿을 수밖에 없을 테니까. 서풍이 불러일으키는 새로운 상승 작용은 "우주 사이에 휘날리어 새 생명을 주라!"는 "신나는 복음"으로 함석헌을 찾아온 것처럼 보였다. 자연 속에서 인간의 이상을 신의 뜻으로 느끼고 새겼기 때문이다. 그 서풍을 향하여 노

래하기 시작할 때 함석헌은 "성서적 입장"에 대한 새로운 고뇌의 싹을
틔우던 중이었다. 아직은 함석헌이 "그리스도라는 유일의 안내자의 말을
듣고 단걸음에 도약하여 들어"간 우치무라의 산문에 머물 때였다.

이 난관을 이기고 넘는 데는 성령聖靈에 의해 힘을 얻은 양심 아니고
는 할 자 없음을 점점 더 느끼고 있습니다. 신은 제弟의 속에 새로 근본
적인 회개를 일으키려는 듯합니다. 기도, 기도, 기도. (《김교신 일기》 1938년
11월 15일 자)

당시 그는 인류의 죄를 대신해서 십자가를 진 예수를 믿음으로써만
자신의 죄를 속죄할 수 있다는 대속 신앙에 의문을 품고 있던 중이었다.
스스로 져야 할 십자가를 왜 남이 대신 져야 한다는 것인지 확신이 들
지 않았기 때문이다. 셸리의 서풍은 인격의 자주성을 위해 "그리스도와
인격적으로 하나 되는 체험"에 들어갈 것을 속삭여주었는데, 그때 그가
"20년래 내 마음속에서 싸우고 찾아온 결과"라며 고백한 것이 탈脫무교
회주의를 선언한 〈내다부치는 말〉이었다. 나중에 〈대선언〉으로 고친 이
글은 신과 더불어 "영원히 산 자의 하나"라고 여기는 셸리의 서풍이 함
석헌의 서풍으로 탈바꿈한 흔적인지도 모른다.

돌이켜 보면, 함석헌은 우치무라의 산문을 나오기 전에 오산고보를 떠
났고, 오산고보를 떠나기 전에 셸리가 부르는 소리를 들었다. 그것은 함
석헌이 동경에서 셸리를 만나고 10년쯤 지난 뒤였다. 결국 참세상을 꿈
꾸던 함석헌은 자신의 "영원한 친구" 셸리에 의해 진정한 낭만주의자로

거듭 태어난 셈이다.

## 서울행을 준비하다가

사실 함석헌이 떠나기 전부터 오산고보는 함석헌의 꿈을 채울 수 없는 곳
이 되었다. 오산고보만이 아니라 조선총독부 학무국의 감독 아래 있던 식
민지 조선의 모든 학교가 비슷한 상황이었다. 그의 자전적 에세이를 보
면, 어느 날 아침 조회 시간에 이순신의 핏줄을 타고 났다는 교관이 학생
들에게 '천황'의 병사가 될 것을 훈시했는데 그것을 제지하려던 함석헌이
도리어 동료 교사들에게 제지받았다는 이야기가 나온다. 게다가 더 이상
'조선어'로 '조선 역사'를 가르칠 수도 없었다. 그것은 일본이 1937년 7월
에 중국 침략을 감행한 '지나사변支那事變' 때부터 본격화되었다. 이 전쟁
1년 만에 모든 교육 기관에서 황국신민화 교육이 이루어졌는데, 일제는
태평양 전쟁을 준비하면서 모든 학교의 병영화에 착수했기 때문이다.

함석헌은 황국신민화 교육 시행 직전에 오산고보를 떠났다. 정든 학교
를 떠나기 전에 열렸던 겨울철 성서 모임에서 그는 〈성서적 입장에서 본
교육 문제〉를 닷새 동안 총 10시간가량 강의했다. 하지만 아쉽게도 그
강의 내용은 "어느 한 분을 봄으로써 혼魂의 빛을 발해가는 교육"이라는
한 구절 말고는 현재까지 전해지지 않고 있다.

당시 시국이 긴박해서 해마다 정초에 열리던 동계 성서 강습회도 중단
하고, 연재 중인 〈성서적 입장에서 본 세계 역사〉도 "사정상 중단"이라는
"사고社告"를 내게 되었다. 정말 꿈을 꾸는 깊은 밤처럼 시대의 어둠은
점점 앞을 내다볼 수 없던 때였다. 그럴수록 함석헌은 성경 연구에 몰입

했다. 그에게는 "조선의 금일을 위한 영적 준비"가 가장 중요한 일이었다. 실재의 세계요, 영원의 세계는 "하나님의 심중"에만 있다고 믿는 미래를 향한 꿈 때문이었다.

하나님의 심중에는 무엇이 있나. 영원의 세계, 실재의 세계가 그대로 있다. 과거와 현재와 미래는 한데 녹아 있는 세계다. 그 세계를 본 자는 생명의 진상을 본 자요, 그 세계를 본 자는 우주의 의의를 안 자요, 역사의 의미를 안 자다. 그것을 본 것이 꿈이요, 이상이다. 그것을 말한 것이 장래의 일이다. 넓은 의미에서 예언이다. 《요엘서 강의》

그 장래의 일이 그에게는 "혼의 빛"에 달려 있었다. 우연하게도 그 무렵에 그 빛을 떠올리게 하는 두 가지 풍경이 "예언"처럼 그의 앞에 나타났다. 하나는 세상에 "삼중고三重苦의 성녀聖女"라고 알려진 헬렌 켈러 Helen Keller의 강연회였다. 그녀가 농아 복지 기금 200만 달러 모금 행사를 위해 세계 각국을 순회하며 강연하던 중 7월에 '조선'에 들렀을 때인데, 김교신이 "만사를 제치고" 경성 강연회에 참석했던 것처럼 함석헌도 평양에서 그녀의 강연을 들었다.

또 하나는 잔혹한 어둠의 형상이다. 인간이 "하나님"보다 인간을 숭배하는 교만 때문에 저지른 공포와 그 공포에 의해 노예처럼 끌려가는 세계의 모습인데, 그것은 헬렌 켈러의 평양 강연 직후에 김교신과 생애 마지막 여행이 될 줄 모르고 박물 채집을 위해 부전고원赴戰高原 답사에 나섰을 때 함경도 함흥 역두驛頭에서 '지나사변' 중 일본군 부상병들의 처참한 장면을 목격한 일이었다.

현실적으로 《성서조선》의 앞날도 점점 어두운 터널 속으로 들어갈 수밖에 없는 상황이었다. 당시 함석헌은 정릉을 찾아 김교신과 밤을 새우며 성서 모임과 《성서조선》의 앞날을 집중적으로 논의했으나 뾰족한 수를 찾을 수 없었다. 벌써부터 김교신은 총독부와 경찰서에 계속 호출당했으며, 폐간이나 휴간을 놓고 마음을 잡기 어려운 상태가 계속되었다.

이미 휴간하기로 통고하였던 것인데, 지금 이 모양으로 속간하게 되었습니다. 지우제군誌友諸君의 간절한 소망으로 되는 일인 줄 알아 감사함을 마지못하니이다. 불안한 이는 지대선금誌代先金을 한 달치만 보내시오. 과대한 선금은 짐이 되나이다. 《성서조선》 1939년 2월 호)

독자들은 어떻게 해서라도 《성서조선》이 나오기를 바랐지만 "전쟁, 신사神祀 문제, 현실 총독 정치를 성서로써 증명, 찬동하는 등을 강요당할 경우가 온다면 폐간 또는 발행인 변경"을 하지 않을 수 없었다. 이는 1934년 3월 제정된 '개정 치안유지법' 때문이었는데, 조선총독부 도서과에 원고를 제출하여 사상적인 점을 중심으로 사전에 검열을 받아야 했기 때문이었다. 그리하여 김교신에게는 경찰서를 찾아다니는 일이 주요한 일과가 되어버렸다. 결국 《성서조선》은 조선총독부로부터 '황국신민서사'의 게재와 원고 내용 일부 삭제를 전제로 재허가를 받고 발행할 수 있게 되었다. 그 소식을 듣고 함석헌은 김교신에게 "그렇게 욕보였다니 놀랐습니다"라고 위로의 말을 전하기도 했다.

함석헌이 학교를 떠난 직후 모든 학교는 제3차 조선교육령에 따라 황국신민화 교육의 의식을 행하고 학생들은 '황국신민서사'를 외워야 했다. 조선총독부의 우민화 정책에 따라 오산고등보통학교의 명칭도 오산중학교로 격하되었다. 전시 체제를 염두에 둔 갖가지 애국의식이 거행되고, 애국반愛國班도 조직되었으며, '조선 사람'의 정체성을 말살하는 지원병 제도를 비롯하여 창씨개명법과 국가총동원법이 시행되었다. 지금은 망각 속에 묻혀버렸지만 전시 체제의 분위기는 죽음의 골짜기로 행진하듯이 여간 무겁고 어두운 것이 아니었다.[16]

이 시대는 분명히 불행한 시대다. 그러나 불행함에도 불구하고 교훈은 많이 들어 있는 시대다. 평탄을 잃은 땅이 절경을 낳는 것같이 평온을 빼앗긴 이 시대는 전에 볼 수 없었던 진리를 깨닫게 한다. 《나의 참회》

---

16  당시 전시 체제하의 사회 분위기는 수많은 군국가요 속에 잘 반영돼 있다. 그 가운데 대표적인 노래가 유명 여가수 장세정이 1940년에 부른 〈지원병의 어머니〉다(고하정남 작곡, 조명암 작사).

나라에 바치고자 키운 아들을 빛나는 싸움터로 배웅을 할 제 눈물을 흘릴쏘냐 웃는 얼굴로 깃발을 흔들었다 새벽 정거장

사나이 그 목숨이 꽃이라면은 저 산천초목 아래 피를 흘리고 기운차게 떨어지는 붉은 사쿠라 이것이 반도남아 본분일 게다

살아서 돌아오는 네 얼굴보다 죽어서 돌아오는 너를 반기며 용감한 내 아들의 충의충성을 지원병의 어머니는 자랑해주마

함석헌은 우리가 시대의 "모진 폭풍 밑에 온 밤을 시달리는 자"가 된 것은 인간이 하나님을 버렸기 때문이라고 믿었다. 그리고 현대 전쟁의 의미는 누가 이기느냐 패하느냐에 있지 않고 오직 "기독교가 인문주의에 향하여 다시 선전宣戰을 하게 되는 데 있다"고 보았다. 우리의 문제, 우리의 소원은 오직 "하나님의 나타남"으로만 해결될 수 있다는 것이다.

함석헌에게 세상은 "비선비악非善非惡의 중성적 소재가 아니요, 사탄의 권위하에 있는 나라"였다. 그 사탄의 권위와 중단 없는 싸움을 계속하는 것이 그가 "영원의 생명"을 믿는 기독교의 인생관이었다. 하지만 문예부흥 이래의 그릇된 인문주의 때문에 기독교 신자는 자기가 싸움을 하고 있는 자라는 것을 망각할 정도로 죄 문제와 싸우던 양심이 둔해졌다면서 그는 인문주의가 내세우는 자유의 실상을 파헤쳤다.

도덕학자는 인간의 의지는 수양하면 무한한 힘이 있고, 자유가 있는 듯이 말하지만 실지에 있어서는 그런 것은 없다. 자유의지란 말만 듣기 좋은 것이오, 사실로는 없다. 오직 죄 없는 혼만이 자기의지를 자유로 쓸 수 있고, 강할 수 있다. 고로 아직 죄에서 놓이지 못할 때의 베드로의 결심은 저를 구하지 못하였다. 《나의 참회》

요컨대 '하나님'을 잃으면 자유도 없다는 말이다. 그에게 자유란 시민의 권리가 아니라 "죄 없는 혼"의 특권이다. 그는 진정한 자유의 원천은 인간의 가치를 귀족화하는 영적인 것이지, 사회적 측면으로 환원될 수 없는 것이라 보았다. 즉, 자유란 인격적으로 양도 불가능한 주관적 권리로서 프랑스 혁명 등에서 유래한 것이 아니라 기독교 또는 종교개혁에 기원을 두고 있다는 것이다. 그러므로 그는 '하나님'을 등진 종교, 철학, 예술, 교육, 정치는 도대체 누구를 위해, 무엇 때문에 존재하느냐고 반문했다.

그 종교는 얼마나 의식을 요구하며, 그 철학은 얼마나 난삽을 자랑하며, 그 예술은 얼마나 무용한 장식을 좋아하나. 그리고 그 교육은 얼마나 수완 있는 인물의 양성을 목적하며, 그 정치는 얼마나 책략이 많은가. 그런 고로 혹 가다가 하나님에게 직直히 힘쓰는 자 있으면 저를 우직하다 하며, 편협하다 하고 그를 가르쳐 현실을 모르는 이상주의자라 하며, 인간을 이해하지 못하는 무교회주의자라 한다. 저의 원하는 바가 어찌 현실 무시에 있고, 인간 몰각에 있을까. 《주의 길》

이런 이야기는 자기가 반드시 '하나님'을 믿기 때문에 강조하는 것만은 아니라는 것이다. 그뿐만 아니라 '하나님'을 내다버린 인문주의가 "사이비 평화 사상"을 내세우는 바람에 국가 간의 충돌을 음성적으로 조장했다고 비판했다. 그것이야말로 그가 판단한 전쟁의 원인이었으며, 동시에 제2차 세계 대전 이후에는 "세상이 달라질 것"이라고 보았던 근거였다. 그리하여 함석헌은 "장차 올 세계"를 꿈꾸면서 성서 모임과 《성서조선》에 대한 관심을 적극적으로 표시했다. 이를 위해 서울로 이주할 계획까지 세웠지만, 그 계획은 실행 단계에서 변경되었다. 김교신은 일단 겨울을 지내면서 좀 더 생각해보자는 함석헌의 편지를 받았다.

글월 받았습니다. … 겨울은 위선爲先 이곳에 있을 것이오. 이곳 형제들 뜻은 있으면서 영구한 계획을 하는 것입니다. 좌사우고左思右考했고, 여러 번 만나기도 했으나 결국 위선 있는 것으로 결決했습니다. 서울보다는 더 좁은 틈바구니로 몰려들어 가는 길입니다. 큰 생각도 큰 생각이오, 공부도 공부려니와 그보다 형의 짐이나 다소 덜어 들였으면 했는데 허락 안 됩니다. 또 이번 달 원고로 인해서도 욕보셨습니다. 시사時事를 닿치지 말자다가도 또 그리되곤 합니다. 그럼 만날 날 기다립시다. (〈김교신 일기〉 1938년 10월 6일 자)

이 편지는 서울 이주를 독려하는 김교신의 편지를 받은 함석헌의 답장이다. 함석헌의 부재에 대하여 그가 "형제"라고 부른 오산성서연구회 회원들의 반발이 예상 외로 강했기 때문이다. 짐작컨대, 그가 서울 이주 계획을 세운 것은 오산고보를 떠난 직후로 보인다. 그것은 그가 농사학원을 위해 평양 송산리로 떠나기 훨씬 전의 일이다. 만약 계획대로 되었다면 함석헌은 평양에서 송산농사학원을 시작하다 대동경찰서에 투옥되지도 않았을지도 모르고, 김교신도 흥남질소비료공장에서 해방을 준비하다가 갑작스럽게 운명하지 않았을지도 모른다. 하지만 이런 추측은 소용없는 일이다. 그해 가을《성서조선》에는 다음과 같은 사고社告가 실려 있다.

함석헌 선생이 금춘今春 이래로 서울로 올라오신다던 일은 그간 여러 가지 애해碍害로써 실현되지 못한 것인데, 9월 27일 만사 제쳐 놓고라도 발정發程을 하기로 작정하였었다. 그런데 이번에는 오산 교우들의 간절한 만류로 인하여 부득이 당분간이라도 그냥 오산에 머물게 되었나이다. 그러므로 서울 진용陣容은 매우 열악한 감이 불무不無하나 사람을 의뢰하지 말고 하나님께 직접 기도의 생애를 충성하기 위하여 이것도 또한 섭리인가 하여 서울 있는 우리들은 일층 경성분발警醒奮發하고저 한다. 《성서조선》 1938년 10월 호)

물론 서울행을 완전하게 포기한 것은 아니었다. 서울은 그가 학교 근처에서 과수원을 경영하면서 구상한 "큰 생각"의 중심지였기 때문이다. 그래서 그의 소중한 성서 모임 그리고 《성서조선》을 주관하던 김교신과 "지나가는 세계"의 "시사時事"를 더욱 긴밀하게 의논하고 싶었는지도 모른다.

그 편지를 보낸 지 열흘쯤 지나 함석헌은 다시 서울에 왔다. 김교신의 장녀 결혼식 주례를 위해서였다. 결혼식은 50명만 초대해 김교신의 정릉 자택에서 열렸는데, 함석헌은 신랑 신부에게 "하나님의 맘성을 배우기"라는 결혼의 목적을 이야기할 때도 다분히 "지나가는 세계"의 관습을 의식한 이야기를 빼놓지 않았다.

결혼은 결코 행복을 위한 것이 아니요, 행복이 있을 수도 없습니다. 사람이 젊어서는 꿈을 꾸는 법이요, 꿈 중에서 가장 달콤한 것은 이 행복스러운 이상적 가정생활이라는 것입니다. 그러나 환멸의 비애를 먹는 것 중에 이에서 더 심한 것은 없습니다. … 가정이란 행복스러운 것이 아닌 것은 다 잘 알 일입니다. 짐입니다. 힘 드는 짐입니다. 가다가 때때로 집어 내던지고 활활 자유로워 보자는 생각을 하는 것은 한 사람만이 아니고 두 사람만이 아닙니다. … 사실을 모르는 청춘남녀를 보고 행복의 살림을 하라고 말 쉽게 축사를 내던지는 사람들은 대체 누구입니까? 《성서조선》 1938년 12월 호)

이날 딸을 시집보내는 김교신이 가정은 "환멸의 비애를 먹는 것"이라는 함석헌의 주례사를 듣고 과연 어떤 표정을 지었을지 궁금해진다. 얼핏 보기에 그것은 주례사라기보다는 자신의 경험을 배경 삼아 결혼의 필요성에 대해 논의하는 토론자의 주장처럼 들린다. 오늘날 결혼을 "지나가는 세계"의 낡은 관습의 하나로 여기는 이들이라면 그의 주례사에 쉽게 동의할 수도 있을 것이다.

다음 날 함석헌은 홀로 삼각산 백운대에 올랐다가 구기동으로 유영모를 찾아갔다. 어쩌면 그는 가을 단풍을 보며 "지나가는 세계"를 느꼈을지도 모르겠다.

## 평양 송산으로

그로부터 1년 6개월쯤 지나 함석헌은 자신의 간절한 꿈을 담았던 서울행도 포기하고, 그동안 김교신과 함께 고뇌하던 《성서조선》의 운명도 다한 것으로 여기게 되었다.

이 글이 가는 때는 벌써 결정을 하시었을 때일 줄 아오나 제弟의 의견으론 정말 그렇게 어렵게 굴면 전사하는 것이 좋을 줄 압니다. 이미 관계가 그리 된 담에 설혹 이번에 어떻게 하여 발행을 한다기로 그 후에 이어 계속 또 있을 주문을 다 치러 나갈 수가 있습니까? … 문제는 우리 맘에 얼마쯤 진실이 있느냐 하는 데 있을 것입니다. … 좌고우면左顧右眄하기에 우리는 세월을 허비합니다. 결정하신 후 오십시오. 기다립니다. (〈김교신 일기〉 1940년 4월 29일 자)

조선총독부가 계속 《성서조선》을 압박하면 할수록 최후의 결전을 치러보자는 것이다. 그때 함석헌은 사회적으로 "모든 불평균의 요철"과 "모든 이기적 죄악"의 음험한 것을 다 없애야 한다는 생각에 젖어 있었다. 그는 12년간 창조주의 손길을 의식하면서 "직선적"이라는 예수의 생활 원리를 따라 오산에 머물렀다. 그리고 바라던 서울행이 좌절되자 오산고보 교문을 나온 지 2년 만에, 병으로 두 자녀를 잃은 지 2개월여 만에 평양으로 거주지를 옮겼다. 주소지는 평안부 신양리 175번지였다.

이웃에는 소학교와 예배당이 자리 잡고 있었으며, 강가를 산책할 수 있을 만큼 대동강이 가까웠다. 평양역에서 출발하는 평남선의 첫 번째 정거장인 조촌趙村역에서 내려 남쪽으로 40분쯤 걸어가면 나오는 그곳은 근처에 안창호가 손수 지은 집이 있고 해방 후에는 김일성 별장이 들어섰다는 곳이다. 함석헌은 오산학교 후배 최태사의 도움으로 김두혁金斗爀이 운영하던 5,000평이 넘는 송산농사학원을 인수했다.

함우용은 〈아버님 함석헌〉에서 평양으로 이사할 때 갖고 갔던 책이 수레 열 대 분량이었다고 회고했다. 그러나 송산농사학원은 "정규의 공부를 하는 것 아니오, 사제師弟가 한 가지로 농사하면서 기독교적인 입장에서 생활을 통해 진리를 배워가지는 촌숙村塾 혹은 농장"이었으므로 소학교 졸업 정도의 학력으로 장래 농군農軍 생활을 꿈꾼다면 누구나 입학할 수 있었다. 입학 여부는 함석헌이 면접으로 결정했다. 입학 후에는 농사 실습과 더불어 성서와 농리農理에 대한 간단한 지식, 실제 필요한 상식 등을 배웠다. 기숙사 자취생활비는 본인이 부담해야 했으나 가을에 농원의 수입 상태에 따라 얼마 정도 보조가 가능했다.

안내문에는 수용 인원이 6~7명이라고 명시했지만 실제로는 아홉 명의 기숙생을 포함하여 모두 열세 명이나 되었다. 그 가운데 한 명인 최진삼은 나중에 함석헌의 딸과 결혼하였다. 그가 〈선생님 곁에서 50년〉에서 회고한 함석헌의 당시 모습은 무척 인상적이다. 머리를 박박 깎은 함석헌은 오전에는 한복을 입고 수업을 했고, 오후에는 작업복으로 갈아입고 노동을 했다. 함석헌은 수업할 때 말고는 거의 말이 없었다고 한다.

송산농사학원은 월요일부터 금요일까지 함석헌과 김두혁을 중심으로 공부도 하고 노동하는 일과로 운영되었다. 새벽 5시 반에 울리는 종소리에 깨어나 세수하고, 6시부터 예배를 드린 뒤 7시에 아침을 먹고, 8시 반부터 두 시간 동안 학과 수업을 했다. 수업 내용은 고등 원예, 국어, 역사, 한문, 농사법 등으로 함석헌이 맡아 가르쳤다. 점심을 먹고 오후에는 하루 종일 밭에서 노동을 했는데, 이때 김두혁이 축산과 생물을 가르쳤다. '조선식' 수도원을 연상시키는 송산농사학원은 오산 성서 모임의 꿈이었다고 할 수 있다. 형식적으로는 김두혁이 고당 조만식의 뜻을 따라 세운 덴마크식 교육 기관이었지만, 그 속을 들여다보면 겨울철 성서 모임에서 싹을 틔운 정신적 공동체가 현실적으로 구체화된 것이었다.

당시 흥미로운 일화도 있다. 한번은 무슨 일 때문인지 학원생들 사이에 싸움이 일어났다. 그런데 함석헌은 한마디 책망의 말도 없이 조용히 방에 들어가 저녁 시간이 되어도 나오지 않았다. 이에 학원생들이 걱정스레 방문을 열었는데, 그는 무릎을 꿇고 기도하는 자세로 아무 말도 하지 않았다. 그러자 학원생들 모두가 방으로 들어가 무릎 꿇고 그에게 용서를 빌었는데, 그로부터 학원에서는 다투는 일이 사라져버렸고 감히 싸움이란 상상할 수도 없는 일이 되었다고 한다. 학원생들의 싸움 이후에 송산농사학원은 작은 평화공동체가 된 것이었다. 그것은 공동체의 기반이 양심에 있다는 뜻이기도 하다. 그는 양심이 "사람 사는 땅"의 기본 질서여야 한다고 믿었기 때문이다. 즉, 질서의 세계란 미래에만 존재하는 것이 아니라 현재보다 "먼저 있는" 세계일 수도 있다는 점에서 시간과 장소로부터 벗어난 태초의 세계로 돌아가는 꿈도 양심과 분리된 것은 아닐 것이다.

함석헌의 말대로, 그것은 인간이 공중에서 찾던 존재를 인간 자신의 가슴 속에서 찾아야 한다는 하나의 작은 경험이었는지 모른다.

> 만일 인간에게 만물을 이끌고 신 앞에 설 만한 자격이 있으면 그 나라는 오는 것이요, 사람의 가슴 속에 그것이 없으면 올 수 없다. (《히브리서 강의⑤》)

가슴 속의 존재야말로 신과 닮은꼴로 있다는 인간의 실재일 것이다. 이른바 "하늘나라는 너희 안에 있다"는 그 나라의 도래 여부도 전적으로 인간 자신에게 달려 있다는 뜻이 분명하다. 함석헌은 그 나라가 예수에 의해서 인간의 가슴 속으로 들어왔으며, 그 "예수를 증거하는 것"이 농사학원 생활의 목적이라고 밝혔다. 다만 성령을 받지 않고서는 그것을 증거하는 일이 불가능하며, 성령을 받는다는 것은 "성령에 정복당하는 일"이라고 믿었다. 그러므로 송산농사학원은 단지 농사 기술만 가르치고 배우는 직업 학원이 아니라 예수가 죽음으로 개척한 "양심에 속하는 세계"를 따르는 작은 수도원이었는지도 모른다.

이 작은 수도원에 《성서조선》의 동지들이 모인 것은 1940년 5월 10일이었다. 김교신과 송두용은 경의선에 몸을 싣고 7시간여 만에 평양역에 도착해 함석헌의 마중을 받았다. 김교신 역시 양정고보를 개칭한 양정중학교를 떠난 뒤였다. 김교신은 아름다운 봄날에 대동강가에서 미래를 꿈꾸던 그들의 기도와 설교, 만경대 산책 이야기 등을 자신의 일기에 자상하게 적어놓았다. 그들은 일정에 따라 송산농사학원의 장래를 위해 약 20명의 지우들과 기도회를 가졌다. 다음 날 오전에는 송산리 예배당에서 학생 때부터 지우였던 목사의 부탁으로 김교신이 500여 명의 청중에게 설교를 하였다. 이어 송산농사학원 설립자 김두혁의 자택에서 점심을 같이 먹고, 다시 그들만의 경건한 기도회로 송산농사학원의 성서 모임을 마무리하였다. 그 무교회 신앙의 터전을 마련해준 우치무라를 기념해 김교신과 함석헌이 《내촌감삼內村鑑三 선생과 조선》을 세상에 내놓은 때도 이때였다.

나라 밖에서는 제2차 세계 대전이 터져 독일군이 마지노선을 돌파했다. 이제 신의 존재를 믿는 함석헌을 시험하듯이 그의 간절한 꿈을 좌절시키려는 시도가 운명처럼 다가오게 된다.

## 빼앗긴 꿈

함석헌은 1940년 9월 초에 평양 대동경찰서에 투옥되었다. 송산농사학원을 설립한 지 약 6개월 만의 일이다. 당시 함석헌은 이웃 선천의 동쪽에 있는 옥호동 약수터에서 "쏟아지는 눈물을 목구멍으로 삼킨 채" 임종을 앞둔 아버지를 간호하던 중이었다.

이른바 '계우회 사건'에 연루되었던 것인데, 함석헌은 사건 자체와 직접적인 관련이 없었으므로 미결수로 대동경찰서에서 1년간 옥고를 치렀다. 그의 말대로 일제 경찰이 "죄를 씌우다 씌우다 씌울 수 없으니까" 풀어주었던 만큼 그에게 혐의를 씌우기 위해 심한 폭행을 가했던 듯하다. 그러나 함석헌은 자서전에서 자신이 겪은 고통보다 자기 때문에 악형을 당한 다섯 명의 학생에 대한 괴로움을 이야기했다. 그들은 장학축산계獎學畜産契를 조직한 평양 숭인상업학교 졸업생들로 일본 동경에서 급파된 형사대가 자신의 가택을 수색하던 중에 그들 가운데 한 사람의 편지를 발견하는 바람에 그 학생들이 고초를 당했다는 것이다.

본래 사건의 중심인물은 송산농사학원의 전 소유권자인 김두혁이었다. 평양 대동 출신으로 함석헌보다 일곱 살 아래인 김두혁은 이 일로 7월에 대동경찰서에 투옥되어 집행유예 4년을 선고받았지만, 실제로 1943년 4월 말에 출옥할 때까지 2년 9개월간 옥고를 치렀다. 김두혁은 동경농대를 졸업하고 1937년 9월경 동경에서 평안도 유학생 21명을 중심으로 항일 농민 운동 단체를 조직했는데, 처음부터 비밀결사체였으므로 단체의 이름은 없었다. 단, 기본 강령의 맨 앞에는 "조선 민족의 해방운동"이, 맨 끝에는 "송산농사학원을 독립운동 본부"로 삼았다는 것이 명시돼 있었다. 그런데 이 과정에서 김두혁의 동지가 동경에서 체포되는 바람에 외곽에서 지원하던 80명의 계우회 회원들이 사건에 연루된 것이었다.

함석헌이 대동경찰서에 불려간 것도 그와 관련된 것으로 보인다. 오산에서 시작한 성서 모임과 성서 강습을 본격적으로 준비하던 때였다. 사건이 나기 두 주일 전쯤에는 송산농사학원에 찾아온 동경대 해직 교수 야나이하라 다다오矢內原忠雄[17]와 모임을 갖기도 했으며, 대동경찰서에 출두하던 날 오전에도 평상시처럼 성서 모임을 진행했다. 김교신이 주관한 야나이하라의 '성서 강의'가 사흘째 진행되던 날, 함석헌은 아버지에 대한 절절함으로 가득 찬 편지를 김교신에게 부쳤다.

---

17  야나이하라 다다오(1893~1961)는 우치무라 간조의 제자로 경제학을 전공했으며, 중일전쟁 직후에 쓴 〈국가의 이상理想〉이란 글 때문에 사회적 파문을 일으키고 동경대 교수직에서 해직되었다가 일본이 패망한 후에 동경대 총장을 역임한 인물이다. 야나이하라는 일제의 식민 정책을 비판한 것으로 알려졌으나, 자유주의의 관점에서 인류 발전을 위해 식민 정책이 필연적이라는 점을 강조함으로써 식민 활동 자체를 부정한 것은 아니라는 비판도 있다. 그는 일본이 태평양 전쟁에서 패전할 때까지 후지 산 기슭의 야마나카코 촌山中湖村에서 성서 모임을 진행했는데, 여기에 참가한 '조선 사람'으로는 함석헌의 육촌 동생 함석조, 한국사학자 이기백 등이 있다.

제 기후其後 약수에 가서 이야二夜를 가엄측家嚴側에 지나고 지금 평양으로 향하는 차중입니다. 가면 무엇이 기다리는지 모르겠습니다. 예정은 무사하면 다시 옥호동 약수에 가서 아버지를 간호할까 하나 일이 그렇지 못하게 될지도 미지입니다. 그리 된다면 아버지를 생전에 보기는 하나님의 특허 아니면 어려울 듯합니다. 지금의 아버지 위는 돌 같습니다. 이런 생각하며 하직하고 떠나려니 자연 심중의 슬픔을 불금不禁이요, 곽산 정주 지나며 청한산, 독창산이며, 오산 친구들과 같이 가을로 봄으로 다니며 기도하던 곳을 바라보니 '무거운 짐을 나 홀로 지고 견디다 못해 쓰러질 때' 하는 노래가 스스로 입에 나옴을 불각不覺하였습니다. (《김교신 일기》1940년 9월 11일 자)

　이 편지는 함석헌이 옥호동 약수터에서 요양 중인 아버지에게 다녀가는 길에 기차 안에서 쓴 것으로, 마치 낯선 세상으로 떠나가는 이방인처럼 몹시 아득하고 허탈한 심정을 엿볼 수 있다. 다음 날부터 성서 강습을 한다는 계획도 무산되고 만 것이다. 함석헌은 다음 날에도 김교신에게 편지를 부쳤다. 평양경찰서에 조금 늦었더니 일경이 내일 오라 하여 되돌아갔다는 것이다.

　지금 아마도 마지막이 될 이 글을 씁니다. 명조明朝에 오라는 명령을 지금 받았습니다. 금일 데리러 왔다가 제弟가 부재라 그냥 갔답니다. 그럼 가면 물론 얼마 동안 못 나오는 것인데 서로 피차간 주의 영광을 드러내기 위하여 힘씁시다. … 그러나 아버지의 마지막 얼굴을 아마도 못 볼 걸 생각하면 천지가 아득합니다. 형님 날 위해 기도해주시고, 교섭을 해주실 길 있으면 그것도 하여 아버지가 임종하시는 날 볼 수 있게 힘써주시오. 언제 또 쓸지? 〈김교신 일기〉 1940년 9월 12일 자)

편지를 받은 김교신은 함석헌이 겪는 일을 신앙상의 "접전接戰"이라면서 "조력을 받을까 해서 유력자 두어 분을 방문한 후" 뾰족한 수가 없자 직접 대동경찰서 서장을 만나기 위해 평양으로 달려갔다. 당시 경성고보라는 명칭이 바뀌어진 경기중학교 교사로 재직 중이던 김교신은 평양으로 가 대동경찰서장을 면담했지만 결과는 매우 실망스러웠다. 결국 투옥 중인 함석헌은 아버지의 임종을 지키지 못했다. 함형택의 부음은《성서조선》의 사고로 알려졌다.

함석헌 선생의 부친 함형택 장로께서 중환에 계시던 중 지난 11월 5일 하오 10시 반에 영면하셨습니다. 함 선생의 제弟 함석창 씨와 장남 국용 군이 임종의 침변枕邊에 모셨고, 나는 7일에 경성을 출발하여 함 선생께 입히려고 마련하였던 상복을 입고 9일의 장례식을 마친 후 10일 저녁에 서울 돌아왔나이다. 《성서조선》 1940년 12월 호)

함석헌의 부친은 주위에서 "무슨 남겨놓을 말이 없느냐?"라고 묻는 말에 "나야 뭐…"라면서 운명했다고 한다. 아마 자신의 운명보다 일경에 끌려간 옥중의 아들 걱정이 더 컸던 듯하다. 함석헌은 집에다 다음과 같이 아주 간단한 전보를 쳤다.

갈 수 없음, 용서 바람, 특히 모친을 위로하라. 〈《김교신 일기》 1940년 11월 8일 자〉

당시 김교신의 일기는 함석헌과 연관된 주변의 정황도 비교적 자세하게 전해준다. 우선 김교신은 송두용과 함께 무려 17시간이나 걸려서 8일 아침 용암포 중흥동에 도착하였다. 그가 세심하게 옮겨놓은 조문 이야기는 함석헌의 고향집 풍경을 상상해볼 수 있게 해준다. 마을의 첫인상은 "강한 바람을 피해서 구릉 밑에" 숨은 모습이다. 고인의 집은 "담장은 두껍게 쌓은 석축인데 그 밖으로 수수깡 발 같은 것을 둘러서" 풍우를 막아주었고, 가옥의 내부는 "실내로부터 뜰 안과 변소까지 청정하고 정제한 분위기"였다. 함형택이 운영하던 명신소학교 교정에서 담임 목사의 사회로 진행된 장례식은 교회와 학교, 동민의 연합장으로 치러졌는데, 원래 장남 함석헌에게 입히려던 상복을 입은 김교신은 조사를 마친 다음 함석헌에게 보여주기 위해 여러 장의 사진을 찍어두었다.

함석헌의 투옥과 부친의 장례 소식이 《성서조선》에 실린 이후 호남, 영남, 만주 등지의 독자들이 보내온 관심과 격려는 매우 뜨거웠다. 개중에는 해외에서 거금 10원을 함석헌의 집으로 보내온 경우도 있었고, 또 어느 경관의 위문금이 《성서조선》으로 전달되기도 했다. 당시 경성역에서 동대문까지 전차 요금이 5전이요, 1원이 100전일 때였다. 김교신이 주관한 서울의 성서 모임에서 연속 강의를 끝내고 동경으로 돌아간 야나이하라도 함석헌의 가족에게 위로의 편지를 보내주었다.

그런데 그의 소식을 전해주던 〈성조통신聖朝通信〉은 조선총독부 검열에 걸린 탓인지 다음 해 3월 《성서조선》에서 종적을 감추고 말았다. 이 통신에 마지막으로 실린 소식에는 부인 황득순黃得順이 심한 감기에 걸린 함석헌을 옥중 면회하고, 성서와 하루 한 끼 사식을 허용받은 이야기가 쓰여 있다. 그때 함석헌은 내년 농사 준비 등을 부탁했으나 송산농사학원에서 살림을 꾸리는 학원생 하나는 그 해 양돈이 실패했고 무, 배추는 갈아엎은 터라 농사해서 생활하기는 어렵다는 이야기를 들려주었다. 아무런 대비책을 세울 틈도 없이 그가 끌려갔기 때문이다.

결국 함석헌이 인수한 송산농사학원은 6개월 만에 문을 닫을 지경에 이르게 되었다. 일제가 한창 태평양 전쟁을 수행 중일 때 함석헌이 꿈꾸던 공동체의 꿈은 깨지고 말았던 것이다. 그것은 자신의 "황금 시절"이 저물어간다는 암시였는지 모른다. 그러나 투옥으로 성서 연구와 성서 모임 등은 멀어져갔지만, 그가 하나님을 직선로에서 만나던 '성서의 시간'은 끊임없이 지속되었다.

## 서대문형무소로 가면서

함석헌은 1941년 6월 하순에 대동경찰서에서 출옥하였다. 고향으로 돌아온 그는 아래와 같이 〈지우誌友 여러 형제들께〉라는 글로 출옥 인사를 했다.

지난날 제가 잠깐 괴롬을 당하였을 때는 많은 염려와 기도로 도와주시어서 감사의 말씀을 다 못 하오며, 이 모든 것이 다 우리 주 예수 그리스도와 하나님 아버지를 위한 것인 줄 알아 기뻐합니다. … 《성서조선》이 만 열네 돌을 맞았습니다. … 인사로 하면 주필 김교신 형의 수고하고 애태우는 것을 드러내 말해야 할 것이나 가도訶諂 될까 하여 그만둡니다. 그러나 마땅히 하였을 책임을 제가 지지 않은 것이 많았던 죄는 고백하지 않을 수 없습니다. … 인간의 말이 다 되는 점이 하나님의 말씀이 시작되는 점인 것을, 제 말을 해볼 양으로 늘 고집했습니다. 회개합니다. 그러나 주가 자기 말씀을 하시는데 김 모가 무엇이고 함 모가 무엇이오리까. 저가 애쓴다고 해서 이날껏 있는 것도 아닐 것이오, 이가 둔해서 자기의 하실 것을 못 하실 것도 아닙니다. 저의 하고 싶은 대로입니다. 저가 요만하게 우리게 오늘까지 두시는 것입니다.

이 출옥 인사에서 그는 자신의 옥고를 "잠깐 괴롬"이라는 한마디로 줄이고, 마침 창간 14주년을 맞이한 《성서조선》에 대해서도 김교신의 수고 이외에는 특별히 언급하지 않았다. 이 인사말 이외에 함석헌은 《성서조선》이 폐간될 때까지 단 한 편의 글도 기고하지 않았다. 그의 출옥 인사는 마치 자신이 《성서조선》에서 조용히 사라지겠다는 작별 인사처럼 보이기까지 한다.

함석헌은 세상을 떠난 아버지를 대신하여 호주가 되고, 물려받은 땅 2만 평을 갈면서 명신소학교와 교회를 돌보는 일에 몰두하였다. 그제야 자신이 세상일에 "판무식쟁이"임을 느끼면서 '의'를 구해야 한다는 일념으로 《성서조선》에 글을 쓰던 인생의 '황금 시절'은 이제 완전히 가버리고 '한의韓醫 노릇이라도 할까?' 고민하는 농사꾼의 모습으로 변한 것이다. 그가 길림성 참사관으로 있던 친동생 함석창을 만나 만주 벌판의 관지촌을 둘러본 것도 그때쯤이었던 듯하다.

　왜 이 넓고 넓은 천지를 지키지 못하고 맹장같이 밤낮 말썽만 일으
키는 좁다란 반도에만 몰려 살게 되었을까, 왜 이것을 한번 다시 찾아
볼 생각을 못 했을까? (〈해외통신〉 1979년 10월 29일 자)

　그에게 만주는 시대를 초월해 경외감을 일으키는 '조선 사람'의 땅이
었다. 그가 〈조선 역사〉에서 그려놓은 '조선 사람'의 고난도 만주의 상실
에서 비롯되었다. 그때 함석헌은 "현지 안내인을 구해 묵은 밭을 밟고,
하루 종일 개천을 건너 낮은 산등성이를 타고 다니면서" 실제 땅값까지
알아보았다고 한다. 아마도 평양 송산농사학원에서 시작한 자신의 꿈을
부활시켜보려는 의지 때문이었을 것이다. 그는 한순간도 새 세상을 일구
는 꿈을 버릴 수 없었기 때문에 노아가 방주를 타고 썩은 세상을 탈출하
는 방법을 상상했던 것인지도 모른다.
　그런데 그는 만주행이 아니라 뜻하지 않게 서울행 기차를 타게 되었
다. 이른바 《성서조선》 사건이 터진 것이었다. 이 사건의 원인은 김교신
이 《성서조선》 1942년 3월 호에 기고한 〈조와〉 때문이라고 하지만, 함석
헌의 말대로 그것은 "평상의 사상을 밉게 보아 막으로 죄를 만들어 씌우
자는 것"이 틀림없었다. 산속의 기도터 근처에서 "동사東死한 개구리 시
체"를 묻어주고, "두어 마리" 살아남은 개구리를 보면서 반가워한 것이
죄가 되었기 때문이다. 사건이 나기 직전에 함석헌은 김교신의 주례로
장남 국용을 결혼시켰다. 그로부터 열흘쯤 뒤에는 김교신도 자기 어머니

의 회갑연을 베풀었다. 함석헌이 서대문형무소에 투옥된 것은 1942년 5월인데, 당시 자신의 비극적 모습을 자전적 이야기에서 다음과 같이 회고하였다.

아무도 아는 체하지도 않는, 그러나 속으론 모두 놀라 '저 사람이 또 저렇게 되누나' 하는 줄을 내 맘에도 아는, 용암포 길거리를 손에 수갑을 차고 끌려가며 바라본 때의 5월 초승 포플러의 새로 돋아나는 연초록색 잎새가 바람에 반들거리던 모양이 지금도 눈에 선하다. 《한 배움》

그때 그가 어떤 모습으로 용암포에서부터 경성 감옥(서대문형무소)으로 이동했는지는 알려진 바가 없다. 같은 날인지 아닌지 모르지만 함석조의 회고에 따르면, 저녁노을이 질 무렵 고읍역에 내린 함석헌은 아무런 예고도 없이 홀로 5리 길을 걸어 과거에 자신이 살던 집을 찾았다고 한다. 함석헌은 그 집에서 그가 송산농사학원을 경영하기 위해 평양으로 떠날 때 물질적인 도움을 준 최태사 부부와 오산고보 하숙생들을 만났다. 그는 그 자리에서 기차를 타고 오는 동안에 썼다는 시 한 수를 식구들에게 들려주었다.[18]

주님 찾아 헤매는 이 벌판이 거칠어

---

18    함석조 옹은 찬송가라며 필자에게 이 시를 노래로 불러주었다.

내 벗은 발 상하여 자국마다 피오니

주여 어서 오셔서 내 손 잡아주시고
넘어지는 이 나를 일으켜주옵소서

주님 찾아 헤매는 이 세상 사나워
내 약한 맘 부치어 숨결마다 꺼지니

주여 어서 오셔서 내 손 잡아주시고
넘어지는 이 나를 일으켜주옵소서

저문 저녁 산골에 깃 찾는 새 다 가고
슬피 우는 시냇물 내 가는 길 같으니

주여 어서 오셔서 내 손 잡아주시고
넘어지는 이 나를 일으켜주옵소서

고요한 밤 하늘가 반짝이는 푸른 별
내가 바라보고서 갈 길 몰라 하오니

주여 어서 오셔서 내 손 잡아주시고
넘어지는 이 나를 일으켜주옵소서

밤새도록 헤매다 쓰러져서 잠드나
아침 해가 솟을 때 다시 일어나오니

주여 어서 오셔서 내 손 잡아주시고
넘어지는 이 나를 일으켜주옵소서

　지금까지 함석헌이 처음으로 시를 쓴 것은 해방 후 신의주 학생 사건
으로 옥고를 치르던 소련군 감옥에서였다고 알려져 있다. 그러나《수평
선 너머》에〈주님 찾아〉라는 제목으로 실려 있는 이 시는 신의주 학생 사
건보다 3년 앞서 쓴 것이다.
　한편〈주님 찾아〉를 읊던 시적 감수성이야말로 함석헌이 서대문형무
소에서 불경을 만나게 되는 하나의 바탕이 되었을 것이다. 그가 자서전
에서 열거한 불경은 일본의 고승 신란親鸞이 쓴《교행신증教行信証》을 비
롯하여《무량수경》,《반야경》,《법화경》,《열반경》,《금강경》등이다.[19] 나
아가 함석헌은 출옥 후 "소금 집어 먹는 것과 같다"면서《노자》와《장자》
를 읽었다.

---

**19**　신란(1173~1263)은 어떤 구원의 여지조차 없는 극악무도한 악인이야말
　　로 아미타불에게는 구원의 대상이라고 주장하며 일본 불교의 한 종파인
　　정토진종淨土眞宗을 창시한 인물이다.

선생님도 없고, 참고서도 없이 읽었으니, 읽었던들 변변히 읽었다 할 것이 없지만, 그래도 속이 트이는 것이 있음을 깨달았다. (《한 배움》)

이 자연의 도道와 부정否定의 철학이 국가주의 권력에 의해 세상으로 부터 물러난 함석헌에게 선사한 것은 일종의 체념의 지혜였을지 모른다. 체념은 세속의 이해관계를 초월하는 하나의 지혜일 수 있기 때문이다.

물론 동양의 평화주의를 만난 것이 기독교 신앙에 대한 함석헌의 무관심을 뜻하는 것은 결코 아니었다. 십여 년 후에 자신을 "이단자"라고 선언하면서도 여전히 그는 "신 속에 망명 처소를 정"한 상태였기 때문이다. 그러므로 그것은 개종이 아니라 회심이라고 할 수 있는데, 이 과정에서 함석헌은 마음속에 의문으로 남았던 대속 신앙에 대하여 진지하고 과감하게 자기 성찰을 시도하게 된다.

처음에 오산 있을 때 나는 아직 내촌의 '무교회 신앙'을 믿고 있었지 내 종교를 가지지 못하였다. 그러나 나는 남이 해준 사상 그 말을 그대로 외우는 것이 부끄러웠다. 그것이 싫었다. 그것은 하나님이 내게 주신 성품이었다. 나는 선생에게서 해방이 되고 싶었다. 하나님이 그 기도를 들어서 보내주신 대학이 서울 서대문 현저동 1번지였다. (〈넷째 판에 붙이는 말〉, 《뜻으로 본 한국 역사》)

함석헌이 《성서조선》 동지들과 함께 출옥한 것은 1943년 3월 말경이었다. 그런데 미결수로 투옥된 1년간이야말로 미결된 신앙 문제의 실마리를 발견한 시간이었는지 모른다. 특히 그 스스로 "깊이 알지도 못하면서 읽었다"는 불교 경전에는 '신信의 일념'으로 아미타불의 본원을 믿는 행자의 내면은 부처와 같게 된다는 내용도 있었다. 불경이 "기독교와 근본에서 다를 것이 없다"고 처음으로 생각한 것도 그때였다.

따라서 그에게 나라의 해방은 자신이 맞이한 해방의 일부일 수밖에 없었다. 이전부터 국가는 하나님의 나라와 비교할 수 없을 만큼 작은 나라였기 때문이다. 그가 "풀 속에 머리를 들여 밀고 영원을 보내기"로 결심한 것도 자기 자신으로부터 해방된 직후였을 것이다. 그가 말한 "풀 속"이란 고향 땅을 품고 있는 자연의 세계요, 인위적인 통제를 벗어난 생명의 본원적인 상태를 말한다. 그것은 자연의 본질과 일치시키는 자신의 내면 세계가 우주적으로 새롭게 태어나는 과정일지도 모른다. 따라서 현실 세계 너머를 상상하는 그의 자아는 그의 "머리를 들여 밀"었던 이름 없는 풀들과 함께 무한한 우주의 변화와의 합일을 꿈꾼다. 이때부터 함석헌은 풀처럼 낮은 민중에게 하늘처럼 높은 의미를 부여했는데, 그것은 노발리스가 "질적 강화"라고 부른 낭만화와 다르지 않다. 그리고 그가 말한 새로운 의미의 민중은 나중에 씨울이란 이름표를 달게 된다.

출옥 후 함석헌은 예수보다 먼저 살다간 굴원屈原의 〈어부사漁父詞〉를 읊기도 하고, 때로는 집 뒤쪽 언덕 근처에 있는 산소에 홀로 앉아 아버지를 생각하기도 했다. 그는 굴원이나 아버지가 자연 속에서 사라진 것이 아니라 자연을 닮은 인간 속에서 자신의 모습을 드러내고 있다고 믿었을지도 모른다. 그것은 논리적인 지식을 따르지 않는 명상의 시간에서만 가능한 일이다. 좌절된 송산농사학원의 꿈이 되살아난 것도 자신이 속한 세상보다 한층 나은 자연의 존재를 직접 대면했기 때문이었을 것이다. 그리하여 그에게 검은 두루마기를 입히고, 수염을 기르게 하고, 날마다 어깨에 똥통을 메고 밭에 나가도록 만든 "신"도 자연과 공동 운명체가 되었다.

그런데 어느 날 김교신이 예고도 없이 갑작스레 그의 용천 집을 찾아왔다. 자신이 계장으로 부임하는 흥남질소비료공장에 같이 가자는 것이었다. 거기로《성서조선》의 지우들을 불러 모아 전장에 강제로 끌려가 희생당하는 것을 막아보자는 취지였다. 그래서 그들을 찾아 전국을 순회하는 길에 들렀다는 것이었다. 물론 함석헌은 용천을 떠나지 않았다. 이미 자연의 세계와 벗하던 그가 그 제안에 선뜻 동의할 수는 없었을 것이다. 김교신은 용천을 다녀간 뒤에도 또다시 편지를 보냈다. 공장에 사택이 있으므로 가족 전체가 이주해 와도 된다는 제안이었다. 하지만 그때 함석헌이 정한 거주지는 "영원을 보내기"로 한 풀 속의 자연이었다.

얼마 후 김교신은 영원한 세계로 갔다. 해방을 불과 4개월도 남기지 않은 1945년 4월 25일 새벽 4시경, 공장에서 발진티푸스에 감염되어 쓰러진 후 일주일 만이었다. 이때는 함석헌의 마음속에서 대속 신앙이 물러갈 무렵이었는데 기이하게도 누구보다 대속 신앙으로 무장한 친구가 그의 곁을 떠난 것이다. 하지만 헌신지교는 땅 위에서만 이루어지지 않고 땅의 한계를 초월하는 삶에서 계속되었다. 낭만주의자에게는 꿈이 된 생명이 꿈 이전의 생명과 다르지 않기 때문이다.

제2부

、

꿈으로부터

# 7장

# 반역의 무대

## 해방의 행진곡을 따라

드디어 기다리던 해방이 찾아오고 함석헌도 〈해방〉을 노래하였다.

큰 연장 황소 메고 종자 망태 내놓아라
삼동三冬이 다 지나고 새봄이 돌아온다
일천 년 묵은 동산 아니 갈아보려나

압록강 메인 목이 밤 동안에 열렸고나
피눈물 울든 밤은 어이 그리 길었느냐
동천에 붉은 해 솟아 우리 행진하리라

함석헌은 용암포 제일교회에서 열린 광복축하식에 참석하고, 평양고보 3학년 시절 목 놓아 만세를 부르던 날 이후 처음으로 "시원한 날"을 보냈다. 그때 그는 용암포 임시 자치위원회 위원장으로 추대되어 그 행사를 주관했다. 함석헌은 자신이 친일, 친기독교, 친천도교가 아닌 "중립적인 인물"이기 때문에 주민들에 의해 추대되었다고 믿었다.

그가 처음 해방 소식을 들었을 때 가장 먼저 생각한 사람은 유영모와 김교신이었다. 그러나 스승 유영모는 멀리 떨어진 서울에 계셨고, 친구 김교신은 해방을 넉 달도 채 남기지 않고 세상을 떠났다. 당장 장래를 의논하기 위해 꼭 필요한 사람이 곁에 없었던 것이다. 그래서 위원장직을 세 번까지 사양하다가 "부질없는 줄 알면서도 나가야 할 무엇을 느꼈"으며, 또 이왕이면 "한번 교육에 관해서만은 생각대로 해볼까" 하는 교육자의 열정이 솟구쳐 부득이 생애 최초로 정치적 무대에 오르게 되었다. 고민 끝에 "남에게 이용을 당하는 수밖에 없다"는 것을 받아들이고 "할 수 있는 것을 해준 다음 나는 물러서면 그만이다"라고 생각을 정리한 뒤였다. 그만큼 해방은 현실 너머를 그리던 그의 꿈을 감격스럽게 맞이해 주었다고 본다.

해방 때의 씨올의 감격은 3·1운동 때나 마찬가지였습니다. 그것을 가졌으면 참 혁명 할 수 있었습니다. 그 감격이 매우 중요한 것입니다. 그때 씨올은 누구나 나라를 위해서라면 제 눈알이라고 뽑아 내놓을 의협심, 봉사심에 떨고 있었습니다. 그것을 저는 해방 날 메투리를 신은 채 끌려 나가 한 달 동안을 읍 자치위원장, 군 자치위원장의 완장을 두르고 다니며 그들과 서로 어깨를 비비대보아서 압니다. 《하나님의 발길에 해방이 초래한 함석헌의 정치적 행보는 점점 화려해져갔다. 밭에 거름을 주기 위해 어깨에 메던 똥통 대신 그에게는 정치적 이력이 따라붙었다. 그의 직함은 용암포 자치위원회 위원장에서 용천군 임시 자치위원회 위원장으로, 이어 신의주 임시 자치위원회 문교부장에서 평안북도 임시 자치위원회(평안북도 임시 인민위원회로 명칭이 바뀜) 문교부장으로 바뀌었다. 문교부장은 오늘날의 도 교육감과 같은 위치였다.

해방을 맞이한 신의주의 분위기는 뜨거웠다. 8월 16일 밤 신의주 시 공회당에 무려 3만여 명이 운집한 가운데 자치위원회 위원장에 백범 김구의 동지인 이유필[1], 부위원장에 한경직, 윤하영, 그리고 위원회 비서에 최승락 등이 선임되었다. 다음 날인 8월 17일에는 부위원장 한경직의 사회로 광복 축하식이 열렸는데, 이날 주민들은 선두 차를 탄 자치위원회 위원들에게 꽃다발을 증정하고 시가행진을 벌였다. 당시 행사에는 신의

---

1   이유필李裕弼(1885~1945)은 평안북도 의주 출신으로 청년 시절에 대한자강회, 서북학회, 신민회 등에서 활동하다가 데라우치 총독 암살 사건으로 체포되어 전남 진도로 1년간 유배를 당하기도 하였다. 그 후 3·1운동에 참가했다가 상해 임시 정부에서 국무위원을 역임하고, 1932년 윤봉길 의거로 다음 해 체포되어 3년간 투옥되기도 하였다. 해방 후 이유필은 신의주 학생 사건으로 체포되자 연금 상태에서 3일 만에 위원장직을 사퇴하고 이틀 후 월남하던 중 삼팔선 부근에서 심장마비로 세상을 떠났다. 이현희, 〈춘산 이유필 연구〉, 《한국사학》 14, 한국정신문화연구원, 1994.

주 인구의 절반 정도가 참여했다.

그날 함석헌은 자기의 관념 속에 있던 민중을 직접 체험했다. 한순간이나마 "죽은 줄 알았던" 사람들로 보였던 그들이 역사적으로 어떻게 태어났는지 확인했는데, 그에게는 그 자체가 해방의 선물이나 다름없었다. 자신이 "손에 고랑을 차고 용암포 거리를 끌려갈 때" 아무도 아는 척하지 않던 사람들이 지금은 자신을 세상의 한복판에 내세웠기 때문이다. 이 역사 풍경 속에서 함석헌의 등장은 마냥 수줍은 처녀의 수동적인 행위처럼 보이지 않았다. 그것은 그가 읊었던 〈해방〉처럼 "일천 년 묵은 동산"을 갈아보자던 꿈을 실현하기 위해 강한 의지와 행동을 보여준 낭만주의자의 모습 그대로였다. 그는 저녁마다 마을을 돌아다니면서 해방의 의미를 깨우치는 강연을 했다. 또한 이런 분위기에서 무엇보다 필요하다고 생각한 민족 교육을 실현하기 위해 "뜻 있는 사람으로 교육 진영을 짜려"고 열심히 노력했다.

그러나 삼팔선 이북을 점령한 소련군의 잔혹한 발자국 소리에 그 꿈은 좌절되고 말았다. 소련군이 북한에 들어온 것은 9월 초였는데, 그것은 미군이 삼팔선 이남에 진주한 것보다 다소 빨랐다. 8월 24일 함흥공항에 도착한 소련군 제25군 사령관 치스차코프Ivan M.Chistiakov는 8월 26일 평양 근교로 이동해 자신을 환영하던 사람들에게 일제 치하의 조선을 해방시킨 볼셰비키당과 소련 정부가 "잠시 당신들을 보호할 것이며 당신들의 새 생활의 건설을 도울 것"이라고 외쳤다. 그가 평양에 오기 하루 전날 신의주 임시 자치위원회는 신의주에서 평안북도 민중 대표 대회를 열고, 신의주시와 19군 대표 63명으로 구성된 평안북도 임시 자치위원회를 만장일치로 결성했다.

소련군이 점령한 다른 지역과 비교해 함석헌 등 20명의 위원으로 구성된 평안북도 임시 자치위원회는 민족주의 색채가 가장 강했다. 이 위원회는 평양에서 소련군 환영 대회가 열리고 이틀이 지난 뒤에 평안북도 임시 인민위원회로 명칭을 변경하고 조직을 개편하게 되었다. 이는 건국준비위원회 대표와 공산주의자협의회 대표가 동수의 비율로 참여한 평안남도 인민정치위원회가 평양에서 구성한 임시 자치위원회의 책임자로 소련군 소장 레베데프Nikolai G. Lebedev가 등장하면서 생긴 일이었다.

평안북도 임시 자치위원회가 공산주의자들의 참여로 평안북도 임시 인민위원회로 개편되는 와중에도 함석헌은 자신의 교육 방침대로 정치적 간섭을 배제한 교육을 강력하게 추진했는데, 그러던 중 소련군 정치고문의 방문을 받았던 일이 있다. 만약 그가 기회주의적인 지식인들처럼 소련군정에 협조적인 태도를 보였다면 그의 정치적 성공 가도는 쉽게 트였을지 모른다. 그러나 한순간에 그의 처지를 급전직하急轉直下로 떨어뜨린 운명적인 사건을 겪게 되었다.

사건은 1945년 11월 23일에 일어났다. 해방을 맞이한 지 100일째 되던 날, 함석헌은 임시 청사를 향해 몰려오던 학생들이 공산당의 무차별 사격으로 쓰러지던 현장에서 사건의 주범으로 몰려 집단 폭행과 처형의 위기에 직면하게 되었다. 이 사건이 바로 신의주 학생 사건이다.

당시 신의주 학생들이 결성한 우리청년회의 선전부장 조동영이 기록한 〈동구보다 먼저 일어난 신의주 학생 반공의거〉에 따르면, 그날 오후 2시에 신의주 시내 6개 남자중학교 학생 3,500명이 시위에 참여했는데, 공산당의 야만적인 학살 행위로 중등학교 학생 23명이 현장에서 즉사했고 중상자 100여 명을 포함해 700여 명이 부상을 당했으며 2,000명가량이 소련군과 공산당원들에게 끌려가 투옥되었다. 사건 후 우리청년회 회장 김성순은 시베리아 유형에 처해졌으며, 일부 간부들은 즉석에서 권총으로 사살되거나 반신불수가 되도록 잔인한 고문을 당했다.

그들은 "질문을 하기 위해" 평안북도 인민위원회의 보안부와 공산당 본부, 그리고 신의주 보안서를 향했다가 소련군 야크기의 기총 사격과 공산당원들의 무자비한 기관총 난사로 희생되었던 것이다. 물론 함석헌도 예외는 아니었다.

열인지 스물인지 알 수 없는 총부리와 칼과 피스톨이 내 가슴에 방사선형으로 … 다시 밀려들었다 또 떠밀었다. 또 쫓겨 갔다가 또 밀려들었다. … 이번에는 우리나라 공산당원들이 하는 뭇매질이었다. 또 선 채로 맞고 있을 수밖에 없었다. … 옷이 찢어지고 매질은 계속되었다. 나는 그대로 버티고 서 있었다. 아픈 감각도 없었다. … 마지막에 강한 타격이 뒤통수에 와 닿자 나는 머리가 띵해 의식이 없어지는 것을 느꼈다. 내가 정신을 잃는구나 하는 것까지는 기억하는데 그 후는 알 수 없다. 얼마 후에 … 찬물이 끼얹어지고 마시라는 대로 마시고 나서 … 그러는데 소련 장교가 하나 왔다. … 총 방아쇠에 손가락을 걸고 나더러 앞서 가라는 것이다. 반항하고 싶지 않았다. 가라면 가지. 떨리지도 않았다. 도망할 생각도 나지 않았다. … 남이 말해주는 데 의하면

178

총을 재어 들고 앞서 가라는 것은 자칫하면 마지막을 의미하는 것이라는 것이다. … 그래서 총살은 아니 당하고 내 일가 매제 되는 조공술과 같이 둘이서 시내에서 한 오 리나 되는 비행장까지 끌려 나가 유치장으로 들어가게 됐다. 〈내가 겪은 신의주 학생 사건〉

함석헌은 사건이 일어난 지 스물다섯 해가 흐른 뒤에도 "지금도 내 모양을 그리라 해도 그릴 수 있다"면서 당시의 잔혹한 상황을 아주 생생하게 그려냈다. 그는 사건 당일 평안북도 인민위원회 청사에 있다가 보안대원들이 미친 듯이 쏜 기관총에 맞아 시위 학생들이 해산한 뒤 숨이 끊어져가는 학생을 병원에 데려다주고 돌아오자마자 공산당 본부로 끌려가 고초를 겪었다. 유치장 철문이 닫히는 소리를 듣던 순간 그가 꿈꾸던 세상도 함께 무너져버린 것이었다.

함석헌이 〈내가 겪은 신의주 학생 사건〉에서 회고한 내용에 따르면, 신의주 학생 사건은 신의주 시내 남녀 학생들이 결성한 우리청년회의 활동과 관계가 깊었다. 그들은 평안북도 일대의 "인텔리 정예분자"로서 기관지 《우리청년》을 발행했다. 우리청년회는 《우리청년》을 통해 일찍부터 소련군과 공산당의 만행을 알렸으며, 사건 당일 배포한 호소문에서도 학원의 자유와 소련군의 철수를 주장하며 소련군, 평안북도 공산당 본부와 인민위원회 보안부 등을 격렬하게 비판하였다.

그런 우리청년회가 고문으로 추대한 인물이 함석헌이었다. 그는 원래 우리청년회 회원들이 자신을 회장으로 추대했으나 자치위원회 문교부장 직책을 이유로 사양하고 대신 고문 자격으로 자주 만났다고 하였다. 사건이 나기 하루 이틀 전에도 우리청년회에서 연설을 하고 돌아왔던 만큼 그가 그들에게 끼친 정신적 영향이 적지 않았을 것이다.

그런 만큼 그가 사건 이후 무사할 수는 없었을 것이다. 여동생 함석보에 따르면, 어느 날 함석헌이 아침밥을 먹다가 "이번에 잡혀가면 살아나올 줄 생각하지 마라. 큰 사슴 잡으러 갔다가 덫에 치인 꼴이 됐다"라는 말을 툭 던졌다고도 한다. 이미 그는 공산당원들이 실질적으로 평안북도 임시 인민위원회를 접수하자 더 이상 미련을 둘 이유가 없어서 문교부장 직을 내놓으려 할 때였다. 하지만 자신을 붙잡고 만류하는 위원장 이유필을 차마 홀로 내버려둘 수 없어서 하루 이틀 미뤘다가 신의주 학생 사건을 겪게 되었던 것이다.

과연 "덫"에 걸린 그의 운명은 옴짝달싹할 수 없었다. 그는 소련군과 공산당원들에 의해 포위된 채 러시아어로 일장 연설하던 소련군이 자신을 손가락으로 가리키는 것을 보면서 자신을 사건의 장본인으로 여긴다는 것을 직감했다고 했다. 이미 수많은 학생들에게 총격을 가한 자들의 살기등등한 위협 속에서 함석헌은 "죽기는 첨부터 다 죽은 것으로 결심"하고 소련군 장교에게 끌려갔다. 그는 "오늘은 이렇게 가게 되는구나!" 하는 마음이 들었다는 순간을 다음과 같이 회고했다.


그저 뵈는 대로 저 먼 곳을 보고 있을 뿐이었다. 분하다는 생각도, 그들이 밉다는 생각도 없었다. 그래도 하나님이란 생각, 믿는다는 생각, 옳은 도리라는 생각, 평생에 배우고 지켜온 것이 내 속에 살아 있었다. 스스로도 이상하다는 생각이 들었다. 〈내가 겪은 신의주 학생 사건〉

그는 유치장 철문이 닫히는 소리가 들렸을 때 "모든 것이 꿈만 같았다"라고 느꼈다고 했다. 결국 해방의 행진곡에 따라 그날 그의 운명은 아슬아슬하게 죽음을 비껴갔다. 함석헌은 자신의 사형 선고를 순순하게 받아들이면서 자신의 생명을 앗아가려는 자들에 대해서 적대적인 감정에 빠지지 않았다. 도리어 무한의 전체성이라는 절대 세계를 믿었기에 부조리한 현실 세계를 초월했기 때문이었을까. 그것은 사후에도 현재의 정신이 계속됨을 확신하는 낭만주의자의 본보기이기도 하다.

## 한 개의 짐을 지고

짧은 기간 동안 함석헌이 문교부장으로서 시도했던 일들은 수포로 돌아가고 말았지만, 그의 꿈이 신의주 학생 사건으로 아예 사라져버린 것은 아니었다. 본래 함석헌은 교육을 국가주의로부터 해방시키는 꿈을 꾸었다.

사건이 일어나기 직전, 그는 문교부장 신분으로 소련군 정치 고문과 만난 적이 있었다. 그때 소련군 장교가 정치 문제와 관련해 평안북도 인민위원회의 "교육 방침"은 무엇이냐고 물었는데, 함석헌은 학생들을 정치 문제에 "절대 관련시키지 않을 것"이라고 대답했다. 물론 소련군 정치 고문의 질문은 교육 방침 자체를 물은 것이라기보다는 자신들의 정치적 요구를 강요한 것이었다. 문제의 "교육 방침"은 당시 평안북도 '인민'들의 저항을 불러일으켰던 공산당과 정치적으로 긴밀한 관계를 맺고 있었다. 따라서 소련군 정치 고문이 요구한 "교육 방침"을 거부한 그 순간 이미 함석헌의 정치적 생명은 끝난 것이나 다름없었다.

그런데 여기에는 교육의 국가 체제 예속이라는 사상적이고 본질적인 문제가 근원에 자리 잡고 있다. 소련군이 함석헌에게 주문한 "교육 방침"은 국민국가의 이념인 국가주의를 생산하고 복제하는 국민 교육을 가리킨 것이었기 때문이다. 그것은 이미 프랑스대혁명 때 출현한 것으로, 각자의 고유한 본성을 살려내기 위해 교육을 국가 체제로부터 분리, 독립시켜야 한다고 주장했던 사람들은 국가가 아이들의 교육을 책임져야 한다는 국가주의자들에 의해 희생되었다. 지난 20세기에 아이들을 미래의 병사로 길러낸 것도 국가주의 교육이었다. 따라서 함석헌은 이런 교육관을 전면 부정하고 해방 공간에서 소련군정의 "교육 방침"에 대항하여 반국가주의 교육관을 피력했다가 희생된 최초의 교육자였다. 그의 주장은 소련군 정치 고문을 만났을 때 돌발적으로 나온 게 아니라 해방을 맞기 10년 전쯤에 발표한 〈성서적 입장에서 본 교육 문제〉에서도 엿보이듯 일관된 "성서적 입장"에 바탕을 둔 것이었다.

이러한 이유로 소련군정의 눈 밖에 난 함석헌은 그 직후 일어난 신의주 학생 사건으로 더욱 의심을 받게 되었다. 나아가 소련군의 "교육 방침"을 따르던 세력에 의해 야만적인 역사 풍경 속으로 빠져들어 가는 고통을 감수해야만 했다. 그의 옥중 시 〈사람〉은 개별 인간이 파괴되는 현장을 그대로 보여준다.

사람이란 무엇인가 사람 잡아 먹는 짐승
크게 먹어 큰 사람 적게 먹어 적은 사람
안 먹는 사람이라면 짐승 대접 하더라

사람을 잡아먹는 이야기는 그리스 신화에도 나온다. 그 신화의 세계를 지배하는 키클롭스처럼 "사람 잡아 먹는 짐승"과 사람을 "짐승 대접" 하는 것은 국가주의의 본성이라는 것이다. 이런 대접은 정신박약과 같은 병적 징후라고 할 수 있다. 그는 신의주 학생 사건으로 소련군의 심문을 받았을 때 자신의 운명이 러시아어 통역에 달려 있었는데 그 통역은 '역사'나 '지리'라는 용어조차 몰랐던 일본 "갈보"였다고 몹시 개탄한 바 있다. 무엇보다도 그러한 "짐승 대접"이 극단적으로 나타나는 때는 권력자가 폭력적으로 "반역자"라는 낙인을 찍는 경우일 것이다. 함석헌은 옥중시 〈해방 후 유감遺憾〉에서 자신을 "반역자"라고 취급한 국가주의의 병적 징후를 풍자하였다.

맹자님 어디 없이 불기살인不嗜殺人 가르쳤지
일—이란 남 다 죽고 나만 남는 일인데
지금에 오셨더라면 반역자가 안 될까

불기살인 퍼런 법칙 동서양일兩日 비최누나
행렬 짓는 해골 탑들 대소 국가 자최로다.
어찌타 제 눈 가리고 정의 없다 하는가

맹자도 반역자로 만들어낼 수 있는 정치적 폭력이야말로 "행렬 짓는 해골 탑들"일 것이다. 동서고금을 막론하고 반역자를 극형에 처하지 않는 권력은 없다. 역설적으로 그것을 존재케 하는 존재는 제국이든 공화국이든 무엇이라 부르건 간에 시대와 지역을 초월한 "대소 국가" 체제의 "신"밖에 없다. 오늘날 이 "신"의 이름이 국가주의요, 이 국가주의에 반항하는 자는 누구라도 "반역자"가 될 수밖에 없다.

함석헌은 자신을 반역자로 만들어버린 국가주의에 맞서 자신이 평생 배우고 지키고 믿는 하나님을 내세웠다. 그때 자신이 살아난 것은 자기에게 할 일이 있기 때문에 하나님이 살려두었던 것이지 국가의 관용 덕분에 살아난 것이 아니라고 믿었다. 그만큼 그에게는 사건 자체보다 사건의 의미를 발견하는 일이 항상 중요했다. 그것은 어떤 눈에 보이지 않는 무한의 전체성이 자신에게 내미는 손길과 만나는 일이었다.

앞뒤 정황을 살펴보면 함석헌이 철창에서 나온 것은 1946년 1월 11일이다. 그의 출옥은 사실 의문투성이다. 그 또한 공산당과 소련군정이 왜 그들에게 반역한 자신을 풀어주었는지 구체적으로 밝히지 않았다. 단지 "갑자기 나가라는 바람에" 나왔을 뿐이라는 것이다.

> 김일선 씨 말대로 김일성이 그때 바로 나서려 하는 때이므로 민심을 얻기 위해 정치적으로 해서 된 일인지 알 수 없으나, 하여간 다시 나오려니 생각은 하지도 못했는데 꼭 50일을 지나가 갑자기 나가라는 바람에 나왔다. 〈내가 겪은 신의주 학생 사건〉

김일선은 여자청년회 소속으로 함석헌의 구명 운동과 옥바라지에 헌신한 여성이다. 여자청년회는 우리청년회처럼 신의주시의 여학생들이 결성한 단체였다. 함석헌도 그녀가 전해준 내용을 부인하진 않았지만 자신이 풀려난 자세한 내용은 알 수 없다고 했다. 처형에 처해질 만큼 매우 중대한 "사건의 장본인"을 아무런 설명도 없이 풀어주었다는 것은 아직 까지도 의문이 아닐 수 없다.

그런데 그의 석방은 '갑자기' 일어난 우연이 아니라 김일성 정권 차원의 치밀한 계획에 따라 진행한 것으로 볼 수 있다. 최근에 공개된 바 있는 당시 《조선중앙》 기사에 따르면, 사건 이후 조선공산당은 김일성을 포함해 세 명으로 구성된 조사단을 신의주 현지에 파견했다. 그들은 우리청년회 관련자들을 만나 조사를 끝낸 뒤 약 3만 명의 시민이 모인 자리에서 일종의 보고대회를 가졌다. 이 자리에서 당시 34세의 김일성은 다음과 같이 발언했다.

우리는 해방군에 대하야 성실되게 감사하지 않으면 안 된다. 그럼에도 불구하고 총궐기한 학도들을 □□하야 직접 이네들을 상해하게 한 것은 도저히 3천만 민족의 분의가 아닐 뿐 아니라 오히려 반역의 행위가 아닐 수 없다. 그럼으로 해서 우리는 여기서 3천만 민족의 이름으로 이 책임자를 명백히 하지 않으면 안 된다. 조사 보고한 바와 같이, 이런 책임은 인민자치위원회나 공산당에 있는 것이 아니고 일부 불량 반동분자에게 있다는 것은 이미 잘 알고 있는 사실이다. 따라서 책임자는 엄숙히 자기들의 역모를 솔직히 고백하고 사죄가 있기를 바란다. (《조선중앙》 1945년 12월 21일 자)

이어 우리청년회 간부들의 "속죄"가 있었고, 그다음 날 이른 아침에 사회민주당 대표 세 명이 직접 김일성에게 "사죄"함으로써 사건은 원만하게 일단락되었다는 것이다. 이 기사의 소제목처럼 그것은 "항간에 떠도는 암운暗韻을 완전히 일소"하고 동시에 "모두 진보적 민주주의의 깃발 밑으로 복귀"한 뒤였던 것 같다.

그러나 이 기사의 내용은 함석헌의 〈내가 겪은 신의주 학생 사건〉과 상당한 차이가 난다. 특히 중요한 것은 사건의 성격과 책임을 "일부 불량 반동분자"의 "반역의 행위"로 왜곡한 김일성의 연설과 그때 옥중에서 함석헌이 읊은 "반역자"가 서로 반대의 입장에서 일치하고 있다는 점이다. 사건 발생 한 달쯤 지나서 나온 조사 결과는 분명히 소련군정 치하에서 발생한 국가 변란 음모 사건인데 "반역자"로 전락한 전 문교부장 함석헌은 즉시 처형되지도 않았고 "사죄"를 하지도 않았으며 결국 사건이 난지 50일이 걸려서 풀려나게 되었다. 그 역모의 책임자를 석방하는 것은 최고 책임자인 김일성의 승인 없이는 불가능한 일이 아닐 수 없다. 그렇다면 누군가 그의 석방을 위해 손을 썼다고 추측해볼 수 있는데, 당시 그럴 만한 인물이라면 최용건崔庸健밖에 없을 것이다. 김일성보다 열두 살위였던 최용건은 조만식이 위원장이던 조선민주당의 부위원장이자 해방 전부터 김일성의 보호자처럼 그와 가깝게 지낸 북한 정권의 2인자였기 때문이다. 그는 해방 직후 평양에서 함석헌과 단둘이 만난 적이 있던 오산고보 동기였다.

따라서 그 기사는 함석헌의 구명 운동에 나선 처녀 김일선이 용감하게 평양에 가서 최용건을 만났다는 설을 뒷받침해준다. 거듭 말하지만 함석헌의 갑작스런 석방은 김일성이 직접 사면한 것이 아니라 해도 적어도 그에 버금갈 만한 어떤 정치권력의 묵인이 없었더라면 불가능한 일이었다. 더욱이 당시 사건 관련자들은 아직 옥중에 남아 있었다. 그 때문에 그는 공산당에 대한 "반역자"의 양심으로 무력감과 고통스러움을 감추지 못했다. 그 심정은 신의주 학생 사건 1주년을 맞이하여 쓴 〈옥獄에 있는 벗 생각〉에서 그대로 나타나고 있다.

사선死線에 넘나들어 내 목숨 건져내고
제 도려 그 구렁에 빠져든 님이거늘
손 묶고 섰는 나로다 낯을 어디 두리오

## 삼팔선을 넘을 때

그러나 사건 자체가 극히 "반역"적인 것이었으므로 석방 뒤에도 함석헌에 대한 공산당의 감시와 연금, 탄압이 계속되었다. 우선 함석헌은 아버지로부터 상속받은 토지 5정보를 강제로 몰수당했다. 이것은 북조선 임시 인민위원회가 1946년 3월에 공포한 '북조선 토지 개혁법'에 따라 그가 5정보 이상을 소유한 대지주로 분류되었기 때문이다. 당시 무상 몰수 대상자는 민족반역자, 일본인, 5정보 이상을 소유한 대지주였으며, 반면 무상 분배 대상자는 토지가 없거나 부족한 농민들이었다. 다만, 항일독립운동에 공헌하거나 자기 토지를 자발적으로 포기한 경우에는 예외적으로 일정한 토지의 소유와 거주를 허용하였다.

이는 함석헌의 토지를 몰수할 때 "내부"에서 논란이 벌어졌다는 자전적 이야기의 내용을 상기시켜준다. 그 내부란 무상 몰수와 무상 분배를 책임지던 지역 농촌위원회를 가리키는데, 누군가 그의 토지에 대해서 "정말 애국자라면 지주 생활을 했을 리가 없다"고 하자 그 소리를 들은 함석헌이 그것을 "하나님 말씀"처럼 "역사적 처벌"로 알고 "달게 받을 맘"을 가졌다는 것이다. 이는 어느 순간에나 자신이 꿈꾸는 세상을 위해 하나님에 대한 끈을 붙잡고 놓지 않는 그의 진면목이 여실히 드러나는 장면이다.

그러므로 함석헌이 토지 개혁에 대해서 어떤 불만도 품지 않았던 것은 북한의 사회주의 체제에 적극 동조해서라기보다 그가 생애 말년에 주장한 "같이 살기 운동"의 이상이 반영된 것처럼 보인다. 그것은 토지 개혁을 단행하는 계급 혁명의 사고구조까지 받아들인 것이 전혀 아니었기 때문이다. 더욱이 사물의 본성을 지배한다는 객관적 법칙을 부정하던 한 낭만주의자가 "일천 년 묵은 동산"을 갈아엎으려던 꿈을 꾸던 중에 비인간적인 국가주의 체제 때문에 도리어 자신의 신세를 한탄하는 〈걸인〉을 읊었던 때이기도 하였다.

들에는 도적 나고 산에는 범 나고
마을엔 개가 짖고 저자 아해 조롱하니
넓으나 넓은 천지 내 몸 둘 곳 없구나

그러나 사회주의 국가 체제를 준비 중인 소련 군정은 그에게 걸인의 신세마저 용납하지 않았다. 1946년 크리스마스이브에 함석헌은 오산학교 학생들의 반정부 유인물 살포 사건의 배후로 지목되어 생애 여섯 번째로 투옥되었다. 때마침 맏딸 은수가 외손주를 낳던 날인데[2] 이때 크게 격분한 감정이 〈재입옥중再入獄中〉이란 시에 그대로 묻어나 있다. 모두 여섯 연으로 된 시의 마지막은 그가 좋아하던 〈서풍부〉를 연상시킨다.

삭풍아 불어 불어 마음껏 들부숴라
떨어진 내 잎새로 네 무덤 쌓아놓고
봄 오면 웃는 꽃으로 그 무덤을 꾸미마

이 "무덤"의 환상적인 정경은 세상의 종말과 자신의 절망감을 초월한 미래의 풍경인지 모른다. 시의 첫 연에서 "꿈속에 다녀간 길 꿈같이 다시 왔네"라며 다시 감옥에 들어온 상황을 묘사한 그는 "강낭 밥 한 움큼"이라는 열악한 옥중 생활의 형편을 이야기하고 "짓밟는 형틀 밑에 흘린 피"로 잔인한 고문의 경험을 사실적으로 묘사했다. 또한 "저 죽은 자를 장사" 지내는 "떨어진 내 잎새"의 처절한 장면을 감추지 않았다. 그 "무

---

2    함석조의 증언에 따르면, 함석헌의 맏딸과 결혼한 최 모는 일본 와세다 대학 공대 출신으로 일본에서 무교회 모임에 참석하다가 노평구의 중매로 결혼했다. 그는 해방 직후 평양에서 건축설계사로 꽤 알려진 인물로, 일본 소설을 좋아하던 다른 사위와 달리 함석헌과 매우 친하게 지냈다고 한다. 함석헌은 그가 자리를 비운 사이에 딸이 아이를 낳자 이를 도와주러 갔다가 보안대에 끌려간 것이었다.

덤"을 쌓던 어둠의 시간을 한 달간 보내고 가출옥한 후 다시 한 달 만에 그는 삼팔선을 넘었다. 비록 토지 개혁의 역사 풍경을 "하나님의 말씀"으로 받아들였던 그의 시각에서는 반동적인 남한이었다고 하더라도 인간의 자유보다 더 소중한 것이 없다고 믿는 낭만주의자에게는 더 이상 선택의 여지가 없었을 것이다.

이제는 이 이상 더 있을 수가 없다. 있다면 또 들어가 갇히고 시베리아로 갈 각오를 해야 한다. 사실 견디는 대로 견디다가 닥쳐오는 운명대로 당하는 것이 옳단 생각도 있었으나 그때에 내 혼엔 그만한 실력이 없었다. … 그래 부득이 삼팔선을 넘을 생각을 했다. … 나는 동리 안에서도 거의 출입의 자유가 없었으므로 평양 '김일성대학에 취직 운동을 나간다'고 하고 떠났다. 〈내가 겪은 신의주 학생 사건〉

그가 자서전에 적어놓은 날짜는 1947년 2월 26일이다. 이날은 보안서에 출두하기 이틀 전이었는데, 출옥 후 열흘에 한 번씩 평안북도 인민위원회 위원장 백영엽白永燁의 동태를 보고하라는 명령 때문이었다. 백영엽은 평안북도 의주 출신의 기독교 지도자이자 일제 치하에서 국내 항일운동을 벌인 독립유공자로 월남 후 한경직 목사와 함께 서울 대광중고등학교를 설립한 교육자이기도 하다. 그런 그에 대한 동태를 보고하라는 명령은 함석헌이 월남한 직접적인 동기가 되었다. 자신이 존경하는 선배 백영엽을 밀고하는 짓은 "죽어도 할 수 없는 일"인데, 그렇다고 그 짓을 하지 않으면 시베리아 유형을 감수해야 하는 형편임을 직감했기 때문이었다.

이런 극한의 곤경에 처했을 때 그를 구하기 위해 나타난 두 사람이 있었다. 오랫동안 《성서조선》의 지우誌友였던 박승방과 최태사였다. 그들 덕분에 오늘날 우리가 이야기하는 사상가 함석헌의 후반 생애가 삼팔선 이남에서 열리게 되었다.

함석헌이 〈삼팔선을 넘나들어〉에서 "온순 공손" 그대로의 사람이라고 평한 박승방은 노모를 두고 떠날 수 없던 함석헌에게 결정을 강요하기 위해 박천博川에서 200리가 넘는 길을 달려와 삼팔선을 넘게 해주고 바로 되돌아갔는데, 그 이후로는 영영 소식이 끊겼다고 한다. 한편 의사였던 최태사는 과거 송산농사학원을 인수할 때처럼 함석헌이 삼팔선을 넘을 때도, 그리고 그 이후로도 오랫동안 함석헌의 살림살이에 재정적인 도움을 아끼지 않았다. 함석헌의 아들인 함우용도 그에 대한 감사의 마음을 글로 표한 바 있다.

월남 과정을 간추리면, 함석헌은 먼저 박승방과 함께 기차를 타고 평양에 도착했다. 그날 집을 나설 때 문간에 기대서서 "내 생각은 말고 어서 가!" 하는 어머니를 한 번이라도 더 돌아보지 못하고 떠난 것을 그는 애끓는 심정으로 자전적 이야기에 남기기도 했다. 이웃에게는 평양 김일성대학에 취직하러 간다는 이유를 대고 떠났다. 이미 동네에서는 출입을 감시받던 부자유스러운 몸이었기 때문이다. 사실 여부를 확인할 수는 없으나 당시 창립한 지 5개월 정도밖에 안 된 김일성대학에서 함석헌을 사학, 문학, 교육학으로 구성된 문학부의 동양윤리 전담 교원으로 초빙했으나 그가 사양했다는 이야기도 있다. 또한 월남 후에도 서울대학교 사학과 교수로 발령을 받고 찾아갔으나 너무 구식이라서 그만 포기했다는 이야기도 있다.

좌우간 평양역에서 내린 함석헌은 형사의 불신검문에 걸리고 말았다. 역시 "김일성대학에 취직하러 왔다"고 둘러댔으나 속으로는 '다 틀렸구나' 생각했는데, 그 순간 우연하게도 그 형사의 친구가 와서 "술 먹으러 가자"는 바람에 "이따가 김일성대학에 알아볼 터이니 가라"고 해서 "간신히 사냥개 턱을 벗어"나게 되었다는 것이다. 나중에 도착한 최태사의 전적인 도움으로 세 사람은 평양에서 일주일 동안 머물다가 버스로 황해도 해주까지 이동하였다. 이 과정에서 몇 번이나 검문을 받았지만, 다행히 한 번도 조사를 받지 않고 통과할 수 있었다. 하루를 해주에서 묵고 저녁 해가 지자 함석헌과 박승방은 삼팔선 안내자와 함께 밝은 달이 비치는 새벽에 "운명의 선"을 넘었다. 박승방과 안내자는 "마지막 보초막"을 지나자 돌아가고, 함석헌은 솔숲 속에 엎드려 기도와 찬송을 드린 후 청단에 이르렀다. 이날이 1947년 3월 17일이다. 5개월 뒤쯤 그의 아내도 어린 자녀들을 데리고 삼팔선을 넘어왔다. 그러나 어머니와 장남과 손자는 고향에 남겨져 생전에 다시는 볼 수 없었다.

나는 삼팔선을 넘어왔다. 인제 또다시 넘어가야 한다. 꿈을 꾸면 지금도 여전히 거기 사는 내 고향을 가야 한다. 고향을 잃고 떠도는 임시 살림, 살림이 아니다. (《삼팔선을 넘나들어》)

어쩌면 자신이 사랑하는 존재를 더 이상 만날 수 없는 고통스러운 이 현실 세계가 그로 하여금 더욱더 무한의 전체성을 새기는 낭만주의자의 길을 걷게 했을지도 모른다. 그때부터 고향 땅을 꿈꾸면서 그는 꿈에도 생각해본 적 없던 실향민의 비극적인 삶을 이어갈 수밖에 없었기 때문이다. 그것은 고향을 잃지 않고는 갈 수 없는 세계인의 길이기도 하였다. 그가 삼팔선을 넘어 제일 먼저 찾아간 곳은 해방 전《성서조선》모임 시절에 드나들던 오류동의 송두용 집이었다. 그 집에서 함석헌은 "해진 단벌옷을 입었듯이 마음도 겨우 부끄럼을 가릴 형편"에다가 책도 없었으므로 주로 성경을 고쳐 읽고 기도를 하면서 외롭고 궁핍하게 하루하루를 보냈다.

당시 그가 몸에 지닌 것이라곤 성경과 몇 권의 노트, 입고 있던 옷이 전부였다. 하지만 마음속으로는 그의 시 〈그 사람을 가졌는가〉의 "그 사람"만 생각했다는데, 그는 바로 구기동에 사는 스승 유영모였다고 한다.

만리길 나서는 날
처자를 내맡기며
맘 놓고 갈 만한 사람
그 사람을 가졌는가

온 세상 다 나를 버려
마음이 외로울 때에도
'저 맘이야' 하고 믿어지는
그 사람을 가졌는가

이 시는 여섯 연이지만 원래 여덟 연으로 알려져 있다. 이 시의 초고에 적힌 날짜는 1947년 7월 20일이므로, 함석헌이 4월 초에 스승 유영모와 함께 한 달 동안 전라도 일대를 여행하고 돌아온 후에 쓴 것으로 보인다. 평소 자기 집을 찾아오던 명망가들을 무덤덤하게 대하던 것과 달리 함석헌의 월남 소식을 들은 유영모는 며칠 전부터 손수 마당을 쓸고 집안 청소를 한 뒤에 각별하게 그를 맞이했다고 한다.

이 해방의 저녁에 함석헌은 자신이 찾아갈 곳을 작정하지 못한 상태였다. 한때 자주 드나들던 친구 김교신의 정릉 집을 찾아 "감구感舊의 회懷"를 한 편의 시로 남긴 것도 그 무렵이었다.

> 시냇물 흘러가고 솔바람 불어가고
> 산사의 저문 종이 울리어 가는 저녁
> 다녀간 님을 그리며 나는 어딜 가려뇨

이미 세속의 삶을 "다녀간" 친구를 그리며 그는 역사적으로 "한 개의 짐"을 지지 않으면 안 되는 자신만의 새로운 길을 모색했던 것 같다. 그것은 당시 40대 중반의 장년이던 함석헌만의 특별한 생각이라기보다 해방을 맞이할 즈음 '조선 사람'의 시대정신을 반영한 꿈이기도 하였다. 이 꿈은 그가 삼팔선을 넘을 때 자기의 내면세계에서 일으켰던 매우 획기적인 변화였다고 할 수 있다.

삼팔선을 넘을 때 내 맘도 분명 한 선을 넘었고 … 세상은 저 갈 데로

가는 동안 나는 역사를 고쳐 바라보고, 인생을 고쳐 씹고, 성경을 고쳐 읽게 되었다. 《수평선 너머》

그가 그 "한 선"을 넘은 바람에 오늘날 우리가 이야기하는 사상가 함석헌이 탄생한 것인지 모른다. 왜냐하면 그의 전체 사고 체계가 인식의 대상으로서 역사와 인생과 성경을 "고쳐" 생각한다는 '나'의 진리를 변증법적으로 탈바꿈시켰기 때문이다. 예컨대 그가 "고쳐" 읽게 된 "성서적 입장"도 성경의 부정이 아니라 신의주 학생 사건 이후 객관적 자리에서 "한 개의 짐"을 지는 '나'의 주체적 자리로 옮겨온 것이다. 이렇듯 '나'의 주관성은 그동안 '나'를 부정한 "성서적 입장"을 다시 부정하지 않으면 안 되었다. 그것이 새롭게 태어난 '나'의 자리였다. 따라서 정치적으로 분명 "한 선"을 넘어간 그가 동시에 넘어간 것은 보다 심오한 생生의 세계요, 인식의 경계선이다. 결과적으로 함석헌의 자아는 어떤 통합의 세계에 진입함으로써 낭만주의의 본질적 이념을 보다 진실하고 완전하게 추구한 것인지 모른다.

## 한 선

이 "한 선"은 새롭고 중요하다. 함석헌이 인생과 역사와 신앙을 "고쳐" 보고 씹고 읽게 된 이후에 내기 시작한 자신만의 독창적인 목소리는 송두용이 발행하던 《영단靈壇》에 처음으로 드러냈다.

종교는 존재하는 것이지 누가 지은 것 아니다. 누가 준 것도 아니다.

발달하는 것도 아니요, 쇠멸하는 것도 아니다. 종교를 박멸할 수 있는 줄 아는 것도 인간이 아니요, 박멸이 될까 봐 걱정하는 것도 믿지 않는 자다. 인간이 인간의 인간이 아니며, 자아가 자아의 자아가 아닌 것처럼 종교도 인간의 것도 아니요, 천사의 것도 아니다. 하나님의 이름은 '있어서 있는 자'다. 종교도 있어서 있는 것이다. 종교란 우주의식이다. 생명의 자아의식이다. 종교는 인간의 정신적 산물이라고 반지빠른 지식 냄새 나는 말(하나님을 위해 둘 수도 있고 버릴 수도 있다고 생각하리만큼)을 해서는 안 된다. 종교가 정신의 산물이 아니요, 소위 정신이란 것이야말로 종교의 산물이다. 우주에 가득 들어차 있는, 생동해 있는, 그보다도 우리가 보고 이 대우주라고 입을 벌리는 이것을 이뤄내는 그것을 자기의 한 표현으로 하는 절대의 정신이 이 인간을 만든 것이다. (〈존재하는 종교〉)

이것은 1947년에 발표된 글인데, 함석헌은 모든 형태의 생명이 출현하기 이전부터 존재하는 생명의 원인을 신적神的인 관념으로 이야기하고 있다. 과거에 오직 예수를 믿던 "성서적 입장"에서 벗어난 그가 고쳐 본 "하나님"은 "있어서 있는 자"이므로 무조건 십자가만 믿으라고 명령하는 자가 아니요, 시간과 공간을 초월해서 "이성의 높은 봉峰"에 오른 자리에서만 좀 더 가까이 다가갈 수 있는 존재라는 것이다. 즉, "사람의 맘에 무한을 이해할 수 있는 것은 이성뿐"인 만큼 자신이 고쳐 읽은 종교도 "우주의식"이요 "생명의 자아의식"일 수밖에 없다는 것이다. 이 신적인 관념은 "등불이 있는 한 태양이 있는 것"이 당연하듯이, 물질에서 분리시킨 "이성의 빛"을 강조하면 할수록 우주적인 "대생명大生命", "대광명大光明" 그리고 "대법칙大法則"을 받아들일 수밖에 없다고 설득한다. 그런데 그 우주적인 원리가 뒤집어짐으로써 "본本이 말末이 되고, 말이 본이 되는 인간 모순" 때문에 십자가를 져야 했던 것이 예수의 삶이라는 것이다.

인생이 있는 곳에 모순이 있고, 모순이 있는 곳에 제단이 있다. 하나님의 제단은 도처에 있다. … 예수가 우리에게 하신 것은 종교는 존재해 있는 것이요, 제단은 언제나 어디나 있는 것임을 알려주신 일이다. … 그는 십자가를 들어 성소를 부수고 제사를 부쉈다. 그는 우리를 어두컴컴한 성전에서 끌어내어 대우주에 존재해 있는 대성소로 나가게 하였다. … 우주 간에 존재해 있는 종교를 자기네가 만들어낸 것처럼 횡령하여 가지고 거기서 이윤을 긁어먹으려는 간상배에서 빼앗아 다시 대우주의 가슴에 맡겼다. … 그의 십자가란 단단히 맺힌 모순이요, 수수께끼다. 그러나 수수께끼가 사실은 잠가진 우주의 수수께끼를 여는 열쇠다. 그것을 열쇠로 사용하는 사람은 연다. (《존재하는 종교》)

이 인간의 모순과 우주의 수수께끼를 풀어내기 위해 십자가를 "열쇠로 사용하는 사람"은 주체적으로 십자가를 질 수밖에 없다. 그가 말하는 "인격의 자주自主"도 십자가를 바라보는 "성서적 입장"의 믿음이 아니라 성서적으로 십자가를 지는 실천의 입장으로 바뀐다. 영어로 인격person의 어원이 가면을 쓴 채 내는 목소리이듯이, 무엇을 '통해서 울려온다per-sonare'는 그의 자주하는 인격도 자주를 상실할 수밖에 없던 어떤 역사적 현장의 체험과 결코 무관치 않을 것이다.

다시 말하자면, 자신의 인생길을 삼팔선으로 향하도록 만든 정치적 행로만큼이나 신의주 학생 사건은 사상적으로 '나'의 주체성을 안정시키고 초월적인 존재의 위치로 귀결시킨 어떤 신호signal-anchor로 보인다. 이 신호를 인식하는 것이 곧 십자가를 지는 일인데, 그것은 20년경 뒤 〈내다부치는 말〉에서 스스로를 이단자라고 선언하는 진원지가 되었다. 이 분명한 선禪의 세계를 〈존재하는 종교〉에서 밝힌 함석헌은 여러 해가 흐른 뒤 그것은 "종교에 대한 생각이 종래의 정통적이던 데서 달라지게 되던 한 이정표"라고 거듭 확인해준 바 있다.

1948년 봄 닷새 동안 진행된 서울대학교 문리대 기독학생회 중심의 전도 집회 셋째 날 저녁에 함석헌은 무교회주의자로서 청중들에게 자신의 신앙을 이야기하게 되었다.[3] 그러나 그는 첫마디부터 자신은 무교회주의자도 아니요, 그 대표는 더욱 아니라고 강조하였다.

---

3    조형균의 회고에 따르면 이 집회에는 총 다섯 명의 강사가 초빙되었는데, 정확한 날짜는 알 수 없으나 첫째 날 강사는 안과의사 손정균이었다. 그는 겨울철 성서 모임에 참석하던 장기려가 김교신에게 소개한 자신의 경성의전 1년 후배로 김교신이 정릉의 서재에서 단둘이 마주 앉아 성서 강의를 했던 인물이다. 손정균은 그날 무교회에 관한 강의를 했으며, 둘째 날부터는 송창근의 '묵시록', 함석헌의 '믿음', 한경직의 '소금', 김재준의 '연애 이야기' 등 기독교계 지도자들의 신앙에 대한 강의가 이어졌다.

스승 유영모와 함께. 왼쪽부터 방수원, 현동완, 유영모, 김흥호, 함석헌.

　나는 도대체 무슨 주의主義 같은 걸 싫어하는 사람인데, 나를 무교회
주의자로 부르는 건 잘못이오. 무교회란 그것을 주의로 삼는 것이 무
교회인 줄 안다면 벌써 그건 무교회를 잘못 오해하고 있는 것이고, 더
구나 나를 그 '주의자'의 대표라니 그런 대표다 조직이다 하는 것이 없
다면 없는 것이 무교회의 특색이라면 특색인데… (조형균, 《다시 그리워지는
함석헌 선생님》)

　이것은 세속적인 이념이나 조직에 대한 거부 반응으로 들리기도 하지
만 "성서적 입장"에서 분명히 "한 선"을 넘어간 그가 스스로 십자가를 져
야 하는 "입장"으로 급선회한 어떤 배경을 보여주고 있다.

당시 함석헌은 유영모의 YMCA 금요강좌에 빠지지 않고 참석했으며 《노자》를 배우기 위해 유영모의 구기동 자택을 정기적으로 드나들었다. 그리고 유영모와 YMCA 총무 현동완의 주선으로 종로 YMCA 대강당에서 일요일 오후 2시부터 성서를 강의했다. 그러던 중 그가 "신神들의 싸움"이라고 칭한 한국전쟁이 일어났다.

1950년 6월 25일 일요일 오후, 남쪽으로 피난을 가야 할 시간에 함석헌은 거꾸로 오류동에서 기차를 타고 한강을 건너 서울역에 내렸다. 그리고 서울역에서 인민군이 삼팔선을 넘어 개성을 점령했다는 소식을 듣고서도 종로 YMCA 강당으로 가 《이사야》 30장을 읽으며 "잠잠하여 안정해야 구원을 얻는다"라고 설교했다. 그러나 "하나님(영)의 지나가는 길 위에 부서지는 물결"이라는 전쟁 중에 구원은커녕 자신부터 급히 대구로, 부산으로 피난을 떠났기 때문에 그의 설교도 한순간에 물거품이 되고 말았다. 그 직후 피난지 부산에서 함석헌은 사람이 "하나님과 싸우는" 전쟁을 배경으로 〈새 시대의 하나님〉, 〈흰 손〉, 〈내다부치는 말〉 등을 발표한 바 있다. 그 글들은 "인격이야말로 하늘 아닌가?"라는 질문에 대한 그 자신의 일관된 대답이기도 했다. 동시에 그것은 "100년을 두고도 따라가지 못할 위대한 우치무라"로부터 해방을 선언한 것이기도 했다.

따라서 그는 "새 시대를 건질 새 종교를 애원하는 기도"를 드렸고, 또 "무교회에서도 탈퇴를 선언"하기에 이르렀다. 자신이 20년간 따르던, 십자가를 바라보던 신앙으로부터 "인격의 자주성을 살려" 직접 십자가를 져야 한다는 신앙으로 완전히 탈바꿈한 것이다. 그에게는 "무기로 전쟁으로 죽이는 것만이 살인"이 아니라 "인격을 분열시키는 종교로 사람을 죽이는 것이 더 무서운 살인"과 같았다. 그동안 인류사는 전쟁의 역사였고 "전쟁은 인생고"의 대표였지만, 양차 세계 대전으로 인류가 자기 파괴를 감행한 만큼 이제 인류의 세계관에 굉장한 변동이 오고 있는데, 그것은 세계가 하나 되는 종교여야 한다는 것이다. 이것이 1955년 3월 중앙신학교에서 강연한 〈새 시대의 종교〉의 내용이었다.

《말씀》지.

영원하신 '말씀'의 나타나신 것이 종교인데, 말씀은 무한 절대적인 것이기 때문에 그것은 항상 새롭게 나타나지 않을 수 없다. 말씀은 말씀에서만 나오는 것이니, 위로 올라 찾아가도 끝이 없고, 말씀은 반드시 말씀을 불러내는 것이니 아래로 찾아 내려가도 끝이 없다. 영원불멸이라 하여서 종교를 손 가운데 구슬 알같이 생각하는 자는 누구인가?

그다음 달에 함석헌은 "인격의 자주"를 자주적으로 알리자면서 《말씀》지를 발행하였다. 그보다 4년 앞서 발표한 〈새 시대의 하나님〉에서도 "인격이야말로 하나님"이라면서 무신론자를 포용하는 "하나님"을 주장한 바 있다. 그것은 영원한 "말씀"을 시대의 "장터"에서 보다 뚜렷하게, 보다 확실하게 외치는 소리였다. 나중에 등장하는《씨올의 소리》도 그《말씀》의 연장선이나 다름없었다. 흥미롭게도《말씀》에 실린 글은 절반 정도가 시詩였다. 그는 "맘에서 그리고 있는 것"을 시라고 했는데, 그 이상으로 낭만주의자 함석헌을 잘 드러내는 말도 없을 것이다.

## 들사람의 사랑

함석헌은 시대의 장터에 나오기 전에 삼팔선을 넘었고, 삼팔선을 넘기 전에 시인으로 태어났다. 베겡Albert Béguin에 따르면, 시인이란 지혜로운 눈을 가진 사람이며, 낭만주의자에게는 시적 진실이 역사적 진실보다 고등하다. 특히 함석헌의 시에 나타나는 종교적 계시는 낭만주의의 진수일 것이다.

그는 인간의 고귀한 희망을 시에 부여했다. 그의 시는 지극히 평범한 존재 속에서 절대적인 실재를 그려내는데, "들사람"을 그린 〈들국〉이 좋은 예다. 이 시는 그가 즐겨 말하던 "들사람"의 기원을 암시해준다. 정확한 연대는 알 수 없지만 그가 신의주 학생 사건으로 소련군 감옥에 투옥 중일 때 쓴 시로 보인다.


넌 들꽃 아니냐 난 들사람 아니냐
들에선 너와 나를 들 대접하는 세상
뜰뜰히 사노란 낯에 들얼굴을 뵈줄까


들꽃은 들사람이다. 유영모의 말을 빌리면 꽃은 자연의 피요, 사랑의 피는 자연의 꽃이다. 꽃에는 그가 꿈꾸는 "영원의 나라"가 깃들어 있는지 모른다. 함석헌은 들꽃에 대한 무관심과 자신의 고립된 처지를 삶의 깊이를 간직한 눈빛으로 주고받았다. 소크라테스가 투옥 중에 "꿈이 시키는 대로 시 쓰기"를 이야기하던 풍경처럼 함석헌의 시 쓰기도 "생각하는 사람"의 담론이 아니라 꿈꾸는 사람의 신성한 임무처럼 보인다. 나아가 그의 들꽃은 "들사람"의 얼을 빛내고, 그 얼은 시대의 비바람과 싸우면서 장차 하나의 씨올로 여물 것이다.

돌이켜보면, '시인 함석헌'이 알려진 것은 삼팔선을 넘은 뒤 시집 《수평선 너머》를 내면서부터라고 본다. 하지만 그는 시집 첫마디부터 자기는 시인이 아니라면서 마흔다섯이 되도록 시라곤 써본 일이 없다고 했다. 자신이 쓴 시들은 "님 앞에다" 바치기 위해서 자기의 맘에다 칼질을 한 것뿐이니까 "시라 할 터면 하고 말 터면 말라"는 것이다. 다만 시를 쓰기 시작한 마흔다섯까지 "영원한 나라"를 꿈꾸던 '나'의 엄밊한 사색은 상상력과 시정詩情에도 일정한 영향을 끼쳤을 것이다. 시인 고은이 "함석헌은 시인이다"라고 말한 것도 시집 《수평선 너머》가 나온 지 60년이 지났을 때였다.

까닭에 '시인 함석헌'의 출현은 다소 예외적인 배경을 간과할 수 없을 것 같다. 함석헌은 해방의 기쁨과 분단의 고통이 쓰나미처럼 휩쓸고 지나가던 시절, 신의주 학생 사건의 주범으로 몰려 옥중에 있을 때 시를 쓰게 되었다고 했기 때문이다. 그때 "눈물 사이사이에 나오는 생각을 간수병의 눈을 피해가며 부자유한 지필로 적자니 부득이 시가의 형식을 취하게" 되었다는 것이다. 이런 악조건이야말로 시인 신경림이 '시인 함석헌'

의 탄생을 가리킨 "시의 본질의 한 가닥"이라고 본다. 문제는 옥고라는 악조건 자체가 '시인 함석헌'의 출생 조건이 아니라 그 옥고를 떠나서는 그의 시가 출생할 수 없었다는 삶의 진실에 있을 것이다.

자서전에 따르면, 당시 울음밖에 나올 것이 없던 상황에서 그는 어머니 생각 때문에 시를 쓰기 시작했는데, 그 배경에는 어머니 외에도 두 여인이 등장한다. 그가 자서전에서 이름을 밝힌 "용암포 사람" 계명선과 "전라도 사람" 김일선이다. 김일선은 "어린 시절에 계명선 씨께 배운 일이 있는 관계로 늘 같이 살며 용천 지방에 많이 와 있었다"고 한다. 그들은 함석헌이 시를 쓸 수 있도록 종이와 연필을 간수 몰래 넣어주었으며, 또한 옥중에서 쓴 그의 시를 깨끗이 정서하여 한 권의 시집으로 엮어낸 주인공들이다. 함석헌은 출옥하자마자 자기 집으로 가지 않고 "순 인간적인 열린 마음"으로 그들의 집을 찾아 아무런 눈치 없이 일주일간 머물렀다. 자신의 옥바라지를 위해 "가족도 엄두를 못 내는 생지옥"을 드나들던 그들에게 "말로 형용할 수 없는" 고마움을 표시하고 싶었기 때문이다. 그들이 제목을 묻기에 함석헌은 투옥 기간의 날 수를 자신의 휴식 시간으로 간주해서 '쉰 날'이라는 이름을 붙였다. 그가 삼팔선을 넘을 때 거의 다 잃어버렸다는 그의 첫 시집 《쉰 날》은 가석방된 죄인의 신분으로 두 여인의 집에서 태어난 셈이었다. 비록 공식적인 시인은 아니더라도 그날은 그가 "생지옥"을 벗어나서 시인으로 구원을 받던 가장 아름답고 경탄스러운 순간이었을지 모른다.

이런 까닭으로 그가 삼팔선을 넘기 전에 인간적으로나 사상적으로 경험한 의미심장한 것은 '여자 문제'였을 것이다. 죄인 신분이던 함석헌을 만나러 "생지옥"을 드나들던 두 여인이 단순한 면회자는 아니었기 때문이다. 함석헌이 옥중에서 쓴 대부분의 시도 두 여인에게 "따뜻한 정"을 느껴 쓴 시였다. 구원의 손길을 찾던 함석헌이 그들을 통해 여성적인 것의 세계, 품어주고 가꾸고 키워주는 신비스러운 여성의 세계를 만난 것이 아닌가 한다. 물론 '시인 함석헌'이 세상에 알려진 것은 그가 삼팔선을 넘어온 이후의 일이었다. 그러나 그의 타고난 문학적 재능에 물길을 터준 것은 두 여인의 여성적인 세계였음이 틀림없다. 신경림은 '시인 함석헌'을 이야기하면서 그의 "산문에서는 볼 수 없었던 사랑, 그 깊은 사랑이 시의 경우 증오의 밑바닥에 짙게 깔려 있"다고 평가하였다. 이 밑바닥의 증오를 뚫고 사랑의 시를 꽃피운 손길을 세속적 '스캔들'로 변질시키는 것은 사랑이 무엇인지 전혀 모르는 자들의 저급한 소행일 수밖에 없다. 그것은 그가 삼팔선을 넘기 전 자신이 머물던 남성적인 것의 세계에서 여성적인 것의 세계로 넘어가던 "한 선"이요, 동시에 "인생을 고쳐" 씹기 시작한 교훈적 요소가 그의 시에 배게 된 배경인지도 모른다. 비록 사랑의 시를 낳게 한 "아름다운 영혼"이 세상 속으로 종적을 감추고 말았더라도, 여성에 대한 순수한 사랑의 감정은 함석헌이 언급한 모든 사랑 이야기의 바탕이 되었으리라 본다.

실제로 함석헌이 내심 깊은 정을 주고받은 최초의 상대는 김일선으로 알려졌다. 그녀는 함석헌을 시인으로 만든 주역이라 할 수 있다. 마치 그가 괴로울 때 읽었던 키르케고르의 레기나 올센처럼, 사상가 함석헌이 사랑을 이야기하는 모든 바탕에는 그때의 그녀가 사랑의 거름으로 작용한 것인지도 모른다. 함석헌은 시집 《쉰 날》을 정성껏 손질해준 김일선

전쟁 직후 어린 고아들과 함께.

을 월남 후 오류동에서 다시 만났다. 함석조의 회고에 따르면, 그녀는 불우한 아이들을 돌보던 중에 몇 번인가 함석헌을 찾아왔다. 어느 날 그녀가 다녀간 직후에 함석헌은 그녀를 위해 쓴 것이라면서 〈아시아의 꽃동산을 지키는 처녀에게〉라는 시 한 편을 함석조에게 보여줬다고 한다.

내 사랑아!
아아, 내 사랑하는 아름다운 혼아!
내 만일 샘물 되어
너를 씻을 수 있었더라면,

뚫려 비치는 내 가슴 위에

그림자 지는 네 얼굴을

샛별처럼 빛나도록까지 씻을 수 있는

맑은 시내가 될 수 있었더라면,

아무리 곡절 많은 이 인생이라도

나는 늘 노래하며 흘러갔으리라

이 시는 이후 《수평선 너머》에 실린 〈내 사랑아〉의 첫 연으로, 현재 부제로 되어 있는 '아시아의 꽃동산을 지키는 처녀에게'가 원래 제목이었다고 한다. 그리고 이 시는 조형균의 회고대로 함석헌이 월남 직후 서울대학교 기독교학생회가 주최한 강의에서 흰 두루마리에 싸와서 읊었다는 〈아, 조선아!〉의 원형 같기도 하다. 이것은 사상적으로 비약해가던 시기에 함석헌이 인생에서 가장 흥미롭다는 사랑에 빠졌던 장면이었는지 모른다.

그는 민족 교육을 시도하다가 처형과 유형의 위기를 넘기고 재산을 박탈당한 채 어머니와 아들을 고향에 두고 삼팔선을 넘었다. 그렇게 미처 예상할 수 없었던 운명적 사건들 속에서 인생의 허허벌판으로 쫓겨난 그가 극도의 절망감으로부터 탈출할 수 있는 길은 꿈꾸기밖에 없었을 것이다. 함석헌이 〈아시아의 꽃동산을 지키는 처녀〉에게라는 사랑 노래를 부를 때는 송두용의 집에서 이웃 노연태의 집으로 옮겨간 직후였는데, 당시 동네 아이들은 다음과 같은 그의 시를 노래했다고 한다.

말 탄 사람 절렁절렁 지나가시오
그대들은 우리의 친구가 아니오
칼 찬 사람 절렁절렁 지나가시오
그대들은 우리의 친구가 아니오
상아탑의 체통을 뽐내어도
그대들은 우리의 친구가 다 아니오 (함석조의 회고, 제목 없음)

아이들에게 "말 탄 사람"이나 "칼 찬 사람"은 권력을 가진 높은 존재들이다. 함석헌은 "그대들"과 배운 자들을 "우리"와 구별하고 있다. 장차 올 세상의 주인공이 "우리의 친구"라면 "체통을 뽐내"는 자들은 들사람의 친구가 아니라 지나가야 할 신분이다. 즉, 권력과 지식을 소유한 자들은 "우리"의 일원이 아니라는 것이다.

그 무렵 함석헌은 열 명쯤 모이는 식구들과 같이 갑자기 쫓겨났다가 다음 날 다시 들어오게 되었는데, 그것은 그가 집주인 노연태의 부인 권ㅇㅇ과 부도덕한 관계를 맺었기 때문이었다. 함석조는 당시 함석헌이 집에 들어오면서 다음과 같이 말했다고 회고했다.

쫓겨나니까 마음이 시원하다.

함석헌이 노연태 부부를 처음 만난 것은 송두용의 집에서 일요일마다 열리던 성경 모임에서였다. 송두용의 집에 머물던 함석헌은 그를 존경한 노연태 부부의 집으로 거처를 옮겼고, 열 명쯤 되는 "모임의 식구"들도 생겼다. 그 집은 〈내 사랑아〉의 주인공 김일선이 가끔씩 함석헌을 찾았던 곳이자 생애 최초로 그가 반윤리적 '사건'을 저지른 곳이었다.

흥미롭게도 그의 제안에 따라 노연태 부부는 그를 주례로 모시고 자기 집에서 함께 지내던 "모임의 식구"들 앞에서 새로운 출발을 다짐하는 두 번째 결혼식을 올리기도 하였다. 그것은 어느 날 함석헌이 "나는 풀었다"라면서 만약 "하나님이 안다면" 자신의 여자관계는 전혀 죄가 될 것이 없다고 말한 뒤였다.

그러는데 전쟁이 났다. 6월 25일 그날이 바로 주일. 오류동서 기차로 서울역 와 내리자 인민군이 개성을 넘어 들어왔다는 소식을 들었다. (〈말씀 모임〉 1957년 8월)

함석헌은 부랴부랴 미군부대에서 통역을 하던 노연태를 따라 대구로 피난을 갔다가 부산까지 밀려 내려가서는 기독교청년회와 염광교회, 연세대학교에서 강의를 계속했다. 이어 1·4 후퇴 때는 구포를 거쳐 김해에 머무르게 되었다.

그리고 1952년 크리스마스 모임 때는 극소수의 사람들 앞에서 장편시 〈흰 손〉을 읽으며 자신의 신앙 고백이라고 밝혔다. 이 고백은 죄를 대속代贖한다는 십자가를 믿는 것이 아니라 인격의 자주성을 살리기 위해 자신이 직접 "십자가를 져야 한다"는 것인데, 그것은 "그리스도와 인격적으로 하나 되는 경험"에서 비롯되었다는 것이다. 이를 더욱 분명히 하여 "무교회 탈퇴 선언"이라 규정한 것이 1953년 여름에 발표한 〈대선언〉

이었다.

이것은 나에게는 삼팔선의 갈라짐 못지않은 아픈 일이었다. 그러나 내 마음은 까딱이 없었다. 내 믿음이 옳으냐 그르냐는 천지간에 아무도 알 사람이 없었다. 누구를 기다릴 것 없이 나와 주님만이 아는 일이었다.(《말씀 모임》)

함석헌은 "주님만이 아는 일"이 갑자기 자기 안에 생긴 것이 아니라 지난 "20년래 내 마음속에 싸우고 찾아온 결과"라고 하였다. 자기 '안'으로 깊이 들어가면 갈수록 자기 '밖'의 세상이 더욱 밝게 보이는 법이다. 까닭에 그의 마음은 "까딱"도 하지 않았으나 "삼팔선의 갈라짐"과 같은 비통한 일이 주위에 생겼고, 그때부터 그에게서는 무교회 모임이 자취를 감춰버렸다. 그것은 휴전협정을 맺던 1953년에 겪은 일이었다.

그해 가을에 함석헌은 "잿더미가 된 서울"로 올라와서 그 "잿더미를 들추적거려 보느라고 구약의 인물들을 고쳐 읽고" 있던 중에 스승 유영모의 말씀을 듣는 새로운 모임에 합류하게 되었다. 함석헌이 "말씀 모임"이라고 부른 이 소모임은 처음에는 명동 대성빌딩을 대관해 모임을 가졌다가 추후 연세대학교 에비슨관으로 장소를 옮겼다. 여기서 참석자들은 유영모의 말씀을 듣기 전에 먼저 함석헌의 말씀을 들었다. 그러다가 오전에는 유영모가 말씀을 하고 오후에는 함석헌의 말씀을 듣기로 했는데, 무슨 까닭인지 유영모는 1956년 가을에 강의를 그만두었다. 이 과정에서 함석헌이 1955년 4월 창간한 부정기 간행물이 《말씀》지였다. 그는 자기와 "주님만이 아는 일"을 자기식대로 발표하고 싶었는지도 모른다.

기독교는 위대하다. 그러나 진리는 더 위대하다.

이와 같이 시작하는 〈대선언〉도 그가 자신의 믿음을 "천지간에는 아무도 알 사람이 없었다"고 말하던 때에 쓴 것이다. 그것은 그가 "저아니람〔自己否定〕"이라 하면서도 도리어 "저다시살림〔自己復活〕"의 길로 나아가야 한다고 믿었기 때문이다. 함석헌은 모든 것이 달라져야 한다는 꿈을 꾸면서 끊임없이 충돌하는 자아를 인식의 근본적인 범주로 여겼다. 당시 그는 대부분의 시간을 "선생님이 읽어보라고 주시"었던 키르케고르와 "문답"하며 보냈는데, 그러면서 자신의 상처를 잘 씻어준 키르케고르에게 고마워했다. 그것은 종교개혁을 기대한 키르케고르가 "실제로 그리스도교는 존재하고 있지 않다"면서 어떠한 경우에도 "목회자는 진리의 증인이 아니"라고 주장했기 때문이었을 것이다. 함석헌이 무교회 모임을 탈퇴한 것도 그즈음이다.

## 한국 기독교를 향해서

함석헌은 《사상계》에 처음으로 〈한국 기독교는 무엇을 하고 있는가〉라는 글을 발표했다. 그것은 독일 기독교 귀족을 비판하면서 "나의 하나님과 세상 사람들에 대하여 한 번쯤 우행Torheit을 저질러야 할 의무가 있는 것 같다"는 루터의 심중을 떠올리게 해준다. 이 논설은 1956년 정월호《사상계思想界》에 실렸는데, 1955년 여름《사상계》 사장 장준하와 편집 책임

《사상계》 1956년 1월 호.

자인 철학 교수 안병욱이 대현동 셋집에 살던 함석헌을 방문한 것이 인
연이 되었다.

1950년 한국전쟁 때 부산에서 시작한 《사상계》는 장준하의 지성과
열정으로 20년 가까이 우리 현대사와 사상계에 거대한 족적을 남긴 월
간지였다. 그 《사상계》를 하루아침에 낙양지가洛陽紙價로 만든 것이 〈한
국 기독교는 무엇을 하고 있는가〉였다. 그 글에서 함석헌은 한국 기독교
를 향해 진정한 기독교란 무엇인지, 그리고 한국 기독교가 하는 일이 무
엇인지 물었다. 기독교는 '크리스트Christ'라는 말의 기원처럼 사회적으
로 멸시받는 민중과 한 몸인 종교인데, 한국전쟁이라는 동족상잔이 벌

어져 민중이 격심한 고통을 당할 때 한국 기독교는 정말 무엇을 했느냐는 것이다.

　전쟁이 났다면 기독교 의용대나 조직해서 불신자로부터는 병역기피라는 비방이나 듣고, 수많은 청년을 양심의 평안도 못 얻고 육신의 생명도 못 누리고 죽게 하고, 성직자는 먼저 구해야 한다고 그 가족은 먼저 도망을 하고 신도는 또 그렇다고 비난을 하고, 교회당에 피난민이 오면 신자를 먼저 들이고 불신자를 막고, 구호물자가 오면 그 때문에 싸움이 나고 그렇지 않으면 그것을 미끼로 전도를 하려 하고, 그리고 선거를 하면 누구를 대통령으로 찍으라, 누구를 부통령으로 찍으라 하고 … 이 역사를 세우려 기독교적인 입장에서 높은 입장을 주장하는 커다란 사상적인 노력도, 기울어져 가는 집을 한 손으로 당해 보려는 비장한 실천적인 분투가 힘 있게 나오는 것도 없다. … 신사참배 문제 때에도 그랬고 미군정 시대에도 그랬고 공산주의 침입에 대해서도 그랬고 6·25 때에도 그랬고 교회는 결코 이겼노라고 면류관을 받으러 손을 내밀 용기가 없을 것이다.

　그의 주장은 단숨에 공감을 불러일으켰다. 이 글에서 함석헌은 이 정부와 백성, 참과 거짓 등 대립적인 주제들을 당대에 벌어지고 있는 서사적인 투쟁과 잘 결합시켰는데, 그것은 한국전쟁 중에 피난살이를 하며 동족상잔의 실상을 생생하게 체험했기에 가능했을 것이다. 이 글의 목적은 한국 기독교에 대한 증오나 비난이 아니라 기독교가 할 일은 사랑이라는 점을 상기시켜주는 것이었다. "영원의 생명"을 믿는 기독교다운 기독교의 사랑을 한국의 천주교나 개신교가 보여주지 못했다는 것이다. 전쟁은 지나갔으나 아직 전쟁의 상처가 곳곳에 남아 있을 때였다.

아울러 일제 강점, 해방, 그리고 동족상잔을 거치면서 한국 기독교가 한 일에 대하여 반성을 촉구하기도 했는데, 이는 기독교 자체를 거부한 것이 아니라 한국 기독교의 역사적 과제를 집중적으로 거론한 것이 틀림없었다. 물론 이러한 비판 의식은 해방 전 《성서조선》에서뿐 아니라 당시 개인적으로 내던 《말씀》지에서도 변함없었다.

하나님의 말씀이 교회를 낳은 것이지, 교회가 하나님을 낳은 것은 아닙니다. 성경은 이날껏 교회 때문에 유지되어 온 것이 아니고, 교회와 싸워 살아온 것입니다. 성경의 참 적은 교회 밖에 있지 않고 교회 안에 있었습니다. 외적은 책을 없애려 했지만 교회 내의 적은 그것을 썩히고, 더럽히고, 꾸부리고, 변질시키려 했습니다. (〈기독교리에서 본 세계관〉)

함석헌이 《말씀》지에서 꾸준히 강조한 "하나님의 말씀"은 반년쯤 뒤에 발표한 〈한국 기독교는 무엇을 하고 있는가〉에서도 한결같았다. 한국 기독교는 본래의 "하나님의 말씀"을 회복하기 위해서 교회 안에 있는 "성경의 참 적"과 싸워야 한다는 것이다. 그래서 그는 마치 아이의 잘못을 고쳐주려는 스승처럼 한국 기독교의 "교파 싸움", "성신운동", "교회당" 등을 차근차근 지적하였다. 그것은 한국 기독교가 저지른 오류와 싸우자는 것이지, 한국 기독교의 존재를 부인하자는 것은 아니었다.

다시 말해 그것은 한국 기독교에 대해 극진한 애정을 지닌 한 기독교 신자가 한국 기독교와 대화를 하기 위한 '양심'의 표현이었다. 이 민중적 양심은 서구 낭만주의 시대에 패러데이Michael Faraday가 설명한 자기장磁氣場처럼 하나의 힘의 장場을 이루면서 그때까지 일반에 알려진 바 없던 함석헌의 독특한 인상을 한국 사회에 각인시켰다. 실제로 그의 기독교 신앙이 대중적으로 유력한 잡지에 발표된 것은 이때가 처음이었다.

그해 5월 초에 실시된 제3대 대통령 선거에서는 3선을 목표로 하는 자유당의 이승만에 맞서 민주당의 신익희申翼熙가 "못살겠다 갈아보자"라며 강력한 경쟁자로 부상해 유권자의 기대감을 한층 높였다. 그러나 신익희의 급서로 이승만 정권은 권력을 연장하는 데 성공했는데, 당시 이에 실망한 민중을 역사의 주인공으로 내세운 것이 함석헌의 확고한 민중론이었다. 실제로 민중론을 떠나서는 "하나님의 말씀"도 한국 기독교에 대한 그의 비판도 그에게 아무런 의미가 없었다.

그러나 한국 기독교를 겨냥한 그의 민중론은 가톨릭 신부 윤형중尹亨重으로부터 신랄한 비판을 받았다. 두 사람의 논쟁은 세간에 널리 알려졌는데, 신부와 '민초'라는 대조적인 사회적 신분 때문에 더욱 주목받았는지도 모른다. 먼저 윤형중은 함석헌이 "일부 기독교도들의 비행이나 경거망동을 기독교 전체에 뒤집어 씌워" 놓았다고 강력하게 공격했다. 이에 대해 함석헌은 보통 사람들이 즐겨 쓰는 투박한 말투로 윤형중의 태도를 비꼬았다.

나라 망하는 줄 모르고 재미난 구경을 한다고 극장 앞에서 입을 헤

벌리고 줄지어 섰는 저 미친 젊은 놈 젊은 년들 위에 제발 그 구정물이라도 끼얹어줍시다. 《할 말이 있다》

그가 독설의 대상으로 삼았던 것은 국회, 정부, 관청, 교회, 학교 등 거의 한국 사회 전체를 망라하고 있다. 게다가 신부 윤형중으로부터 인격을 의심할 만한 "욕설가", "험구가"라고 지적받았을 만큼 말투가 상스럽고 직설적이었다.

길거리에 지나가는 한 떼 여자를 보고 '저 양갈보 봐' 할 때 거기 항의하는 것은 다가 아니다. 어떤 사람뿐이지. … 왜 사람을 보고 양갈보라느냐 하고 떠드는 것은 정말 양갈보일까? 아닐까? 나는 전체를 보고 말한 것이 아니었다. 스스로 제 소리로 알아듣는 양갈보 같은 연놈을 보고 했지. 《윤형중 신부에게는 할 말이 없다》

이른바 "말은 들을 사람을 고른다"는 역설이다. 함석헌은 윤형중이 자기를 상대하는 데 반해 자기는 윤형중을 '적'으로 여기지 않는다고 했다. 이런 태도는 낭만주의의 아이러니를 물씬 풍겨주는 '시미치 떼기'의 말법이기도 하였다. 말하자면 자기와 윤형중은 기독교 신앙 문제로 싸우기 때문에 서로 싸워봤자 소용이 없다는 것이다. 이어 함석헌은 상대방의 어리석음을 일깨우기 위해서 자기의 말이 근원적으로 옳다는 것을 설득하였다.

나는 아무것도 못되는 사람이다. 그저 사람이다. 민중이다. 민은 민
초라니, 풀 같은 것이다. 나는 풀이다. … 나는 흙을 먹고 살아 남의 밥
이 될지언정 누구를 내 밥으로 하지는 않는다. 모든 생명의 밑에 깔렸
건만 또 아무리 잘나고 아름답고 날고 긴다 하던 놈도 내 거름으로 돌
아오지 않는 놈도 없더라. 《할 말이 있다》

그는 스스로를 "풀 같은 것"이라 하면서 신부 윤형중의 사회적 신분과
의 차이를 드러내었다. 그리고 민중은 연약한 풀이지만 실은 "조물주의
명함"인데, 그 "민초"의 입노릇을 해야 할 종교인과 지식인이 도리어 그
민초를 짓밟는 정치에 빌붙어 먹고 있다는 것이다. 당시 그가 사용한 문
구들은 윤형중이 발췌하여 함석헌을 향해 "색깔론" 시비를 일으킬 정도
로 매우 신랄했다. 이를테면 그것은 종교인 함석헌을 부정하는 다섯 가
지 지적 사항 중 특히 네 번째와 다섯 번째에 해당되었다.

(4) "노동자의 피를 빨고" 이것도 공산당이 쓰는 말 그대로이다. (5)
"이 사회의 정치 경제의 조직이 권력 없는 자의 소득을 부정하게 빼앗
아서 상층 계급에 주도록 되었고", "사회를 자세히 관찰하면 거기 죄
악적인 제도가 합법적이라는 가장假裝 구조를 가지고", "미국의 자본
주의가 자기를 지키기 위해 약탈자와의 사이에 서 있어", "정당한 보
수하에 신부·목사 노릇을 한다 할지 모르나 그 정당은 뉘 정당인가?
하나님의 정당인가? 자본주의의 정당인가?" (윤형중, 〈함석헌 선생에게 할 말
이 있다〉,《사상계》)

윤형중은 〈함석헌 선생에게 할 말이 있다〉에서 함석헌의 민중론에 신경질적으로 반응하면서 "이런 것은 공산당이 종교를 공격하는 말이 조금도 변모되지 않은 그대로"라고 비난하였다. 그만큼 윤형중과 함석헌은 기독교 신앙을 두고 극단적인 대치 상태를 드러내주었다. 심지어 윤형중의 입에서는 함석헌이 "오열伍列 냄새"를 풍긴다면서 차라리 그럴 바에는 공산당에 입당하는 편이 나을 것 같다는 소리까지 나왔다.

복음서를 손에 들고서 천당 지옥도 믿지 않는 미지근한 함 선생이요, 현실의 모든 방면에 대하여 그처럼 지독한 불평과 불만을 품고 있는 함 선생이면 복음서와 함께 그 미지근한 태도를 버리고 현행 질서의 전복을 목표로 하는 공산당에 본격적으로 입당함이 여하如何? (앞의 글)

이에 격분한 함석헌은 윤형중에 대해 "종교가는 그만두고 품을 팔아먹는 무식쟁이도 인간성이 있는 한, 차마 못할 것"이라거나 "양의 옷을 입은 이리"라면서 맹렬하게 몰아붙였다. 그런데 그의 민중 이야기는 꽤 오래되었다. 그때로부터 20여 년 전에 민중을 역사의 주체로 본 〈조선 역사〉를 발표했으며, 〈조선 역사〉를 발표하기 10년 전쯤에도 이미 '민중과 하나님'을 자신의 변함없는 문제의식으로 새겨두고 있었기 때문이다.

윤형중이 함석헌의 민중 이야기에서 "오열 냄새"가 난다고 한 것은 한국 사회에서 민중이 얼마나 소외된 채로 있는지 잘 보여주는 것이 아닐 수 없다. 당시 함석헌은 본질적인 문제보다 두 사람 사이의 논쟁 자체를 화제로 삼는 지식인 사회의 반민중성에 대해서도 분노했다. 까닭에 함석헌은 윤형중에게는 말하고 싶지 않지만 민중에게는 "속맘을 밝히지 않을 수 없다"면서 윤형중의 주장이 얼마나 반민중적인 것인지 역설하였다.

> 윤 신부 나보고 공산당이라 하지만 공산당이 무엇인가, 공산당이 나쁜 것은 그 유물론 때문이요, 이 강제주의 때문이 아닌가? … 그러니 이름으로 하지 말고 사실로써 하면 공산당은 소련에만 있는 것 아니다. 이름은 훌륭한 가톨릭이어도 물질주의가 이 안에 있고, 강제주의가 그 안에 있으면 그것도 공산당 아닌가? 공산당의 오열이라고, 누가 정말 공산당의 오열일까? 누가 정말 민중을 팔고 잡아먹는가? (〈윤형중 신부에게는 할 말이 없다〉)

가톨릭의 역사를 들추면 도리어 윤형중 신부 자신이 비판하는 공산당의 본색이 드러나지 않겠느냐는 역공이었다. 또한 자신이 "사회를 전적으로 죄악적인 것"으로 보는 것에 대해서 "분이 털끝까지 올라 반대하는" 가톨릭 신부의 윤리 의식도 그냥 지나치지 않았다. 종교가 직업 종교인을 위해 존재한다는 것이다. 그는 윤형중이 믿는 가톨릭은 로마 제국의 히브리적 표현이므로 그것은 "한 개 정치"일 뿐 "히브리적 교회Ecclesia가 아니"라고 지적했다. 가톨릭은 권력이 중심이지 신앙이 중심이 아니며, 더욱이 자신과 같은 "민초"에게 행사하는 지식인들의 사제적인 모든 특권 따위는 존재하지 않는다는 것이다. 즉, 자신이 말하는 종교란 신부나 목사를 위한 것이 아니라 민중을 위한 것이므로 종교인도 민중에 지나지 않는다는 것이다. 그는 이것을 "벙어리"가 된 민중에게, 그 "민중 가운데에서도 젊은이"이게 말하고 싶어 했다. 그것이 함석헌을 한국 지식 사회에 혜성과 같이 등장시킨 배경일 것이다.

이 논쟁으로 《사상계》는 1만 부 판매를 돌파한 지 1년 만에 3만 부를 넘어섰다. 사실 함석헌이 《사상계》를 통해 한국 기독교를 비판한 내용 자체는 새삼스러울 게 없었다. 진작부터 교회 제도를 비판하는 입장에서 오랫동안 무교회 모임을 꾸려왔고, 그 신앙 때문에 일제 치하에서 《성서조선》 사건을 치렀을 만큼 한국 기독교사의 첫 세대에서 결코 배제될 수 없는 존재였기 때문이다. 자신의 신앙을 《성서조선》에 발표할 때부터 《사상계》에서 윤형중과 충돌할 때까지 함석헌은 30년 가까이 성경과 역사를 연구하면서 교회에 대한 비판을 중단한 적이 없었다. 특히 교회가 강조하는 신성한 규범을 부정하는 것이 그의 양심이 체험한 고유한 "성서적 입장"이었다. 즉, 공리주의적인 제도로 설명하는 법칙들이 진리를 찾는 자에게는 껍데기에 지나지 않는다는 것인데, 그것은 껍데기로 남겨진 세상의 어떤 것도 자신에게 강요할 수 없다는 낭만주의자의 순결한 세계관이기도 했다. 그러나 그 세계관이 신부 윤형중의 생각과 충돌하면서 논란을 일으키자 그의 심정은 매우 착잡해진 것처럼 보였다.

그야말로 참 부끄러운 글입니다. 내가 세상을 눈 없다, 업신여긴 셈이 됐습니다. 여름부터 글 써달라는 것을 못 한다 못 한다, 피하다 피하다가 다시 더 피할 수가 없어져서 급한 중에 정말 뵈는 대로 쓴 글입니다. 독촉 온 사람을 앉혀놓고 붓을 갈겨 써 보냈으니 잘될 것이 무엇이겠습니까? 그런 짓은 아니하는 것인데 했습니다. … 하나, 또 말하고 싶은 것이 있지 없지 않습니다. 《역사적인 것》)

이는 윤형중과 논쟁을 벌인 직후 그가 《말씀》에 고백한 글이다. 앞서 장준하와 안병욱이 집으로 찾아와 원고를 청탁했을 때 "나 글 안 써"라면서 끝내 사양하지 못한 것을 후회한다는 것이다. 또한 그는 마치 한국 기독교에 대한 비판이 몰고 올 파장을 예감이라도 한 것처럼 《사상계》에 기고하기 전에도 "나 홀로 가만히 들여다보고 있는 때가 좋지, 입을 열어 말을 하려고 하면 문득 그 소沼의 수면에서 풍운이 일어나 정신을 잃게 되는 것 같이 어찌할 수 없는 두려움이 납니다"라고 털어놓기도 했다.

함석헌은 논쟁을 벌인 뒤 잠시 자기만의 신앙 세계로 자취를 감췄다. 훗날 두 사람이 처음 만난 것은 민주당 장면 정권 때 육군사관학교 졸업식장에서였다. 어느 장교의 안내로 윤형중이 먼저 함석헌을 찾아 인사드리겠다고 하자 함석헌도 자기가 먼저 만나고 싶었다고 화답하면서 그들의 만남이 이루어졌던 것이다. 그리고 그들은 이후 박정희의 유신 체제에 대항하여 민주화 운동에 함께 나섰다.

## '씨'와 '알'을 말하다

이 논쟁을 벌인 직후 함석헌은 자신의 의견을 지지하거나 반대하는 독자들보다 본디 자신이 주목하던 민중에게로 관심을 돌렸다. 자신이 한국 기독교를 비판한 것은 "달려가는 역사의 수레바퀴"라는 십자가를 스스로 지자는 것이었는데, 도리어 주위에서는 자신을 "당장에 붙잡힌 죄인"으로 만들어버렸다는 것이다. 그리하여 주위 사람들과 왕래도 덜하면서 사회적 고립을 자초하게 되었다. 그만큼 자기를 부끄러워하는 사람들과는 소식을 주고받을 필요가 없다면서 편지도 줄였다. 함석헌은 이때의 심정을《말씀》에서 솔직하게 밝혔다.

내게 잘못이 있을 때 내 얼굴 앞에 손가락을 내밀어 '네가 그 사람이다' 하지 못하고 돌아서서 길거리에서 수군거려 그것이 먼 길을 돌고 돌아 내 귀에 들어오게 되는 것은 그들이 나를 참으로 알아주지 못한 증거입니다. 그것은 마치 도적의 대가리를 장대 끝에 매다는 것과 같은 일입니다. 그러면 내 맘은 '그렇다' 하지 않습니다. 내 잘못을 인정하면서도 죽으면서도 '아니' 할 것입니다. 《역사적인 것》

이 글은 단순하게 자기의 불평을 쏟아놓은 것이 아니라 제목처럼 '역사적인 것'에 초점을 맞추고 있다. 현재의 '나'는 달려가는 역사의 수레바퀴를 외면하고 "서 있는 자"의 낡은 신앙에 의해 도리어 "당장에 붙잡힌 놈"이 되었으며, 그 바람에 "장대 끝에 매다는" 도적의 대가리를 대하듯 사람들이 자기를 죄인이라고 수군거린다는 것이다. 그러나 죄란 "역사적인 것"의 책임을 묻는 것이며, 그 죄에 대한 책임도 "하나님의 뜻을 이루는 역사인歷史人"에게만 있다고 믿는다. 그러나 자기는 역사적인 것으로부터 분리된 상태이므로 죄를 지을 자격조차 없는 존재라는 것이다. 그때 함석헌이 말한 "역사적인 것"은 사고체계의 "등심뼈"와 같은 '씨'와 '알'의 세계였다.

역사에서 떨어진 '나'는 죄를 지을 자격조차 없습니다. '나'는 곧 알 우주(小宇宙)임을 나도 압니다. 세계의 구원과 멸망이 곧 내게 있다 할 수 있습니다. 그러나 그 나는 어디까지나 알이요 씨지, 다 자란 세계가 아닙니다. 그것은 싹터 자라야 하는 것입니다. 그리고 어떤 개인도 "내가 곧 우주다" 하는 순간 그만 곯아버리고 싹을 틀 힘을 잃어버립니다. 우주는 우주의 것이지 내 것이 아니요, 죄도 역사의 것이지 내 것이 아닙니다. 개인의 싹이 터야만, 알로서의 있음을 잃어버리고 역사 속에 나와서만 참사람이 될 수 있습니다. 십자가란 곧 이것 아닌가 합니다. 알(씨)이 땅에 떨어져 싹이 트는 일입니다. 그래서 "어찌 나를 버리시나이까" 한지도 모릅니다. 그것은 알 그리스도가 터져 참 그리스도가 되는 소리 아닐까요? (《앞의 글》)

함석헌이 〈역사적인 것〉에서 뚜렷하게 밝힌 '씨'와 '알'의 세계는 "역사적인 것"의 존재로서 '나'를 우주의 일부로 인식한 것을 뜻한다. 이 글을 쓴 것은 그가 〈한국 기독교는 무엇을 하고 있는가〉를 발표한 직후였지만, 아직 민(民)을 '씨알'이라고 풀이한 유영모의 이야기를 듣기 훨씬 전이었다. 그래서 어느 날 유영모로부터 '씨알'이란 대상언어object language를 포착한 순간, 그는 신적인 세계의 생명으로서 '씨'와 '알'이 우주적인 생명과 만나는 새로운 인식의 변화를 직감했을지도 모른다.

네 믿음이 너를 구원한다 하지만 그 '너'란 역사에 불리운 군인이지 콩알처럼 외알로 굴러다니는 '내'가 아닙니다. 만일 그렇지 않다면 '내

죄의 대속'을 감사하는 것은 한 개 저 좋자는 생각에 지나지 않습니다.
(〈앞의 글〉)

거듭 말하지만 당시 함석헌은 대속 신앙에서 벗어난 상태였고 그의 '하나님'은 "이성理性의 봉우리에 오른" 자리에서 만난 달과 같은 존재였다. 그것은 하나님의 자유의지를 닮은 존재로서 '씨알'이 이성으로 본 이데아의 세계에 존재하는 '하나님'과 분리될 수 없다는 뜻이었다. 이에 따라 '씨'와 '알'로 파악한 "역사적인 것"이 터를 잡게 되었다고 할 수 있다. 그에게 역사란 흔히 말하듯 '과거와 현재 사이의 대화'가 아니라 "하나님과 인간 사이의 대화"이기 때문이다.

함석헌은 〈한국 기독교는 무엇을 하고 있는가〉를 발표한 뒤 충청남도 천안에 내려와서 '씨알농장'의 둥지를 틀었다. 당시 그는 '씨'와 '알'의 세계를 믿으면서 새로운 공동체를 꿈꾸었는지 모른다. 그에게 '씨알'의 사상적 근원이란 관념적인 것이 아니라 실천과 행동에 있었기 때문이다.

올 때에 나는 혼자 간다가 60명 남녀 동지와 톨스토이 농장에서 일을 하며 아이들을 가르치며 인쇄기를 손수 돌려《인디언 오피니언Indian Opinion》을 발행하여 남아 연방과 싸워가던 것을 생각하면서 왔다. (〈한배움〉)

그가 씨알농장을 시작할 때 처음 간판으로 내걸었던 '씨알'이 그 자신의 별칭이 된 것은 13년의 세월이 흘러간 후의 일이다. 이 씨알농장은

1957년 3월 홍명순과 함께 시작했다. 홍명순은 우리나라 최초의 양심적 병역 거부자로서 1년여 간 옥고를 치른 후 강원도 평창의 해발 1,200미터 고지에서 600마지기 땅을 일구던 청년이었다. 그가 병역을 거부한 것은 "한국전쟁을 치르고 나서도 나는 한 명의 목사도 전쟁의 잔인함을 비판하는 것을 보지 못했다"는 함석헌의 말을 듣고 나서였다.

아울러 씨알농장의 터를 아무런 조건 없이 제공한 사람은 30년간 이발사 일을 해온 정만수鄭萬洙였다. 그는 일제 때 민족 사상 때문에 대전 형무소에서 2년간 옥고를 치른 적이 있다. 그는 평소에 재산 상속 제도는 폐기되어야 한다는 신념을 갖고 있다가 단행본으로 출간된《성서적 입장에서 본 조선 역사》를 읽고 다른 곳의 땅을 팔아 구입한 천안 땅의 기증을 결심했다. 그리고 완강하게 사양하는 함석헌을 설득한 끝에 땅을 기증했다.

당시 씨알농장을 찾아온 월간《세계世界》지의 기자들에게 함석헌은 이렇게 말했다.

대학을 나온 청년들이 좀 와서 공부는 나하고 같이 하고, 낮에는 일하고 해서 몇 해 하면 좋겠는데 … 원래 이런 일은 과거부터 용두사미 격이 되는 일이 예사인데, 그렇게 되지는 않아야 할 텐데. (《세계》 1959년 3월 호)

자신이 구상하는 씨알농장의 미래가 여의치 않아서 걱정스럽다는 말처럼 들린다. 그러나 씨알농장을 찾아온 서울대학병원 의사와 기자 둘은 함석헌의 농장 생활이 활기에 차 있었다고 말했다.

농장 청년 7명은 새벽 4시에 일어나 냉수로 목욕하고, 4시 반부터 기도와 명상을 한 다음 함석헌의 강의를 들었다. 이어 아침 식사를 마친 6시 반부터 저녁때까지 온종일 일했다. 일할 청년은 부족하고 할 일은 많아서 오후 공부 계획은 수정할 수밖에 없었다. 농장 건물은 모든 식구가 기거하는 초가집 한 채, 짓다 만 강당과 짚으로 만든 긴 판잣집 닭장, 돼지우리, 외양간, 토끼 아파트 그리고 창고 등이었다. 여기에 닭 500수, 산양 4마리, 토끼 20마리, 그리고 돼지, 소, 염소, 개를 한 마리씩 키웠다. 만 평의 땅에는 복숭아나무 사이에 어린 사과나무 400주, 포도나무 100주가 심겨 있었다. 또한 당시 함석헌의 책상에는 간디, 소로Henry David Thoreau, 마치니, 톨스토이, 남강 이승훈에 관한 책과 영어로 쓰인 《요가체계》, 《인도 철학》, 《바가바드기타》, 《산스크리트어 입문》 등 40여 권이 눈에 띄었다.

함석헌은 농장 생활 중에 용산구 원효로 4가 70번지로 거주지를 옮겼다. 그의 친지와 이웃들이 마련한 성금 덕분이었다. 집터는 용머리 자리였고, 그의 작은 서재의 위치는 용의 눈알 자리였다고 전해진다. 이 집터의 풍수는 하늘로 올라가는 데 있다는 용의 찬란한 운명처럼 그가 꾸던 풍성한 꿈의 산실이 되었다. 그러나 꿈의 날개 아래 있는 정치 현실에서는 도리어 추락과 불안을 감내해야만 했던 존재였는지 모른다.

## '생각하는 백성'을 찾아서

함석헌은 집터를 용의 눈알 자리로 옮긴 후 옥고를 치렀다. 그의 표현을

씨알농장 시절(날짜 미상).

빌리면 "이승만의 행랑것들에게 끌려 터무니도 없이 하는 용공주의자라는 억지의 몰아침"을 받은 것이었다. 이번에는 한국전쟁 8주년을 맞이하여 그가 《사상계》 8월 호에 기고한 〈생각하는 백성이라야 산다〉라는 글 때문이었다.

남한은 북한을 소련·중공의 꼭두각시라 하고, 북한은 남한을 미국의 꼭두각시라 하니 남이 볼 때 있는 것은 꼭두각시뿐이지 나라가 아니다. 우리는 나라 없는 백성이다. 6·25는 꼭두각시의 놀음이었다. 민중의 시대에 민중이 살았어야 할 터인데 민중이 죽었으니 남의 꼭두각시밖에 될 것 없지 않은가? (〈생각하는 백성이라야 산다〉)

이 글도 함석헌의 민중론의 하나가 틀림없다. 다만 교회 권력을 상대할 때와 달리 정치권력을 장악한 "이승만의 행랑 것들"은 그를 가만두지 않았다. 1958년 8월 6일 그는 국가보안법 위반 혐의로 서울시경 사찰과에 구속되었다. 생애 일곱 번째 투옥이었다. 이른바 "나라 없는 백성"에게 "생각하는 백성"의 길을 열어준 역사적 이야기는 자연스럽게 분단 정부를 부정할 수밖에 없었다. 그래서 언론도 용공분자의 혐의를 쓴 그를 가리켜 "친공親共일 수가 없는 무정부주의자"라고 불렀다. 이승만 정권이 "반공 학생 의거"라고 부른 신의주 학생 사건의 주역으로서 반공 단체로부터 공로 표창을 받았을 뿐만 아니라 그의 가족 모두가 기독교인이었기 때문이었을 것이다. 그를 용공분자나 공산주의자로 간주할 수 있는 배경은 아무것도 없었다. 예컨대 그가 오산학교에서 학업을 이어가도록 해주었던 육촌형 함석규의 아들은 당시 상공부 차관으로 재임 중이었다.

함석헌은 8월 25일에 석방되었고 사건은 10월 초에 무혐의 불기소 처분을 받아 종료되었다. 함석헌은 이 투옥 기간을 "20일간 참선"이라 불렀다. 용공분자라는 누명도 억울하지만, 자기 자식보다 어린 20대 형사에게 뺨을 맞으면서 "너 영웅심에서 그랬지?"라는 수모와 모욕을 당했기 때문이었다. 하지만 역설적으로 그의 '참선'은 분단 정부의 야만성을 감당할 만한 인물의 존재를 확인시켜준 셈이었다.

그의 〈생각하는 백성이라야 산다〉가 등장할 때까지 북진통일을 주장하던 이승만 정권하에서 한국전쟁에 대한 비판은 거의 불가능했다. 심지어 그 글이 실린 《사상계》에서조차 한국전쟁을 비판한 논설은 찾아보기 어려웠다. 본디 《사상계》의 입장도 한국전쟁에 대한 역사적 반성보다는

국가보안법 위반 혐의로 구속되었다가 석방되었을 때 모습(1958년 8월).

이승만의 자유당 독재를 비판하고 "시국에 대한 경종을 울리고자" 하는 정도였기 때문이다. 그만큼 그 시대로부터 소외된 채 외면당했던 것이 한국의 민중이요, 함석헌의 민중론이었다.

예컨대 일부 진보적 지식인은 1984년에서야 《한국민중론》을 펴냈는데, 그때도 민중의 의미는 다양한 설명에도 불구하고 함석헌이 말하는 "하나님의 발"과 달랐다. 따라서 당시 지식인 사회의 풍경을 두고 언론인 송건호는 "냉전이 절정에 달하고 반공 교육, 반공 선전이 어느 때보다도 요란하던 상황 속에서 이런 말을 한다는 것 자체가 '정상'이 아닌 것처럼 보였"으며 "특히 1950년 말기 한국 사회의 상황을 이렇게 생생하게 기탄없이 솔직하게 숨김없이 말한 언론인은 아무도 없었다"고 평가했다.

원래 함석헌의 글은 제목이 없었다. 그래서 마감 직전에 원고를 받아들고 회사로 돌아오던 《사상계》 편집부장 계창호가 지프 안에서 읽어보고 "즉흥적"으로 붙인 제목이 오래도록 사람들의 뇌리에 새겨진 〈생각하는 백성이라야 산다〉였던 것이다.

나라를 온통 잿더미, 시체 더미로 만들었던 6·25 싸움이 일어난 지 여덟 돌이 되도록 우리는 그 뜻을 깨닫지 못하고 있다. 역사의 뜻을 깨달은 국민이라면 이러고 있을 리가 없다. (《생각하는 백성이라야 산다》)

첫마디부터 함석헌은 한국전쟁의 야만을 지적했다. 오늘날처럼 '한국 전쟁'이란 용어를 사용하지도 않았다. 그런데 문제의 핵심은 야만의 의미를 "깨닫지 못"한 야만 상태의 "우리"에게 있다는 것이다. 당시 "우리"는 모든 교과서며 책 뒷면에 인쇄돼 있던 〈우리의 맹세〉를 외칠 정도로 북진통일을 앞세우던 전시 분위기에서 벗어나지 못했다.[4] 그것은 마치 전쟁이 정치의 연장이라거나 정치가 전쟁의 연장이라는 설명을 뒷받침하는 듯 보였다. 까닭에 논설의 초점은 전쟁 폭력을 "생각하는 백성"이 아니라 그것을 생각하지 않는 '백성'의 집단정신에 맞춰졌다.

전쟁이 지나간 후 서로 이겼노라 했다. 형제 싸움에 서로 이겼노라니 정말은 진 것 아닌가? 어찌 승전 축하를 할까? 슬피 울어도 부족할 일인데. (《생각하는 백성이라야 산다》)

---

4    문교부가 1949년 7월 제정한 〈우리의 맹세〉는 다음과 같다.
     1. 우리는 대한민국의 아들 딸, 죽음으로써 나라를 지킨다.
     2. 우리는 강철같이 단결하여 공산침략자를 쳐부수자.
     3. 우리는 백두산 영봉에 태극기 휘날리고 남북통일 완수하자.

함석헌은 이런 정신 상태로부터 "우리"가 하루속히 벗어나야 한다고 믿었다. 그것은 단순히 하나의 정치권력에 대한 저항이라기보다 한 시대의 정치적 미신을 겨냥한 것이었다. 그 병적 미신의 병원체는 분단 정부의 "비위에 거슬리면 빨갱이"를 만들어내던 "갈라짐"이었다. 이 "갈라짐"을 "6·25 싸움" 여덟 돌을 맞이하여 되새겨보자던 함석헌은 하나의 민족, 하나의 인류 가족을 주장하다가 경찰에 체포되어 "20일간 참선"을 강요받았던 것이다. 하지만 하나의 민족을 세우는 바탕은 민중에 달려 있으며, 〈우리의 맹세〉를 외우고 있는 한 '백성'은 그 민중이 될 수 없었다. 그리하여 '생각하지 않는 백성'을 '생각하는 백성'으로 깨우쳐야 한다는 것이 그의 민중론이었다.

6·25의 중심 되는 뜻은 하나 되는 세계로 달리는 한 걸음이란 데 있다. (〈생각하는 백성이라야 산다〉)

함석헌은 이렇게 한국전쟁의 의미를 한 문장으로 간추렸다. 마치 태초의 하나로 돌아가야 한다는 낭만주의자의 꿈처럼 오직 "하나 되는 세계"는 모든 것을 유기적으로 통합해야 한다는 의지의 "한 걸음"이 아니면 불가능하다는 것이었다. 그래서 그는 새로운 "역사의 병아리"를 기대했으며, 생각하지 않는 '백성'의 알을 깨고 나오는 '우리'의 민중 의식이 필요하다고 믿었다.

그가 "6·25 싸움"을 격렬하게 성찰한 것도 민중 의식이 민중 자신은커녕 민중을 가슴에 깊이 새겨야 할 지식인들로부터도 너무 동떨어져 있다는 경험 때문이었는지도 모른다. 그것은 〈생각하는 백성이라야 산다〉를 기고하기 수개월 전에 동숭동 서울대학교 문리대 강당에서 열린 육당六堂 최남선과 춘원春園 이광수를 추모하는 행사를 목격한 것과 관련이 있을 것이다. 행사의 주최자는 사상계사였는데, 오늘날에는 상상하기 어려운 일일 것이다.

당시 《사상계》는 매우 거창한 광고를 낸 바 있다. 잡지 앞부분의 별지에는 "사상계편집위원회"의 이름으로 최남선의 사진과 함께 "뜻을 문화의 소장과 민족의 명운에 두는 모든 인사들과 더불어 충심으로 고故 육당 최남선 선생을 애도하고, 그의 출중한 인격과 생전에 남기신 업적의 위대성을 명감明鑑하여 이를 영세에 전하고자 선생이 서거하신 이해 1957년 송년호를 육당 기념호로 삼가 재천의 영전에 드리나이다"라고 내걸었다. 그의 논설 〈백제구강百濟舊疆으로〉도 함께 실었다. 김팔봉, 이병도, 주요한, 이은상 등이 발표자로 나선 그날 강연에서 육당과 춘원의 과거 친일 행적을 지적한 사람은 아무도 없었다.

그날 행사에 참석한 함석헌은 청중의 입장에서 심한 분노와 혐오감을 느꼈다. 하필이면 자신이 처형의 위기까지 몰렸던 신의주 학생 사건 12주년 되던 날 밤이었는데, 그에게 생각난 것은 '씨알'뿐이었던 것 같다.

춘원에게 갈 날이 오고
씨알 육당에 찬 밤
소금 안 든 우림을

불 가도록 먹으라네

씨알아, 네 속 움직다

'네 맘먹어' 함인가 《육당·춘원의 밤은 지나가다》


이날 함석헌은 그들의 행적을 미화하는 행위 자체가 '씨알'에 대한 모독이라고 느꼈던 것이 분명해 보인다. 문제는 민중의 일인데, 모든 것이 민중 의식의 결핍을 드러냈다는 것이다. 그러면서 "청중이 정말 청중이었다면 그 강연이 중단되든지 산 말이 나오든지 했을 것"이라며 날을 세웠다. 그런 행사의 참석자는 대부분 대학생이었을 것이며, 당시만 해도 대학생은 극소수 '인텔리'였다. 그런데 그가 침을 "뱉어버리고 싶은 생각이 몇 번 났다"는 강연 내용인데도 그들조차 별다른 반응을 보이지 않았다는 것이다. 그들처럼 무감각한 언론의 민중 의식 때문에 그 행사는 도리어 육당과 춘원에게도 별 도움이 되지 않았을 것이라고 지적했다. 그들이 바로 '시대의 병아리'였을 것이다.

함석헌이 문제의 논설인 〈생각하는 백성이라야 산다〉를 발표한 것은 그 직후였다. 그때 그가 천안의 씨알농장을 돌보면서 고뇌하던 "생각하는 백성"의 이름이 오늘날 우리에게 알려진 씨올이다. 그리하여 '씨알'은 단순하게 대상언어로서 '민民'의 우리말 표현에 그치지 않고, 과거 "성서적 입장" 이래 달라진 것이 없던 민중의 숭고한 이상理想의 실체로 출현하게 되었던 것이다.

그의 민중론에서 '씨알'이 본격적으로 등장한 것도 "생각하는 백성"을 내세울 때부터였다. 예컨대 〈할 말이 있다〉에서 보이지 않던 '씨알'은

《사상계》 사무실에서 장준하(뒷줄 오른쪽 끝)와 함께.

"생각하는 백성"을 주장하던 필화 사건을 겪고 나서 더욱 빈번하게 나타나고 있기 때문이다. 특히 이듬해 정월 초부터 그가 《사상계》에 연재한 자전적 이야기는 〈씨알의 설움〉을 마지막 회 제목으로 달고 '씨알'이야말로 자신의 민중론을 극명하게 드러내주는 사상적 용어임을 강조하였다.

민중이 뭐냐? 씨알이 뭐냐? 곧 나다. 나대로 있는 사람이다. 모든 옷을 벗은 사람, 곧 알 사람이다. 알은 실實, 참, 리얼real이다. 임금도 대통령도 장관도 학자도 목사도 신부도 군인도 관리도 문사도 장사꾼도 죄수도 다 알은 아니다. 실재는 아니다. 그런 것 우주 간에 없다. … 이

234

것들은 그 입은 옷으로 인하여 서 있는 것들이다. 정말 있는 것은, 알은 한 알뿐이다. 그것이 알 혹은 얼이다.

아직 '씨알'을 '씨올'로 고쳐 쓰기 훨씬 전이었지만, 유영모의 '씨알'과 달리 함석헌의 '씨올'은 '민'을 설명하는 메타언어로서 다시 출현한 것이나 다름없었다. 그는 그 하나를 가리키는 "알" 또는 "얼"을 온갖 사회적 신분의 옷을 벗어버린 인간에게서 찾았다. 그래서 씨올을 참사람의 존재로 파악한 반면 '알'이 아닌 신분적 존재를 "고린내" 나는 생명의 찌꺼기로 보았다.

더욱이 그가 《사상계》에 자전적 이야기를 연재할 때 그의 민중론은 메타언어 씨올을 사용하던 시기와 사상적으로 연속적인 상태였다. 이 씨올의 세계관은 함석헌이 자신의 삶의 이야기를 풀어내던 바탕이었다. 그때부터 약 14년 뒤 창간한 《씨올의 소리》에서도 '씨알'로 표기하는 데 한계를 느껴 그의 언어로 '씨올'을 새롭게 만들어냈다. 함석헌은 씨알과 대조되는 역사적 형상들을 다음과 같이 풍자한 바 있다.

지난날에 갈라져 싸우던 때에는 옹근 사람이 없고 한편만이 큰 기형아뿐이었다. 핏대만이 두드러진 민, 팔 다리만 큰 국민, 염소같이 파리한 서민, 이리같이 이빨과 발톱만 발달된 무사, 배만 큰 유산자, 눈망울만 사나운 무산자, 대가리만 무거워 거꾸로 서 있는 임금, 횃대같이 장식만 걸어놓은 귀족, 여우처럼 생글거리는 정치가, 삽살개같이 털만 남실거리는 예술가, 당나귀같이 키만 껑충한 교육가 … 이런 식이었

다. 그러나 이제 단순한 인간, 사람, 민民의 세기가 온다. (《새 윤리》)

"단순한 인간, 사람, 민"이란 바로 '씨알'이다. '씨알'은 현재의 "기형아"들을 새롭게 탈바꿈시켜야 할 존재들이다. 그 과정이 씨알의 혁명이며, 그 혁명의 순교자가 되는 것이 그가 스스로 져야 한다는 십자가의 의미였다. 그런 만큼 함석헌의 민중론은 일부 학자들의 '민중론'들과 달리 "지는 십자가"를 떠나 "생각하는 백성"을 말할 수 없다.

이에 따라 "알이 드는 날 앎이 올 것"을 믿고 자신의 꿈이 예시하는 대로 '씨알'의 삶을 찾던 그는 눈에 보이지 않는 몸에서 새로운 몸을 재창조하던 운명적인 길을 걸었는지 모른다. 이 과정에서 역력하게 드러난 것이 그의 낭만주의자적 면모였다. 함석헌은 끊임없이 태초의 하나를 '알'과 '얼'에서 찾다가 드디어 '씨알'을 만났기 때문이다.

8장

# 서풍의 노래 부르며

## 무너진 모래탑

함석헌은 낭만주의 시인 셸리의 〈서풍부〉를 읊으면서 "씨알의 설움"으로
1959년의 밤을 보냈다. 그해 마지막으로 쓴 자전적 이야기에서도 "겨울
이 깊으면 봄이 어찌 멀었으리오"라는 서풍의 노래를 인용하였다.

> 오, 사나운 서풍이여, 이 말라빠진 강산에 불어라! 불어서 저 염병
> 맞은 잎새들을 날리고, 이 씨알들을 날려 그 겨울 심장으로 보내라! 거
> 기서 우리가 소리 없이 울며 봄이 올 때까지 시체처럼 기다리리라. 서
> 풍아, 너야말로 씨알의 글월이로구나. 〈〈씨알의 설움〉〉

서풍을 노래하는 시대는 언제나 불의의 시대다. 마침 자유당의 3·15
부정선거를 앞둔 채 그가 "한밤중"이라고 한 세상이 혁명의 새해를 맞이

하려는 때였다. 그 불의의 밤에 서풍을 노래하던 함석헌은 자신이 "욕심의 총결산"이라고 규정한 정치를 단번에 날려버릴 혁명의 폭풍을 꿈꾸었다. 이 꿈이야말로 "씨알의 글월"이라고 부른 함석헌의 서풍이었다.

때가 다가오고 있다. 어리석게 세상이 이만인가보다 하다가는 어느 놈의 모가지가 부러지고야 말 것이다. 한두 사람이면 좋다. 일이 일어나면 온 나라가 온통 결단이 날 것이다. 내가 미친놈이 되고, 이 말이 들어맞지 않기를 제발 바란다. (〈때는 다가오고 있다〉, 《새벽》)

장차 4·19 혁명이 일어나리라고는 아무도 믿지 않았을 때였다. 그러나 그는 확신에 찬 어조로 혁명을 예감하고, 그 예감이 들어맞지 않기를 바랐다. 혁명이라고 불린 수많은 역사적 사건들이 오히려 참다운 혁명의 의미를 파괴했기 때문이다. 한바탕 "혁명의 폭풍"이 불어 낡은 정치와 썩은 사회를 시원하게 씻어주길 기대하면서도 함석헌은 "너도 죽고 나도 죽는 날"이 오지 않기를 바랐다. 그것은 그가 생각한 혁명도 아니었다.

혁명다운 혁명은 물리적인 시공간에 있는 게 아니라 하나님과 손잡을 때만 가능한 것이라 보았으므로 함석헌은 유물변증법이나 계급 혁명을 공산주의자들의 "공연한 소리"라고 여겼다. 나아가 중요한 것은 인간의 인격과 초월자 사이에서 "하늘 소리"를 듣는 일이요, 그 소리는 세상의 바닥 사람들의 소리라고 믿었다. 그러나 그가 4·19 혁명 때 들었던 "길거리 소리"는 "이러다가는 큰일이 나고야 만다"는 것이었다. 그것은 "아무 이념도 없는 민중"의 소리였다. 한편, 학생들은 낡은 정치와 썩은 사회를 서풍에 날리는 낙엽처럼 쓸어버릴 힘이 없다는 점에서 도리어 실망을 금치 못했던 것도 사실이다. 그가 〈서풍부〉를 읊으면서 기대하던 이상적인 사회는 결코 도래한 적도 없었고, 앞으로 도래할 수도 없었다.

함석헌은 자신이 "영원한 씨올의 숨"이라고 평가한 4월 혁명 때 아무런 활동을 하지 않았다. 글도 쓰지 않았고, 강연도 하지 않았다. 현실 세계에 대한 혁명을 이야기하던 그가 그 세계의 윤리와 도덕에 의해서 일종의 심판을 받았기 때문이었다. 그것은 1960년 초에 갑작스레 터진 여자 문제였다. 이 '스캔들'이 가까운 친구들에게 알려져 문제가 불거짐에 따라 함석헌은 오랫동안 꾸려오던 일요일의 성서 모임도 중단하고 말았다.[5]

친구들 소식 다 끊어졌고, 유 선생도 매우 섭섭하게 여기시는 중입니다. 미국을 간다 한 것도 이래서 일어난 이야기입니다. (《안병무에게 보낸 편지》)

스승 유영모로부터는 근신할 것을 요구받았고, 친구들로부터는 어디

---

5    함석조에 따르면, 이 문제의 직접적인 발단이 된 여인은 앞서 언급한 여인들이 아니라 함석헌이 천안 씨알농장을 오갈 때 만난 오○○이다. 이 일은 그녀가 자신의 문제를 김○○ 교수에게 말하는 바람에 세상에 알려졌으며, 이 문제로 함석헌과 결별한 친구들은 대개 무교회 모임의 사람들이었다고 한다.

산속으로라도 들어가라는 충고를 받았다. 그 스캔들에 얽힌 사정을 가까이에서 지켜본 퀘이커 원로 조형균에 따르면, 함석헌 입장에서는 매우 억울한 면이 많았다고 한다. 문제의 발단이 사실과 다르게 일방적으로 알려진 점이 적지 않다는 것이다. 극히 일부분을 제외하고는 아직까지도 구체적인 진실이 드러난 바는 없다. 유영모도 처음에는 함석조로부터 자초지종을 전해 듣고 다음과 같이 몹시 안타까워했다고 한다.

함이 내가 저지를 죄를 대신 저질렀구나!

이 같은 일화는 세간에 알려진 유영모와 함석헌 사이에 생겼던 불화의 원인이 반드시 그 사건 때문만은 아님을 짐작케 해준다. 그러나 그 '스캔들'은 생애 후반 내내 그를 따라다녔다. 사실 육체적 관계를 맺은 경우도 있었고, 플라토닉한 교제로 끝난 경우도 있었다. 그리고 그가 "이성이 부족한 것 같다"고 말한 여인도 있었다. 하지만 어떤 여성이든 그가 성적 욕구만을 채우고자 상대했던 것은 결코 아니었다. 어쩌면 미처 가보지 못했던 신비스러운 여성의 세계를 그가 뒤늦게 여행한 것이었을지도 모른다. 당시 함석조는 함석헌으로부터 다음과 같은 이야기를 들었다고 한다.

내가 ○○의 집에 갈 때는 창녀에게 가는 심정으로 간 것이 아니야.

더욱이 그가 《씨올의 소리》를 내던 시절에는 어느 여성의 편지가 계속

배달되어 누구나 볼 수 있던 사무실 책상 위에 놓여 있었는데, 어느 날 저녁 그가 그 편지들을 앞마당에서 모두 불태워버리기도 하였다.[6] 그것은 어떤 고뇌를 드러낸 행동이 분명해 보였다. 따라서 세상에 떠돌아다녔던 그의 '스캔들'은 도리어 세상이 은닉하고 있던 부도덕한 행위들로 하여금 새로운 사회를 꿈꾸던 그의 도덕적 정의를 훼손시키는 기회가 되었던 것인지 모른다. 그러나 그는 단 한마디의 변명도 하지 않았다. 함석조는 사건 초기에 가졌던 가족 모임에서 심한 불만들이 쏟아져 나올 때 함석헌으로부터 "시간을 좀 주면 좋겠다"라며 다음과 같이 심각한 이야기를 들었다고 한다.

그건 나보고 자살하라는 얘기인데, 나는 자살은 하지 않아!

아마 스캔들 자체도 자살할 만한 사건이 아니었지만, 자살 자체도 옳은 일이 아니었다. 남들은 결코 사건의 당사자가 아니었으며, 그는 어떤 이유로도 자기 '안'의 주인을 자기가 살해해선 안 된다는 것을 이미 잘 알고 있었기 때문이다. 더구나 자기가 자기의 주인이 아니라는 탈자아중심성의 인간관으로 만난 '로맨스'를 순식간에 '스캔들'로 뒤바꿔버린 자기중심적인 세상의 평판이 정당하다고 여기지도 않았던 것 같다. 그래서

---

6    이 이야기는 1978년부터 《씨올의 소리》사에서 근무하며 함석헌이 서거할 때까지 10여 년간 그를 가장 가까이서 지켜본 박영자가 들려준 것이다.

"적은이"로 불리던 함석조가 "그 문제는 오로지 하나님과 형님 사이에서만 해결될 수 있는 것인데, 자칫 형님의 일을 흉내 내는 일이 생길까 봐 걱정"이라고 하자 함석헌도 "그건 '적은이' 말이 맞아"라고 동의했다는 것이다. 정신분석학자 에릭슨Erik Erikson의 지적대로 그것은 "인간의 양심에 초점을 두고 시대에 대항"했던 인물들이 스스로 꿋꿋하기 위해서 내팽개치던 구질구질한 일 가운데 하나의 에피소드에 지나지 않을지도 모른다.

함석헌은 평소처럼 일주일마다 사나흘씩 천안 씨알농장에서 젊은이들과 땅을 파며 지냈다. 그러나 자신의 예순 생애가 "모래 탑"처럼 무너지던, 사회적으로 처절하게 망가지던 순간만큼은 견딜 수 없었던 모양이다.

한 많은 이 1960년이 오자마자 아직도 채 녹지 않은 눈 위에 새 꿈을 그리는 하룻날, 내 60년 쌓아온 모래 탑은 와르르 무너졌다. 나와 같이 그 모래 탑을 쌓던 바로 그 사람들이 무너뜨렸다. 모래 탑을 가지고 진짜나 되는 양 체하고 뽐내는 내 꼴이 미웠기 때문이었다. … 나는 영원의 밀물 드나드는 바닷가에 그 영원의 음악 못 들은 척 뒹굴고 울부짖고, 모래에 얼굴 파묻고 죽었었다. (〈칼릴 지브란의 《예언자》를 옮기면서〉, 칼릴 지브란, 《예언자》)

마치 가슴을 치며 몸부림치듯이 함석헌은 당시 자신의 심정을 노골적으로 표현하고 있다. 과거에 경험한 어떠한 혹독한 사건도 그 '스캔들'만큼 자신을 철저하게 버림받은 존재로 만들어버린 적이 없었기 때문일 것이다. 자신이 마주친 최악의 상황에 대해서 주위에서도 위로는커녕 "어찌 그랬느냐"는 소리만 할 뿐이었다. 그래서 그는 독일 유학 중인 안병무에게 보낸 편지에서 "깊이 산촌으로 들어가서 농민의 심부름"을 하거나 "인도로 갈 수만 있다면 직행하여, 가서 청소부 노릇을 해서라도 얼마간 살아봤으면 좋겠"다고 하기도 하였다. 자기에게 돌아온 것은 "십자가도 거짓말"이요, "아미타불도 빈말"이 되었다는 것이다.

내가 스승이 없지 않고, 친구도 없지 않았으나 아무도 그 이름들을 가지고 나를 찾아주는 이는 없었다. 그리하여 석가도, 예수도, 공자도, 맹자도, 노자도, 장자도, 톨스토이도, 간디도, 남강도, 우치무라도, 다 내가 이름도 부를 수 없이 되었다. 이젠 나는 무슨 교도도, 누구의 제자도, 누구의 친구도 될 자격이 없고, 다만 한 개의 깨어진 배이다. (앞의 글)

함석헌은 스스로를 한 개의 "깨어진 배"라고 말했다. 물에 가라앉는 배에 탈 사람은 아무도 없는 법이다. 그러나 그 배를 건져내어 수리해줄 사람이 아주 없었던 것도 아니었다. 유영모에게 그가 인간적으로 섭섭한 감정을 드러낸 것은 이때가 처음이었다. 다른 사람은 몰라도 자기가 존경하던 스승인데, 최후까지 믿었던 그마저도 자신을 버렸기 때문이었다. 이렇게 끝 간 데 없는 절대의 절망에 빠져 있을 때, 함석헌은 "똥간에 빠진" 자기를 건져준 "새로운 벗"을 세상에 소개했다. 그가 바로 칼릴 지브란이요, 그의 《예언자》를 우리말로 옮겼다는 것이다.

이 "영혼의 위로자"라는 이름의 지브란을 만날 즈음 예외적으로 딱 한 번 10월 초에 함석헌은 "죽을 각오"를 하고 광화문 서울고등학교에서 열린 대한교육연합회(한국교총의 전신) 주최 전국교육자대회에서 시민 대표로 불려나가 격려사를 한 일이 있었다. 그런데 그날 그의 연설이 끝나자마자 교사들끼리 격렬한 싸움을 벌였다. 싸움은 4월 혁명 정신을 계승하자며 그해 5월 한국교원노동조합을 결성한 교사들이 3·15 부정 선거 때 이승만 정권의 앞잡이 노릇을 하던 학교장과 교육 관료들을 향해 물러가라고 외치면서 시작되었다.[7] 함석헌은 교사들끼리 싸우기 시작하자 싸우지 말라고 빌었으나 소용이 없자 "무서워서가 아니라 보기 싫어서" 바로 자리를 뜬 뒤 안병무에게 "친구, 친구 없어요" 하며 편지를 썼다.

---

7   김남식(1919-2009)에 따르면, 이날 대회 직후 교사들의 거리 행진 때 "4월 혁명을 계승하자"면서 맨 앞에 섰던 자는 3·15 부정 선거 때 직원회의에서 "이승만 박사는 온몸이 금빛으로 빛난다"라면서 교사들에게 가정 방문을 강요한 교장이었다고 한다. 김남식은 교원 생활을 시작한 일제 말기에 우리말 대신 일본어를 가르쳤다는 이유 하나만으로 자신의 "민족 반역 행위"를 속죄한다면서 47년간 경희대학교 앞에서 쓰레기를 줍던 인물이다. 그가 구술한 내용은 씨올 교육을 배우는 모임에서 펴낸 《씨올 교육》에 〈쓰레기를 주우며, 시대의 넝마를 주우며〉란 제목으로 연재된 바 있다. 한편, 한국교원노동조합은 1961년 5·16 군사 쿠데타로 해체되었다. 자세한 것은 당시 한국교원노동조합의 대표로 7년간 옥고를 치르고 20년간 연금 상태로 지낸 강기철의 〈한국교원노동조합 사건〉(《민중교육》 2, 푸른나무, 1988) 참조.

거래는 통 없지요. 참 연옥이에요. 여기다 비하면 이때까지의 풍파는 아무것도 아니오. 《안병무에게 보낸 편지》

함석헌이 자신의 처지를 비유한 연옥煉獄은 천당과 지옥 사이에서 인간이 자신의 죄를 씻어내고 구원을 받는다는 곳이다. 《신곡》에서 연옥을 흥미롭게 묘사한 단테는 그가 젊은 날 《성서조선》에 글을 쓰면서 깊은 관심을 보였던 인물이기도 하다. 무슨 "바다의 봉사"를 위해 장준하가 요청한 국토 건설 사업을 함께 논의하던 그해, 함석헌의 종교관도 극적으로 탈바꿈해서 속죄보다 용서를 강조하게 되었다. 만약 그가 스승과 친구들에 의해 연옥에 빠질 일이 없었다면, 그에게는 예수와 유다의 심정적 관계를 보다 의미 있게 되돌아볼 기회가 영영 찾아오지 않았을지도 모른다.

나는 이번 유다에 대한 새 생각이 났습니다. 예수와 유다라는 두 손바닥이 마주쳐서 십자가란 울림이 나왔습니다. … 인간이 곧 유다 아니오? 인간을 버릴 수 없지. 속죄란 그래서 있는 것 아닐까? 예수는 누구보다도 유다의 죄를 속했지. … 나는 예수의 교훈을 두 마디로 요약했습니다. 포기와 용서. 공자의 도가 충서忠恕로 일관한다는 것도 참고가 됩니다. 나는 이제 속죄보다는 용서를 강조합니다. 《안병무에게 보낸 편지》

이와 같이 그가 "속죄보다는 용서를 강조"한 도의적 감정은 유다에 대한 성찰 때문에 자신이 빠졌던 연옥에서 벗어나 피안의 세계를 드나들게 되었다고 할 수 있다. 그 세계는 시인 노발리스가 "생의 열쇠"라고 말한 "예지적 직관"의 작용으로 열리는데, 그것이야말로 인간이 어떤 총체적 통합의 세계나 심오한 세계에 이를 수 있다는 것을 보여준 낭만주의 인간관의 특징이기도 하다.

차가운 겨울바람이 몰아치듯이 자신이 믿고 의지하던 스승으로부터 버림받고 가깝던 친구들에게서 외면당한 "한 많은" 1960년이었다. 그 "무너진 모래탑"을 응시한 채 이름도 모르는 민중을 둘도 없는 친구의 이름처럼 부르면서 그들에게 그가 자신의 가슴에 간직한 혁명의 꿈을 나눠주기 시작한 것도 그때부터였다.

## 혁명의 계절에

1961년 새해가 돋자 함석헌은 《사상계》 신년호에 〈국민감정과 혁명 완수〉를 발표했다. 편집자가 "혁명 후 처음 붓을 드셨다"고 한 글이었는데, 그의 첫마디는 "4·19 혁명은 실패다"였다. 민주당 정부가 바위 같은 "민중의 가슴"을 녹이는 빗방울 노릇을 못 한다고 신랄하게 비판한 것이다.

누구도 빗방울이지. 하지만 빗방울은 하나가 아니요, 그 무리가 무한하다. 그러므로 성공한다. 어느 개인도 물의 한 분자만 한 참이나 사랑이야 없지 않겠지. 그것을 바위를 향해 던져! 던지면 무한한 네 동지가 뒤에도 있고 또 있다. 비처럼! (〈국민감정과 혁명 완수〉)

이 논설은 당시 4·19에 대한 정의를 놓고, 자유민주주의를 확립한 시민혁명 또는 민주혁명이라고 보는 입장, 한편으로는 기존 체제를 보다 근본적으로 변혁시키기 위해 항쟁抗爭이라고 불러야 한다는 입장과도 다소 거리가 느껴진다. 독자적으로 "혁명밖에 길이 없다"면서 혁명의 전진을 되새기는 동시에 그 혁명은 반드시 민중의 가슴에서 찾아야 한다는 '인간혁명론'의 서론처럼 보이기 때문이다.

사실 혁명이 '성공한다'라고 말하는 것도 그에게는 믿음 속에서만 가능한 일이다. 비가 그친 뒤의 바위처럼 민중의 가슴도 마냥 사랑의 빗방울로 적셔져 있는 것은 아니라는 것이다. 그러므로 빗방울들이 모여 거대한 바위를 녹인다는 것 자체가 영원한 꿈처럼 보이는데, 이는 "끝없는 것을 그리고" 있다는 낭만적 시와 일맥상통하고 있다.

그의 꿈은 혁명의 계절이 지나가기 전에 민중이 세워야 할 "새 나라"의 청사진에 있었다. 그것은 민중의 에너지가 나라에서 새나가는 것을 막고, "늙은 갈보"처럼 타락한 민족성을 뒤집어엎고, 돋아나는 숲을 가꾸듯 민중의 맘을 북돋아주고, 길손이 지나갈 수 없는 빈들과 같이 무표정해진 민중의 가슴에 길을 뚫고, 민중의 바다에서 뛰노는 "생명의 성어聖魚"같이 "우리가 우리 속에 짙어 있는 인仁"을 피어내는 그림이었다.

이만 했으면, 해방 후 열다섯 해가 지나가는 동안 6·25도 겪어보고, 이李 정권 독재 밑에 신음도 해보고, 4·19도 치러보고, 새 정부라고 만들어 이만큼 어물어물도 해봤으면, 인제는 이 민중이 어느 만큼 무지무력無知無力한 것이 뻔히 드러났다. (〈간디의 길〉)

함석헌은 자유당의 독재나 민주당의 무능력보다 민중의 "무지무력"을 지적했다. 당시 자기 앞에 펼쳐진 정치적 현실 자체를 하나의 가상假象에 지나지 않는다고 본 것이다. 그것은 "씨알의 시대"를 꿈꾸는 그에게는 너무도 당연한 일이었다. 만약 현실에서 떠난 꿈을 꿈이 아니라고 한다면, 꿈 중에서도 더 좋은 꿈을 꾸는 것이 보다 현실적일 수밖에 없기 때문이다.

인간이 믿음 없이 지혜로만 한다면 어차피 꿈이다. 세계를 다 정복해 악한 놈 다 없애고 이상적인 나라를 세우겠다는 것도 꿈이요, 무기를 다 내버리고 서로 악수를 하고 한번 새 세계가 되어보잔 것도 꿈이다. 그러나 그 어느 꿈이 더 아름답고 더 실현성이 있어 뵈나? 꿈을 한번 그려보자! (〈민족 통일의 종교〉)

혁명의 계절에 꾸었던 꿈 중의 꿈은 민족 통일의 꿈이었다. 그러나 어느 한편으로의 흡수 통일은 그의 꿈이 아니었다. 누가 누구를 이기지 않는 평화 통일은 당시 언론에서도 무성하게 나오던 이야기였다. 정치적으로는 남한 중심의 반공 통일을 주장하는 "선건설 후통일론", 탈냉전 중립주의 경향인 "중립화 통일론", 반외세 반제국주의를 내건 "남북협상론" 등 통일 이후를 염두에 두고 오스트리아식 통일안, 스위스식 중립안, 유엔 안, 북한 안 등이 격론하던 때였다. 하지만 꿈을 꾸는 사람 함석헌은 그 통일론들은 결국 "다 방법에 관한 것 아닌가?"라면서 도리어 통일을 논의하는 현실을 현실적으로 보지 않았다. 통일론에서 무엇보다 중요한 것은 하나의 민족을 둘로 갈라놓은 열강의 범죄인데, 모든 통일론들이 그것을 묻어두고 비판하지 않는다는 것이다.

한 사람의 허리를 자르면 살인이라고 하겠지. 왜 한 나라의 허리를 자른 것, 삼천만의 허리를 자른 것은 살인이 아닌가? 삼팔선의 갈라짐은 불행이 아니요 죄악이다. 세계적 인류적 죄악이다. 만고에 이런 법이 어디 있나? … 우선 미·소를 대가리로 두 편에 갈라서서 이 불쌍한 파리한 갈보 같은 이 민족을 벌거벗겨 두 다리를 맞잡아 당겨 가래를 찢어놓은 저 열강이라는 나라들을 책망부터 해야 한다. 듣는 놈이 제가 죄가 무서워 치가 떨리고 뼈가 저려 하도록 무섭게 책망을 해야 한다. 《민족 통일의 종교》

당시 냉전 체제를 주도하던 미국과 소련에게 삼팔선 분할의 책임을 물어 "치가 떨리고 뼈가 저려 하도록" 역사적 범죄를 심판하는 것은 꿈같은 일이었을지 모른다. 그러나 그 과정을 회피한 통일은 진정한 통일이 될 수 없다는 것이 그의 철석같은 믿음이었다. 또한 수많은 통일론들이 "통일 주체를 도무지 밝히지 않는 일"도 문제라고 지적하였다. 그는 민중이 통일 주체가 되어 민중의 실력으로 통일이 이루어져야만 한다고 보았다. 즉, 분단 세력의 대립을 초월해서 민중 자신이 "높은 정치적 이념"으로 세운 "새 나라"에 근거한 통일이 아니면 안 된다는 것이다.

함석헌은 세 가지 꿈을 꾸었다. 첫째는 "새 나라"를 세우는 일이요, 둘째는 민족 통일을 이루는 일이요, 셋째는 세계 평화의 길을 닦는 일이었다. 그 꿈을 이루려면 정치적으로나 사상적으로 "이때까지 오던 모든 길은 버리고 근본에서 새로 새 길을 시작"해야 하는데, 그는 그 방법이 간디의 사티아그라하에서 비롯한 비폭력 저항 운동에 있다고 제시하였다. "깊은 속의 혼을 불러대는 진리운동"이야말로 "새 나라"를 세우고 민족 통일을 이룰 수 있는 근원적인 혁명이라 본 것이다.

그러나 그의 꿈 이야기는 1961년 5월 16일 박정희가 일으킨 군사 쿠데타 이후 중단되었다. 그것이 쿠데타 때문인지 아닌지는 알 수 없지만, 흥미롭게도 연옥의 '좁은 문'을 지나 처음 붓을 들었던 〈국민감정과 혁명 완수〉의 마지막 구절은 무슨 예언처럼 군사 쿠데타를 직감하고 있다.

길가에 막돌을 되는 대로 던지는 듯한 이 글을 다 썼는데 때 아닌 겨울 장마가 한 주일이나 계속하다가 해가 나나 보다 했더니 또 눈을 뿌린다. 그것은 무슨 예언인가? (〈국민감정과 혁명 완수〉)

학생들의 피로 피어난 혁명의 계절은 쿠데타로 갑자기 시들어버리고, 쿠데타 세력이 내건 여섯 가지 '혁명 공약'은 함석헌이 바라던 '혁명 완수'의 앞날을 잿빛으로 물들여버렸다.[8] 《사상계》에는 내외의 언론계를 놀

---

8    당시 군사 쿠데타 세력의 '혁명 공약'은 다음과 같다.

     ① 반공을 국시의 제일의第一義로 삼고, 지금까지 형식적이고 구호에만 그친 반공태
       세를 재정비 강화한다.

라게 한 함석헌의 〈5·16을 어떻게 볼까?〉라는 논설이 실렸는데, 언론인 송건호는 서슬 퍼런 비상계엄령 아래에서 5·16이 혁명이 될 수 없는 이유를 당당히 주장한 언론인은 함석헌 말고는 찾아볼 수 없었다고 회고했다. 하지만 송건호의 말은 함석헌의 비판 정신이 아니라 언론계와 지식인 사회의 반지성적이고 기회주의적인 면모를 드러내줄 뿐이다.

　　이거 아무도 안 씁니다. 누구라도 말을 좀 해야겠는데 선생님이 해야겠습니다. (장준하, 〈브니엘〉)


　　이런 상황에서 《사상계》를 발행하던 장준하는 정국의 변화를 가만히 구경만 하는 사람이 아니었다. 그래서 《사상계》의 필진이었던 저명한 대

------

② 유엔헌장을 준수하고 국제협약을 충실히 이행할 것이며 미국을 위시한 자유우방과의 유대를 더욱 공고히 한다.

③ 이 나라 사회의 모든 부패와 구악을 일소하고 퇴폐한 국민도의와 민족정기를 다시 바로 잡기 위하여 청신한 기풍을 진작시킨다.

④ 절망과 기아선상에서 허덕이는 민생고를 시급히 해결하고 국가 자주 경제 재건에 총력을 경주한다.

⑤ 민족적 숙원인 국토 통일을 위하여 공산주의와 대결할 수 있는 실력 배양에 전력을 집중한다.

⑥ 이와 같은 우리의 과업을 조속히 성취하고 새로운 민주공화국의 굳건한 토대를 이룩하기 위하여 우리는 몸과 마음을 바쳐 최선의 노력을 경주한다.

　　이와 같은 우리의 과업이 성취되면, 참신하고도 양심적인 정치인들에게 언제든지 정권을 이양하고 우리들 본연의 임무에 복귀할 준비를 갖춘다.

학 교수들에게 5·16 군사 쿠데타에 대한 원고를 청탁했으나 모조리 거절당하자 하는 수 없이 함석헌에게 글을 부탁한 것이었다. 혹자는 함석헌이 자청해서 쓴 것처럼 말하지만, 그것은 예정에 없던 일이 확실하다.

함석헌이 쿠데타 발생 40일째 되던 날 밤에 쓴 〈5·16을 어떻게 볼까?〉는 마치 잘못을 저지른 아이를 타이르듯 자극적이지 않게 군사 쿠데타를 나무랐지만 당시로서는 감히 아무도 상상할 수조차 없는 글이었다. 왜냐하면 민주당 정부의 데모규제법과 반공임시특별법에 반대해 격렬한 시위를 계속하던 혁신계 정당과 사회단체들마저 탱크와 총구 앞에서 침묵으로 돌변했기 때문이다. 이미 쿠데타 세력은 신속하게 1,200여 개의 간행물을 폐간시켰고 4·19 정신을 살리자는 교사 1,500여 명을 교단에서 쫓아냈으며, 2,000여 명을 용공분자라는 혐의로 체포하고 사회악을 일소한다면서 4,200여 명에 이르는 깡패들도 구속한 상태였다. 심지어 어떤 젊은이는 댄스홀에서 춤을 추었다는 이유만으로 서대문형무소에서 옥고를 치러야 했던 시절이었다.

혁명은 사람만이 한다. 학생은 사람이 아니다. 그러므로 먼젓번에는 실패했다. 군인도 사람은 아니다. 그러므로 이번도 군인이 혁명하려 해서는 반드시 실패한다. … 혁명은 민중의 것이다. 민중만이 혁명을 할 수 있다. … 그러므로 민중을 내놓고 꾸미는 혁명은 참 혁명이 아니다. 반드시 어느 때 가서는 민중과 버그러지는 날이 오고야 만다.

이를 두고 소설가 박경수는 《재야의 빛 장준하》에서 "이런 모양의 권

두언과 기사를 실어 세상에 냈다는 것은 당시 군대식 용어로 죽고 싶어 환장을 한 짓"이라며 놀라움을 표했다. 그만큼 함석헌은 박정희 정권에 위협적인 인물이었으나 정치적 야심을 가진 사람들과는 달랐다. 언론인 송건호도 《한국현대인물사》에서 독재자 박정희가 자신을 비판한 함석헌을 "감시는 했어도 구속하지는 않았"던 이유를 "그의 양심·애국심·용기를 내심 존경하고 두려워한 때문"이라고 보았다.[9] 그렇다고 해서 독재자가 정적에게 관용을 베푼 것이라 할 수는 없다. 거꾸로 함석헌에게 박정희야말로 관용의 대상이었는지 모른다. 실제로 함석헌은 유신헌법 철폐를 주장하던 강연에서 박정희가 인간적으로 가엾다는 말을 한 적이 있다. 둘 사이는 나이 차이도 적지 않은데다 사범학교를 졸업하고 보통학교 교사를 했던 박정희에게 고등사범학교 출신으로 민족 교육에 헌신하다 수차례 옥고를 치른 함석헌은 부담스러운 상대였을 수밖에 없었을지도 모른다. 이는 박정희가 제5대 대통령에 당선되고 첫 지방 시찰에 나섰을 때 기자들이 자신을 신랄하게 비판한 함석헌에 대해 끈질기게 질문을 던졌음에도 불구하고 단 한마디도 언급하지 않았던 사례에서도 엿볼 수 있다.

특히 함석헌의 경력은 반공을 국시로 내건 박정희 정권의 권위를 정면

---

9    유신 체제 등 군사정권 아래서 세 차례에 걸쳐 9년 6개월간 해직되었고 그 사이에 5년간 옥고를 치렀던 행정학 교수 이문영도 필자에게 "박정희는 함석헌을 죽일 수 있었는데 죽이지 않았다"라면서 송건호와 비슷한 견해를 들려준 적이 있다.

에서 부인하기 좋은 조건이기도 했다. 예컨대 그는 신의주 학생 사건의 주역으로 처형과 유배의 위기를 겪고 삼팔선을 넘어온 사실 때문에 이미 이승만 정권 때 중·고등학생과 대학생 등 3만여 명이 모여 '반공 학생의 날'을 결의하던 서울 동대문운동장의 기념식장에서 공로 표창을 받은 바 있기 때문이다. 이런 점에서 반공을 국시로 내건 박정희 정권의 권위주의도 함석헌의 정치적 발언을 제어하는 데 일정한 한계를 드러낼 수밖에 없었을 것이다. 그러므로 그가 "아주 각오를 하고 쓴" 〈5·16을 어떻게 볼까?〉에서 쿠데타 세력이 주장하는 "혁명"의 명제를 전면 부정한 것도 참 혁명을 꿈꾸던 그에게는 그리 새삼스러운 일이 아니었다. 외려 함석헌은 군사 쿠데타 자체보다도 그 쿠데타를 대하는 사람들이 "이것이 마지막이다"라거나 "인간 개조"를 말한다는 것에 주목하게 되었다. 그 위기에 대한 처방이란 "인술仁術"이니 "소독"이니 "신속"이니 하는 "복부 수술"의 조건을 뜻하는 것이기 때문이었다. 그것을 더욱 분명하게 드러낸 글이 〈5·16을 어떻게 볼까?〉 직후에 쓴 《인간혁명》일 것이다.

친구여, 내가 주제넘게 왜 말을 하는지 아나? 깨쳐 말하면 싱거운 것이지만 정신이 분열됐다는 말까지 들은 담엔 부득이 깨쳐 말 아니할 수 없다. 내가 내 죄를 속해보려고 말을 하는 것이다. … 사는 바에는 조금이라도 죄를 속해 봐야지. 죽었어야 할 목숨이니 될수록 낮은 일을 해야지. 그러나 '땅을 파자니 힘이 없고, 빌어먹자니 부끄러워' 평생에 배운 것이 글인지라 부득이 붓대를 끄적일 수밖에 없다. 그래서 이글의 넝마장수, 사상의 넝마장수가 된 것이다. 혁명, 그것은 넝마 모으

기 아닐까? (머리말. 《인간혁명》)

말하자면 자신의 사상은 혁명에 있으며 자신이 꿈꾸는 혁명이란 쿠데타 따위가 아니라는 것이다. 당시 "날아가는 새도 떨어뜨린다"는 중앙정보부장 김종필은 쿠데타 직후 장준하가 취재부장 고성훈과 함께 남산 중앙정보부에 불려갔을 때 함석헌을 "정신분열증에 걸린 늙은이"라고 불렀다고 한다.

잘 알려진 얘기지만, 사실 김종필은 5·16 군사 쿠데타 몇 달 전까지만 해도 민주당 장면 정권의 국토 건설 본부에서 기획부장을 맡고 있던 장준하에게 취직 원서를 접수시켰던 '백수'였다. 장준하의 두 번째 자전적 이야기인 〈브니엘〉에 따르면, 이날 두 사람은 계엄사령관 장도영의 신상, 국토 건설 계획, 민정이양 시기 등 현실 정치 전반에 대해 비교적 솔직한 이야기를 나누었다. 그때 장준하의 설명을 듣던 김종필은 때로 "어떤 의미를 알 수 없는 한숨"을 내쉬거나 때로 책망을 서슴지 않는 장준하에게 감사를 표시하기조차 했다는 것이다. 또한 김종필은 장준하에게 함석헌이 내심 정치할 뜻이 있는지 물어보기도 했는데, 이에 장준하는 다음과 같이 대답했다고 한다.

그것은 당신들이 모르는 말이지, 정치 마음 없는 분이오. 정치 마음 이제라도 가진다면 민중이 그 영감한테서 또 떨어져 나갈 거요. 그러지 않는 데가 그 영감 할 일이오. (장준하, 〈브니엘〉)

오랜 세월이 흐른 후 김종필은 정치를 "허업虛業"이라고 고백한 적이 있다. 그 "허업"을 깨우치는 것이야말로 박정희 정권과 충돌한 함석헌의 진정한 목적이었는지 모른다. 그 "허업"의 배경은 박정희 정권의 '조국 근대화' 구호 아래 산업화와 도시화가 급속하게 진행되던 1960~1970년대였다. 그때 물질주의와 폭력적 정치의 일방적 지배로 야기된 정신적 공백에서 함석헌의 말과 글은 균형추 역할을 해주었는데, 그것은 언제나 인간이 인간 이상의 존재가 되어야 한다는 낭만주의자의 모습을 드러낸 것이라고 할 수 있다. 그렇게 혁명을 꿈꾸던 낭만주의자의 모험과 투쟁은 그가 세계 여행에서 돌아온 뒤 시작되었다.

## 세계 여행 길에서

혁명의 계절에 은둔하던 함석헌은 생애 처음으로 당시 흔치 않던 세계 여행을 떠났다. 형식상으로는 미국 국무성 초청에 따른 여행이었는데, 사실은 장준하가 중간에서 애를 쓴 덕분에 가능했다. 안병무가 유학 중인 서독으로 가려다가 여행길이 막혔을 때 장준하가 미국 대사관의 허락을 얻어주었던 것이다. 여행 준비는 4월 혁명과 5월 군사 쿠데타로 정치적 격변을 치르던 기간에 이루어진 듯하다. 그때는 그가 여자 문제로 그때껏 경험하지 못한 '연옥'에 빠져 있던 때였다.

따라서 "새 출발을 하기 위한 기회를 얻자는 것"이 그의 목적이었으므로 지리적으로든 사상적으로든 새로운 만남에 대한 기대감도 적지 않았을 것이다. 그의 계획은 두 가지였다. 먼저 미국에 머물렀다가 퀘이커의 도움을 받아 인도로 가든가, 아니면 유럽을 거쳐 인도로 갔다가 남미와 아프리카로 움직이는 방법이었다. 이번에 미국행이 불발되면 아예 "산으로 아주 들어갈 작정"까지 했다. 만약 안병무가 자신을 "친구로 이해해" 준다면 독일에 가서 얼마간 있다가 아프리카로 가서 슈바이처를 만나고, 인도에 가서 간디, 네루, 그리고 '제2의 간디'라는 비노바 바베Vinoba Bhave를 볼 생각이었다. 이미 간디는 세상에 없고, 네루와 비노바는 일흔을 훌쩍 넘긴 때였다.

출발 날짜는 1962년 2월 9일이었다. 일제 치하에서 동경 유학을 떠난 지 39년 만에 생긴 기회요, 그의 생애에서 비행기를 타는 첫 여행이기도 했다. 아직 미국행 직항로가 없던 때였으므로 함석헌은 김포공항에서 출발하여 일본 동경에서 이틀을 머문 후 하와이 호놀룰루를 거쳐 워싱턴에 도착하기로 되어 있었다. 뜻밖에도 중앙정보부 차장 이영근이 김포공항에 나타나 함석헌을 배웅했다. 그는 오산고보 출신으로 김종필과 육군사관학교 동기였다. 함석헌은 떠나기 전날 밤 다음과 같이 자신의 꿈을 적어놓았다.

이 밤이 새면 나는 간다. 말은 미국을 간다지만 미국을 향하여 가는 것이 아니다. 어딘지 모르는 먼 나라를 향하여 가는 것이다. 계획은 세계를 한 바퀴 돌고 한 해 있다 돌아온다지만 한 해가 아니다. … 태평양을 건너는 것이 아니라 무한의 넓음을 건너보는 것이요, 무한의 깊음 위에 굽어보는 것이다. 그 속에 나를 한번 던져 보고파서다. (《수난의 여왕께 드리는 유언·예언》)

함석헌은 이번 여행에서도 "무한의 넓음"과 "무한의 깊음" 속에 자신을 던져보고 싶다는 낭만주의자의 꿈을 감추지 않았다. 그것은 새로운 세상을 찾는 일이요, 새로운 시대와 새로운 사상을 위해 싸우는 일이다. 물론 싸움의 주체는 민중이다. 그래서 미국 여행 중에도 그는 새로운 세상을 꿈꾸는 눈으로 미국의 토대를 이룬 민중의 개척자 정신을 찾아보는 데 관심을 가졌다.

함석헌은 3개월간 워싱턴과 뉴욕을 비롯해 16개의 도시를 돌아보았다. 도중에 주미 한국 대사관에서 강연도 하고, 도산 안창호 선생의 부인도 만났다. 당시《필라델피아 데일리 뉴스》에는 미국 대통령을 지낸 루스벨트의 부인 엘리너 루스벨트A. Eleanor Roosevelt가 함석헌을 보고 "강한 철학자" 같다고 한 인터뷰 기사가 실렸다고 한다. 그리고 아이오와 퀘이커 연합이 운영하는 고등학교를 방문하고 퀘이커 모임에도 참석하였다. 이번 여행을 지원한 것은 퀘이커였다. 함석헌은 "속에 참 빛을 찾는 것이 목적"인 퀘이커 모임의 풍경을 매우 진지하게 전해주었다. 그들은 촛불도 가운도 테이블도 성찬도 설교도 찬송도 일체 없이 한 시간쯤 고요하게 명상하다가 누군가 떠오르는 생각이 있으면 말을 한다는 것이다.

본디 그가 처음으로 퀘이커와 접촉한 것은 삼팔선을 넘어온 뒤 종로 YMCA 목요모임에서였는데, 총무 현동완으로부터 양심적 병역 거부를 한 퀘이커 교도의 이야기를 들었을 때였다.


나는 그것을 듣고 많이 놀랐습니다. 이때까지 기독교에서 자랐으면서도 전쟁은 온전히 잘못이라는 이야기는 못 들어봤습니다. 전쟁은 당

연한 것으로만 알았습니다. (《하나님의 발길에 채여서》)


한국 퀘이커 모임에 따르면, 함석헌은 한국전쟁 때 이윤구의 소개로 미국의 퀘이커 교도 아서 미첼Arthur Mitchell을 만났다. 한국적십자사 총재를 역임한 이윤구는 전쟁 중에 군산도립병원 복구 사업을 하던 미국 퀘이커 봉사회를 만나 한국인 최초로 퀘이커 교도가 된 사람이다. 하지만 함석헌이 퀘이커 회원이 된 것은 미국 여행을 다녀오고 5년 뒤인 1967년 미국 노스캐롤라이나의 길포드 대학에서 열린 퀘이커 세계 대회와 로스앤젤레스의 태평양 연회 모임에 참석했을 때였다.

다시 1962년의 여행으로 돌아오면, 함석헌은 3개월간의 미국 국무성 초청 여행을 끝낸 뒤 필라델피아 근교 월링포드에 있는 퀘이커의 수양지 펜들 힐Pendle Hill로 가서 4개월간 머물렀다. 함석헌은 그곳에 머물 때 조용한 데서 아무 구속 없이 책 볼 대로 보고, 생각할 대로 생각하고, 산보 거닐 대로 거닐고, 주변에 많은 사과나무 덕분에 사과도 실컷 먹어보았다고 한다.

이어 영국으로 떠나기 전에 미국의 마지막 이상주의자라는 여든아홉의 윌리엄 호킹William E. Hocking을 소개받았다. 호킹은 하버드 대학에서 30년간 철학을 가르친 뒤 매사추세츠 주의 화이트 마운틴 골짜기에서 생애 마지막 3년을 보내던 중이었다. 함석헌은 눈이 무릎까지 쌓인 산길을 따라 찾아간 그의 집에서 간디의 육성도 들었다고 한다. 특히 죄인을 구하는 '단 하나의 길'도 깨쳤는데 그것은 죄인의 가슴을 여는 일로, 그 가슴을 열려면 먼저 자신의 비밀부터 같이 나누는 친구가 되어주어야 한다는 것이었다.

성자 앞에서, 태평양 건너에서부터 안고 온 무거운 돌이 내 가슴에서 뚝 떨어지는 것을 느꼈다. (《씨올에게 보내는 편지》)

그 성자는 함석헌과 하룻밤을 보낸 후 자신이 새로 저술한 책(《Strength of Men and Nations》)을 선물로 주면서 함석헌을 "비전의 인간"이라 칭했다고 한다.

미국 여행을 마친 함석헌은 1963년 초 영국 외무성 초청 형식으로 런던으로 건너가 보름 정도 머물렀다. 그곳에서 문명사가 아널드 토인비를 만났는데, 함석헌은 그가 조금도 학자 티를 내지 않았으며 "인상이 썰썰"하고 사람이 아주 좋았다며 그와의 만남을 즐겁게 회고했다.

세계 장래는 어떻게 될 것인가 하는 것이 주로 얘기였지. 그의 말을 듣는 것보다 나의 생각하는 바를 말한 편인데, 그도 동감이로라라고 했지요. (《민중의 증언》)

이어 함석헌은 퀘이커의 본고장인 버킹엄셔 우드브룩에서 3개월 넘게 머물렀다. 그곳에서 마르틴 부버Martin Buber와 톨스토이를 읽으면서 국가주의의 종말을 상상하기도 하고, 호반파 시인 워즈워스William Wordsworth의 〈수선화〉가 생각나 잉글랜드 서북부의 레이크 디스트릭트를 찾아 "늪지대에 천천만만으로 피었던" 꽃을 만끽하기도 했다. 그리고 4월 말경

신학자 안병무와 함께(1970년대).

에는 안병무가 유학 중인 독일 하이델베르크로 건너갔다. 함석헌은 그 "숲과 호수의 나라, 자유의 나라, 인간의 나라"를 돌며 구경하던 한 달여의 시간을 잊지 못했다.[10] 안병무는 그를 폭스바겐에 태우고 독일 국경을 넘어 스웨덴의 공주가 도움을 준 고성古城 등도 돌아보았다고 한다.

　　내 일생에 그 한 달같이 재미있고 유익했던 때는 없습니다. 《하나님의 발길에 채여서》

　　하지만 즐거웠던 시간은 갑작스럽게 끝나고 말았다. 어느 날 점심 식사 중에 함석헌이 한국에서 온 신문에서 '민정이양'에 관한 기사를 읽었기 때문이다. 다음 날 함석헌은 "남 잘사는 꼴 더 구경할 맘도 나지 않"아 안병무에게 귀국 결심을 밝혔다. 독일에 오기 전부터 잡아놓은 인도 여행 등의 일정을 모두 취소한 것이었다. 안병무는 어린애같이 굴면 안 된

---

10　　안병무 역시 함석헌과 함께한 그때가 자신의 일생에서 가장 즐거웠던 순간이라고 필자에게 들려준 적이 있다.

다고 만류했으나 그가 하룻밤을 지새우면서 고민한 것이 어린아이의 변덕스러운 마음과 같을 수는 없었을 것이다. 그때는 군사 쿠데타가 일어나고 2년이 지났을 때요, 해외여행을 떠난 지 1년이 넘었을 무렵이었다.

단지 쿠데타 세력이 민정이양을 한다는 신문 기사 하나 때문에 그가 돌발적으로 세계 여행을 중지하고 서둘러 귀국하기로 한 것은 아니었다. 그것은 하나의 동기를 사건의 원인처럼 환원하는 착각이 빚어낸 기계적인 선입견에 지나지 않는다. 함석헌은 항상 국가주의의 옷을 벗어던진 민중이 실질적으로 나라의 주인이 되어야 한다는 정신에서 한 치도 벗어난 적이 없었던 만큼 박정희의 군사 쿠데타 세력이 군복을 벗고 민간인 복장으로 갈아입으면서 민중을 기만하고 또 민중이 기만당하는 정치 현실에 참을 수 없는 격분을 느꼈다. 귀국 후 가진 강연회에서 그가 무엇보다 강력하게 질타한 것은 인구에 회자되던 '민정이양'이라는 반反민중적인 용어 자체였다.


도대체 정권 넘겨준단 말부터 고쳐야 한다. 정권이 뉘 건데, 누가 뉘게 넘겨주어? 천하는 천하의 천하요, 한 사람의 천하가 아니란 말을 벌써 몇 천 년 전 사람이 했는데, 정권을 민중에게 넘겨주다니, 그런 시대착오가 어디 있나? 이양移讓이란 글귀를 쓰는 사람도 있으나 그것은 민중 모욕이다. 이양이 아니라 대정봉환大政奉還이지, 가져갔던 정권을 도로 바치는 것이다. 아직도 그런 글귀를 쓰는 것은 민중을 속여 바치는 척하면서도 속살로는 그냥 쥐고 있자는 생각에서 나온 것이다.

⟨민중이 정부를 다스려야 한다⟩

262

함석헌은 오늘날 지식인들도 심심찮게 사용하는 '민정이양'이란 말을 정면에서 비판했다. 임금이 자신의 왕위를 후계자에게 넘겨주듯이 군정에서 민정으로 '이양'하겠다는 말 자체부터 이미 민주주의 원칙을 훼손하고 있다는 것이다. 차라리 약 300년간 일본을 지배한 막부幕府가 메이지 유신 때 "가져갔던 정권을 도로 바치는 것"처럼 원래 민중에게서 빼앗아간 나라의 지배권을 나라의 주인인 민民에게 도로 갖다 바친다고 말해야 옳다는 것이다. 개화기에 갑신정변을 일으킨 개혁파의 서재필도 '판적봉환版籍奉還'이란 말을 사용한 바 있다. 그러므로 이왕 왕조시대의 용어를 쓸 바에야 민정이양보다 그것이 더 적합한 말이며, 군정을 끝내려면 일본군 출신 박정희도 군인답게 권력을 깨끗하게 넘겨주어야 한다는 것이다.

함석헌이 독일에 머물고 있을 때 안병무는 나라가 "어려운 시기에 세계 유람이란 어딘지 석연치 않아서 간간이 그의 의중을 물었던" 적이 있었다고 한다. 이미 군사 정권의 연장을 반대하는 시위가 3월 20일부터 진행되던 중이었다. 군정 2년간 쿠데타 세력은 불법 정치 자금을 마련하기 위해 '빠찡꼬 사건', '증권 파동', '새나라자동차 사건', '워커힐 사건' 등 이른바 4대 의혹 사건으로 불리는 대규모 부정부패 사건을 저질러 민심을 잃었으며, "구악舊惡의 일소"라는 쿠데타의 명분이 무색하리만치 구악보다 더한 '신악新惡'을 성토하는 소리가 높아졌기 때문이다.

이 과정에서 군정은 10환을 1환으로 바꾸는 통화 개혁을 실시하였고, 대통령 직선제로 헌법 개정을 추진했으며, 중앙정보부장 김종필은 민정에 참여하기 위해 민주공화당을 창당하고 굴욕적인 한일 회담을 벌이기도 했다. 게다가 쿠데타 군인들이 군으로 복귀한다는 혁명 공약을 두고 박정희 자신부터 군으로 복귀한다, 안 한다를 연거푸 번복하는 "번의翻意" 소동까지 일으키자 여론은 차츰 군정 종식을 위해 야당의 통합을 요구하게 되었다.

따라서 함석헌의 귀국은 그가 안병무의 걱정을 십분 헤아린 결과였는지도 모른다. 그가 독일을 떠나던 날 안병무는 "이번에 가시면 가만히 계시면 안 돼요"라는 말을 전했다. 그가 왜 그러냐고 묻자 안병무는 함석헌 자신도 4·19에 대한 책임이 있다고 대답했다는 것이다. 이 에피소드는 널리 알려져 있지만, 책임 이야기는 당시 그에게 매우 충격적이었던 듯하다. 자신이 박정희 군사 독재와 일선에서 충돌할 때 어떤 의무감을 느끼게 된 것은 그것 때문이라고 고백한 적이 있을 정도다.

함석헌은 홍콩과 동경을 거쳐 1963년 6월 23일 귀국했다. 그의 짐이라곤 한복과 흰 고무신 한 켤레 그리고 남강과 도산의 사진이 담긴 여행용 가방뿐이었다. 서울을 떠난 지 1년 4개월여 만에 무한의 세계를 건너보려던 꿈으로부터 집으로 올라가는 골목길처럼 좁은 정치의 현실로 돌아온 것이다. 그의 귀국 기사가 신문 사회면에 조그맣게 나가자 벌써부터 원효로 4가 70번지는 그를 찾아온 각계 인사들로 붐비기 시작했다. 함석헌은 귀국하자마자 가장 먼저 《사상계》의 장준하를 찾아갔다. 장준하야말로 정치적 일선에서 사건을 "제일 옳게 판단"하는 인물이라고 믿었기 때문이다. 그리고 진작부터 자신의 귀국을 기다리고 있었다는 듯이 장준하가 제안한 시국강연회 개최를 승낙하였다. 앞서 함석헌의 세계 여행을 준비한 장준하가 이번에는 시국강연회를 통해서 그를 정치 현실에 참여시키는 데 결정적인 역할을 한 것이다. 낭만주의자 함석헌이 "민중을 깨워야 한다"면서 역사의 무대에 처음으로 등장한 것도 이때였다.

실제로 민주화 운동에 앞장섰던 함석헌이 곳곳에서 사자후를 토하던 시국강연회는 박정희 정권 시절의 매우 낯익은 풍경으로 남아 있다. 이 강연은 정치나 종교 등 여러 방면에서 민중의 사상을 계발하는 것을 목적으로 했는데, 본디 낭만주의자는 인간을 미완성 상태로 여기고 사회나 민중의 사상 계발에 관여하는 것을 당연한 일로 여겼기 때문이다. 그동안 정신적 가치를 무한하게 내포한 위대한 존재들과 '영원한 대화'를 나눠왔던 낭만주의자는 보다 대중적이고 섬세한 감정으로 자신이 사랑한 '씨알'들과 만나게 되었던 것이다.

## 민중을 깨워야 한다

함석헌은 1963년 7월 22일 광화문 서울시민회관(현 세종문화회관)에서 시국강연회를 가졌다. 사상계사가 주최한 강연회의 정식 명칭은 "함석헌 선생 귀국 강연회"였다. 그의 강연은 한 표를 의식한 정치인들의 강연 정치도 아니요, 내심 세속 권력에 아첨하는 지식인들의 정치 강연도 아니었다. 오직 새로운 민중의 공동체를 건설하기 위해 "민중을 깨워야 한다"는 대화의 하나였다. 그때 그의 신분은 무슨 박사나 교수 등이 소속된 대학인도 아니었으며, 목사나 신부 같은 종교인도 아니었다. 하지만 《사상계》에 기고할 때부터 항상 "종교인"으로 소개되었을 만큼 그는 누구보다도 종교적 믿음을 바탕으로 발언했으며, 무엇보다도 젊은이들의 이상을 북돋고, 민중의 미래를 위해 한순간도 잊지 않고 모든 것에 대한 혁명

서울시민회관(현 세종문화회관)에서 열린 시국강연회에서(1963년 7월 22일).

의 꿈을 이야기하는 새로운 유형의 설교자였다.

누가 하래서 하는 거 아니에요. 반드시 무슨 비밀결사 모양으로 회원을 조직하고 그럴 필요 없어요. … 언제든지 나는 나로서 나라에 대한 의견이 있으면 정정당당하게 발표를 해야 해. (함석헌 선생 귀국 강연회 중)

사실 시민회관에서 열린 그의 귀국강연회는 첫 강연이 아니었다. 그에 앞서 오산고등학교에서 개최했는데 갑자기 시민들이 몰려들어 계획을 바꿔 시민회관에서 다시 연 것이었다. 또한 7월 20일에는 '자유정신'을 주제로 경신고등학교에서 강연했는데 경찰의 조사로 학교 측이 곤욕을 치르자 사상계사는 강연회 장소를 아예 시민회관으로 옮겨버렸다. 그리하여 24일과 25일에 각각 경기고등학교와 서울고등학교에서 연이어 열릴 예정이던 강연회는 취소되고 말았다. 그러나 8월 3일 서울 대광고등학교 운동장에서 열린 강연회는 열기가 더 뜨거웠다. 그때는 쿠데타 세력이 공식적으로 '민정이양'을 위한 선거 일정을 발표하고 자신들도 선거에 참여하겠다고 천명한 지 열흘 뒤였다. 이날 강연회에서 사회자 장준하는 함석헌 곁에서 강연이 끝날 때까지 "참"이라고 쓴 커다란 종이를 두 손으로 번쩍 들고 꼼짝 않고 서 있었다고 한다. 그즈음 함석헌은 자신의 결심을 안병무에게 편지로 전했다.

나는 이제 결심했습니다. 극한투쟁을 하기로. 비폭력의 국민운동을 일으켜 민정을 수립하도록 하자는 것입니다. 물론 나야 정치가가 아니지만 여론을 일으키도록 하렵니다. (〈안병무에게 보낸 편지〉 1963년 7월 24일 자)

이 편지를 쓴 뒤 열린 대광고등학교에서의 강연 내용은 아직 알려진 바가 없다. 하지만 아마도 〈꿈틀거리는 백성이라야 산다〉라는 논설과 비슷한 내용이었을 것으로 추측된다. 그 논설은 군사 정권이 추진하던 '국민운동'을 부정하고 민중에 의한 새로운 민중운동을 일으키자는 내용으로, 대광고등학교 강연회와 맞물린 시점에서 발표되었기 때문이다.

그에게 민중이란 새로운 혁명을 위해 "우리 이상理想하는 바를 말하고 주장을 선전"하는 자기 교육의 대상을 말한다. 그 혁명의 대원칙은 두 가지다. 하나는 "청천백일하에 드러내논 반항"이며, 또 하나는 "폭력을 쓰지 않는 싸움"이다. 음모와 비밀결사, 폭동, 악선전으로 하는 혁명은 이미 "지나간 시대에 혁명가들이 쓰던 방법"으로 '끝장'에 이르고 말았다는 것이 그의 생각이었다.

이러한 공개적이고 비폭력적인 투쟁의 발상은 교사 시절에 읽은 웰스의 《드러내논 반역The Open Conspiracy》에서 얻었는데, 그것은 "산 역사를 바라는 맘 앞에 반역자는 없다"는 '반역자'의 입장을 강조하고 있다. 아울러 그에게 '반역'이란 세계 혁명에 앞장서는 "혁명의 정예분자"가 역사의 미래를 위해 양심을 지키는 일이므로 그것을 증거하기 위한 행동이 끊이지 않도록 해야 한다는 것이다. 이 입장은 그가 〈조선 역사〉를 쓸 때부터 마르크스주의를 부정함과 동시에 음모적 방법도 부정한 혁명가 함석헌의 꿈을 드러낸 것이기도 하였다.

이에 따라 함석헌은 "혁명의 정예분자"를 젊은이들 사이에서 찾으면서도 우선 민중을 깨우치는 것이 더 중요하다고 보았다. 그의 논설은 자신이 내세운 혁명의 원칙대로 공개적, 비폭력적으로 그리고 조직 아닌 조직으로서 지식인, 언론인, 교수, 예술가, 대학생이 민중과 하나 되어 움직이도록 단결해야 한다며 끝을 맺는다.

지금 정당 사이에 싸움은 결코 정치 이념이나 정책 때문이 아니다. 순전히 권력 싸움이다. 권력 싸움을 그렇듯 심히 하는 것은 그것이 자기네의 생사에 관계되기 때문이다. … 나라 생각은 할 겨를도 없이 정권을 한번 빼앗기면 '나는 죽는다' 생각하기 때문에 생사적生死的으로 싸우는 것이다. 이것은 이조 500년 이래의 더러운 고질이다. 오늘 군사 혁명 주체 세력도 혁명 공약을 반드시 지키지 말잔 생각도 아닌지 모른다. 지키고는 싶으나 다만 놓기만 하면 '우리는 죽는다' 하는 생각에 어떻게 해서든지 군복을 벗는 형식을 취하고라도 실질상 정권을 계속해 가지려고 노력하는 것인지도 모른다. 모른다가 아니라 사실 그렇다. (〈꿈틀거리는 백성이라야 산다〉)

과연 현실 정치에 대한 관점은 그때나 지금이나, 일반 민중이나 함석헌이나 별로 달라 보이지 않는다. 다른 것이 있다면, 그때는 하루속히 군정을 끝내고 '민정이양'으로 민중에 의한 민중의 나라를 수립해야 하는데 군정 세력이나 군정 세력을 반대하는 세력이나 권력 싸움만 하고 있었다는 것이다.

바야흐로 박정희의 쿠데타 세력이 "4대 의혹"이라는 대규모 부정부패 사건을 저질러 세상에 충격을 주고 시국은 크게 불안하게 요동치던 시기였다. 당시 함석헌은 쿠데타 세력에 맞선 '국민의 당黨'에 대해서도 일말의 기대를 접었다. 이 '국민의 당'은 함석헌이 귀국하기 전날 야당 세력이 통합하며 붙인 이름이다. 그때까지 반년 동안 야당은 분열과 대립으로 난투극까지 벌였으며, 그 사이에 소속 정당을 무려 다섯 차례나 바꾼 정치인이 등장할 정도로 매우 혼란스러운 상태였다. 심지어 어떠한 형태의 군정 연장도 절대로 거부한다던 입에서 침이 채 마르기도 전에 '군민軍民 제휴'의 깃발을 들고 나온 경우마저 있었다. 그러면서도 언제 어디서나 '애국애족'과 '민주 재건'의 깃발이 따라붙었다. 이에 언론에서는 명물名物 "사꾸라"가 진짜 "사꾸라"인지, "사꾸라" 아닌 것이 진짜 "사꾸라"인지 분간할 수 없다는 우스개 아닌 우스개가 유행하기까지 했었다. 아직 농경 사회의 살림을 벗어나지 못한 시절인데 일찍 찾아온 태풍과 호우 때문에 호남의 곡창지대는 침수되고, 쌀값은 폭등하고, 수많은 인명 피해와 수재민이 생기던 때였다.

따라서 함석헌은 군정을 반대하는 것만으로는 해결되지 않을 것이므로 나라를 건져내려면 민중의 여론을 일으켜야 하며, 나아가 민중이 자신의 주권을 되찾아오기 위해 서로 단결하는 길밖에 없다는 이야기였다.

　　이제 우리나라를 건지는 단 하나의 길은 민중의 여론에 있다. 이것
　　을 위해 민중은 깨어나야 하고, 하나로 단결해야 한다. (《한 발걸음 바로 앞
　　에서》)

　　함석헌이 강조한 '하나의 길'은 양심에 있었다. 그것이야말로 그가 "깨
워야 한다"는 민중의 윤리적 감정이요, 5·16 군사 정권을 일관되게 부정
하는 근거였다.

　　당시 군사 정권이 추진하던 국민운동중앙운영위원회의 운영위원
16명(장관 5명 포함) 가운데 그의 이름이 오른 적이 있었다. 애초에 어떻게
운영위원 명단에 포함되었는지는 알 수 없지만, 임면권자인 최고회의 의
장 박정희는 1962년 4월에 국민운동본부장 유달영의 제청으로 유영모,
함석헌, 장준하, 이태영, 고황경 등 다섯 명을 해촉하고 대신 불교 조계
종의 이청담을 새 운영위원으로 위촉했다. 함석조의 회고에 따르면, 어
느 날 유달영이 직접 함석헌을 찾아와 협조를 요청했으나 함석헌은 '이
용당한다'는 점을 지적하고 그 자리에서 거부했는데, 이것 역시 '하나의
길'을 가던 양심 때문이라고 할 수 있을 것이다.

　　그리하여 함석헌은 정당과 정치인이 차지하고 있는 자리야말로 곧 민
중이 되찾아야 할 주인의 권리라고 설득했다. "민중을 깨워야 한다"는
그의 강연은 단지 군사 쿠데타 정권에 반대하는 것에 그치지 않고 한국
정치 너머를 겨냥한 어떤 정신 가치의 일상화를 위해서 무엇보다도 쿠

데타 세력이 내건 국시國是의 정치적 미신부터 깨뜨리지 않을 수 없었다. 군사 정권은 혁명 공약의 첫 번째 조항에서 반공이 국시라고 명시했는데, 함석헌은 시민회관 강연에 앞서 〈3천만 앞에 울음으로 부르짖는다〉라는 기고문에서 국가의 안전을 책임진 군인들을 향해 다음과 같이 당부했다.

사실 반공이 국시란 것은 잘못입니다. 그것은 무식해서 하는 소리입니다. 국시란 그런 것 아닙니다. 반공은 수단이지 목적이 될 수 없습니다. 반공을 국시로 하는 나라는 공산주의가 없어지는 날 그것도 없어질 것입니다. (《조선일보》 1963년 7월 16일 자)

한마디로 국시란 지속성을 가져야 하는데 어떻게 반공이란 시한부 성격의 수단 따위를 국시로 내세우느냐는 질타였다. 국시와 군사 정권의 구호를 구별해야 한다는 뜻이었다. 하지만 국시 위반은 사형에 처해질 만큼 엄중한 정치적 사건으로 부각되었다. 실제로 중앙정보부가 내놓은 사건들은 국시와 관련해 용공 시비를 불러일으키는 내용이 대부분이었다.

이런 까닭으로 함석헌의 "민중을 깨워야 한다"는 의지는 언제나 정치 현실과의 충돌이 불가피했다. 송건호의 말대로, 폭력적인 군사 정권 상황에서 그의 말과 글은 "목숨을 내대는" 것과 다를 바 없었다. 그의 글과 말은 군인뿐 아니라 박정희, 정치인, 지식인, 학생 등으로 그 대상을 구체적으로 지적했다. 특히 박정희에 대해선 국가재건최고회의 의장이란 직함은 제쳐두고 그저 "인간 박정희 님" 혹은 "박정희 씨"라고만 불렀다.

이 과정에서 같은 《조선일보》 1면에 함석헌을 비판하고 박정희와 군사 정권을 두둔하는 글이 실려 논쟁이 벌어지기도 했다. 그것은 〈함석헌 선생 사상을 비판하면서〉라는 제목으로 일곱 번에 걸쳐 연재된 신사훈申四勳 서울대 종교학과 주임교수의 글이었다. 아마도 군사 정권의 권위와 권력을 일거에 무력화시킬 수 있는 함석헌의 논설을 그냥 방치해선 안 된다고 판단했던 것 같다. 신사훈은 반공이란 국시, 통일을 위한 중립론, 식량과 물가고, '군사 혁명'의 공과功過, 새 정치 등을 주제로 함석헌의 글을 비현실적이고 위험한 사상이라고 비난하였다. 처음에 함석헌은 그에게 별다른 대응을 하지 않았으나 자신이 "공산주의자에게 기회를 제공"할 수 있다는 주장까지 나오자 그냥 지나칠 수 없다고 여기고 강력하게 규탄하기에 이르렀다.

내가 가장 싫어하는 것은 자기 생각을 절대화하려는 태도이기 때문에 나는 이런 반박을 반갑게 여깁니다. 따라서 서울대 종교학과 주임교수 신사훈 씨의 반박도 좋게 여기고 있습니다. 그런데 섭섭한 것은 서로 간의 마음의 초점이 맞지 않는다는 것입니다. 오늘 신문에 난 그 사람 글을 읽어보니 함 아무개는 공산당 반대 않고 중립 태도 취하니까 유치장에 잡아 보내야 한다고 주장하고 있는데, 제발 말을 하되 이런 비겁한 소리는 하지 맙시다. (《조선일보》 1963년 7월 28일 자)

함석헌이 읽어본 것은 신사훈이 7월 27일 자 《조선일보》에 기고한 반공과 남북협상에 대한 글이었다. 그 글에서 신사훈은 함석헌의 사상이 "공산주의자의 청사진"처럼 "위험한 공상론"이며 "국민들은 현 정부가 더 철저한 반공을 해주길 원"한다고 주장했다. 그 직후에 정부의 대변인이자 문화공보부 장관인 임성희任星熙는 함석헌의 글을 지목하여 "종교의 탈을 쓰고 일부 정파의 앞잡이 노릇을 하고 있는 사람의 무책임한 선동"이라는 비난 성명을 냈다. 함석헌은 "선동가", "용공분자"이며 나아가 "대통령을 해먹고 싶어서" 그런다는 등 부당한 혐의를 씌웠다.

이에 함석헌도 연속해서 진행되던 시국강연회에서 자신에게 다분히 옹졸하고 야비한 공격을 가하는 박정희 정권을 향해 정면으로 강력하게 대응하고 나섰다.

> 사실은 '공산주의'라고 했으면 좋겠는데 너무 가혹했던지 차마 그렇게는 못 부릅디다. 나는 자식을 공산주의자들에게 빼앗겼소. 나 자신이 공산주의자들에게 맞서다가 수난당한 놈이오. 이러한 나를 보고 용공주의자라고? … 지금 우리나라에서는 나와 의견이 같지 않은 자가 있으면 그를 공산주의자니 반역자니 하는 낙인을 찍기 일쑤요. ('정의와 진리에 살자', 대광고등학교에서 열린 시국 강연회)

자신은 결코 공산주의자나 용공주의자가 될 수 없는데도 군사 정권에 의해서 부당하게 "공산주의자니 반역자니 하는 낙인"이 찍혔다는 것이다. 그것이 바로 "지금 우리나라"의 정치 현실이요, 그 원인은 자신이 박정희 군사 정권과 "의견이 같지 않은 자"이기 때문이라는 것이다. 물론

1960년대 시국 강연장에서 윤보선, 김영삼과 함께.

함석헌은 개별 인간 '나'의 세계를 '나라'라는 공동체와 동일시함으로써 국민이란 이름으로 개인을 국가에 종속시키는 군사 정권의 국가주의 국가관 자체를 인정하지 않았다.

따라서 함석헌은 자기를 '용공주의자'로 몰아가는 군사 정권에 반대할 뿐 아니라 그들이 '민정이양'이란 옷으로 갈아입는 제5대 대통령 선거에서 야당의 선거 유세에 적극 참여하게 되었다. 이 선거는 1963년 10월 15일에 치러졌는데, 민주공화당의 박정희와 민정당의 윤보선이 접전을 이루었다. 당시 6개 야당은 군정 연장이나 다름없는 박정희의 집권을 저지하기 위해 '공명선거투쟁위원회'를 결성하고, 12명이 세 팀으로 나뉘어 전국 순회강연을 실시한 바 있다. 함석헌은 야당 정치인 김대중, 김준연, 나용균 등과 함께 나흘간 광주, 전주, 대전, 인천 등 대도시 순회강연에 나섰다.

만약 박정희가 당선된다면 지난 2년간의 군정이 정당화되고 민정 수립이 더욱 암담해질 수밖에 없다는 것이 그들의 공통된 입장이었다. 함석헌도 민중이 주체가 되어 수립한 정부가 아니면 참다운 정부일 수 없다고 강조하면서 "대한민국의 대통령은 누구나 될 수 있지만 단 한 사람 박정희는 될 수 없다"는 장준하의 말을 부정하지 않았다. 그것은 일본군 장교 출신이라는 박정희의 경력 때문이 아니라 국가주의 권력 때문이라고 논점을 분명하게 밝혔다. 그는 '민정이양'의 방법이나 목적은 반민중적이 군사 정권의 연장이라고 확신했기 때문이다.

그러나 선거 결과 박정희는 윤보선을 15만여 표 차이로 따돌리고 대통령에 당선되었다. 이어 11월 하순에 치러진 국회의원 선거에서도 공화당이 175석 가운데 110석을 차지했다. 당시 유권자 수는 1,000만 명이 조금 넘었는데 '막걸리 선거'니 '고무신 선거'니 하면서 전국적으로 관권이 공공연하게 개입한 부정 선거라는 소리를 들었다. 반면에 야당은 분열과 갈등으로 군정의 부정부패와 비정秕政 앞에서 형편없는 무능을 드러냄으로써 함석헌이 품었던 일말의 기대마저 저버리고 말았다.

결과적으로 독일에서 귀국한 이후 6개월 동안 군정의 연장으로 가는 "반역적 현실"을 막아보려던 그의 노력은 실패하고 만 것이었다. 그러나 함석헌은 다시 "민중을 깨워야 한다"라면서 비폭력 투쟁의 과제를 더욱 철저하게 되새겼다. 이 신념은 애초부터 선거의 승패나 현실 정치의 울타리 안에 갇혀 있는 것이 아니라 그가 〈조선 역사〉를 쓰기 전부터 가졌던 '민중과 하나님'에 대한 인식에서 비롯된 것이었다. 까닭에 비록 선거에서 군정 세력이 이겼다고 하더라도 함석헌은 현실의 구체적인 한 점을 겨누는 낭만주의자답게 한 시대의 민중에게서 잠시도 눈을 떼지 않았다.

## 민족을 사랑하는 도리

군복을 벗은 박정희가 4년 임기의 대통령 자리에 오른 지 열흘 뒤에 함석헌은 월남月南언론상을 수상했다. 사상계사가 1963년 4월 제정한 독립문화상(심사위원장 이희승李熙昇)의 하나인 월남언론상은 한국 언론의 선봉으로 추앙받는 이상재李商在의 아호에서 이름을 딴 상으로, 국내 주요 언론에 우수한 논설 기사를 쓴 한국인에게 수여되었다. 월남언론상과 더불어 독립문화상에는 동인東仁문학상과 국내외 주요 학술지나 언론에 한국에 관한 논설과 기사를 쓴 외국인을 대상으로 하는 다산茶山문화상도 제정되었다. 이 상은 사상계사 사장 장준하가 막사이사이상 수상 때 받은 상금 10만 달러를 기금으로 하여 마련된 것으로, 수상자들은 각각 1만 달러와 금메달을 받았다.

월남언론상은 신의주 반공 학생 사건 11주년 기념식장에서 받은 반공 공로자 표창에 이어 함석헌이 받은 두 번째 상이었다. 그 반공 공로자가 반공을 국시로 내세운 군사 쿠데타 정권에 대한 반대 투쟁으로 언론상을 받았다는 것 자체가 '낭만주의자의 아이러니'를 보여준 그의 운명적 삶이었는지 모른다. 어쨌든 함석헌은 이 상을 몇 번인가 사양하다 마지못해 수상식에 나갔다. 그는 "나는 상 받을 만한 일을 못 했으니 이 상을 보류해 달라"면서 다음과 같은 말을 남겼다고 한다.

나는 아직도 예수님을 모르는가 봅니다. 예수님이 상 받았다는 소리
는 못 들었습니다. (함석조의 회고)

이 말은 자신이 크리스천으로서 어딘가 문제가 있다는 뉘앙스를 풍기
고 있다. 그것은 자신이 언론인으로 탈바꿈하게 된 현실 자체를 내심 긍
정하지 않는 동시에 언론인들이 예수처럼 십자가를 질 각오로 민중을 위
해서 싸워주기를 바라는 마음이 적지 않았기 때문일 것이다. 당시 함석
헌은 "민중을 흥분시켜서 정권을 쥐었던 애국자들"의 국가와 민족에 대
한 일대 성찰을 요구했다. 그 국가 공동체의 체제와 싸우는 전투 정신이
비폭력 투쟁의 세계관이며, 그 세계관은 계엄령과 위수령 등 군사적 물
리력을 동원한 박정희의 군인 정신보다 훨씬 더 군인다운 싸움을 보여주
었다.

돌이켜보면 국가주의와 충돌한 함석헌의 싸움은 "신념이 다르다면 마
땅히 싸워야 한다"는 낭만주의자들의 보편적 태도를 드러내준다. 하지
만 국가와 민족이란 깃발을 내건 국가주의는 박정희 독재 정부만의 독점
물이 아니었다. 그 깃발은 정치판에 등장할 때마다 누구나 호주머니에서
꺼내 쓰는 물건이기 때문이다. 함석헌은 대통령 선거 앞에서 더욱 뚜렷
하게 자신의 이상을 부각시켰다. 윤보선과 박정희 사이의 승패가 선거의
핵심 사항이 아니었다는 것이다.

운명의 한 표, 이것은 결코 윤과 박의 싸움이 아닙니다. 여당 야당의 다툼만이 아닙니다. 정신과 물질의 싸움입니다. 정의냐 힘이냐 하는 싸움입니다. 우리는 누구와 싸우는 것이 아니라 우리 자신과 싸우는 것입니다. 우리 자신 속에 들어오는 악과 싸우는 것입니다. (한 걸음 바로 앞에서)

그러므로 선거 하루 전날, 함석헌이 《동아일보》의 지면을 빌려 주장한 "한 표"는 박정희에 대한 반대의 한 표에 그치지 않았다. 그것은 전염성이 강한 국가주의의 독균毒菌을 의식하면서 "우리 자신과 싸우는 것"이 아니면 안 된다는 자신의 세계관을 표현한 것이었다. 특히 "악"의 문제는 함석헌이 일생 동안 씨름하던 주제였다. 그 선거도 "윤과 박의 싸움"이 아니라 "우리 자신 속에 들어오는 악과 싸우는 것"이라고 언명한 상태였다. 따라서 선거 자체의 승패는 부차적인 것이기에 "우리 자신"의 싸움이라는 의미에 더 깊이 파고들었다.

당시 윤보선은 "여순 반란 사건"과 연관된 박정희의 사상 문제를 거론했던 반면에 박정희는 "조국 근대화"를 앞세우면서 극단적으로 윤보선 측의 무능과 부패를 거론했다. 그러나 현실적으로 군정의 연장을 막기 위해서는 우선 박정희를 패배시키지 않으면 안 되었다. 선거에서 "한 표의 의미"는 실질적으로 승패를 결정하는 수량적인 것이 분명하기도 했다. 그가 강조하는 "정신과 물질의 싸움"이나 "우리 자신과 싸우는 것"에 "한 표의 의미"가 있다는 그의 생각은 하나의 꿈꾸기였을지 모른다. 그만큼 함석헌은 민중혁명가 예수를 생각하면서 진작부터 정권 교체 자체가 목적이 아니라 자신의 신념대로 국가주의에 대한 싸움을 지속하겠다는 의지를 드러낸 것으로 볼 수 있다. 그것이 민중을 깨우치고 민족을 사랑하는 도리라고 믿었기 때문일 것이다.

자신이 외친 "운명의 한 표"가 부족해 박정희가 선거에서 이기고 두 달 반이 지났을 무렵 함석헌은 또다시 《동아일보》 지면을 통해 국가주의의 옷을 입고 있는 민중 자신이 혁명의 길에 나설 것을 강력하게 호소하였다.

　　이날까지 인류를 이끌어온 민족국가는 우리의 어머니였습니다. 서양 말로는 민족도 네이션, 국가도 네이션과 같은 말입니다. 이날까지 우리는 내셔널리즘, 곧 민족주의, 국가주의 속에 자라왔습니다. 그러나 이제는 그 어머니를 버려야 하는 날이 왔습니다. … 그 전에는 국가지상 민족지상을 부르짖는 것이 애국이요 애족이었던 것같이 이제는 사정없이 그것을 버리는 것이 나라와 민족을 사랑하는 도리요, 인류를 사랑하는 길입니다. (〈새해의 믿음〉, 《동아일보》 1964년 1월 4일 자)

요컨대 국가주의를 청산해야 한다는 것이다. 그래서 혁명을 타락시키는 것은 "보수 세력보다 대개 혁명가 자신"들이라는 것이다. 오늘날 우리가 국민 혹은 민족이라고 부르는 말은 함석헌의 말대로 "서양 말" 네이션nation을 옮긴 일본어인데, 그 네이션을 사상적으로 부정하는 우리말이 씨올이기도 하다. 다시 말하면 씨올은 사상적으로 네이션과 "네이션 국가의 어머니"를 심판하는 새로운 메타언어라고 할 수 있다.

씨올은 네이션을 혁명의 대상으로 여긴다. 역사적으로 네이션은 네이션 국가nation state에서 태어났는데, 네이션 국가는 내셔널national 교육을 통해 끊임없이 네이션을 생산하고 복제한다. 내셔널 교육은 네이션 국가를 천국으로 숭배하는 교육이다. 즉, 구체제에서 해방된 네이션이 도리어 인간 해방의 참뜻을 부정하는 네이션 국가의 깃발을 강요하는 셈이다. 그것이 국민/민족 교육이라고 부르는 내셔널 교육의 이념, 내셔널리즘nationalism이라는 것이다.

함석헌이 새로운 시대를 꿈꾸지 않았다면 사정없이 "네이션 국가의 어머니"를 내버리자고 하지는 않았을 것이다. 네이션 시대는 두 차례의 세계 대전과 지역 분쟁 등으로 대량 살상이라는 "인류적 죄악"을 저질렀는데, 그는 그 내셔널리즘 때문에 역사와 전통이 하나인 네이션이 두 개의 기형적인 네이션 국가를 세웠다며 슬퍼했다. 그것은 그에게 세계 역사에 "인仁"으로 기여할 '조선 사람'의 몫을 저버리는 짓으로 보였다. 까닭에 남과 북에 세워진 조선민주주의인민공화국과 대한민국은 "가짜 정부"들이고, 두 정부는 배후의 두 강대국과 "내응하는 매국노"들 때문에 생겼다며 분노를 삼켰다. 나아가 남북의 "매국노"에 대해 "딱 못을 박아" 규정해놓지 않는다면 우리 민족은 역사를 이룩해갈 수 없다고 믿었다.

함석헌은 민족의 미래가 민족을 사랑하는 도리道理에 달렸다고 생각했다. 그 도리야말로 "네이션 국가의 어머니"를 버리는 혁명이었다. 자신을 길러준 어머니를 버리는 것만큼 내셔널리즘을 버리는 일은 어렵지만, 그것을 버리지 않고 민족은 물론 인류를 사랑하는 것이 더욱 어렵다는 것이다.

특히 네이션 국가의 이념과 분리되지 않는 "폭력 철학 그것, 전쟁 그것을 혁명해야 하는 단계"에서 무엇보다 중요한 것은 깊은 "죄" 의식으로, 함석헌은 혁명의 개념 자체를 혁명하는 "새로운 말씀의 얼"의 필요성을 강조했다. 그것은 그가 여러 차례 옥고를 치르면서 일제 치하에서는 국가 없는 2등 네이션으로, 또 해방 이후에는 "가짜 정부"가 요구하는 네이션의 자격으로 체험한 반인류적이고 반민족적인 내셔널리즘 때문이었는지도 모른다. 그때마다 자신의 가혹한 현실을 강력하게 부정한 것은 역시 그의 "성서적 입장"이었다.

이 세상에 참이 있다면, 스스로 자기를 아는 이 사람(삶)과 또 저쪽 끄트머리가 되는 하나님입니다. (《새해의 믿음》)

그런데 그는 "하나님의 발"을 민중이라고 풀이했다. 민중에게 "하나의 세계의 새 날이 온다"는 전망은 〈조선 역사〉의 주인공으로 민중을 세울 때부터 점점 더 확고해졌다. 이 전망은 두 "가짜 정부"에 의해서 온 나라가 동족상잔을 치렀을 때 "죽을 데 빠진 민중"을 건지자는 하나의 운동을 시작하는 동기가 되었다. 그가 말하는 민중이란 "장터에 모여 수군수군하다가 헤지는" 군중이 아니라 "거룩한 하나님의 발이 땅을 디디고 흙이 묻은" 역사적 존재였다. 그 민중이 필수불가결한 성분을 이룬 하나의 인격적 존재가 민족이었다.

함석헌은 민중의 속마음을 들여다보면서 세계 여행 중 영국 우드브룩에서 《사상계》를 통해 우리나라 사람의 성격을 매우 신랄하게 비판하는 편지를 보내왔다.

세상에 우리나라 사람같이 약아빠진 백성이 어디 있습니까? 이것은 정치 하는 사람들이 너무 민중을 속였기 때문에 이렇게 된 것입니다.
〈〈우리 민족의 이상〉〉

우리 민중은 "약아빠진 백성"으로 변질되었고, 그 백성의 성격은 "우리나라 사람"의 인격이나 다름없다는 것이다. 그 원인은 민중을 속인 "정치 하는 사람"에게 있다고 했지만, 결국 그들이 세운 "가짜 정부"에게 속은 민중에게도 책임이 없을 수 없었다. 그래서 그는 "반드시 국민적 회개가 돼야 한다"고 강조했다. 본디 회개란 죄에서 비롯하는 것인데, 그에게 죄란 "참의 중심에서 떠나가 버린" 존재를 가리켰다. 그런 만큼 "가짜 정부"를 세우고 그것을 믿었던 민중이 다시 참의 세계로 돌아와야 한다는 뜻이었다. 그 참의 세계는 태초의 하나처럼, 하나의 민족과 민족의 미래를 꿈꾸었던 "당당한 출발"을 상기한 것이 틀림없었다. 그렇지 않았다면 그가 비판한 것은 "우리나라 사람"의 성격을 매우 엉뚱하게 바라보는 비이성적인 푸념에 지나지 않았을 것이다.

따라서 "약아빠진 백성"이라는 그의 비판은 원래 우리가 이상적인 민족이었다는 말이 아니라 편지의 제목처럼 "우리 민족의 이상"을 살려내자는 꿈을 말하기 위한 것이었다. 이미 세계 역사의 무대에 등장했던 수많은 민족들도 그에게는 하나님의 섭리를 구현하기 위한 것이었지, 애초부터 이상적 민족의 자격으로 등장한 것은 아니었기 때문이다. 하물며 그가 꿈꾸는 공동체는 네이션 국가가 이상적일 수 없기 때문에 국가주의가 절정에 이르던 제2차 세계 대전 때 일본군이 "지나支那 사백 주州"를 침략하는 것을 보고 국가관이 달라져야 한다는 생각으로 "새 말씀"을 기다렸다는 것이다.

> 이제 국가주의, 민족주의가 악이 되어가고 있습니다. 새로 나오는 사람은 이날껏 제가 그 속에서 자랐고 보호를 받아오던 국가와 민족을 사정없이 박차려 합니다. 《《혁명의 철학》》

함석헌은 "새 말씀"을 위해 "새로 나오는 사람"을 꿈꿨다. 그에게 새사람이란 인간의 종種이 변하거나 돌연변이로 출현한 인간이 아니라 네이션 국가와 네이션에 저항하는 사람이다. 그 저항은 새 사람을 낳기 위해 생명의 씨앗을 뿌리는 일과 같다. 사회사상가 에드가 모랭Edgar Morin의 말을 빌리자면, 사랑하기와 씨 뿌리기는 어떤 정치적 수정 작업이 없더라도 끊임없이 실천하는 저항 행위 속에서 이루어지기 마련이다. 그것은 모든 싸움이 "사랑싸움"일 수밖에 없다는 함석헌의 믿음이기도 하였다. 이 "사랑싸움"은 인간을 인간 이상以上의 초월적 존재로 믿는 낭만주의자의 우주관을 보여주고 있다. 인간이 신적神的 "생사生死의 금 이쪽"을 넘어오면 "참사람"이 될 수 있다는 꿈을 꾸지 않았다면, 인간을 예외 없이 새 사람으로 "고쳐 된다"라는 사랑의 믿음을 말할 수 없었을 것이다. 예컨대 사랑은 도둑놈도 거지도 창녀도 얼마든지 "새 사람"으로 다시 태어나게 할 수 있다는 말이다. 그래서 함석헌은 신적 또는 피안彼岸의 세계와 결합하지 않고, 아직 금 이쪽에서 "죽음의 관문을 통과"하지 못한 사람을 "가짜 인간"이라고 일컬었던 것이다.

## 반드시 해야 하는 싸움

당시 함석헌은 박정희 정권의 정당성을 적극 부인하면서도 정권 타도 자체를 최종 목적으로 삼지 않았다. 그에게 혁명과 저항이란 근원적으로 "자유하는 생명"이 자아에 대해 반발하는 행위에서 비롯하는 것이기 때문이다. 따라서 그것이 국가와 민족의 신성神聖을 부르짖던 박정희 정권의 주문呪文과 격렬하게 충돌할 수밖에 없던 이유였다.

이 저항과 혁명의 목소리는 '민정이양', 굴욕적인 한일 협정, 월남 파병, 그리고 삼선개헌 등 역사의 현장마다 터져 나왔다. 그것은 특정 집단에 대한 정치적 반대자의 입장만을 강조한 것이 아니라 본질적으로 인간의 존재 방식에 대한 질문을 염두에 두었다고 할 수 있다. 왜냐하면 그에게 중요한 것은 "살아도 인류 전체가 같이 살고, 죽어도 인류 전체가 같이 죽게 된" 운명 공동체의 인류 의식이었기 때문이다.

함석헌은 싸우는 목적이나 방식이 "정치하는 사람들"과 전혀 달랐다. 그의 싸움은 1961년 5월부터 1979년 10월에 이르기까지 18년간에 걸친 박정희의 장기 집권 동안 정치적으로 부각되었다. 그 220개월이라는 시간의 절반에 가까운 105개월에 걸쳐 계엄령, 위수령, 비상조치령, 대학휴교령, 긴급조치 등 군사적 물리력을 동원한 무자비한 국가주의 권력에 맞서 싸운 것은 오로지 함석헌의 양심이었다.

이사야 벌린에 따르면, 양심이란 낭만주의자가 자신의 전부를 바쳐 헌신적으로 추구하는 중대한 가치 중 하나다. 물론 박정희 정권 아래서 한 개인의 양심 따위는 자주 무시당했고, 별다른 주목도 받지 못했다. 더구나 오늘날까지도 정치적 반대자들마저 절대 빈곤을 벗어나게 했다는 "조국 근대화"를 칭송하고 있는 형편이므로 그것과 맞서 민주화 투쟁을 벌이던 함석헌의 양심은 세속적인 현실 정치의 힘에 밀려 초라하게 취급당하기 일쑤였다. 그러나 그의 양심은 아무런 책임이 뒤따르지 않는 정치평론가들의 바람 같은 의견도 아니고, 글 팔아먹는 자들의 상투적인 용어도 아니었다. 그의 양심은 심리학자들이 설명하는 "정신의 불가결한 구성 요소"라고 할 수 있는데, 그것은 "사회적 도덕규범에 선행"하고 나아가 "그것을 넘어서는 것"을 뜻했다.

거듭 말하지만, 함석헌은 자신의 양심을 옛날부터 전통적인 도덕보다 더 높은 권위를 가진 "신의 목소리"로 여겼다. 그 양심의 투쟁은 박정희 정권 타도를 외치던 야당 정치인의 반정부 투쟁과 차원이 다를 수밖에 없었다. 싸움의 목적도 정권 타도나 권력 획득이 아니었으며, 싸움의 방식도 새로운 '양심의 장場'을 확대하기 위하여 예수나 간디가 보여준 희생적 저항권의 실천에 두었기 때문이다. 이를테면 비폭력을 원칙으로 삼고 상대방을 설득하기 위해 단식을 하는 식이었다. 이런 방식은 불의와 타협하거나 강력한 저항 행위의 비중을 감소시키는 것이 아니라 흔히 낭만주의자가 추구하는 제3의 길을 향해 한 걸음을 더 내딛는 것과 같았다.

마치 싸우는 예수가 사랑의 에너지를 뿜어내듯이 그에게도 "민족을 사랑하는 도리"는 국가주의를 앞세운 반민중적인 정부와 치열하게 싸우는 길밖에 없었다. 이에 따라 그가 "반드시 해야 하는 싸움"은 군정 시절에 이른바 '김-오히라大平 메모'라는 것이 세상에 알려진 직후 시작되었다.[11] 함석헌은 누구보다 먼저 "짐승의 외교를 하지 마라"면서 양심의 포문을 열고, 당시 진행 중인 한일 회담의 즉각 중지를 요구했다.

툭 하면 한일 회담을 조속히 해야 한다고 서두는 너, 제2의 이완용을 자처하면서 하겠다는 너, 말마다 방정맞게 국운을 걸고라도 하겠다는 너는 정말 이 나라의 정부냐? 일본의 정부情婦냐? 권력을 쥔 네가 하려면 일시를 속일 수는 있을 것이다. 그러나 만대萬代에 역사의 죄인 됨은 면치 못할 것이다. 《매국 외교를 반대한다》

그는 일말의 망설임도 없이 집권자를 향해 "너"라 부르고, 그의 일을 "짐승의 외교"라고 일컬을 정도로 격렬한 분노를 감추지 않았다. 박정희 정권의 행위는 한국인의 상식을 벗어난 비열한 속임수라는 것이다. 아직 군정이 끝나지도 않았고, 제5대 대통령 선거도 치르기 전의 일이었다. 그는 그 논설에서 박정희 정권이 반대 여론을 무자비하게 탄압하고 맺은

---

11  이 메모에는 국가재건최고회의 의장 박정희의 특사 자격으로 중앙정보부장 김종필이 일본 외상 오히라 마사요시大平正芳와 만나 1962년 11월 12일 비밀리에 합의한 내용이 적혀 있었다고 한다.

속칭 '신 을사조약'이라는 한일 협정의 내용을 일일이 반박하였다. 그때부터 약 2년간 그의 글과 말은 민족의 주체성으로 일관했다. 그래서 동정을 혐오스러운 미덕으로 간주하고 가차 없이 군사 정권을 공격하는 데 주저하지 않았다.

나라가 또 뭣인가? 주권 아닌가? 주체성이야말로 나라의 알맹이 아닌가? 그런데 스스로 주체성을 잃고 외교가 무슨 외교인가? (〈한일 회담을 집어치워라〉, 《사상계》 특별증보판, 1964)

그가 하나의 인격적 존재라고 믿은 민족의 주체성을 스스로 포기한 정권을 방관하는 것은 그의 양심에서 자신의 인격을 부인하는 것과 다르지 않았다. 까닭에 민족의 주체성 문제가 여론의 구심점으로 나타나기 전에 벌써 그것은 그에게 "반드시 해야 하는 싸움"의 주제로 자리 잡았으며, 또한 그 문제의식은 여론보다 한 걸음 앞장서서 나아갔다. 함석헌은 1964년 3월 초 서울시민회관에서 열린 시국강연에서 무엇이 한일 회담의 문제인지 아주 간단하고 분명하게 밝혀놓았다.

요즘 한일 관계는 한일 합방 때와 꼭 같다. 일본은 아직 제국주의를 버리지 못했다. 일본 앞에 엎드려서는 안 된다. 한일 관계는 민족 주체성의 시험대이다. (《조선일보》 1964년 3월 4일 자)

사흘 후 장준하를 비롯한 각계 인사 200명은 대일 굴욕외교 반대 범

국민 투쟁위원회를 결성하였고, 박정희 정권 초기에 형성된 재야 세력은 민족의 주체성을 내걸고 지방을 순회하면서 한일 협정을 반대하는 싸움을 전국적으로 벌여나갔다. 싸움의 전면에서 함석헌은 재야 세력의 얼굴 노릇을 하였고, 재야 세력은 그에게 역사적인 양심의 무대를 제공하였던 셈이다. 그해 3월 22일 장충단공원에서 열린 그의 강연회는 참가자가 무려 70만 명이라고 할 정도로 '신 을사조약'에 대한 반대 여론은 뜨겁게 달아올랐다. 특히 영유권 문제가 걸려 있는 독도를 차라리 "다이너마이트로 폭파해버리자"고 하고, "제2의 이완용이 되더라도 한일 회담을 결말짓겠다"고 한 군정의 제2인자 김종필의 발언은 전 국민적인 분노를 촉발했다. 함석헌은 이를 묵과하지 않고 〈매국 외교를 반대한다〉라는 논설에서 일본 정부에 대한 박정희 정권의 비열한 자세를 맹렬하게 비판했다. 그것은 관대함이나 온정주의에 대한 칸트의 혐오감처럼 낭만주의자의 가치관에서 볼 때 인간의 도덕적 가치를 추락시키는 모욕이었기 때문이다.

또 지껄이는 자가 있어 말하기를 옛날에 감정은 버려야 할 것 아니냐 한다. 네가 제법 큰 체, 도량이 있는 체하는구나. 그러나 너는 네 아비를 죽여도 헤헤, 네 어미를 강간해도 할 터냐? 원수를 용서하자는 것은 옳다. 그러나 모욕 침해를 모른다는 것은 다른 말이다. 봐라. 국민적 성격 없이 나라가 어디 있으며, 민족적 감정 없이 주체성이 어디 있느냐?

장충단공원에서 열린 시국강연회 직후 학생 시위는 전국적으로 확산되었으며, 대학생뿐 아니라 고등학생들도 시위에 합류했다. 언론은 3월 24일부터 일주일간 치열하게 계속된 학생 시위를 '3·24 사태'라고 불렀다. 당시 거리를 가득 메운 고등학생과 대학생 들이 외친 구호는 "매국 회담", "대일 굴욕외교", "매국노", "제2의 이완용", "일인 상사日人商社 철수", "매판자본 타도", "경제적 침투는 정치적 침략이다", "평화선을 사수하자", "여야 정치인은 다 같이 자숙하라", "을사조약의 재판을 반대한다", "이것이 민족적 민주주의냐", "곤봉은 진정한 민중의 지팡이 되라", "잘 살자고 외쳤다, 왜 잡아 가느냐", "구속 학생 석방" 등으로 함석헌의 호소와 일맥상통했다.

한일 회담 반대 시위에서 학생들은 아직 독재 정권 타도나 박정희 하야下野를 목표로 삼지는 않았다. 그러나 시위 학생들이 무장한 병력과 경찰에 무자비하게 폭행을 당하자 싸움의 양상은 달라졌다. 마침 5월에 열리는 서울대학교 문리대의 학림제學林祭에 초대받은 함석헌은 '나'의 종교'와 관련된 주체성의 문제를 주제로 강연했는데, 그 직후 대학가에 비폭력 저항 운동의 하나인 단식 투쟁이 처음으로 등장했다. 그리고 300여 단식 투쟁 참가자 가운데 "박정희는 하야하라"는 일부 학생의 구호가 세간의 이목을 끌었다. 이를 막기 위해 박정희 정권은 전국에 비상계엄령을 내리고 탱크를 동원했는데, 결국 상당수의 학생들이 퇴학당하고 투옥되거나 입대 영장을 받고 군대로 강제로 끌려갔다. 이에 함석헌은 〈데모 학생을 건집시다〉라는 논설에서 반독재 투쟁을 벌이다 희생된 학생들을 구제해야 할 이유와 목적이 바로 '나라'와 '동포'에 있다는 점을 새삼 환기시켰다.

　여러분은 피가 있고 눈물이 있습니까? … 공산당의 손이 뒤에 뻗어 있었다고 하지만 설혹 그렇더라도 그것은 극히 적은 수일 것이고, 일반 학생의 사상이 그렇지는 않습니다. … 동포 여러분! 의리로 보나 인정상으로 보나 사리로 판단하나, 어느 모로 보나 데모 학생은 즉시로 놔주어야 합니다. … 설혹 놔준 이튿날로 나와서 다 공산당 노릇을 해버리더라도 그 책임은 내가 지고 그 값에 내가 대신 죽는 한이 있더라도 저들은 놔주십시오, 해야 할 것입니다. … 사랑하고 존경하는 동포 여러분! 여러분은 나라를 사랑합니까? … 그들이 우리 위해 아스팔트 위에 아낌없이 부은 의의 피, 인정의 눈물, 우리는 그들을 위해 도로 부어주어야 할 것입니다.

　한편 그가 "반드시 해야 하는 싸움"에는 평화선平和線 지키기도 있었다. 당시 일본으로부터 경제 원조를 받기 위해서는 평화선의 일부를 양보해야 했다. 하지만 그는 평화선의 사수와 경제 원조 거부를 주장했다. 평화선의 양보는 곧 주체성의 포기이며, 그것은 곧 자기 인격을 팔아 배를 채우는 일과 다르다고 할 수 없다는 것이었다.

　속담에 굶어 죽어도 곁불은 아니 쬔다고, 그런 따위 경제 원조 아니 받아도 좋다. 얼어 죽을 각오를 하면 살 것이다. 《세상에 그어논 금》

한일 협정 반대 시위 때(1965년 6월).

이 각오는 단지 한일 회담 자체에 대한 단순한 반대가 아니라 그의 모든 글과 말에서 일관되게 나타나는 "반드시 해야 하는 싸움"에 임하는 태도였다. 그것은 시인 실러가 인류 구원의 원리라고 강조한 '단순성의 힘'과 다르지 않았다. 그래서 그는 "내가 참을 하자는 것이 아니라 참이 나를 살릴 것"이라고 확신했다. 이런 입장에서 함석헌은 한결같이 민족의 주체성을 강조하면서 한일 협정 반대 운동을 적극적으로 벌였다. 만약 모두가 깨어 있는 민중이라면, 주체성을 거론할 필요도 없었을 뿐만 아니라 감히 "제2의 이완용"을 자처하면서까지 한일 회담을 추진했을 리도 없었다고 본 것이다.

민족의 주체성은 민족 감정을 넘어 그가 일본에 대해서도 요구했던 문제였다. 두 나라 사이의 정상적인 관계를 위해서도 상대방의 주체성을 존중해야 하며, 그것은 일본 자신이 제국주의를 극복하기 위해서도 꼭 필요한 일이라는 훈계였다. 그래서 이듬해 2월 일본 외상 시나 에쓰사부로椎名悦三郎가 방한하여 한일 회담의 매듭을 짓고자 할 때도 함석헌은 일본과 어설픈 외교를 하기보다는 오히려 첨예한 대립으로 민족적 에너지를 분출시켜야 한다고 주장했다.

민족 주체 의식이 박약한 우리 정부와의 비밀 외교로 빚어진 현재의 타결선이란 정복·피정복의 관계만 생길 뿐이지, 교통이 있을 수 없다. 일본은 우리의 집권자보다 한국민을 직접 보라. 작년에 한국에서 벌어진 여러 가지 사태는 한국민의 의사 표시다. 어떻게 장사나 하겠다는 생각은 아예 버리고, 하늘의 뜻과 역사 흐름의 좋은 본보기로써 반세기에 걸쳐 저지른 죄악을 행동의 자세로써 보여주기 바란다. (《일본은 대답하라》)

이 글에서 "여러 가지 사태"란 전국적인 한일 회담 반대 시위로 정권 퇴진 압박을 받자 박정희 정권이 비상계엄령으로 군대를 동원했던 6·3 사태 등을 말한다. 이러한 태도는 박정희 정권의 "굴욕외교"에 대한 매우 강경한 정치적 의사 표현에 묻혀버렸지만, 현재가 미래의 과거로서 심판의 대상이 될 것이라고 믿는 낭만주의자의 일관된 태도가 나타난 것이 아닐 수 없다. 앞서 함석헌이 《사상계》에 기고해서 눈길을 끌었던 논설의 하나도 〈양한재조재차일념兩韓再造在此一念〉이었다. 최영이 이성계의 손을 잡고 왜구를 물리친 일념으로 나라를 새로 일으켜보자는 이야기를 본보기로 들었던 것이다. 그것은 민족 통합을 이루고 민족의 자존심을 살린 인물을 과거로부터 불러내어 현재와 대비시킨 생각이 분명했다.

이완용 등이 나라를 팔아먹었다는 1905년 을사년으로부터 정확히 60년이 지난 1965년 을사년에 한일 회담은 미국의 중재 아래 빠르게 진행되었다. 함석헌은 무엇인가 예감한 듯이 《사상계》 신년호에 〈비폭력 혁명〉을 기고하였다. "악과 싸워가는 것"이 나라인데, 그 나라는 폭력에 기반을 둔 기존의 정치철학이나 부국강병주의가 아니라 새 국가관 위에 세워져야 한다는 내용이었다. 하지만 그의 주장이 실현되는 것은 꿈처럼 아득해져버렸다. 개문납적開門納賊의 졸속적인 한일 협정에 항의하는 대규모 집회가 그해 4월 말부터 7월 초까지 전국적으로 일어나자 박정희 정권이 폭력적으로 진압했기 때문이다.

이 기간에도 함석헌은 서울 YMCA 강당에서 '내일의 비전'이란 주제로 강연하면서 팔레스타인 땅에서 탄생한 마호메트를 들어 "새로운 사상의 출현은 정치적 차원을 극복해야 가능"함을 강조했다. 그것이야말로 그가 "반드시 해야 하는 싸움"의 목적이었다. 또한 《사상계》 긴급증간호에 기고한 〈한국은 어디로 가는가?〉에서 주체성을 망각하지 않도록 다시금 당부했다.

우리 사명은 크고 우리 할 일은 많다. 죽어서는 아니 된다. 이 몸을 팔아서는 아니 된다. 구차한 현실의 시련을 못 견디어 모처럼 심겨진 이 정신을 잊어서는 아니 된다.

전국적인 대일 굴욕외교 반대 투쟁에도 불구하고 1965년 6월 22일 한국과 일본의 외무 장관은 한일 협정문에 서명했다. 이에 "박정희 하야"를 외치는 목소리가 터져 나왔으며, 기다렸다는 듯이 박정희는 위수령을 발동했다. 당시에도 매우 낯선 용어였던 위수령이 발동되자 군인들이 대학에 난입하고 언론과 야당 의원에게 테러를 가했다.

함석헌은 7월 초 삭발을 하고 성서를 읽으면서 단식에 들어갔다. 그의

한일 협정 비준 반대 단식(1965년 7월, 옆은 부인 황득순).

단식은 '신 을사조약'에 대한 강력한 반대 의사의 표현이었다. 동시에 그것은 '양심의 장'에서 자신이 "반드시 해야 하는 싸움"의 방법이기도 하였다. 이 싸움의 뜻은 그가 1965년 7월 1일 자 《동아일보》에 기고한 〈단식에 앞서 동포에게 드립니다〉라는 글에 실려 있다.

오늘부터 문제의 해결이 나는 때까지 단식을 하기로 했습니다. 나는 지금까지 내가 생각하여 얻은 뜻을 여러분 앞에 간단히 설명하겠습니다. 첫째, 내 죄를 회개함으로써 내 혼을 맑히기 위해서입니다. 둘째, 다시 한 번 진정 겸손한 마음으로 정부 당국에 대하여 정성껏 반성을 독촉해보기 위해서입니다. 근본 문제는 내 죄에 있습니다. … 나는 죄인입니다. … 미안한 말입니다만 그동안 여러분은 제게 유언 중 무언 중 민중을 대표한 발언권을 허해주었습니다. … 그러나 내 말은 힘이 없었습니다. 옳은 듯하면서 악을 이기지 못했습니다.

그는 자기 자신을 "죄인"이라 부르고, 또 "죄를 회개"한다면서 죄와 속죄를 단식의 중요한 동기로 삼았다. 그의 단식 투쟁은 '신 을사조약'에 대

한일 협정 비준 반대 단식을 마친 후(1965년 7월).

한 반대를 넘어서서 그 민족적 굴욕을 극복하는 물길트기처럼 보였다. 비록 자신의 말이 힘이 없었다고 했지만 그동안 그가 "민중을 대표한 발언권"은 결코 허약한 것이 아니었다. 궁극적으로 그것은 개인적인 것이 아니라 일반 사회의 내적 소리를 전달한 셈이었다.

그러므로 함석헌의 단식은 국가의 권위를 앞세운 비상계엄령이나 위수령보다 더 권위적이고 가치 있는 입헌적 도덕성을 상징하게 되었다. 그것은 국가주의 폭력과 맞서 싸우는 시민사회의 의식보다 한 걸음 앞선 것이자 또한 "반드시 해야 하는 싸움"의 새로운 단계와 방향을 민주화 운동에 제시한 것으로 보였다. 그즈음 대학가에서도 단식 투쟁이 등장했고, 이 때문에 박정희 정권의 폭력성은 상대적으로 더욱 부각되었다.

함석헌은 두 주일 간의 단식이 끝나던 날 조국수호국민협의회에 참석하여 결의문을 읽었다. 민족주의 색깔이 강한 조국수호국민협의회는 한일 협정 비준을 반대하기 위한 최대 단일 조직으로, 재야 혁신계를 비롯하여 학계, 종교계, 문단 그리고 예비역 장성 등 사회 각 분야의 대표 300여 명이 참여했다. 한 달 뒤인 8월 말에 함석헌은 이 단체의 상임대표로 선출되었는데, 이는 민족주의를 버리는 것이 곧 "민족을 사랑하는 도리"라던 그에게서 거듭 '낭만주의자의 아이러니'를 발견할 수 있는 대목이기도 하다. 그는 민족과 분리된 채 이성의 보편성만을 주장하는 탈민족주의자는 아니었던 것이다.

## 장차 오는 세계를 위해

박정희 정권은 한일 국교 정상화의 비정상적인 강행 처리를 주저하지 않았고, 조국수호국민협의회 상임 대표 함석헌은 원효로 자택에서 경찰에 의해 연금 겸 보호를 받았다. 위수령으로 군대와 탱크가 주요 거리를 점령한 역사 풍경 속에서 함석헌 자신도 '고난의 역사'의 한가운데에 등장하게 된 것이다. 그가 《뜻으로 본 한국 역사》(이하 《한국 역사》)를 낸 것도 바로 그때였다. 일제 치하에서 《성서조선》에 연재하던 〈조선 역사〉를 15년 만에 단행본으로 묶은 《성서적 입장에서 본 조선 역사》를 냈다가 또다시 15년 만에 대부분의 내용을 고쳐 펴낸 책이 《뜻으로 본 한국 역사》였다. 그러니까 꼭 30년 만에 달라진 역사적 상황과 마주하면서 한국 역사를 새롭게 풀어쓴 것이었다.

특히 이 책은 그가 해인사에 두 달 정도 머물면서 과거 〈조선 역사〉의 한자투성이 문장을 모두 한글로 고쳐 쓴 것인데, 철학 교수 안병욱이 "어문일치의 독특한 스타일"이라고 평한 함석헌의 문체는 해방 후 그가 스스로 노력해서 고친 것이었다.

내 문체는 해방 이후에 달라졌습니다. … 하여간 '글'을 한번 써볼까 했는데 되지를 않으니까 그 담엔 '글'이 문제냐? 생각이 문제지. 생각이 없어 그러지. 생각만 있다면야 생각나는 그대로를 적으면 그만이지. 생각이야 내가 하는 것이, 내 생각한 것을 그대로 쓰도록 해보자 하게 된 것입니다. 《안병욱과의 대화》)

함석헌의 달라진 글쓰기 방식은 3·1운동 직후 걸음걸이를 "빠르나 급하지 않게" 바꿔 걷기 시작한 이래 두 번째로 고친 자신의 습관이기도 하다. 그것은 낡은 세상을 바꿔야 한다는 혁명의 꿈이 자기 자신에게도 예외 없이 작용한 것인지도 모른다.

문학평론가 김현이 "에세이로 읽어야 책"이라고 말했듯이 《한국 역사》는 꿈을 꾸는 민족의 이야기인 것 같기도 하고, 민족의 꿈을 이야기하는 것 같기도 하다. "끝없는 말에 끝을 맺어 시작 없는 역사의 시작을 삼자"라는 머리말의 마지막 문장도 슐레겔이 말한 "종말 없는 소설의 발단"처럼 무한한 것을 동경하는 낭만주의자의 우주관을 스스럼없이 드러내고 있다.

그래서 "장차 오는 세계"를 꿈꾸는 함석헌은 끝도 시작도 없는 싸움을 멈추지 않았다. 비록 한일 협정이 무자비한 폭력 속에서 결말이 난 것이라 하더라도 그에게는 그렇다고 그쳐야 하는 싸움이 아니었기 때문이다. 본래부터 "삶은 영원한 쉴 새 없는 싸움"이며, 무한히 진행되는 세계는 대립 속에 존재한다고 믿던 낭만주의자였으므로 오히려 그는 《한국 역사》를 낸 후에 "싸움은 이제부터"라면서 민주화 운동에 더욱 앞장섰던 것이다. 다만 싸움의 정신과 방법이 근원적으로 달라지지 않으면 안 된다는 믿음에는 변함이 없었다. 이른바 "새 싸움"인데, 그것은 정권이나 제도의 싸움이 아니라 정신 또는 진리의 싸움이어야 하며, "겉 싸움"이 아니라 "속 싸움"이어야 한다는 것이다.

정부는 강경책을 썼다. 그러나 꺾어지는 데까지 가지 못했다. 강경 책을 쓰는 뒷면을 생각해보면 사실은 약한 데가 있다. 빈 데가 있다. 겉에 어마어마하게 무장을 나타낸 것은 속이 약한 증거다. 또 데모하는 학생들은 평화 데모와 비폭력이라 했지만 정말 평화적, 비폭력이 되지 못했다. 참 강했다면 꺾이는 데까지 갔을 터인데 그렇게까지는 강하지 못했고, 참 부드러웠다면 그 총까지 칼까지 통째로 삼켜버렸을 것인데 그렇게까지는 부드럽지 못했다. (〈싸움은 이제부터〉)

그동안 피차 싸움이 싸움답지 못해서 답답하고 한심한 꼴이라는 자기 비판이었다. 동경에서 한일 협정에 서명이 이루어지자 함석헌은 애초부 터 불신한 박정희 정권에 대한 실망보다 민중에 대한 분노가 더욱 커졌 다. 자신들의 자유와 권리가 약탈당하는 일 때문에 희생적으로 항의하던 학생들을 민중이 나 몰라라 했다는 이유에서였다. 그때부터 함석헌은 말도 하지 않고 또 글도 쓰지 않기로 하고, 주변 15리 안팎에 사람이라고 는 하나 없는 강원도 산속의 안반덕에서 프랑스 신부 테야르 드 샤르댕 Teilhard de Chardin의 《인간의 장래》영어판을 붙잡고 겨울을 보냈다. 이 책은 〈새로운 정신〉을 포함하여 1920년부터 1952년까지 30여 년간 샤르댕 이 진보, 평화, 민주주의, 생명의 종種, 초인超人, 신앙 등에 관해 쓴 스물두 편의 에세이 모음집이다. 특히 책의 말미에 실린 〈세계의 종말에 관한 텍스트〉는 테야르가 운명하기 사흘 전에 "신은 모든 것을 모든 이에게 준다"라는 명구를 남겼는데, 책의 편집자는 "사상가와 종교가로서 최상의 진술"이라고 평했다.

함석헌이 《타임》지에서 우연히 봤다고 밝힌 샤르댕 기사는 1959년 12월 19일 자 종교란에 실려 있는데 그즈음 세계적 베스트셀러였던 샤르댕의 《인간 현상》을 그도 영어판으로 읽었던 것 같다. 짐작컨대 인간과 우주가 '자란다'고 믿던 함석헌의 생각은 그가 "최근 20년 이래 가장 감명을 받"았다고 이야기한 샤르댕의 사상에서 온 것인지도 모른다.

샤르댕을 읽으면서 겨울을 보낸 함석헌이 안반덕을 나와 서울로 돌아온 날은 1966년 정월 대보름날이었다. 이번에도 독일에서 귀국했을 때처럼 보고 싶고 또 궁금한 마음에 종로 2가 한청빌딩으로 찾아가 장준하부터 만났다. 그들은 쓸쓸하기 짝이 없는 사무실에서 사람들이 북적대던 지난날 꿈같던 시절을 회상하면서 세상 돌아가는 이야기를 나눴다. 가령 인쇄소에 압력을 넣어 잡지를 못 내도록 하는 비열한 권력이나 "이제 될수록 다치는 말은 아니 쓰려 한다"는 기만적인 지식인들의 태도에 대한 이야기들이었다.

그러나 그들은 기만할 수 없는 양심의 소리와 마주쳤다. 처음에 장준하에게서 나온 소리는 "항거의 정신"이고, 나중에 함석헌이 쓴 것은 〈레지스탕스〉였다. 이 논설은 제목과 달리 꿈 이야기로 시작하고 있다. 그가 안반덕을 내려오던 날에 누군가 "십자가에 목을 박히우고 있"는데, 자기도 모르게 "글쎄 대한민국 헌법에, 또 천지의 법칙에 사람을 그렇게 하란

법이 어디 있느냐? 어디 있느냐?"라고 외치던 소리에 깨었다는 꿈이다. 꿈속의 사람이 말하는 것처럼 들렸다는 소리는 "이것이 어찌 내 일이냐? 너희 일이지"였다는 것이다. 그 일이란 혁명을 꿈꾸는 일이었으며, 혁명은 "항거의 정신"으로만 일궈지기 마련이었다. 함석헌은 장준하가 싸우고 있는 정치적 현장을 외면한 채 인간의 장래를 꿈꾸는 것은 불가능하다고 생각했다.

그 무렵 언론인 장준하는 정치인으로 변신해갔다. 함석헌도 장준하의 정치적 미래를 믿고, 도울 수만 있다면 적극 돕기로 작정했다. 그리하여 장준하가 옥중에서 청탁한 원고에서 장준하의 입장을 강력하게 옹호했으며, 정치에 투신한 장준하를 위해 직접 선거판에 뛰어들기도 했다. 밀수와 월남 파병에 대해서 박정희를 비판하다가 장준하가 두 차례나 투옥되었기 때문이었다.[12] 함석헌은 옥고를 치러야 했던 장준하의 주장을 〈레

---

12  장준하의 첫 번째 투옥은 1966년 10월 26일 대구에서 열린 민중당 주최 '특정 재벌 밀수 진상 폭로 및 규탄 국민대회'에서 박정희를 "우리나라 밀수 왕초"라고 비판했기 때문이었다. 1966년 5월 하순에 주식회사 삼성이 한국비료를 건설하기 위해 사카린을 건설 자재로 둔갑시켜 들어오려다가 부산세관에 적발된 사건이 있었는데, 밀수 과정에 박정희 대통령이 관여한 것으로 알려지자 장준하가 그것을 거론한 것이었다.
두 번째 투옥은 국군의 월남 파병에 대해 "존슨(당시 미국 대통령)이 한국에 오는 것은 박정희가 잘나서가 아니라 한국 청년의 피가 더 많이 필요해서"라고 주장하다 국가원수 모독죄로 구속된 것이었다. 당시 박정희 정권은 외화 벌이와 청부 전쟁을 위해 국군을 '헐값에 파는 용병' 취급했다는 강한 반대 여론에도 불구하고 국회에서 공화당이 일방적으로 통과시킨 파

지스탕스)에서 적극적, 직설적으로 옹호하였다.

  존슨이 왔던 것이 월남 전쟁 때문인 것은 과학적인 사실 아닌가? 대통령을 '밀수 왕초'라 하는 것은 춘추필법 아닌가? ··· 군사 정권을 비판하고, 민정이양을 주장하고, 민족의 주체성을 말살하는 굴욕외교를 반대하고, 명분 서지 않는 남의 나라 전쟁에 참여하는 것을 책망했다 해서 감옥에 가 있는 《사상계》 사장 장준하란 무엇인가? 민족의 양심의 상징 아닌가? ··· 인도의 양심은 영국인의 감옥에서 자랐고, 새 독일의 양심은 히틀러의 감옥에서 자랐다. 우리라고 예외일까? ··· 나는 감옥 벽에 귀를 기울이는 심정으로 이 글을 쓴다.

  함석헌은 투옥 중인 장준하를 면회할 때부터 "바꿀 수만 있다면 나하고 바꾸고 싶다"는 심정으로 그가 청탁한 원고를 썼다. 그 글이 1967년 《사상계》 신년호에 발표한 〈언론의 게릴라전을 제창한다〉였는데, 오늘날 일상화된 '대중적인 항거 운동'의 중요 전략을 처음으로 제시한 글이었다. 언론은 사회적 공기空氣이므로 때와 장소를 가리지 않고 옳은 것을 옳다 하고 틀린 것은 틀리다고 해서 사회의 정신적 공기가 탁해지는 것

---

병 동의안에 따라 존슨 대통령 방한 직전에 비전투원인 백마부대 제1진을 파병하고 존슨 대통령의 방한 직후 잇따라 전투 부대인 청룡부대와 맹호부대를 파병했다. 이에 따라 1965년 10월부터 1973년 3월까지 8년간 다섯 차례에 걸쳐 모두 31만여 명의 국군이 월남에 파견되었다.

을 막아내야 한다는 주장이었다. 그리고 그것을 위해 "전차 간에서나 버스 간에서나, 결혼식에서나 장례식에서나 때와 장소를 가리지 말고" 나폴레옹 대군의 침공에 맞서 싸우던 스페인 산악 지역의 게릴라군처럼 누구나 "작은 전투"로 독재 정치의 길목을 차단하고 공격하자는 호소였다.

언론인이 아닌 사람들이 나서야 한다는 "언론의 게릴라전"의 필요성은 독재 정권과 승부를 걸어야 할 기존 언론의 자세와 사명에 강한 의문을 던진 것이기도 하다. 장준하가 "감옥 벽"에 갇힌 것도 그것 때문이 아니냐는 반문이었다. 이와 함께 게릴라전의 목표가 무엇인지도 확실하게 제시하였다. 이미 더러워진 정치판을 갈아엎고 새 정치를 이루기 위해서는 1967년 5월에 치러질 대통령 선거에 박정희가 출마하지 않는 것이 최선이지만, 그렇지 못할 경우에는 야당이 단일 후보를 내어 싸우는 일뿐이라는 것이다. 그는 눈앞에 닥친 현실을 정면 돌파하려는 자신의 의지를 내비쳤다.

거리를 내다보면 어찌 그리 죽은 고기떼같이 밀려 내려가는 인간이 그리도 많으냐? 그게 어찌 인간이냐? 찌꺼기가 밀려 막혀 썩는 하수도 구멍같이 이 사회에 썩은 냄새가 코를 찌르는 것은 무리가 아니다. 사람이 사람을 만나면 어찌 그리 한밤중에 미꾸라지를 쥐는 것같이 불쾌하냐? … 남들이 너를 욕해 비겁한 국민이라 하더라. 누르면 진흙처럼 언제까지도 빠져드는 인간들이라 비웃더라. 《저항의 철학》

이 "비겁한 국민"이야말로 그가 저항의 철학을 말하지 않을 수 없던 이유였는지 모른다. 인생은 곧 저항이라고 믿었던 그에게는 "썩은 냄새"를 피우는 "죽은 고기떼" 같은 인간들이 그가 도저히 용납할 수 없던 박정희 정권과 너무도 가까워 보였다. 함석헌은 어디서나 들리는 박정희 정권의 계몽 가요 〈올해는 일하는 해〉 소리에 "구역질 나서 견딜 수가 없다"고 하였다. 그것은 민중이 "미친 것"이거나 "바보"이기 때문인데 실제로 다녀보면 "죽은 민중"이지 무엇이냐며 독설을 던지기도 했다. 그러나 그 민중을 살리고자 정치인들이 각성하길 기대하는 것은 어리석은 일이라고 판단했기에 자연스럽게 장준하를 찾는 마음이 커진 것처럼 보였다.

그런데 〈언론의 게릴라전을 제창한다〉가 발표될 때 이미 병보석으로 출옥한 장준하는 야권 단일화 작업을 추진 중이었다. 그 결과 1967년 정월에 고려대 총장 유진오, 전 대통령 윤보선, 연세대 총장 백낙준, 초대 국무총리 이범석 등의 4자 회담을 중재하고, 2월에는 분열된 야당을 신민당으로 통합하고, 윤보선과 유진오를 각각 야권 단일 대통령 후보와 신민당 당수로 정하는 데 합의했다. 제6대 대통령 선거가 끝나자마자 장준하는 국가원수 모독죄로 또다시 구속되는데, 겉으로는 그가 선거 유세 중 "박정희 씨는 국민을 물건 취급해서 우리나라 청년을 월남에 팔아먹었고, 과거 공산주의 조직책으로 활동한 사람"이라고 말한 것을 문제 삼았지만, 사실은 박정희 정권의 전략을 신속하게 제압할 수 있는 그의 정치적 능력이 두려웠기 때문이었을 것이다.

이해 함석헌은 장준하를 위해 통합 야당인 신민당에 두 번이나 입당하고 탈당했다. 그에게는 예가 없던 놀라운 일이다. 첫 번째 입당은 대통령 선거 일주일 전으로 "어느 특정인이나 특정 정당을 지지해서가 아니라 현재의 정치 현실을 그대로 굳힐 수 없다는 소신과 정권 교체를 바라는 국민의 뜻에 보답하기 위해서"였다. 신민당에 입당한 함석헌은 대통령 선거를 하루 앞둔 날 대구역 광장 유세에 장준하와 함께 나타났다. 이어 열흘 뒤 사상계사에서 "앞으로 일체 정당에 관여하지 않겠다"라는 기자 회견을 하고 신민당을 떠났다가 한 달이 못 돼서 주변의 비난을 무릅쓰고 다시 입당했다. 신민당 국회의원 후보로 출마한 장준하의 당선을 위해서였는데, 선거법상 정당원이 아니면 선거 운동을 할 수 없기 때문이었다.

하지만 선거 자체를 치를 수 없을 만큼 장준하에 대한 전방위적 압박이 가해지고 있는 암담한 상황이었다. 더욱이 상대방은 집권 공화당의 현역 국회의원이자 정권 실세인 김종필의 육사 동기 강상욱이었다. 선거 자금은 아예 엄두도 못낸 것 같다. 함석헌이 〈저항의 철학〉을 발표한 2월 호《사상계》는 표지를 포함해 108쪽밖에 안 되는 분량으로 눈에 띄게 축소되었다. 후기에는 창간 15년 만에 "이런 여윈 호를 낸 적이 없다"면서 원고의 절반밖에 싣지 못한 처지를 괴로워하는 편집자의 심정이 담겨 있다. 이러한 상황에서 유일한 선거 전략은 함석헌의 연설이었다고 한다. 함석헌의 지원 연설을 제외하면 사실상 아무런 선거 전략이 없었던 셈이다.

첫 유세는 5월 16일 오후 5시 청량리역 광장에서 진행되었다. 당시 신민당 당원으로 지원 유세를 벌였던 함석헌은 보기 드문 일화를 남겼는데, 그의 연설은 국회의원 후보 장준하라기보다는 친구 장준하의 꿈을 살려주기 위한 우정의 표시였다. 당시《사상계》취재부장 고성훈은 그 모습을 생생하게 전해주었다.

후보 본인이 없는 연설회가 어찌 진행될 것인가 궁금했던 청중의 눈에 들어온 것은 흰 두루마기, 흰머리, 흰 수염의 노인 함석헌 옹의 모습이었다. 호기심에 찬 청중 앞에 등단한 함석헌 선생의 첫 말은 이러했다. "여러분! 장준하를 살려주세요. 장준하《사상계》사장을 국회로 보내주셔야 합니다. 안 그러면 이 사람은 죽습니다. 자살할지도 모른단말입니다." 이 대목에 이르러 함 선생의 목은 갑자기 꽉 막히고, 이어눈물이 글썽거리는 것이 아닌가. 잠시 침묵이 흐르고 술렁대던 청중이 순간에 조용해져버렸다. 청중들 가운데는 눈시울을 닦는 사람이 보이며, 나 또한 코끝이 찡해오면서 눈물이 쏟아지는 것을 어찌할 수 없었다. 청중은 감동한 듯 요지부동으로 앉아 있었다. 이리하여 이날 저녁의 첫 연설회는 친공화당 청중을 상대로 진행된 판이었으나 끝날 즈음에는 함석헌 선생 특유의 연설에 감동한 순수한 청중으로 변해 있었다. (고성훈, 〈장준하 사장의 옥중 당선 이야기〉,《민족혼, 민주혼, 자유혼》, 나남출판, 1995)

이어 5월 22일 오후 청량리역 광장과 왕십리 해군병원 앞 공터에서 함석헌의 유세가 계속되었다. 그의 연설은 가는 곳마다 청중을 사로잡았으며, 비록 선거 유세라고는 하나 같은 내용의 연설을 단 한 번도 반복한적이 없어서 기자들의 감탄을 자아냈다고 한다. 선거는 장준하의 압승으로 끝났다. 장준하는 투표자 9만 2,000여 명 중 약 62퍼센트의 표를 얻어 공화당의 강상욱을 누르고 당선되었다. 이른바 '6·8 부정선거'라는 말처럼 3·15 부정선거 이후 온갖 부정이 전국적으로 자행된 더러운 선거였다. 선거 직후 박정희 정권이 휴교령을 내렸을 정도로 대학가에서도 선거 무효 투쟁과 재선거를 주장하는 시위가 연일 격렬하게 일어났고, 야당도 국회 동원을 거부했다. 당시 동정표를 우려한 상대방 후보 측이 선거 전략상 석방 운동을 벌인 덕분인지 몰라도 장준하는 투표일을 일주일 앞두고 석방되었으며, 그를 위한 신민당 지도부의 총력 지원도 당선에 한몫했다. 하지만 선거 운동 초기 여당의 일방적인 추세를 반전시킨 함석헌의 유세가 결정적인 작용을 한 것이 틀림없었다.

선거가 끝나고 두 달 후에 함석헌은 두 번째로 미국에 갔다. 노스캐롤라이나 주 길포드 대학에서 열리는 퀘이커 세계 대회에 참석하기 위해서였다. 그 대회는 세계 35개국에서 1,300여 명이 모이는 커다란 모임이었다. 함석헌은 퀘이커 교도들의 "우의에 대해 죄책감을 느껴서" 정식으로 퀘이커 회원이 되었지만, 자신은 퀘이커 회원이지 퀘이커 신자는 아니라고 했다. 이때 그의 자전적 이야기가 담긴 〈하나님의 발길에 채여서Kicked by God〉라는 짤막한 소책자가 참석자들에게 전해졌는데, 그것은 본디 함석헌의 〈나는 어떻게 퀘이커가 됐나〉를 영어로 옮긴 것이었다.[13]

당시 펜들 힐에 머물던 함석헌은 인간의 미래를 위한 어떤 구체적인

---

13   나중에 함석헌이 《씨올의 소리》에 연재한 〈하나님의 발길에 채여서〉는 제목을 제외하고 전체적으로 내용을 보충한 새로운 글이다.

미국 노스캐롤라이나 주 길포드 대학에서 열린 퀘이커 세계 대회 때(1967년 여름).

실천 행위를 모색한 듯하다. 그것은 평소의 지론대로 "우리가 해야 할 일은 우선 자신의 마음을 들여다보면서 '새 종교'의 원천을 찾는 것"인데, 그럴 때는 여기저기를 파보지 말고 "어느 한 점"을 겨냥하면 거기가 넓고 또 깊어지는 샘구멍인 줄 알 수 있는 것처럼, 그 종교의 "샘구멍이 확대되고 열려지는 것"은 혼자서가 아니라 어떤 단결된 힘에 의해서라는 것이다. 나아가 종교는 삶의 원천이 되는 힘인데, 그것은 개별적으로 내면에 잠자던 정신을 발견함으로써만 발견되며, 곧 실천에 옮겨야 한다는 것이다. 이렇게 낭만주의자의 눈길을 사로잡는 "한 점"은 가끔씩 어떤 계기를 일으키는 구체적인 현실에서 찾았다. 함석헌도 자신이 말한 "새 종교"의 터전과 단결된 힘의 필요성을 "어느 한 점"으로 수렴시키기 위해 무엇인가 실천 행위를 모색한 것처럼 보였다.

씨올이란 개별적 존재가 끊임없이 혁명을 꿈꿀 수밖에 없는 근거를 담은 〈혁명의 철학〉을 발표한 것은 그 직후였다.

개인의 참 발달을 막고, 병들게 하는 것은 개인주의와 그것의 변태인 집단주의입니다. 개인의 정말 발달은 전체가 개체 안에 있고, 개체가 전체 안에 있는 사회에서만 가능할 것입니다. 국가주의를 배격하는 것은 그 때문입니다.

그러나 그때부터 《씨올의 소리》를 창간하기까지 약 2년 동안 역사는 "개인의 참 발달을 막고" 국가주의를 더욱 숭배하는 쪽으로 흘러갔다. 가령 정월에는 청와대를 "까러" 북한의 무장공비들이 시내까지 침투했고, 12월에는 학계, 언론계 등 각계각층을 대표한다는 인사 66명이 "나라의 발전이 나의 발전의 근본임"과 "반공 민주 정신에 투철한 애국애족"을 강조한 〈국민 교육 헌장〉을 선포하였다. 〈국민 교육 헌장〉은 함석헌의 교육관과 정면 배치된 것인데, 박정희를 독재자라고 비판하던 야당마저 국회에서 만장일치로 통과시킬 정도로 여기에 이의를 제기한 경우는 거의 없었다. 당시 모든 언론도 일제히 〈국민 교육 헌장〉의 취지와 목적을 적극적으로 홍보했는데, 다만 한글학자 최현배와 아동문학가 윤석중만이 언론을 통해 부정적인 의견을 표명했을 뿐이었다.[14]

---

14   교과서마다 맨 앞에 실려 있던 〈국민 교육 헌장〉 전문은 1996년 3월 '국민학교'란 명칭이 초등학교로 바뀔 때 감쪽같이 사라져버렸다. 하지만 정부는 물론이고 어떤 정치인, 언론인, 학자도 그리고 현장 교사들이 모인 한국교총, 전교조도 이에 대해 한마디 언급조차 없었다. 심지어 〈국민 교육 헌장〉이 사라진 사실조차 거의 모르고 지나간 것처럼 보였다. 이런 심각한 망각의 집단정신은 함석헌이 "고난의 역사"를 이야기하면서 일생 동안 피할 수 없었던 역사 풍경이었는지도 모른다.

국민 교육 헌장 전문이 우리나라 초·중등학교의 모든 교과서에 실릴 즈음 박정희 정권은 삼선개헌을 시도했다. 이에 장준하는 누구보다 앞장서서 각계 인사 33인과 함께 1969년 2월 초부터 서울 YMCA 소강당에서 '삼선개헌 반대 범국민 투쟁위원회' 준비위원회를 열고 삼선개헌 반대 투쟁에 나섰다. 그리고 함석헌은 유진호, 윤보선, 이희승 등 10명의 고문 가운데 한 사람으로 참여하였다. 하지만 박정희 정권이 국회와 국민을 상대로 모든 부도덕한 변칙과 물리력을 동원하여 삼선개헌안을 통과시키자 그는 "국민이 아주 멍청이가 돼 버렸습니다"라면서 커다란 절망감에 빠져버렸다. 그것은 자신과 "세상과의 사이에 너무 거리가 있는 것을 느끼"게 한 현실이었으므로 그때부터는 싸움을 하더라도 "전과 같은 식으로 할 수 없다"는 생각을 굳히게 되었다.

그런데 공교롭게도 재야 영입 인사 유진오가 신민당 대표에서 물러날 즈음에 함석헌을 신민당 당수로 추대하려는 움직임이 일었다. 목사 박선균에 따르면, 당시 윤보선과 신민당 중진 의원 정일형을 비롯한 여러 인사가 줄줄이 원효로 자택을 찾아 정치 참여를 설득했다고 한다.[15] 반면 함석헌의 정치 참여에 부정적인 두 의견도 있었다. 하나는 함석헌을 "정신적 지도자"로 대접해야 한다는 신민당 중진 유진산柳珍山의 의견이고,

---

15  박선균(1938~)은 《씨올의 소리》가 폐간될 때까지 편집장을 지내며 오랫동안 함석헌의 모습을 가장 가까이에서 지켜봤다. 그는 당시의 경험을 《금지된 씨올의 소리》와 《씨올의 소리 이야기》로 펴낸 바 있다.

다른 하나는 "함석헌을 몰라도 너무 모른다"는 신학자 안병무의 의견이었다.

결과적으로 함석헌은 아무런 변화도 보이지 않았다. 유일한 변화는 《씨올의 소리》를 창간한 일뿐이었다. 그것은 유진산이 신민당 대표가 된 직후였는데, 박정희 정권과 싸워야 한다고 말하는 야당 정치인에게는 함석헌의 행동이 반독재 투쟁을 외면하는 나약한 행동으로 보였을지도 모른다. 하지만 단지 인간일 뿐이 아니라 인간 이상이어야 한다는 진정한 낭만주의자에게는 《씨올의 소리》의 창간이야말로 정치적 조건보다 인간의 조건을 본질적으로 변화시키지 않으면 안 된다는 신념을 바탕으로 이상적인 정치를 꿈꾸는 행동이었다.

9장

# 어머니의 목걸이 찾기

## 씨올의 소리 내기

함석헌이 《씨올의 소리》를 창간한 것은 1970년 4월이었다. 문화공보부에 정기간행물 등록을 신청하여 허가를 받은 것은 같은 해 1월 28일이었다. 함석헌이 유일한 필자였던 창간호는 국판 56쪽에 정가는 100원이었다. 택시 기본요금이 90원이던 시절이었다.

함석헌은 씨올을 "씨라는 말과 올이라는 말을 한 데 붙인 것"이라고 설명했는데, 이 말은 물질적이고 유기적인 모든 것을 새로운 차원으로 옮겨가는 생명의 기원을 함축하고 있다. 이런 창조적인 활동은 오직 자신이 성장한 어떤 믿음 속에서만 가능한 법이다. 그만큼 그에게는 처음부터 안심할 수 있는 신념과 논리가 자리 잡고 있었다. 그러나 그 논리보다 더욱 중요한 것은 씨올이라 부르자는 '민民'의 소리를 내야 한다는 믿음이었다. 그 믿음은 오로지 "소리라는 한 소리"밖에 없다는 것이요, 그 소리는 "하나의 음악적인 정신"을 만들기 위한 삶 속에서만 나온다는 믿음이었다.

《씨올의 소리》를 내기 시작할 때, 나 개인으로는 페스탈로치의 이른바 '채 익지 못하고 버러지 먹고 병들어 여름철에 빨개 떨어지는 과일'의 심정이었습니다. 올차게 자라지는 못했지만 이것으로나마 썩어 나를 낳고 길러준 그 뿌리로 돌아가 거름이 돼보잔 생각이었습니다.[16]

이른바 "거름이 돼보잔 생각"이야말로 그가 《씨올의 소리》를 창간한 정신이었다. 이 소리는 시인 휠덜린Friedrich Hölderlin의 말대로 정신이 창조한 이미지이며, 그 이미지야말로 그의 정신적 삶을 이루고 보여준다. 함석헌은 자신의 일생을 마주 보고 그린다는 동그라미를 《씨올의 소리》로 완결하고 싶다고 했다.

우리나라 월간지 중에서 최초로 가로쓰기를 시작한 《씨올의 소리》는 박정희 정권에 의해 근대화의 깃발이 동네마다 꽂힐 때 한적한 시골의 정취를 풍기면서 조용하고 다소 낯설게 나타났다. 창간기념식도 없었고, 주위에 아무도 관심을 기울이지 않는 듯했다. 서울 용산구 원효로 4가 70번지 그의 자택 대문에 까만 나무에 흰 글씨로 "씨올의 집"이라고 쓴 가로, 세로 40센티미터 크기의 간판만이 조용히 내걸렸을 뿐이다. 누가

---

16    이하 별도로 표기하지 않은 인용문은 모두 《씨올의 소리》가 출처임.

자택 대문에 붙인 문패.

글씨를 썼는지는 모르지만, 간판을 내다 건 사람은 언제나 흰 고무신을 신고 다니면서 일생 동안 함석헌만 따라다녔다는 계훈제桂勳梯였다.[17]

당시 함석헌을 돕던 전덕용에 따르면, 이 월간지는 아직 "사무실이 없어서 선생님 방에서 이것저것 부산을 떠니 선생님은 선생님대로 원고 보따리를 들고 이리저리 글쓰기 피난(?)을 다니시는 판"에 태어났다. 발행인과 주간을 겸한 함석헌은《씨올의 소리》에 실린 글의 유일한 필자였다. 일찍이 울린 적이 없는 우주적 생명과 만고의 진리를 발산하는 씨올 이야기는 초라한 잡지의 겉모습과는 달리 발행인이 내면에 품고 있던 장엄하고 신비스러운 소리로 보였다. 하지만《씨올의 소리》는 세상을 가득 메운 시끄러운 정치적 소음과 경직된 사회적 분위기 속에서 어

17  계훈제는 장준하와 동향으로 해방 공간에서 서울대 초대 학생회장으로 미군정 최고 책임자 하지John R. Hodge와 담판을 하는 등 일생 동안 인권 운동에 헌신해 독재 정권에 의해 자주 수배를 당했던 인물이다. 그의 유고집《흰 고무신》의 제목처럼 언제나 흰 고무신을 신고 넥타이는 매지 않고 다방에서도 차를 마시지 않던 일화로 유명하다. 특히 주민등록법이 시행된 이후에 주민 등록을 거부해 생애 마지막까지 주민등록증을 갖지 않았던 인물이기도 하다.

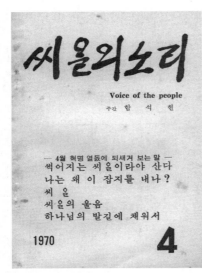

《씨올의 소리》 창간호.

느 낭만주의자의 말처럼 "세상은 장님이다"라는 목소리를 가느다랗게나마 힘차게 내기 시작했다.

그러나 그때부터 그 소리는 세상을 지배하는 반칙과 오류에 '레드카드'를 꺼내드는 심판자의 위치에 섰다. 비록 씨올이라는 말에 논쟁적인 요소가 전혀 없지 않았다고 하더라도, 함석헌에게 《씨올의 소리》는 혁명을 꿈꾸던 체험적 논리와 신념의 결정체가 아닐 수 없었다. 우연하게도 그가 《씨올의 소리》를 창간하던 달 초하루에는 산업화를 대표하는 포항종합제철공업단지의 기공식이 열렸으며, 잡지가 나온 사흘 뒤에는 새마을운동을 시작한다는 박정희의 발언이 처음 나오기도 했다.

권위주의적인 박정희 정권하에서 《씨올의 소리》는 알게 모르게 불온한 취급을 받는 존재가 되었다. 잡지의 원고는 단 한 번도 그냥 넘어간 적 없이 검열을 받았고, 전면 삭제되거나 압수되는 것도 다반사였다. 1972년 10월부터 1979년 10월까지 만 7년간 유신 체제하에서 신문에 단 한 줄도 실리지 않던 반체제 시국 성명들이 《씨올의 소리》에는 적지 않게 실렸다. 그런 현실을 반영하듯 함석헌은 창간사를 대신하여 〈나는 왜 이 잡지를 내나?〉라는 첫 글에서 《씨올의 소리》를 내는 자신의 절박한

《씨올의 소리》를 내던 서울 용산구 원효로 4가 70번지 자택. 지금은 흔적조차 남아 있지 않다.


심정을 다음과 같이 밝혔다.

이런 때, 정치가 온갖 사회 발전을 방해하고 있는 때에 입을 닫고 중립을 한다는 것은 결국 정치 한패입니다. 도둑이 왔어도 '도둑이야!' 소리 아니하는 놈은 도둑의 한패 아닙니까? … 친구들조차도 '왜 가만있지 않느냐?' 하지만 답답합니다. 글쎄 도둑이 분명한데 도둑이야 소리를 하지 말란 말입니까? 또 내가 하는 것이 무슨 다른 욕심이 있어서 합니까? 도둑보고 도둑이야 했다가 얻을 것이 칼밖에 없는 것을 모르리만큼 내가 바보입니까? 그러면 네가 정말 바보라고 할런지 모르나 바보거든 바보대로 두십시오.

본질적으로 정치는 범죄와 동일하다는 말이다. 정치에 대한 그의 태도는 특정 시기, 특정 정권에만 해당하는 것도 아니다. 신학자 안병무는 이 글에 대해 함석헌이 "정치에 대한 증오심"을 나타내고 있다고 했지만, 거꾸로 그것은 씨올에 대한 지극한 사랑을 나타낸 것이 분명했다. 그의 글에서는 자신이 믿는 것을 위해 결사적으로 싸움에 임할 준비를 하고, 신념과 원칙을 지키기 위해 커다란 희생을 치르겠다고 각오한 낭만주의자의 자세가 드러난다. 그 믿음 속에서 한 걸음 더 다가가려는 꿈이《씨올의 소리》를 낳게 한 것인지 모른다. 그것은 신에게 더 가까이 다가가려는 이상이요, 그 이상이야말로《씨올의 소리》를 창간한 진짜 배경이다.

함석헌의 '증오심'은 정치인만 겨냥하지 않았다. 그가 공산주의자들에게 배웠다고 한 "기회주의적인 지식인"의 행위도 그 대상이 되었다. 그는 "이제 신문을 향해 데모를 해야 한다"라면서 당시 권력에 아첨하던 언론인의 행태를 성토했고, 동시에 "무엇을 어떻게 배웠는지" 알 수 없지만 지식인을 표방하는 대학 교수 등에게 "어째서 배운 것을 하나도 실천하려 하지 않을까?"라며 불신감과 분노를 노골적으로 드러냈다. 자신이 개인적으로 "정치에 관계된 말"을 할 수밖에 없는 이유도 집 안에 들어온 도둑의 도둑질을 막기 위한 행동이며,《씨올의 소리》를 내는 일도 곧 비겁한 지식인들에 의해서 자신이 바보가 되고 "도둑"에게 칼 맞는 일임을 그 자신도 안다고 했다. 그러면서도 그는 "비밀 결사 운동이 필요치 않"기 때문에 직접 역사의 현장으로 나아가고자 했다.

제1차 《씨올의 소리》 독자 수련회를 마치고(1972년 1월 30일, 안양농민교육원).

　사회에서 하다 아니 되면 학교로 가고, 학교에서 하다 아니 되면 교회로 가고, 교회에서 하다 아니 되면 가정으로, 가정에서도 아니 되면 다방, 캠프장으로 가서 저절로 되기를 바라지 말고 동지를 찾아내고 길러야 한다.

　이 운동은 "정성이 단 하나의 밑천"이었다. 그 밑천으로《씨올의 소리》가 폐간의 운명을 맞이할 때까지 10년간 그는 혁명의 꿈길을 벗어나지 않았다. 무엇보다도 그것은 태초의 하나를 꿈꾸는 낭만주의자들처럼 자연의 창조적 힘을 상징하는 씨와 올에 빗대어 신과 하나가 되려는 열망을 드러낸 것이었다.

## 저항이 아니라 도전

함석헌은 《씨올의 소리》를 내면서 두 가지 목적을 내세웠다. 하나는 "모든 사람이 다 하나님의 입노릇을 하라"며 죽은 예수를 본받아 "한 사람이 죽는 일"이고, 다른 하나는 그에 따르는 "유기적인 생활 공동체"를 준비하는 일이었다. 특히 두 번째 목적을 더 중요하게 여겼는데, 그것은 나라를 건질 "새 중심 세력"을 길러내기 위해 우리가 하나라는 느낌에 이르도록 하자는 것이었다. 다시 말해 이른바 씨올 공동체를 세우기 위해 《씨올의 소리》를 낸다는 것이었다.

그것은 자그마한 잡지 하나로 온 세상을 새롭게 바꾸겠다는 거대한 혁명의 꿈을 드러낸 것이 아닐 수 없었다. 나아가 그 꿈을 위해 예수처럼 죽기를 각오하고 자기가 믿는 "하나님의 입노릇"을 하겠다는 것이다. 바꿔 말하면, 혁명을 꿈꾸는 함석헌에게 저항은 목적이 아니라 하나의 방법에 지나지 않았다. 그것은 평화주의자에게 평화가 목적이지 비폭력이 목적이 아닌 것과 같다.

이제 우리는 저항이 아니라 도전을 해야 합니다.

씨올도 혁명을 꿈꾸는 이름이요, 혁명의 꿈 때문에 《씨올의 소리》도 창간한 것이었다. 단지 저항의 상징이나 저항인을 자처했다면 그것은 나르시스적인 형태의 이상적 자아일 뿐이다. 예수를 믿고 따른다는 함석헌에게 씨올은 혁명적 자아의 이상理想을 뜻했다. 앞서도 그가 강조한 것은 "우리 민족의 이상"이지 이상적 민족에 대해서는 말한 바 없었다. 다시 말해 씨올의 이상을 실현하는 것이 도전이요, 도전을 하는 데 필수적으로 따르는 것이 저항이다.

까닭에 함석헌이 《씨올의 소리》를 창간한 첫 번째 목적은 그의 설명과는 달리 두 번째 목적보다 더 중요한 것이었는지 모른다. 자신의 모든 것을 걸고 "모든 인간을 향해 도전을 하는 예수"를 본받기로 분명하게 밝혔기 때문이다. 예수야말로 "도전을 하는 자는 이길 자신이 있는 자"의 본보기라는 것이다. 더욱이 "나는 조금 싸워본 사람"이라면서 그 경험을 더해 "세계를 향해 도전하는 자"와 "역사를 향해 도전하는 자"에게 의미를 부여했다.

그 의미는 바로 혁명의 꿈에 있었는데, 그 꿈의 전략에서 두 가지를 경계했다. 하나는 "야심가에게 이용돼" 버릴 위험 때문에 "눈에 뵈는 조직"을 만들어선 안 된다는 것이고, 다른 하나는 아무래도 "어서 찍어 쓰자"는 결과주의의 위험 때문에 "정치적인 생각을 깨끗이 청산"해야 한다는 것이다. 특히 전자는 조직의 필요성을 부인한 것이 아니라 조직의 필요조건으로서 "성의와 역량을 가지는 인격"을 우선시하기 때문이었다. 가령 자격과 능력이 부족해서 스스로 감당할 수 없는 일인 줄 알면서도 "소대가리 맡은 개"처럼 욕심을 내는 바람에 자기와 자기 주변 사람들 모두를 어렵게 만든다는 것이다. 후자는 숲에서 재목을 키우는 것과 같이 때를 충분히 기다리기 위해 잘못된 정치 풍토로부터 일정한 거리를 두겠다는 태도를 말한다.

이에 따라서 함석헌은 혁명의 방법도 내놓았다. 그것은 《씨올의 소리》가 씨올에게 먼저 '반역'의 진지를 제공하고, 이 진지에서 사상적으로 동지를 결속하며, 그리고 세상을 향해 진실을 밝히는 "자기 교육 기구"가 되어야 한다는 것이었다. 그리고 그 기구가 할 일은 "종교 경전의 재음미, 문명의 비평, 역사적 반성, 시사 논평, 수상 등" 다안적多眼的 시각으로 씨올의 입헌적 도덕성을 깨우치는 일이라고 하였다.

이렇듯 정신적 가치를 강조한 함석헌의 혁명은 정치적으로 구원의 깃발을 올렸던 과거의 혁명과는 완전히 달랐다. 실제로 그가 박정희 정권과 싸울 때도 "독재 정권 타도"를 외치는 구호는 "쑥스러울 정도의 말"밖에 안 되며, 또한 비밀 결사라는 지하 운동으로 사회 혁명을 도모하는 것도 과거 "유치한 시대의 일"이라면서 그에 동조하지 않았다. 예컨대 그는 "이승만은 독재자다!"라고 외치기보다 진지하게 '왜 그때 독재자 이승만이 등장할 수밖에 없었을까?' 하는 문제를 생각해보라고 권했다. 그는 어떤 영웅적 인물이나 특정 지도자가 세상을 구원해줄 것이라고 기대하는 믿음을 정치적 미신이라고 보았다. 이 미신이 민주화 운동 이후 사라졌다고 하는 믿음보다 더 큰 미신은 없을 것이다. 까닭에 함석헌은 《씨올의 소리》를 사회 운동이나 정치 운동에 반反하는 "정신 운동"의 하나로 자리매김하였다. 그 정신 운동은 근원적으로 진실을 위한 투쟁으로, 사회를 지배하고 있는 오류들과의 투쟁이기도 했다.

따라서 《씨올의 소리》를 내는 일은 본디 혁명을 꿈꾸던 낭만주의자가 아니면 생각할 수 없는 결심을 나타낸 것이었다. 그 혁명의 목적과 방법은 〈우리가 내세우는 것〉에 여덟 가지로 간추려놓았다. 씨올의 존재와 의미를 설명한 것이 네 가지이고 장차 《씨올의 소리》가 나아가야 할 방향에 관한 것이 네 가지인데, '한 걸음'이면 족하다는 그의 말대로 혁명을 현재

《씨올의 소리》특집 좌담회에서 계훈제, 장준하, 천관우 등과 함께(1975년 4월 26일).

진행형으로 인식하면서 목적과 방법을 분리시키지 않았다. 이는 첫 번째 복간과 두 번째 폐간 사이의 딱 중간에 나온 것인데 '씨올의 소리사社' 이름으로 발표됐지만 실제로 편집위원들과 토론하거나 합의한 내용은 아닌 듯하다. 즉, '우리'가 내세운 내용은 모두 함석헌 개인의 생각이라고 볼 수밖에 없는데, 어디서도 편집위원들이 참여한 흔적을 찾을 수 없기 때문이다.

초기 《씨올의 소리》의 편집위원은 장준하와 계훈제, 그리고 반년 후에 참여한 법정 등 단 세 사람이었다. 이어 김동길, 김성식, 김용준, 문익환, 송건호, 안병무, 이병린, 이태영, 천관우 등 1979년까지 유신 체제에 저항하던 인물들이 편집위원으로 참여했다. 그러나 그들이 씨올 공동체를 세우려던 혁명가 함석헌의 동지였는지는 분명치 않다. 다만 그들 모두 박정희 정권에 불순한 재야인사로 낙인찍혀 고통을 받은 훌륭한 민주화 운동가들이며, 발행인 겸 편집주간이던 함석헌을 도와 함께《씨올의 소리》를 내던 편집위원들이었다는 점만은 틀림없다.

　그런데 함석헌이 그들을 편집위원으로 위촉하기도 전, 이미《씨올의 소리》는 단 두 호만 발행하고서 박정희 정권에 의해 폐간당하고 말았다. 박정희 정권은 인쇄소 변경 때문이라는 뻔한 핑계를 댔지만, 당시《사상계》에 실려 파문을 일으킨 시인 김지하의 담시譚詩〈오적伍賊〉사건을 악용하여 "어디서나 인쇄를 해주려하지 않았"다는 것이 공공연한 비밀이었다. 그러나 대법원이 문화공보부의 잡지 등록 취소 처분은 위법 부당하다고 판결함으로써《씨올의 소리》는 세 번째 호를 낼 수 있었다.[18]〈유신 헌법〉을 언급만 해도 군법회의에서 사형까지 언도받던 정치적 암흑기에 구독하는 것조차 "용기가 필요했다"는 말이 있었을 만큼《씨올의 소

---

18　당시 함석헌을 위해 소송 대리인을 자청하고 무료 변론에 나선 변호사 이병린李丙璘은 1960년대 박정희 군사 독재에 대항하여 계엄령 해제를 요구하고 삼선개헌 반대를 위한 호헌 선언문을 발표하는 데 앞장섰으며, 1970년대 유신 체제하에서 민주수호국민협의회 대표를 맡는 등 '의로운 변호사'의 표상으로 알려져 있다. 당시 편집장 박선균에 따르면, 박정희 정권이 씨올의 소리사가 계약한 인쇄소에 압력을 넣어 인쇄를 못 하게 하는 바람에 부득이 다른 곳에서 비밀리에 인쇄해 발행하자 문화공보부는 계약된 인쇄소에서 인쇄하지 않고 간행한 것이라는 억지 핑계로 잡지 등록을 취소시켰다. 이에 함석헌은 서울고등법원에 행정처분취소청구 소송을 제기하여 다음 해인 1971년 5월에 승소하고, 이어 7월에 대법원에서 등록 취소가 부당하다는 판결을 받았다. 이에 따라 복간호가 1971년 8월 15일에 발행되었다.

리》는 "언론의 자유 확보를 위해 목숨을 걸면서 호소"하던 잡지였다. 하지만 《씨올의 소리》는 1980년 7월 호를 끝으로 군사 폭력을 앞세운 전두환 정권에 의해 또다시 폐간의 운명을 겪었으며, 그로부터 약 10년 후 그가 운명하기 두 달쯤 전에야 복간호를 냈다.

이런 까닭으로 우리가 일반적으로 이야기하는 《씨올의 소리》는 주로 1971년 8월에 복간호를 낸 이후부터 제95호를 내고 두 번째 폐간을 당할 때까지 10년간 그가 다달이 〈씨올에게 보내는 편지〉를 쓰던 기간에 발행되던 잡지를 일컫는다. 생전에 함석헌이 "개인 잡지"라고 규정한 만큼 그 내용이나 성격이 그의 서거 이후 수차례 변경된 발행인들이 내던 것과는 사뭇 다르기 때문이다.

함석헌에게서 〈씨올에게 보내는 편지〉를 빼놓고는 "한 사람이 죽는 일"을 말할 수 없다. 이 편지는 자신의 체험을 인간성의 깊은 곳에 이를 때까지 씹고 또 씹어서 소화시킨 해석체였다. 그것은 익명의 독자들도 무한의 전체성을 그려보는 낭만적 영혼을 말없이 주고받을 수 있는 탈속적 공간을 형성해주었다. 말하자면 그가 두드러지게 강조한 씨올은 집단자아 '우리'의 주체성을 표시하는 공시적인 기호였다. 까닭에 씨올이 민중의 동의어로 쓰일 때나 함석헌 자신과 동일시될 때나 〈씨올에게 보내는 편지〉는 독자가 끝없는 의미 작용의 바다에 빠져들도록 해주었다. 그 바다 속에서 그의 누적된 고뇌와 열정은 기존의 가치 체계를 근본적으로 뒤엎으려는 낭만주의자의 뜨거운 가슴을 드러내고 있었다.

민民이냐 씨올이냐가 문제 아닙니다.

문제는 씨올도 달을 가리키는 손가락과 같다는 것이다. 함석헌은 씨올을 절대시하지 않고, 그것보다 "더 좋은 말"이 나타나면 "고칠 셈"이라고 했다. 과연 그가 전 생애를 바쳐 "산 신앙"으로 만난 씨올보다 더 나은 존재가 앞으로 출현할 수 있을는지는 의문이다. 하지만 혁명의 꿈을 품고 있는 씨올도 구도求道의 길에서 만난 그의 길동무일지언정 절대의 진리 자체는 아니라는 것이다. 그것은 불굴의 의지로 씨올의 가치를 창조하는 것이지 씨올에 대한 하나의 지식이 아니다. 그가 보여주는 것은 하나의 흐름만이 존재할 뿐 어떤 고정된 틀을 부정하는 낭만주의자의 관점이다.

그는 〈씨올에게 보내는 편지〉에서 씨올을 존재케 하는 존재들에 대해 계속 이야기했다. 그 가운데 하나가 씨올을 보편적인 집단 자아 '우리'를 나타내는 "어머니의 목걸이"에 비유한 일이다. 우리는 언제인지 모르게 잃어버린 "어머니의 목걸이"를 찾아야 한다는 것이다. 그에 따르면 "어머니의 목걸이"를 잃어버린 곳은 지금은 "엉겅퀴 찔레 밭"으로 변한 본디 기름진 땅이었다. 그 밭은 '우리'라는 공동체 의식의 죽음을 뜻한다. 결코 잃어버려서는 안 될 "어머니의 혼"을 잃어버린 현장이기 때문이다. 즉, "어머니의 목걸이"는 역사의 결정적인 조건으로부터 분리된 하나의 심벌이다. 또한 그것을 내놓으면 역사에 대한 의미를 잃어버릴 정도로 우리에게 역사성을 지닌 존재이기도 하다. 이에 신성한 "어머니의 혼"을 만나기 위해서 다시 어머니가 물려준 목걸이를 찾아 나선 곳이 "엉겅퀴 찔레 밭"이요 거칠어진 '타자他者의 밭'이다.

그러므로 함석헌의 《씨올의 소리》 내기는 '타자의 밭'에서 찾아야 하는 주체로서의 '나'의 인식과 관계가 깊다. 오직 자기를 주장하는 주체로서

만 존재하는 '나'처럼, 씨올을 '우리'의 이름으로 부르다 보면 지난날 잃어버린 "어머니의 혼"을 만날 수 있다는 것이다. 마치 노발리스Novalis의 《푸른 꽃》에 나오는 주인공 하인리히가 그 신비스러운 꽃을 찾아가는 길처럼 "어머니의 목걸이"를 찾는 함석헌의 이야기는 자연스럽게 낭만주의자의 꿈꾸기를 그리고 있다. 그가 "어머니의 혼"을 만나기 위해《씨올의 소리》를 내면서 세상에 "씨올의 헌법"을 알리고, 또 "씨올 교육"의 터를 닦던 일도 낭만주의자에게는 지나칠 수 없는 요소들이다.

## 씨올의 헌법 지키기

새로운 세상을 바라는 낭만주의자들처럼 혁명을 꿈꾸는 함석헌은 오래 전부터 씨올 공동체를 가슴에 그렸다. 그가 강조하던 내용은 〈씨올의 헌법〉에 잘 담겨 있다. 일반 상식으로 헌법이란 "주권은 국민에게 있고, 모든 권력은 국민으로부터 나온다"는 국민국가 최고의 기본법을 가리킨다. 그 국가주의 공동체의 헌법처럼 함석헌은 씨올의 가장 기본적인 규범을 "씨올의 헌법"이라고 명명했다.

단 세 개의 장으로 이뤄진 〈씨올의 헌법〉은 "사상을 가지고야" 혁명이 가능하다는 그의 신념을 아주 간략하고 분명하게 나타내준다. 첫째 장은 내 소리, 곧 '제' 소리를 내자는 내용이며, 둘째 장은 전체가 부분을 모아 놓은 것보다는 크다는 내용이고, 셋째 장은 씨올의 존재 방식에 대한 내용이다. 즉, 전체 안에 부분이 있고 부분 안에 전체가 있다는 것이다. 세상에 이런 법이 어디 있느냐고 묻는다면, 자연법에서 그 근원을 찾아볼 수 있을 것이다. 〈씨올의 헌법〉은 진정한 법이야말로 자연과 일치하는 올

바른 이성이며, 우리 사회의 실정법으로부터 완전히 독립한 자연적 정의의 원칙들이 존재한다는 스토아학파의 관점과 닮았다. 이런 점에서 함석헌은 인간 공동체의 오랜 꿈을 '헌법'이란 이름으로 보다 적극적으로 나타내는 동시에 아직까지 실현해본 적이 없는 혁명 운동을 강조하였다.

전체가 소리를 낼 때 개인으로서는 누구도 할 수 없었던 혁명이 이루어집니다.

국가주의 공동체의 헌법이 국민의 의무를 이야기하는 것처럼 〈씨울의 헌법〉이 부여한 씨울의 의무도 '제' 소리를 내는 데 있다는 것이다. 본질적으로 씨울의 '제' 소리도 생명의 가장 높은 운동으로 돌아옴revolution이요, 그 순환적 특성을 드러낸 순간마다 전체와의 영원한 결합을 이야기하는 시적 정신임이 틀림없다. 그러므로 그가 《씨울의 소리》를 낸 것도 씨울 공동체의 내면화를 상징하는 〈씨울의 헌법〉을 따른 것이었다. 본디 공동체의 토착적인 소리와 법을 살리자는 《씨울의 소리》와 〈씨울의 헌법〉은 자연적 통일체의 삶을 강조하는 낭만주의자의 세계관을 드러내준다.
함석헌이 그것을 대외적으로, 보다 실천적으로 선포한 것이 《씨알의 소리》 창간 2주년을 맞이하여 주창한 "같이 살기 운동"이다. 이때 "같이"의 의미는 "살기"의 원리가 되는데, 이는 혼자 살 수 없는 미완의 개별적 인간이 같이 살기를 통해 비로소 완성된다는 낭만주의자의 공생관共生觀과 다르지 않다. 그때는 박정희 정권이 "마을 길도 넓히고 초가집도 없애는" 새마을운동을 한창 벌이던 중이었는데, 그러한 현실이 항상 무한

《씨올의 소리》 창간 2주년 기념 강연(1972년 4월, 명동 대성빌딩).

의 세계를 꿈꾸던 그에게 하나의 계기occasio로 작용한 것인지도 모른다.

함석헌의 "같이 살기 운동"은 국가주의를 내세운 박정희 정권의 새마을운동과 전혀 다른 차원의 깊고 넓은 시야를 열어준다. 예수는 "같이 살기 운동"의 전형적 모델로 "같이 살기 운동"은 인류가 지향해야 할 사랑의 혁명이다. 또한 "같이 살기 운동"은 사회 정의를 위한 민중 운동으로서 부끄러운 과거를 청산하기 위해서라도 민족의 고질병을 고치자는 것이며, 5·16 쿠데타 이후 점점 희미해져간다고 본 민족정신을 되살리자는 운동이다. 나아가 우리나라 문제는 세계 문제의 연장이므로 인류 전체를 구원하는 길이 "같이 살기 운동"에 있다는 것이다. 이에 따라 "같이 살기 운동"은 종교적·도덕적·민족적·지구적 차원의 자각을 전제로 "전체가 곧 나"라고 깨닫는 일이다. 이것은 근원적으로 새로운 차원의 공동체를 염두에 둔 것이었는데, 그 공동체는 〈씨올의 헌법〉이 전망하는 '씨올 공동체'라고 할 수 있을 것이다. 흥미롭게도 당시에는 목사 김재준의 기독교 공동체와 변호사 이병린의 '불교 공동체' 구상이 나란히 등장했다.

함석헌은 〈씨올의 헌법〉에 따라 씨올이 '제' 소리를 내는 씨올 공동체를 상상했다. 이 새로운 공동체는 국가주의 공동체의 헌법과 국민을 부정하고, 조물주가 그리는 무한의 동그라미를 따라 "일생의 동그라미"를 그려가던 그의 삶 속에서 출현한 것이었다. 모든 공동체는 "그 자체의 정초석定礎石이 되는 명칭 위에 정착"된다는 낭만주의 시인 파스Octavio Paz의 말대로 함석헌은 씨올 공동체가 씨올이란 이름 위에 세워지기를 바랐다. 이 〈씨올의 헌법〉을 출현시킨 씨올의 정신이 바로 그의 "씨올주의"였다.

다시 한 번 강조하고 싶은 것이 씨올주의입니다. … 역사의 주체는 씨올이기 때문입니다.

함석헌이 "씨올주의"를 말했다는 것부터가 매우 드문 일이 아닐 수 없다. 본래 동양에서는 '~주의ism'라는 게 없는 데다 영원무한의 우주 생성을 상상할 때 무슨 '주의'를 붙이는 것이 불가능하기 때문이다. 스스로도 무슨 '주의'를 싫어한다 했던 그가 씨올주의를 내세운 것은 씨올에 대한 자신의 특별한 입장을 강조한 것이었다고 볼 수 있다. 그것은 모든 것의 중심을 씨올에 두고 있다는 점에서 〈씨올의 헌법〉의 전체의식을 드러낸 것이 틀림없다. 그 전체는 속이요, 속은 정신이다. 그래서 전체는 겉에서 뵈지 않는다. 함석헌은 "전체 씨올의 마음"이라든가 "전체를 이룬 씨올"을 〈씨올의 헌법〉의 토대로 여겼다.

하늘의 명과 땅 위의 씨올이 내포한 본질적 동일성은 "하나인 생명에 하나 됨"의 근원을 이루는 "천명天命"의 전체의식을 말한다. 이 천명의 세계는 자연과 인간 사이에 경계선을 긋지 않는 태초의 하나로서 함석헌

고유의 낭만주의를 드러낸 것처럼 보인다. 함석헌은 시대를 구원하는 천명이 씨올에 있다고 하였다. 비록 현대에 어울리는 말이 아닌 줄 알면서도 마지못해 썼다는 동양적 천명 의식은 그 시대를 시대 자체가 구원하지 못할 것이라는 절망에서 비롯된 것이지만, 그는 천명의 세계를 인간의 자유의지 속에 내재한 것으로 인식했다.

> 운명에는 맹목적인 복종이 있을 뿐이지만, 천명은 깨닫지 않으면 아니 되고 실현하지 않으면 아니 됩니다.

이미 함석헌은 천명의 세계에서 어떤 삶을 느낀 듯하다. 이 삶은 본래 인간의 "따뜻한 심정"에 있다. 그런 심정이 없는 곳에는 그가 믿는 "하늘나라"도 있을 리 없다. 또한 "하늘나라"가 없다면 씨올 공동체의 미래도 없다고 믿는 것이 "천명"을 말하는 진실일 것이다. 이에 천명이 "역사의 온전한 의미를 비치는 것"은 씨올 전체의 마음이라는 것이다. 이 전체의식을 적극적으로 나타낸 것이 〈씨올의 헌법〉인데, 이 헌법은 원천적으로 유신 헌법과 같은 국가주의 헌법을 부정한다. 국가주의 공동체와 국민은 국가주의 자체를 하늘이자 "천명"으로 받아들여야 하기 때문이다.

다시 말해 함석헌의 〈씨올의 헌법〉은 남북의 두 정권을 "가짜 정부"라 규정하고, 서로 배척하는 두 국가주의 헌법들과 정면 대결하는 제3의 입헌적 도덕성을 선포한 셈이다. 아울러 〈씨올의 헌법〉은 민족을 하나의 유기체로 파악하기 때문에 민족 분단을 합리화하는 어떠한 정치적 주장도 결코 용납하지 않는다. 그래서 그는 전체로부터 지체肢體를 분리시키면 전체도 죽고 지체도 죽는다는 점을 새삼 상기시키는 한편, 그러한 유기적 사고를 새김질하는 《씨올의 소리》를 통하여 갖가지 사회적 기만들을 폭로하는 데 주저하지 않았다.

그 가운데 하나가 혁명의 조건으로서 사유 구조의 탈바꿈과 관련된 용어들이다. 예컨대 함석헌은 "정말 역사를 바로잡고자 하는 사람들"이라면 반시대적이고 반민중적인 '서민庶民'이란 말을 쓰지 말아야 한다고 오래전부터 주장한 바 있다.

글을 쓰고 힘써 바른 말을 해보자는 사람들도 흔히 서민이란 말을 쓰지만 나는 그 서민이란 말부터 보기 싫다.

한마디로 씨올은 '서민'이 아니라는 것이다. 그러나 정치인들은 '서민' 없이 정치를 할 수 없을 것이다. 오늘날에도 진보, 보수를 떠나 '서민'을 입에 즐겨 올리는 정치인과 언론인이 적지 않다. 아마 '서민'이라는 말을 쓰는 것 자체가 자신을 꽤나 친민중적으로 보이게 한다고 착각하기 때문인지 모른다. 함석헌은 우리가 무심코 사용하는 '서민'을 "맨사람" 또는 "바닥사람"이라는 씨올과 철저하게 구별하였다.

본래 그렇지 않았지만 '민중', '인민', '서민', '하민', '민초' 다 사람의 인격을 깔보는 사상이야. 그래서 그놈의 '민' 자 내버리고 우리말의 씨올을 쓰면 좋겠다는 생각이에요.

군이 씨올이란 말을 새롭게 만들어서 '제' 소리를 내기 위해 〈씨올의 헌법〉을 선포한 것도 지배 계급 자체를 부정하는 씨올이 통치의 대상이 될 수 없다는 확고한 신념 때문이었을 것이다. 함석헌은 자신을 "적어도 사상으로는 혁명을 하자는 사람"이라고 밝혔다. 자기 자신이 반세기 동안 쓰던 민중을 더 이상 민중이라 하지 않고 씨올이라 부르는 이유도 혁명 때문이라는 것이다. 그것은 새로운 말을 써서 "자꾸자꾸 혁명해야" 계급적으로 분열된 사회에 통일성과 그 도덕적 기반을 제공하는 전체의식이 살아난다는 이유에서였다. 그에게 혁명이란 정치가 아니며, 정치로도 이루어질 수 없고, 오직 씨올에게 서려 있는 것이었다.

그 씨올을 더욱 분명하게 드러내기 위해 함석헌은 사회적으로 씨올과 충돌하는 서민이란 말의 '서庶' 자에 대해 자상하게 설명해주었다.

'서庶' 자에 무슨 죄가 있는 것 아니지만, 그것은 몇 천 년 내려오면서 나라의 주인인 씨올을 억누르고 짜먹는 도둑놈들이 그들의 들고 일어나는 것이 무서워서, 어려서부터 저의 자손에게는 나면서부터 잘난 것이 있는 듯이 특권의식을 불어넣어 주고, 씨올의 새끼들에게는 첨부터 하늘이 못난 것으로 만들어서 제 등에 타고 앉은 위에 양반들께 짐승처럼 복종하는 것이 그 본분인 듯 열등의식을 갖도록 하자는 목적에서 만든 말이다.

함석헌은 서민이란 말의 역사적 기원을 격렬하게 비판했는데, 그것은 그가 꿈꾸는 씨올 공동체의 터를 세우기 위해 잘못된 과거를 청산하는 작업이기도 했다. 하지만 '서민'의 깃발을 높이 치켜들고 선거 운동을 하는 것은 민주화 운동가들도 예외는 아니었다. 그만큼 강력한 정치적 주문呪文인 '서민'은 그 주문에서 해방되지 못한 잠재적 씨올들의 대명사였다. 그들에게 전체 씨올의 마음을 일깨우고, 과거의 어둠으로부터 "새벽을 기다리는 마음"으로 그가 새롭게 준비한 공동체의 숭고한 약속이 지금까지 45년간 잠자고 있는 〈씨올의 헌법〉일 것이다.

## 씨올 공동체 살리기

새로운 공동체의 꿈은 개별적 인간 자신의 혁명이자 국민국가에 대한 혁명이 아닐 수 없다. 그는 씨올 공동체의 조건으로 "한 사람이 죽는 일"을 간과하지 않았다. 그것은 무엇보다도 자신이 믿던 예수가 "하늘나라는 너희 안에 있다"면서 십자가에 달린 "순교의 정신"을 가리키는데, 이 정신이야말로 그가 주장하는 반국가주의 평화 운동의 사상적 기반이라고 할 수 있다.

이미 한반도에 출현한 두 분단 정부는 이념과 정부 형태의 차이에도 불구하고 본질적으로 지난 20세기에 전쟁 폭력과 대량 살상을 자초한 국민국가의 복제품들이다. 그것을 부정하는 씨올의 전체의식은 "씨올주의"와 〈씨올의 헌법〉으로 대표된다. 나라를 일본에 빼앗겼으면서도 새 헌법을 만들어 새 나라의 건설을 꿈꾼 독립운동가들의 신념처럼 함석헌도 언젠가 구현된다고 믿은 씨올 공동체의 도래를 의심한 적이 없었다. 그러나 당시 국가지상주의를 자처하던 박정희 정권은 민주주의 헌정 질서를 무너뜨리고 "위대한 영도자"를 내세우면서 공포의 독재 정치로 장기 집권에 들어가던 중이었다. 남북의 두 "가짜 정부"가 한반도를 병영화하던 시절에 함석헌은 자신이 찾아낸 구체적인 "한 점"을 씨올의 전체의식에 심고 무한의 세계로 상상의 나래를 치면서 씨올 공동체의 꿈을 꾸었다.

아울러 씨올 공동체는 크게 세상을 양분하고 있는 두 강대국의 경제 이념을 받아들이지 않는다.

자본주의와 공산주의가 경제에 대한 해결이 다르다 하여도 물건에 본위를 두는 이 점에서는 다른 것이 없습니다. 크게는 국가 전쟁으로부터 작게는 개인의 도둑질에 이르기까지, 정당한 말로 하면 산업 장려로부터 부정한 것으로 하면 불록 간상奸商에 이르기까지, 요컨대 물건을 얻어야 한다는 데서 벗어나지 않습니다.

이런 점에서 함석헌은 혁명의 꿈을 가로막는 자본주의를 비판하는 데 주저하지 않았다. 돈 때문에 인간성이 타락하고 공동체가 썩으며, 부자는 "맡아놓고 지옥에 가기로 약속된 사람"이라고 강조했다. 함석헌에게 돈이란 지배자가 남을 부려먹고 자기는 놀면서 심지어 하나님 행세까지 하기 위한 수단이므로 "하늘나라"에 돈이 있다면 자기는 가지 않겠다고도 했다. 함석헌은 돈의 기원을 정치적 지배 심리의 산물로 보았으며, 오늘날 돈을 벌기 위해 인격을 팔아야 하는 노동 문제를 해결하기 위해서는 사회학, 경제학, 정치학 할 것 없이 오직 씨올로 돌아가지 않으면 안 된다고 역설했다.

이러한 그의 태도는 "사람이 하나님과 맘몬(돈 귀신)을 겸해 섬기지 못

한다"는 예수의 입장을 따른 것이다. 그는 대토지 소유자를 설득해서 자발적으로 가난한 농민들에게 토지를 무상으로 나눠주게 한 인도의 비노바 바베의 "토지 헌납 운동"을 좋은 예로 들기도 했다. 또한 사회적으로 통용되던 '근로자'라는 말은 "실없는 말"이므로 '노동자'라고 해야 옳다면서 그 노동자를 사람으로 알지 않는 것은 자본가 못지않게 "인격을 도매금으로 넘긴" 공산주의자도 마찬가지라고 지적했다.

인격을 먼저 넘겨주지 않고 어떻게 노동력을 돼지고기처럼 잘라 팔수 있습니까?

함석헌은 자본주의자든 사회주의자든 인격을 팔아먹는다는 점에서는 마찬가지라고 보았다. 그는 새로운 공동체를 꿈꿨다. 그에게 진보란 사회주의자의 계급 혁명으로 도래하는 노동자 천국이 아니라 아예 인간이 살고 있는 "땅의 역사가 끝나면 오게 되는 천국"이었다. 그러나 그것이 지구의 멸망 따위를 상상한 것은 아니었다. 인간 자체가 사라지면 진보니 보수니 하는 것도 의미가 없기 때문이다. 그가 말한 "땅의 역사"는 "하늘나라"를 상실한 인류사를 뜻한다. 이 "하늘나라"의 주인은 "하나님"인데, 그 "하나님"을 버린 역사가 곧 "땅의 역사"라는 것이다. 따라서 그에게 "땅의 역사"를 끝내는 일은 "하늘나라"를 찾는 데 있었다. 인간 중심의 "땅의 역사"에서 진보주의자와 보수주의자는 서로 싸우는 형제일 수밖에 없으며, 그들이 "하늘나라"를 찾지 않는 한 진보주의자나 사회주의자도 진보의 의미를 가질 수 없다는 것이다.

그가 "하늘나라는 너희 안에 있다"는 말씀을 따르기로 한 것은 "성서적 입장"을 밝힐 때부터였다. 그러한 믿음은 대개의 낭만주의자들처럼 통합의 본능을 지닌 감정적인 세계를 떠나지 않았다. 그것은 그의 말대로 "따뜻한 심정"이요 "하트heart"다. 그러므로 그는 "하트"를 부정하는 지식인들의 과학적 역사주의와 정치인의 정치주의를 단호하게 거부했다. 이를테면 과학의 '과科'는 전학全學이나 전체가 아니라 '부분'이라는 것이다. 마찬가지로 그가 10년간 〈씨올에게 보내는 편지〉를 쓰면서 겨냥했던 것도 "따뜻한 심정"에 반하던 정치주의였다.

우리의 사는 길은 어서 바삐 이 잘못된 정치주의를 탈피하는 데 있습니다.

함석헌은 "우리의 사는 길"을 자본주의나 사회주의에서 찾지 않고 전체 씨올의 "따뜻한 심정"에서 찾았다. 정치주의야말로 그에게는 전체 "하늘나라"를 가리고 있는 손바닥 같은 과학적 역사주의였다. 그가 "땅의 역사"를 저지하기 위해 "하트"의 씨올주의를 들고 나왔을 때 남북의 두 "가짜 정부"가 앞세운 냉혹한 정치주의는 김일성과 박정희를 "위대한 태양"이나 "단군 이래의 위인"으로 신격화하는 데 여념이 없었다.

개인숭배주의처럼 나쁜 것은 없습니다. 개인숭배를 시켜놓으면 민중의 정신이 죽어버립니다. … 나는 김일성을 미워합니다. 모택동을 미워합니다. … 그런데 이 나라도 개인숭배주의가 차차 일어나니 시대착오 아닙니까? 이것을 어떻게 보고만 있습니까? 역사를 거꾸로 끌자는 이 악과는 나는 최후까지 싸울 것입니다.

함석헌의 싸움은 동화의 나라에서 펼쳐지는 이야기처럼 언제나 전선戰線을 선과 악으로 대립시켰다. 아마도 "성서적 입장"을 밝힐 때부터 언제나 "땅의 역사"에 대적하는 "하늘나라" 편에 섰기 때문일 것이다. 그 "하늘나라"를 향하는 것이 역사의 순리이자 역사의 의미였다. 그래서 "역사를 거꾸로 끌자"는 판단을 "하늘나라" 편에서 하기 마련이었고, 그 판단에 따라 악과의 싸움에도 역시 선의 입장에서 적극적일 수밖에 없었다. 그것은 비평가 롤랑 바르트Roland Barthes가 독특한 역사적 상황에서 출현한다고 말한 "혁명적 글쓰기"였다.

우리의 무기는 저쪽의 속에 있습니다. 그의 도덕적 양심이 그것입니다. 우리는 대적일수록 그를 도덕적 가능성이 있는 인간으로 보고 그의 속에 있는 양심을 불러일으키도록 하자는 것입니다. … 이제 인간은 높은 정도에 올라가서 나와 대적이라는 사람이 서로 딴 몸이 아니요, 하나라는 자각에 들어가는 때입니다.

이것이 함석헌이 "하늘나라"를 위해 싸우는 혁명의 전법戰法이었다. 그는 "땅의 역사"를 끝내기 위해 '나'와 '대적'이 하나가 되는 길을 제시하였다. 그가 말하는 "하늘나라"에는 '나'와 '대적'이 따로 있지 않기 때문이다. 이 진보의 의미를 살려낸 씨올 공동체는 '대적'에 대한 적개심과

인도 간디평화재단에서 연설을 마치고(1971년 3월 16일).

증오심으로 전쟁 수행 국가를 자처하는 국가주의 공동체와 차원을 달리한다. 씨올 공동체는 "하늘나라"를 향한 "하트"의 공동체가 틀림없다.

이 씨올 공동체의 밑그림은 농사와 교육과 종교를 하나의 살림으로 구성한 복합적 성격이었는데, 해방 전 평양 송산농사학원과 해방 후 천안 씨알농장에서 시도했으나 실패한 바 있었다. 그의 밑그림과 시도를 비웃기라도 하듯 남북의 "가짜 정부"들은 자본주의와 사회주의라는 두 깃발 아래 "땅의 역사"를 더욱 진행시켰다. 그리하여 "땅의 역사"를 끝내기 위해 혁명을 꿈꾼 함석헌은 자신의 꿈을 따라 방랑자처럼 세계를 돌아다녔다.

## 전태일 살리기

함석헌은 퀘이커 세계 대회에 참석하기 위해 1970년 8월 2일 스웨덴의 시그투나로 출국하였다. 그리고 1971년 4월 22일에 귀국할 때까지 런던, 뉴욕, 토론토를 거쳐 다시 미국의 뉴저지와 펜들 힐에 머물렀다. 그리고 인도를 방문하여 간디의 묘소에 들르고 그의 제자 비노바를 만났다. 이 기간에 무료 변론을 자청한 변호사 이병린은 《씨올의 소리》에 대한 행정 처분 취소 청구의 소를 진행했으며, 함석헌은 네 번에 걸쳐 독자들에게 〈폐간 중에 드리는 편지〉를 보냈다.

네 번째 편지를 보내던 즈음에 함석헌은 한국으로부터 놀라운 소식을 전해 들었다. 서울 동대문 평화시장 앞에서 청년 노동자 전태일이 온몸에 휘발유를 붓고 불을 붙인 채 "우리는 기계가 아니다"라고 외치다 숨을 거둔 충격적인 사건이었다. 이 사건은 박정희 정권이 추진하던 '조국 근대화'의 그늘에서 벌어지는 반인간적인 풍경을 폭로하였다. 당시 커피한 잔 값이 50원 정도였는데, 전태일의 동료 여공들은 100원을 벌기 위해 굶주리며 하루에 16시간을 노동해야 했기 때문이다. 전태일은 그들이한 달에 두 번만이라도 쉴 수 있도록 대통령 박정희에게 편지도 보냈다. 그러다 그는 1970년 11월 13일 자신의 몸과 마음을 모두 태워버렸다. 그리고 그해가 저물어가던 12월 29일에 그 소식은 미국 펜들 힐에 머물던 함석헌에게도 전해졌다.

그때 내 슬픔은 참으로 컸다. … 태일아! 내가 너를 죽였구나 하면서 몇 번이고 눈물을 못 금했다.

함석헌은 임명수에게 보낸 편지에서 "밤새 울었다"면서 전태일의 죽음이 자신의 잘못인 양 자책했다. 아울러 그의 분신 기사를 "그 사람의 마음이라기보다 하늘마음이 움직여서 그리 된 일"이라면서 읽었다. 그 "하늘마음"이란 전태일의 희생을 구원의 의미로 받아들였다는 뜻이기도 하다. 그는 만일 5년 전 자신이 자신의 몸을 "능히 불사를 만했더라면" 그 젊은 청년이 죽음에 이르도록 "나라 꼴이 오늘같이 아니" 되었을 것이라고 믿었다. 전태일이 죽음을 불사한 것은 "조국 근대화"를 부르짖던 박정희 정권의 잘못된 산업화 정책에서 비롯된 것으로 그 배후에는 산업화를 위해 일본 정부로부터 차관 따위를 받아 챙기던 굴욕적인 한일 협정이 도사리고 있었는데, 그때 한일 협정을 막지 못한 것은 누구보다도 나이 먹은 그가 자신의 몸을 불사르지 못했기 때문이라는 것이다.

함석헌은 펜들 힐에서 전태일의 분신 소식을 듣고 미국의 퀘이커 잡지에 이 사건을 알리려고도 했으나 안타깝게도 "부족한 영어 실력" 때문에 그러지 못했다며 후회했다. 전태일의 분신이 있기 한 달 보름 전부터 제7대 대통령 선거는 뜨거운 화제를 불러일으켰지만 함석헌은 편지에서 그에 대해 아무런 언급도 하지 않았다. 그는 《씨올의 소리》를 창간할 때 이야기한 "한 사람이 죽는 일"을 행동으로 옮긴 전태일을 홀로 가슴에 새기고 있었을 것이다.

함석조에 따르면, 함석헌은 오산고보를 떠난 직후에 어느 졸업생의 자살 소식을 듣고 "자기 목숨을 끊을 수 있는 사람이라면 무슨 일이든 할 수 있는 사람인데…"라면서 몹시 안타까워했다고 한다. 그런데 전태일의 죽음은 그때와 비교할 수 없을 만큼 커다란 충격이었다. 더욱이 전태일이 남긴 "내 죽음을 헛되이 하지 말라!"는 유언도 사적私的인 것이 될 수 없었다. 그것은 노동 현장의 문제를 넘어 노동자들을 모든 것으로부터 고립시킨 국가주의 공동체에 근본적으로 이의를 제기한 것이 확실했다. 함석헌은 1970년 12월 말에 서정웅에게 보낸 편지에 다음과 같이 적었다.

'나 하나 죽어지면 뭔가 달라지겠지' 했다는 데 비하면 나는 공연히 칠십을 헛살았어.

해가 바뀌어 펜들 힐을 떠난 함석헌은 김포공항에 내리자마자 택시를 타고 전태일이 살던 쌍문동의 허름한 집으로 직행했다. 아무도 만나지 않고 직접 전태일의 묘소로 가려 했으나 일이 뜻대로 되지 않아 전태일의 어머니 이소선을 만나러 쌍문동에 들렀던 것이다. 당시 쌍문동은 숲이 우거진 서울의 변두리였다. 오랫동안 쌍문동에 살면서 말년의 함석헌과 이웃해 지냈던 행정학자 이문영李文永에 따르면, 당시 뒷집에 살던 동료 교수가 "무장공비가 출현할 것 같아서" 자기에게 집을 팔고 이사를 갔다는 곳이기도 하다. 아들이 급작스럽게 세상을 떠난 뒤 그곳에서 외부와 접촉을 끊고 지내던 당시 마흔을 갓 넘긴 이소선은 집 안으로 들어오던 함석헌의 슬픈 얼굴이 마치 "예수님 같았다"고 술회한 바 있다. 함석헌은 이소선에게 무엇이든지 도울 일이 있으면 돕겠다는 말을 남기고 집을 나섰다.

전태일 1주기 추모 집회 '전태일을 살려라' 강연.

　　한때 기념이나 하자는 것이 아니라 태일을 내 속에 살려보자는 것이다.

　　1971년 11월 13일 토요일 오후 2시 장충동 경동교회에서 전태일 1주기 추모 집회가 열렸다. 이 집회는 평화시장 청계피복노조와 씨올의 소리사가 공동 주최하고, 가톨릭노동청년회와 도시산업선교회가 후원했다. 이날 추모식은 조향록趙香祿 목사가 추도 예배를 집전하였고, 함석헌의 '전태일을 살려라'와 고려대 교수 이문영의 '기독교가 본 전태일' 강연이 이어졌다. 모든 언론이 침묵한 가운데 열린 추모식에서 함석헌은 낭만주의 시인 브라우닝Robert Browning의 만가輓歌를 비장하게 읊었다.

> 일찍이 등을 돌려뵌 일이 없이
> 늘 앞만을 향하고 나간 사람이오.
> 구름은 걷히고야마는 것을 의심한 일이 없었고,
> 비록 옳은 것이 한때 억울을 당해도
> 악한 것이 이기리라고는 생각해본 일이 없으며,
> 넘어짐은 일어서기 위함이요,
> 짐은 이기기 위해서이며
> 잠은 깨기 위해서라고 믿었던 사람이다.

이 만가는 르네상스 시대를 살다간 어느 고귀한 인물의 생애를 읊은 것인데, 세상을 떠난 전태일의 영혼을 위하여 살아남은 자들이 감상적으로 슬퍼하기만 할 것이 아니라 그를 살려내어 응원하고 같이 싸워야 한다는 뜻이었다. 또한 스물두 살 청춘의 처참한 부르짖음을 "이 썩어지고 악독한 사회"에서 "전체를 살리기 위해서 자신을 희생한 정신"이라 천명한 함석헌은 전태일의 이름을 풀어 그의 넋을 기리기도 했다.

아, 전태일을 살려라. 그 이름도 그 사명을 표시했던 듯한 전태일, 전全은 전체 아닌가? 태泰는 큰 아닌가? 일壹은 하나 아닌가? 큰 하나 전체! 태일은 태일로 살았다. 태일을 전체로 살려라!

함석헌은 "몸으로는 아니더라도 몸보다도 더 높은 생명"으로 다시 태어날 전태일의 미래를 "영원한 생명"의 씨올로 확신했다. 이 비통한 연설은 전태일의 분신을 제3의 인격으로 승화시킴으로써 당시 절망적인 상태에 있던 한국 사회에 극적으로 물길을 터주는 실마리처럼 보였다. 그의 죽음이 살아 있는 자들 중에서 죽은 자의 지위를 약속하는 공공한 성격으로 전환되었기 때문이다. 전태일의 유서에 나오는 구절도 '큰 하나 전체'의 의미를 새삼스럽게 깨닫게 해준다.

친우여, 나를 아는 모든 나여.
나를 모르는 모든 나여.
부탁이 있네. 나를, 지금 이 순간의 나를 영원히 잊지 말아주게.

함석헌에게 전태일이란 오직 혁명만이 우리나라의 살길이라고 강조하는 역사적 징표였다. 젊은 날의 함석헌이 생각한 혁명의 정예분자는 전태일처럼 "중무장과 법률의 장벽과 정보망"을 모두 무용지물로 만들 수 있는 존재로서 "사랑의 방사선"을 발사하기 위해 청천백일하에 "드러내논 반역"을 실천하는 인물이었기 때문이다. 전태일은 무슨 지하 운동이나 비밀 결사를 통해서 목적을 달성하려는 반평화적이고 폭력적인 인물이 아니었다. 오래전부터 함석헌은 프랑스 혁명이나 러시아 혁명 같은 폭력 혁명에 대해서 그런 유형의 혁명 자체를 혁명해야 한다고 믿었다.

그는 전태일의 죽음 이후 우리나라의 살길은 "제도의 혁명", "사상의 혁명" 그리고 "혼의 혁명" 세 단계에 있다면서 먼저 전태일에게 죽음을 강요한 기존의 제도를 전적으로 부정하였다.

 지금 인간들이 하고 있는 정치 제도, 사회 제도, 경제 제도, 종교, 교육의 모든 제도가 인간의 자람을 방해하고 있다. 자본주의 밑에서 아무리 정직해도 그 정직은 정직이 아니요, 공산주의 밑에서 아무리 자유하려고 해도 자유가 아니다.

 이 제도의 혁명과 함께 지금까지의 사고방식을 고치지 않으면 우리가 직면한 문제를 해결할 수 없다는 것이다. 하지만 제도와 사상의 혁명만으로는 자신이 비판하던 과거의 폭력 혁명과 같은 일반적인 혁명의 이미지와 별로 달라 보이지 않을 수 있다. 따라서 그에게 혁명의 목적은 씨올 공동체라는 "하늘나라"의 혼을 만나는 것이 아니면 안 된다. "정말 깊은 마지막이요 또 처음"인 혼의 혁명은 "모든 병, 모든 약함, 모든 죄의 뿌리"의 구멍을 "확 열어"버리는 일이다. 그러므로 혼의 혁명을 이룬다면 "세계와 인류를 구원"할 수 있는데, 그 "엄청난 전체 생명"의 기운이 뚫리는 "혼"은 모든 것에 대한 혁명을 꿈꾸는 낭만주의자의 원천과 다를 수 없었다.

 전태일 살리기를 외친 그해 말에 함석헌은 자신의 고희를 기념하는 자리에서 "내게 가진 것이 있다면 《씨올의 소리》 하나뿐인데, 이것으로써 내 일생의 동그라미를 마저 그려볼 작정"이라고 고백했다. 자신의 모든 것을 잃어버리면서까지 씨올의 소리를 내기 위해 열정을 쏟던 그에게 전태일 살리기는 곧 씨올 공동체를 세우는 터전이었다.

## 씨올 교육의 터 닦기

함석헌은 일생 동안 "선생님"으로 불리던 교육자였다. 그러나 자기를 교육자로 길러준 학교 교육을 부정하고, 또 교육자를 "교육을 직업으로 아는 가련한 인생"이라고 비판한 것은 자기모순이 아닐 수 없다. 그 모순을 풀어내자는 것이 탈학교적이고 영구적인 "씨올 교육"일 것이다. 그는 유신 체제 초기에 국가주의 교육의 과거를 반성하면서 그 대안으로서 "씨올 교육"을 처음 언급한 바 있다.

이것은 어느 천재나 어느 힘 있는 단체가 만들어줄 것이 아니요, 우리 씨올이 직접 하는 가운데서 얻어져야 한다. 그런 교육을 무엇이라 이름 할까? 나에게 이름을 지으라면 '씨올 교육'이라고 하고 싶다.

이 교육관은 씨올 자체에 의미를 두고 있다. 함석헌은 씨올이 "과거의 총결산인 동시에 거기서의 비약"이며, 그 비약은 "생명 자체가 하는 것"이라고 했다. 그것은 자연의 전체성을 반영한 씨올 속에서 신적인 존재를 발견하는 것인지도 모른다. 이는 그 순간에 모든 것은 하나이며, 그 하나의 내부에 모든 것이 살아 있다고 믿는 낭만주의자의 관점이기도 하다.

함석헌은 교육을 "인간 살림의 알파요 오메가"로 파악했다. 만약 "나를 건지고, 세계를 건지는 교육"이 아니라면 그것은 참교육이 아니었다. 아인슈타인의 말을 빌리자면, 참교육이란 학교에서 배운 지식을 제거하고 난 후에 남아 있는 것이다. "어느 천재나 어느 힘 있는 단체"에 의해 이루어지는 교육 자체를 부정한 함석헌은 젊은 날부터 "교육을 직업으로 아는 가련한 인생"을 비판했던 만큼 학교 체제와 관련된 자칭 교육자나 교육 전문가를 참교육자로 여기지 않았다.

씨올 여러분! 누가 참교육자입니까? 참스승이 어디 있습니까? 씨올을 내놓고 다른 데 있을 수 없습니다. 참스승이 어디 있는 것이 아니고, 각 사람의 혼 속에 있습니다. 그러므로 교육은 절대 낙관입니다. … 그러기 때문에 좋은 교육자 찾으려거든 씨올에로 가야 합니다.

참교육의 세계는 "각 사람의 혼 속"에서 찾지 않으면 안 된다는 것이다. 다만 그것은 개별적 인간을 국민으로 복제하는 국민 교육을 부정하고 그 국가주의 교육의 문제를 꿰뚫어보지 않고서는 불가능하다. 까닭에 함석헌은 씨올 교육을 완결된 것이 아니라 장차 연구하고 닦아 나갈 하나의 과제로 삼았다. 그리고 그 과제는 아무리 긴박한 상황이라 하더라도 공동체의 장래를 위해 최우선적으로 다루어야 할 대상이라는 충고를 잊지 않았다.

집에 불이 나면 모든 일을 그만두고 불 끄는 데 전력해야 하지만, 어머니만은 거기서 제외돼야 하고 가장 첫째 할 것은 아기를 구해내는 일 아닌가? 집과 세간을 다 태우면서라도 아기는 건져야 한다. 그 집과 재산은 아기를 위해 있는 것이기 때문이다. 불을 끄려다가 집으로 아기 무덤이 되게 하는 것이 어리석음이라면, 정치를 하려다가 학원을 짐승의 우리로 만든다면, 그것은 더 용서할 수 없는 죄악이다.

이 '씨울 교육' 이야기는 박정희 정권이 장기 집권을 위해 전국에 비상 계엄령을 내리고 국회를 해산한 가운데 대학가에 탱크를 진주시킨 10월 유신 때 출현했다. 만일 함석헌이 탱크가 대학가에 진주하던 야만적인 정치 풍경을 외면했다면 불난 집에서 아기부터 구해야 한다며 아기의 장래와 직결된 교육 이야기를 할 수 없었을 것이다. 나아가 "씨울 교육"은 무엇보다 정치로부터의 해방을 강조하는데, 그것은 교육이 "거꾸로 개인 숭배를 시켜 가지고 죄악을 짓는" 유신 체제의 학교 풍경을 염두에 둔 것인지 모른다. 아울러 5·16 군사 쿠데타 이후 박정희 정권에 의해 급속하게 진행된 산업화 역시 교육의 위기를 심화시켰다고 파악했다.

지금 문명을 산업문명이라, 나라를 산업국가라 하는 때의 산업주의란 무엇인가? 모든 것은 왼통 차지하겠다는 사상이다. 그리고 그것이 같은 야심을 가지는 정치와 결탁하여 기업국가가 될 때 그 폐해는 말할 수 없이 크다. 그런데 거기 저항하고 자기의 성역을 지켜서만 사명을 다할 수 있는 교육이 그렇지 못하고 그 종으로 떨어졌으니 거기 밝은 내일이 어떻게 있겠는가?

함석헌에게 "밝은 내일"은 종교 없이 불가능하다. 그는 모든 생명의 근원인 햇빛과 같이 종교를 인생과 역사에서 필수불가결하다고 믿고, 종교적 권위를 내놓으면 교육 활동을 해나갈 수가 없다고 생각했다. 즉, 종교란 "인간의 본질, 존재의 성격 속에 있는 것"이므로 거기에까지 깊이 들어가는 교육의 이념이 아니면 안 된다는 것이다. 일찍이 〈새 교육〉을 쓸 때부터 그는 교육이 단지 가르치고敎 기르는育 일에 그칠 게 아니라 보다 적극적으로 인생을 구해주고救 건져주는濟 데까지 이르러야 한다고 했는데, 그것이 14년 만에 "씨올 교육"이라는 이름표를 달고 나온 것이다.

함석헌은 "씨올 교육"을 이야기한 지 채 반년이 지나지 않아 충남 모산에 있는 학교법인 구화고등공민학교 이사장에 취임하였다.[19] 장준하, 계훈제, 김용준, 김동길, 법정 등이 이사였고, 학교장은 계훈제였으나 실질적으로 학교 운영을 책임진 인물은 교사 정해숙이었다.[20] 교과 과정은 형식상 일반 중학교와 같았지만, 중학교 학력을 인정받으려면 고등학교 입학자격 검정고시에 합격해야 했다. 교사는 이전부터 근무하던 두 명에 한 명이 새로 부임해 모두 세 명이었지만, 정식 교사 자격증을 가진 사람은 정해숙뿐이었다.[21] 게다가 학교의 재정 상태가 너무 빈약해서 교사에

---

19   고등공민학교는 초등학교 또는 공민학교를 졸업했으나 중학교에 진학하지 못한 자를 대상으로 중학교 과정의 교육을 실시하는 학교를 말한다.

20   정해숙(1935~)은 고등학교와 초등학교에서 교사를 지냈으며, 충남 금산에서 《씨올의 소리》 독자 모임을 진행하다가 함석헌의 부름을 받고 구화고등공민학교의 실무 책임자가 되었다. 그는 전두환 정권 시절에 '아람회 사건'으로 징역 5년과 자격 정지 5년을 선고받았는데, 재판 과정에서 함석헌이 증인으로 출석해 그는 공산주의자가 아니라고 증언해주기도 했다. 여기에 옮긴 구화고등공민학교 이야기는 그의 증언에 따른 것이다.

21   정해숙의 회고에 따르면, 처음부터 근무하던 교사는 실력파로 인정받은 복진영과 실과를 가르치던 박종관이었다. 나중에 새로 부임한 교사 중에는

게 지급되는 월급은 일반 학교의 4분의 1 수준도 못 되었다.

그런데 한때 200~300명에 이르던 학생 수도 얼마 안 되어 갑자기 줄기 시작했다. 일반 중학교에 무시험으로 배정받게 되자 학력을 인정받지 못하는 고등공민학교에 지원할 이유가 사라진 것이다. 이에 교사들이 가정 형편으로 다른 학생들처럼 중학교에 배정받지 못한 아이들의 집을 방문하여 부모들을 설득했지만 어느 해에는 신입생이 10여 명의 여학생뿐인 적도 있었다. 정해숙에 따르면 우체국, 면사무소, 경찰서, 농협지소, 그리고 이웃 학교의 책임자들이 모이는 기관장 회의 때도 구화고등공민학교에는 아예 연락조차 없었다고 한다.

학교 주변의 환경도 좋을 리가 없었다. 학부모들도 어려운 가정의 아이들을 맡아주었다고 고맙게 생각하는 경우도 있었지만, 대개는 "일반 중학교에 못 보낸 것도 서러운데 하빨이 학교에서 일이나 시킨다"라면서 교과 과정에 따른 실습에마저 불만을 터뜨렸다고 한다. 또한 반정부 인사로 찍힌 함석헌에 대한 경계였는지 충남 아산교육청의 교육 관료들은 교사 자격증을 가진 교사를 확보하지 않으면 학교법인을 취소하겠다는 공문을 수시로 발송했다. 이런 형편에도 불구하고 자신의 과제를 실천에 옮기고자 했던 함석헌의 의지는 조금도 꺾이지 않았다.

---

장준하의 딸 장호경도 있었는데, 그는 대학을 졸업하자마자 자신이 전공한 미술을 가르치기 위해 겨우 지급해주는 교통비마저 사양하고 서울에서 출퇴근했다고 한다.

그동안 계 선생이 교장으로 가 계셨고, 나는 이따금밖에 못 갔습니다. 그러나 장차로는 이것을 직업학교로 충실시켜 가자는 계획입니다. 생활 교육을 하자는 것입니다. 그러함으로써 씨올 교육의 터를 닦자는 생각입니다.

이 씨올 교육의 터를 닦자던 그들은 꿈같은 이야기만을 남기고 꿈속으로 떠나가 버렸다.

## 한 사람의 힘

함석헌과 장준하는 자주 모산을 찾았다. 그러나 그들을 맞이해주는 것은 지역의 유지들이 아니라 경찰이었다. 그들이 올 때마다 충남 아산군 배방면의 배방지서 경찰들은 초비상이라도 걸린 것마냥 그들의 동태를 감시하기 위해 갑자기 학교로 들이닥치곤 했다. 이에 농촌의 일개 고등공민학교 운영 책임자인 정해숙은 "함석헌의 학교"를 지키기 위해 경찰의 학교 출입을 강력하게 금지시켰다. 사복을 입은 경찰이 대학 캠퍼스를 수시로 드나들던 때의 일이었다. 그러자 경찰은 자전거를 타고 근처 모산 건널목에서 학교 주위를 빙빙 돌며 감시하곤 했는데, 당시 정해숙은 그 둘이 언제 가는지, 어디로 가는지 연락 좀 해달라는 경찰의 부탁을 자주 받았다고 한다.

그러나 씨올 교육의 터를 닦던 함석헌에게 진짜 문제가 된 것은 자신을 감시하는 경찰이 아니라 학교 교육을 지배하는 국가주의 교육 이념이었다.

인격의 기초를 닦는 초등, 중등의 교육을 반공 일색으로 해서는 병신 인간을 만들어내게 되고, 나라의 백년대계를 그르치는 죄악이라고 말하지 않았던가?

함석헌이 "병신 인간"을 만든다고 한 것은 "국민 교육"인데, 그것을 상징하는 것이 "반공 민주 정신에 투철한 애국애족"을 강조하는 〈국민 교육 헌장〉이다. 그 시절 박정희 정권은 대학에서도 학생회를 폐지하고 학도호국단을 설치할 정도로 학교의 병영화를 위해 반공 일색의 교육 이념을 노골적으로 드러냈다.

그러나 함석헌이 꿈꾸는 씨을 공동체는 국가주의 교육 이념과 국민국가의 존재를 적극 부정했다. 물론 사회주의 국가의 "인민 교육"도 본질적으로 국가주의 공동체의 교육이라는 점에서 국민 교육과 다르지 않았다. 그에게는 "씨을 교육"이야말로 국민국가의 국민 교육으로부터 해방될 수 있는 이상적인 교육 이념이었다. 그래서 함석헌이 씨을 교육의 터를 닦던 구화고등공민학교에서는 국가주의 교육 이념을 조금도 엿볼 수 없었다. 학교마다 교장실에 걸려 있는 박정희의 사진도 치워버렸고, 당시 유행하던 "100억 달러 수출" 간판도 철거해버렸다. 구화고등공민학교는 박정희가 충무공 탄신일에 현충사 참배를 위해 지나가던 길가에 위치해 있었다. 아마도 구화고등공민학교는 유신 체제 아래서 감히 국민 교육을 거부한 유일한 사례였는지 모른다. 그것은 국가주의 교육 체제에서 탈국가주의 교육 이념을 실천에 옮기던 교육자 함석헌과 장준하의 '학교 전쟁'이었다.

구화고등공민학교 졸업 사진(1975년 1월 15일).

이 전쟁은 참교육의 자취도 분명하게 남겨주었다. 정해숙의 회고에 따르면, 장준하는 모산에 내려오는 날이면 자주 교직원들을 인근의 중화반점으로 초대했다. 이 자리에서 그는 중국 음식을 먹는 법과 함께 중경에 머물던 김구의 임시정부를 찾아가던 이야기 등을 들려주곤 했는데, 그것이 교사들에게 적지 않은 감동을 주었다는 것이다. 이전까지 그들에게 알려진 장준하의 인상은 꽤 거리감이 있었다는 뜻이기도 했다. 누구보다도 직접적으로 교육 환경에 영향을 끼친 함석헌의 교육관도 그들에게는 거의 받아들여지지 않았다.

함석헌은 구화고등공민학교 학생들의 검정고시 준비도 부정적으로 보았다. 교육적으로 별 효과도 없으면서 아이들만 고생시킨다는 것이다.

탈국가주의적 교육 이념을 실천에 옮기던 그에게 국가가 관리하는 학교 체제는 근본적으로 잘못된 것이었다. 그렇지만 함석헌은 아이들을 가르치는 교사들에게 이래라 저래라 하는 법이 없었다. 무엇을 권장하지도 않고, 교육에 관한 이야기도 잘 하지 않았다. 그냥 그들과 따뜻한 대화를 나누면서 젊은이들이 앞으로 어떻게 살아가야 하는지를 걱정할 따름이었다. 그런 대화가 지속되면서 반체제 인사로 낙인찍힌 함석헌과 장준하를 은연중에 경계하던 일부 교직원들도 그들의 인격에 감화되곤 했다. 그러면서 학생들을 지도하는 방법 역시 달라졌다. 교사의 권위 의식을 버리고 체벌도 하지 않았으며, 학습 방법도 주입식 교육에서 벗어났다. 나아가 자신이 다니던 학교를 '구화중학교'라고 고쳐 말하던 가난한 학생들의 열등의식도 사라지고 구화고등공민학교에 다니는 것을 보람으로까지 여기게 되자 소문을 듣고 일부러 멀리서 찾아오는 학생도 생겼다. 함석헌이 이사장이 된 지 2년도 채 지나지 않아 일어난 놀라운 변화였다.

그러한 변화가 가능했던 것은 무엇보다 함석헌의 교육 이념 때문이었다. 딱 한 번 《씨올의 소리》에 구화고등공민학교 신입생 모집요강과 함께 교육 방침이 소개된 적이 있었다.

1. 큰 학교 주의를 버리고 선생과 학생이 집안 같은 분위기 속에서 같이 살기를 힘쓴다.
2. 우리 민족의 전통적 정신을 살려 독립자존의 기풍을 세운다.
3. 어느 교파에 치우침 없이 종교심을 길러 물질주의 당파주의에 빠지지 않는 건전한 인생관의 터를 닦도록 힘쓴다.

4. 참 자유 하는 인간이 되기 위하여는 제 힘으로 살아가는 정신과
기술이 필요함으로 거기 필요한 생활 교육을 한다.

함석헌은 "영원히 전진하는 운동"의 하나로서 일상생활을 강조했다.
그 운동은 "생활을 통한 운동"이요, 그 생활의 중심에는 교육이 있다. 이
러한 교육 지표는 박정희 정권 아래서 찾아보기 어려운 것이었다. 구화
고등공민학교의 교육 방침은 가족주의가 아닌 가정 교육, 민족주의가 아
닌 민족 교육, 종파주의가 아닌 종교 교육, 그리고 물질주의가 아닌 생활
교육으로 "참 자유 하는 인간"을 지향하는 작은 학교 공동체의 모습을
그리고 있는데, 가히 오늘날 대안학교의 원조라 해도 무방할 정도다. 일
제 말기에 "똥통을 메고" 밭에 거름을 주던 시절에도 해방이 온다면 학
교에 다니지 않는 농촌의 아이들을 가르치고 싶다고 하던 함석헌의 마음
이 구화고등공민학교로 이어진 듯 보인다.

그러나 안타깝게도 학교의 미래는 점점 어둠 속으로 빠져들었다. 어느
날 정해숙은 모산역에서 내려 학교 정문으로 함께 걸어가던 함석헌에게
서 뜻밖의 말을 듣게 되었다.

장준하는 학교 할 생각이 없는 사람이야!

장준하는 반독재 민주화 투쟁과 민족 통일 운동을 한창 벌이던 중이었
는데, 하필이면 그때 장차 학교 운영을 위해 천안의 중소기업은행에 예
치해둔 학교 운영 자금이 바닥이 났던 것이다. 그것은 씨알농장을 처분

해서 구화고등공민학교를 인수하고 남은 금액이었다. 짐작컨대 함석헌은 자신의 모든 것을 바쳐서 학교를 운영할 생각이었던 데 반해 장준하는 역시 자신의 모든 것을 걸고 통일 운동에 나섰던 듯하다.

그러나 구화고등공민학교를 진짜 위기에 빠뜨린 것은 두 사람의 서로 다른 목적이 아니라 바로 장준하 자신의 충격적인 의문사였다. 비록 어려운 형편이라 하더라도 학교 운영 자금을 마련할 방법이 아주 없지는 않았기 때문이다. 하지만 정해숙이 "장준하 없는 구화고등공민학교는 없다"고 했을 만큼 그 한 사람의 일은 "씨올 교육"의 터전에 치명상을 입혔다. 장준하의 죽음 이후 구화고등공민학교의 자취도 허망하게 사라졌던 것이다.

# 10장

# 꽃 지고 잎 나리어

## 저녁 나룻가에 서서

함석헌이 천안에서 씨올 교육의 터를 닦던 시절은 그의 인생의 저녁이었다. 그가 그동안 "하나님의 발길에 채여" 다녔다고 말한 것은 자신의 불행한 과거를 토로한 것이 아니라 현실 세계를 품기에는 너무도 거대한 자신의 이상을 드러낼 방법이 그것밖에 없었기 때문이었을 것이다. 그것은 땅 위의 운명들이 신에 의해 궁극적인 목표를 향해 가고 있다고 인식한 낭만주의자가 불가피하게 세상의 어리석음에 걸려 넘어지는 인생길의 장면을 연상시키기도 한다. 그러나 넘어지면서도 전진하는 주체로서 그의 의지는 자신이 믿는 하나님의 무한한 사랑의 손길을 벗어나지 않았다.

함석헌은 공자가 '마음이 내키는 대로 해도 아무 걸림이 없다[從心所欲不踰距]'고 말한 나이를 넘어섰을 때 과거 자신이 읊었던 〈인생은 갈대〉

에 나오는 "마른 갈대"처럼 보였다.

　　인생은 마른 갈대 꽃 지고 잎 나리어
　　파리고 빈 마음에 찬 물결 밟고 서서
　　한 세상 쓰고 단 맛이 다 좋고나 하는 듯

　이 마른 갈대는 그에게 "속이 뚫려서" 상대적인 모든 차별을 초월한 "빈 마음"의 자리였다. 대체로 "사람의 어려움"은 세속적인 명예니 욕辱이니 하는 것에서 비롯되는 것이므로 "빈 마음"의 자리는 젊은 날부터 성공과 실패에 무관심하게 묵묵히 자신의 인생길을 한 걸음씩 내딛던 낭만주의자의 세월이 그대로 묻어난 것이었다. 지금은 "꽃 지고 잎 나리어" 허약해 보이는 "마른 갈대"의 나이라 하더라도 어느덧 "떠는 잎 한 데 얽혀 울며 싸우는" 푸른 갈대의 풍운을 겪고 세상 너머 영혼의 본거지에 이른 것 같았다.
　동시에 함석헌은 마른 갈대를 꺾어 마침내 "한 토막 뚫린 피리"를 준비하기 시작했다. 자신이 경험한 세속적 삶에서 탈속적인 의미를 발견하고, 유한한 것에서 무한의 우주에 나래를 펼친 "영靈의 음音"이 흘러나오는 "꺾인 갈대"가 되어 나면 죽고, 죽고 나면 또 나는 윤회적인 생명의 법칙을 젊은이들이 결코 잊지 않기를 바랐다.

　　예수도 한 곡조 음이요, 석가도 한 곡조 음악이다. 나의 이 노래는 그 영원한 노래의 한 연습이다. 연습을 잘해서 저절로 할 수 있게 되면 날

아울라가는 시간이 온다.

예수나 석가의 삶을 "한 곡조의 음악"으로 새기고 있는 메타포만큼이나 그의 삶은 "영의 음"을 낼 수 있는 단계에 가까워졌음을 드러내준다. 그러나 한 곡조 "영의 음"을 내기 위한 갈대의 "연습"은 멈출 줄을 몰랐다. 그것은 어디까지나 현장에서 치르던 정치적 실전이었지 그냥 연습이 아니었다. 그런 만큼 유신 체제 아래서 그의 "연습" 과정에는 곡절이 많았다.

1972년 10월 17일 박정희의 비상계엄령으로 시작된 '10월 유신'에 대항하는 민주화 운동에 나서면서 함석헌은 중앙정보부에 끌려 다니고, 군법회의에 회부되어 재판을 받고, 천하의 동지 장준하를 하늘에 빼앗기고, 자신과 가족을 위해 "순종·봉사의 일생"을 산 아내를 잃었다. 정치적으로나 개인적으로 불행한 사건들을 연속으로 겪은 끝에 함석헌은 자신의 괴로운 마음을 조용히 드러내었다.

나는 이제 인생의 저녁 나룻가에 서서 한 해의 저녁과 일생의 저녁을 겹쳐서 맞게 될 처지이므로 그 짐을 어서 시원히 벗고 저 밀물 속으로 들어가야 하겠는데, 내 심정은 도리어 그것을 벗어버리면 죽을 것만 같이 겁을 냅니다.

자신이 벗어버릴 수 없는 "짐"이 있다는 것이다. 그 "인생의 저녁 나룻가에 서서" 영원의 밀물을 바라보는 마음은 쓸쓸하다. 오직 "하나님의 발길"이 차였던 순간에만 건너편 "언덕 위"로 굴러 떨어졌으며, 때로 "가슴에 벼락 맞은 늙은 느티나무같이" 예측할 수 없던 인생길의 흔적으로 남겨졌다는 것이다. 이에 따라 어떤 정신적 비약의 순간 속에서 저녁 나룻가는 오히려 자신을 저편 건너 쪽으로 옮겨놓았다고 하였다.

　　나는 내 가슴을 누르던 무거운 짐이 언제 어디로 간지 모르게 됐습니다.

아마 그의 "짐"이 벗어진 것도 자신이 마음의 나룻가 이편 쪽으로 던져진 때에 "좀 더 죽었다"고 한 순간이었는지 모른다. 그때 그가 밀물 속으로 들어가듯이 "역사상의 요단 강"을 여러 번 건너서 "한번 죽고 다시 나"올 때마다 세속의 "선과 악까지" 죽었기 때문일 것이다.

　　맹자는 한 잔 물을 가지고 한 수레 장작불을 끄려다가 못 끄는 사람이 누구보다도 저 인仁을 해친다고 했습니다. 내가 이제 그렇게 된 사람입니다. 그러므로 내가 이제 가장 하나님께 욕을 돌린 사람입니다. 내가 이제 대적大敵이 내 안에 있다 하는 것은 그것을 자백 아니할 수 없어서 하는 말입니다. 싸우되 저쪽을 대적으로 아는 것 아니라 내 형제로 알고, 물에 빠진 사람을 건지는 심정으로 정말 했다면 내가 이렇게 참패를 당했을 리가 없습니다. … 저들이 나를 지운 것 아닙니다. 나는 악에게 졌습니다. 악의 본질인 갈라놓고 미워함을 내가 온전히 아니하지 못했으니 내가 악의 포로가 된 셈입니다. 대적은 내 속에 있습니다. 내 심장 속 뇌세포 속에 있습니다. 이것을 완전히 몰아낸다면 나는 반드시 이길 것입니다.

여기서 함석헌은 자기 안의 "대적"과 싸우겠다는 강력한 의지를 나타내고 있다. 자신이 "가장 하나님께 욕을 돌린 사람"이라는 고해성사는 이번이 처음이 아니지만, 이제부터야말로 "내 심장 속 뇌세포 속"에 뿌리박힌 "악"을 물리치고 "반드시 이길 것"을 다짐하는 것은 새로운 경지를 드러낸 것이었다.

아울러 그는 악과의 싸움에서 결코 간과해선 안 될 점을 세상에 알렸다. 지피지기知彼知己는 싸움에서 이기기 위한 조건인데, 이때 상대방은 사람이 아니라 바로 "악" 자체라는 것이다. 그런데 악을 사람으로 착각하는 바람에 결국 나도 나 자신을 모르는 것이 되어 싸움에 질 수밖에 없었다는 말이다.

또한 그는 악이 따로 있는 것이 아니라 선과 함께 우주의 처음부터 존재해왔기 때문에 애당초 악 자체만 상대해서 완전하게 제거할 수 없다는 점을 지적했다. 그러므로 그는 악을 제거하는 방법은 오로지 선을 실천하는 것밖에는 없으며, 선이란 모든 낭만주의자들이 바라던 "전체가 하나 됨"이라고 일깨웠다. 그리고 그 "전체가 하나 됨"의 본보기는 본디 "네 인격 내 인격, 선한 놈 악한 놈"과 같이 인격에 둘이 없는 씨올에 있다고 믿었다. 함석헌이 "씨올은 선을 저 혼자 하려고 하지 않습니다" 등 모두 여덟 가지를 〈우리가 내세우는 것〉이라 하여 《씨올의 소리》에 발표한 것은 자기가 "좀 더 죽었다"라고 고백하던 저녁 나룻가에서 인생의 저녁을 보낼 때였다.

## 사탄의 간첩

본래 씨올은 함석헌이 자신의 가슴에 심었던 "성서적 입장"의 씨앗을 일생 동안 가꿔서 거둔 열매라고 할 수 있다. 그 과정에서 그에게 "믿는 자리", "사랑하는 자리", "참고 기다리는 자리"를 확고하게 만들어주었던 것은 모든 낭만주의자들의 가치관을 이루었던 "영원한 싸움"이었다. 이 싸움은 "전체가 하나 됨"을 위해서 씨올이 반드시 치러야 했던 운명과 같았다. 그는 그것을 "역사의 생명"이라고 불렀으며, 역사야말로 "살아 있는 우주 전체"의 의미를 발견하는 일이었다. 그래서 무엇보다 싸움의 무기를 중요시했다.

싸우는 것은 큰마음을 가지고야 할 수 있습니다. 하늘마음입니다. 살고 죽음을 초월한 마음만이 병과 싸울 수 있습니다. 거기서 전체를 살리는 건강이 나옵니다. 선과 악을 초월한 마음만이 악마와 싸울 수 있습니다. 거기서 우주를 건질 수 있는 정신이 나옵니다. 이기고 짐을 초월한 마음만이 정치와 싸울 수 있습니다. 거기서 인간 사회를 이루어갈 수 있는 질서가 나옵니다. … 전체는 믿을 것이요 다수는 못 믿을 것입니다. 사랑은 믿을 것이요 힘은 못 믿을 것입니다.

싸움의 무기는 무엇보다도 "큰마음"이었다. 그만큼 큰 싸움은 전체를 구하기 위해 전체와 다수를 구별하였다. 예컨대 아흔아홉 마리의 양이

다수라면, 전체란 예수가 찾는 잃어버린 양 "하나 속"에 있다는 "참 자아"의 세계를 가리켰다. 그것은 다수의 힘을 존중하는 현실 속의 인간 사회가 아니라 차원이 다른 "하늘나라"가 틀림없었다. 그 나라는 씨올에 있다고 믿고, 그 씨올에 깃든 "하늘마음"으로 개인과 우주와 사회의 전체성을 살려내기 위하여 생사를 가르는 병과, 선악을 가르는 악마와, 승패를 가르는 정치를 큰 싸움의 대상으로 꼽았다. 싸움의 목적도 태초에 우주적 생성 과정에서 잃어버린 자연과 정신의 통일성을 되찾고자 하는 낭만주의자의 꿈과 다르지 않았다. 그가 "인간의 혼", "전체의 혼", "너와 나의 혼"을 구원한다는 큰 싸움은 도리어 세상을 구원한다면서 "인간에 대한 파쟁"을 일으키는 정치나 사회 투쟁을 부정하였다.

모든 사회 투쟁은 사탄의 간첩으로 떨어져버리고 만다. 가장 열렬한 나의 동지로 알았던 자가 나를 잡아 사탄의 진영으로 넘긴다.

따라서 그가 인생의 저녁에 내던 《씨올의 소리》는 씨올을 "정치 아니하는 사람"으로 보았다. 씨올은 박정희 독재 정권 18여 년간 반反정치의 상징이었다. 이 기간에 함석헌은 폭력적 유신 체제에 맞서 적극적으로 민주화 운동에 참여하였다. 이문영이 회고했듯이 1970년대 민주화 운동에서 주요 사건의 첫 서명자는 언제나 함석헌이었다. 이는 언제나 자신이 부정한 것을 부정하는 낭만주의자의 일관된 태도라고 할 수 있다.

정치란 게 무엇이냐? '씨올은 짐승이다' 하는 소리니라. 다스린다는 말부터가 건방지다. 누가 누굴 다스리느냐? … 잘살기를 목적하는 정치와 종교, 우리 씨올과는 상관이 없더라.

함석헌은 씨올 속에 내장된 영원한 "하늘나라"를 꿈꾸면서 민民을 주인으로 여기는 민주주의를 보다 적극적이고 미래적으로 파악했다. 인간은 인간으로 출발해서 끝내 인간 이상以上의 존재가 되어야 하기 때문에 인간 "전체"의 운명과 조건은 원천적으로 다수결 정치에 의해 좌우될 수 없다고 믿었기 때문이다. 실제로 유신 체제도 표면적으로는 국민투표에 의해 다수의 지지를 얻음으로써 "한국적 민주주의"라고 불렸다. 따라서 그가 "믿을 것"이라고 지적한 양심의 전체성은 다수 당파의 힘에 의해 한 사람의 '반체제 극소수 재야인사'가 터뜨리는 불만 정도로 취급될 수밖에 없었다.

그러나 역설적으로 씨올이 민중의 전체의식으로 부각된 것도 유신 체제 때였다. 그는 유신 체제에 반대하는 최초의 시국선언인 '지식인 15인 시국선언'에 참여했는데,[22] 비록 그들의 목소리가 아무리 모기만 한 소리

---

22 "권력에 의한 법치 제도 파괴, 정보 정치로 말미암은 공포와 불신의 풍조, 특권층의 막심한 부정부패, 국민 간의 첨예화한 생활 격차는 해를 거듭할수록 거듭되어 오던 터에 작년 10월 계엄 이후의 비정상적인 사태 진전은 급기야 집회, 언론, 학원, 종교의 마지막 자유의 숨길을 누르고, 사법과 입법을 완전히 행정부의 장중掌中에서 좌우하는 독재의 체제를 구축함으로써 우리의 입국立國의 기초인 민주주의는 공공연하게 또 뿌리째 무시되기에

라 하더라도 그것은 분명 "전체"가 내는 씨올들의 소리라고 믿었기 때문
이다.

이 시국선언 직후에 《씨올의 소리》가 주최하는 전태일 3주기 추모행사
가 열렸다. 정동의 젠센기념관에서 열린 매우 조촐한 추도식은 당국의
방해로 극소수의 인원만 참석한 가운데 《씨올의 소리》 편집장 박선균의
사회로 진행되었다. 설교 순서가 되어 단상에 오른 함석헌은 이날 민족
의 전체성으로서 전태일을 이야기하였다.

내 기분으로는 고故 전태일이라고 했지만 '고' 자를 붙이고 싶지 않
다. 추도라기보다는 한 시간 이렇게 만나서 전태일더러 우리 속에서 말
해 달라 그러고 싶은 심정이다. … 나는 생각할수록 눈물이 나 견딜 수
가 없다. 어떻게 스물두 살밖에 못난 놈이 그렇게 남을 위하는 마음만
을 먹을 수가 있을까? 그런 걸 땅에만 묻어두기에는 참으로 아깝다. …
3천만이라고 그래도 전태일 같은 사람 하나 하고 바꾸지 않겠다. … 남
을 위해서 내 믿음을 가지고 용감하게 옳은 일을 위해 한 몸을 불사른
그 사람이 정말 민족의 씨를 지키는 사람이다.

---

이르렀다"라는 내용의 시국선언으로 강기철, 계훈제, 김숭경, 김재준, 김
지하, 박상증, 법정, 이재오, 이호철, 정수일, 조향록, 지학순, 천관우, 함
석헌, 홍남순이 참여하였다.

한국신학대학교 교수들의 유신 체제 반대 삭발단식에 동조하던 때.

한마디로 전태일은 씨올의 본보기라는 것이다. 그것은 "정치 아니 하는 사람"의 지위가 구원의 정치를 업業으로 삼는 자들보다 얼마나 숭고한 것인지 강력하게 웅변한 것이기도 했다. 민주화 운동이 유신 체제의 정치적 한계 너머를 지향했던 것처럼, 인생의 저녁을 맞이한 함석헌은 인간의 유한한 생을 무한성의 영혼과 결합시키던 낭만주의자의 이상을 더욱 짙게 드러냈던 것이다.

## 민중을 배워야

전태일 3주기 추모 행사 사흘 후 함석헌은 자신에게 천안 씨알농장 터를 제공한 이발사 정만수가 일하던 고려대학교 구내 이발관에서 삭발을 하고 함께 단식에 들어갔다. 그가 동양 고전을 강의하던 한국신학대학교 교수 전원이 유신 체제에 반대하여 삭발했다는 소식을 들었기 때문이었다. 그러나 그의 단식 소식을 듣고 그날 저녁 원효로 자택으로 달려온 장준하와 김동길에 이어 다음 날 아침에는《씨올의 소리》편집 직원들까지 강력하게 만류하는 바람에 단식은 이틀 만에 중지되고 말았다.《씨올의 소리》편집장 박선균은 당시 함석헌의 이야기를 다음과 같이 기록했다.

삭발이나 단식이 어떤 시위 효과나 외부적인 영향을 주기 위해 하는 것이어서는 그 의미가 약하다. 그것은 항상 자신의 죄책감을 갖고 내적인 수련으로서 자기 자신을 올바로 재정리하고, 악을 저지르는 사람들을 불쌍히 여기는 마음으로 해야 한다.

이는 정치적 선전 효과를 기대하는 저급한 수준의 저항이 아니라 마치 "죄"와 "악"의 문제를 고뇌하는 수도자의 입장을 드러내고 있다. 정말 "세상에 악이 있는 것은 고마운 일"이라면서 "미워하는 마음으로 싸우는 것이 아니"라 했기 때문이다.

그러나 "악"을 동정할 수는 없었으므로 "악"의 대리자인 박정희 정권과의 싸움을 피하지 않았다. 1973년 12월 24일 시작된 '개헌 청원 100만 인 서명운동'의 첫 서명자도 함석헌이었다. 이 운동은 유신 헌법의 철폐를 목적으로 장준하와 백기완이 주도하여 단 1개월 만에 서명자가 30만 명을 돌파하고, 또한 각 분야의 원로와 대표적인 지성들이 총동원되는 놀라운 성과를 내었다.

이에 박정희 정권은 유신 헌법에 대한 찬반 국민투표라는 굴욕적인 대응으로 서명운동의 충격을 피할 때까지 민주화 운동을 탄압했다. 예상대로 장준하와 백기완부터 긴급조치 제1호 위반 혐의로 군사법정에 끌려 갔고, 첫 번째 서명자인 함석헌도 중앙정보부에 끌려갔다. 이어 4월 초에 긴급조치 4호가 내려지고 중앙정보부는 민주청년학생연맹 사건 관련자 1,000여 명을 체포해 구속했다. 이 사건을 언급한 함석헌의 〈민주청년학생연맹 사건과 우리의 반성〉은 《씨올의 소리》에서 삭제되었으며, 사건의

유신 체제에 반대하는 시위대의 선두에서(1970년대).

주동자로 간주된 김동길은 《씨올의 소리》 창간 4주년 기념 강연 직후 명동에서 체포되어 군법회의에서 15년의 중형을 선고받았다.

민주화 운동의 열기가 더해가면서 정국이 급변하던 9월 말에 함석헌은 또다시 중앙정보부에 불려가 3일간 조사를 받고 나왔다. 천주교정의구현사제단이 출범하여 유신 헌법 철폐, 긴급조치 무효화, 구속자 즉각 석방 등의 시국선언을 발표한 직후였다. 그리고 10월에는 언론인들의 '자유언론실천선언'이 발표되었다. 이때 함석헌은 광고 탄압으로 백지 광고가 실리던 《동아일보》 사옥을 찾아 자유 언론을 위해 싸우다 곤란을 당한 기자들을 격려했는데, 그때 그가 쓴 "자유 너 영원한 활화산이여!"라는 페넌트가 기자들을 돕기 위해 제작 판매되기도 했다. 그것은 시인 고은 등을 중심으로 문인 101명이 자유실천문인협의회를 결성한 직후였다. 이어 유신 체제에 대한 반대 세력의 총집결체인 민주회복국민회의도 탄생했다. 이 회의의 공동 대표는 함석헌과 윤보선이 맡았으며, 당시 야당 정치인이었던 김대중과 김영삼도 개인 자격으로 참여한 바 있다. 누구보다도 함석헌 자신이 비판했던 '국민'의 이름으로 대표가 된 것은 낭만주의자의 아이러니를 그대로 보여준 예일 것이다.

해가 바뀐 1975년 1월 중순에 함석헌은 중앙정보부에 또다시 불려가서 여섯 시간이 넘도록 민주회복국민회의에 관해 조사를 받고 나왔다. 그 일주일 뒤 박정희 정권은 기습적으로 2월 12일에 유신 헌법에 대한 찬반 국민투표를 실시하겠다고 발표했다. 만약 투표 결과 과반수의 찬성을 얻지 못하면 내각이 즉각 총사퇴하겠다는 위협적이고 기만적인 박정희의 담화문도 나왔다. 다음 날 오후 함석헌은 번번이 경찰에 저지당하면서도 명동성당 구내에서 열리는 민주회복국민회의 대책회의에 참석했다. 이 과정에서 그가 겪은 분노가 〈씨올에 보내는 편지〉에 자세히 옮겨져 있다.

어제 갑자기 투표한다는 소리가 벼락같이 떨어졌습니다. … 나는 모른다 하고 있을 수가 없었습니다. … 그런데 성당 구내 정문 앞을 턱 가니 아무 의심도 않고 갔던 내 눈에 보기에도 벌써 이상한 사람들이 7~8인 문을 가로막고 있었습니다. 내가 들어가려고 하자 인사도 없이 "저리 좀 갑시다" 하고 붙잡는 것입니다. "왜 이러시오?", "누구요?", "놓으시오" 항의를 해도 소용없습니다. … 나는 들어가기를 단념하고 돌아서서 10시부터 기독교회관에서 열리는 구속자와 같이하는 가족들의 기도회에나 참석하려고 걷기 시작했습니다. … 나는 종로 2가, 3가, 4가를 차례차례 지나 5가까지 갔습니다. … 막 출입문 앞에 서자 분명히 따라오던 사람은 아닌, 그저 어디서 봤던 듯한 장사가 하나 웃으면서 나타났습니다. 그러더니 "선생님 좀 봅시다" 했습니다. 나는 "필요 없어요" 한마디를 던지고 문손잡이를 잡았습니다. 장사는 나를 독수리처럼 움켜쥐었습니다. 옷이 터졌습니다. 그러나 암탉이 연약해도 혼으로 항거하는 데는 독수리도 못 견디는 법입니다. "비켜요!" 나는 있는 힘을 다해 외쳤고, 옆에 섰던 윤 목사님은 문을 열었습니다.

이 이야기는 일종의 함석헌식 대화라고 생각한다. 인간은 고립적인 개체로서가 아니라 타자와의 상호관계 속에서 존재한다는 낭만주의자의 가치관을 편지의 형식으로 드러내고 있기 때문이다. 대화의 공간은 하나의 학습장이 되기도 하였다. 이때 진실을 깨우치기 위해 함석헌은 정치적 이해 등으로 구조화된 현실적 요소들을 뒤집어서 그 반대되는 의미를 결합시키는 함석헌식 대화를 현실 너머로 전개시켰다.

이런 낭만화는 유신 체제를 부정하던 그의 숱한 정치 강연에서도 결코 빠지지 않았다. 박정희 정권이 유신 체제의 찬반을 묻는 국민투표를 실시하기 이틀 전에도 그는 민주회복국민회의 공동 대표 자격으로 정동교회에서 '국민투표를 어떻게 볼 것인가'라는 시국 강연에 나섰다. 강연이 시작되자 그는 인도의 비노바 바베를 만난 이야기부터 꺼냈다. 간디의 제자로 하루 한 끼 식사만 하는 독신자인 이 사상가는 '토지 헌납 운동'으로 세상에 널리 알려진 인물인데, 함석헌은 1971년 봄 퀘이커 세계 대회에 참석하고 귀국하던 길에 인도에서 그를 만났다. 그때 비노바의 첫 인사는 "당신은 싸우는 사람이냐?"였는데 함석헌이 "그렇다"고 하자 곧이어 "당신의 열을 식혀라"라는 충고를 들었다고 했다.

함석헌이 소개한 비노바의 충고는 그가 강연회 참석자들뿐만 아니라 유신 체제에 분노하던 사람들 모두에게 들려주고 싶었던 메시지였던 듯하다. 굳이 열을 내면서까지 국민투표에 반대할 필요가 없다는 것이다. 그러나 큰 박수가 터지고 열기는 뜨거워졌다.

저울대는 벌써 이미 기울어지기 시작했습니다. 민주주의는 승리할 겁니다. ('국민투표를 어떻게 볼 것인가' 강연 녹음)

본디 저울대를 가리키는 글자가 '권權' 자이므로 기울어진 저울대는 박정희 정권의 무력화無力化를 비유한 것이라 할 수 있다. 경찰은 강연회장 주변을 에워쌌고, 함석헌의 목소리는 비노바의 충고를 잊은 듯이 열정적으로 변한 상태였다. 그는 정작 국민투표를 해야 할 정도로 박정희보다 더 불쌍한 사람도 없을 정도라고 목소리를 높였다.

히틀러도 그래서 망했고, 무솔리니도 까꾸로 매달려 죽었고 이 독재자의 말로는 그렇게 비참한 것입니다. 아마 마지막 순간에 후회할 겁니다만 그때는 벌써 늦은 때입니다. … 불이 들판으로 나갔다면 그럼 잡을 재주는 없는 겁니다.

이는 박정희가 히틀러나 무솔리니처럼 비참한 최후를 맞이할 것이라는 소리처럼 들리기도 한다. 그러나 참석자들의 뜨거운 반응은 계속되는 그의 이야기에 식어버렸다. 요컨대 정치하는 사람이 나쁜 것은 결과적으로 "우리 자격이 나쁘다"는 말이라는 것이다.

함석헌식 대화는 유신 헌법에 대한 찬반 국민투표를 반대하자는 일방적인 정치적 구호와 달랐다. 그 국민투표를 "우리의 민족적 양심을 시험하는 것"이라고 심판했기 때문이다. 이에 따라 박정희 정권을 향하던 비판의 화살은 도리어 그 정권에 반대하는 사람들에게로 돌려졌고, 나아가 그들의 진정성을 요구하는 질문으로 바뀌었다. 만약 민족의 양심 문제가 해결되지 않는다면 아무리 박정희 독재와 싸운다고 해도 싸움의 의미가 없으며, 또한 유신 체제 세력도 이길 수 없다는 사실을 정말 부인할 수 있겠느냐는 것이었다. 그것은 강연 초반에 자신이 주최 측으로부터 "선생님, 열을 좀 올려주십시오"라는 부탁을 받았다는 것을 공개함으로써 자신의 입장이 강연회를 주최한 측과 다를 수 있다는 것을 뒷받침한 것이기도 하였다.


나는 정권 타도 운동 하는 사람이 아닙니다. '박 정권 물러나라' 나는 그 말 하고 싶지 않습니다. 내가 아무리 조그맣게 세상에 나왔다고 하더라도 '박 정권 물러나라' 그런 말이나 하려고 태어났다고는 생각하지 않습니다.(웃음) 나는 내가 문제지, 이성 가진 사람으로서, 양심 가진 사람으로서, 하나의 국민으로서, 또는 이 우주의 생명을 나타내는 사람으로서 '내가 어떻게 나 할 것을 할 거냐?' 그게 문제지. 그럼 악한 것이 있으면 저절로 물러갈 겁니다. 내가 나 할 것을 하는 것이 문제지, '저기 있는 것들 물러가라' 내가 내 할 것 못 하면 '물러가라' 암만 해도 물러가지 않을 겁니다. 그 사람이 강해서 안 물러가는 것이 아니라 하나님이 까닭이 있어서, 내가 내 할 것 못 해서 하나님이 그 사람을 결코 물리치지 않을 겁니다. 나 하나님 믿습니다.

함석헌의 정치적 의견은 명확하게 자신의 신앙으로 치환된다. 유신 체제를 반대하면서, 그 반대 운동을 하는 사람들의 입장을 반대한다는 것이다. 문제는 유신 체제 자체가 아니라는 것이다. 또한 현실의 문제가 박정희 정권의 장기 집권에 있다고 지적하면서도 동시에 문제의 핵심을 "하나님"을 믿는다는 자기 자신에게 귀결시킨다. 외부 세계에 대한 자신의 태도는 자신의 내면세계에서 결정된다는 뜻이다. 이 치환의 메커니즘은 정치적으로 매우 긴박한 상황에서도 강연이라는 대화를 통해서 인간의 본성을 되찾고자 하는 낭만주의자의 참모습을 보여주고 있다.

나는 누구보다도 민중을 믿지 않는 사람입니다.

한마디로 그가 믿는 것은 하나님이요, 정치하는 사람들에게 붙잡혀 있는 민중은 해방의 대상이지 믿음의 대상이 아니라는 것이다. 이 말은 민중을 믿어야지 무슨 소리냐고 말할 사람들과 민중을 꽤나 위한다는 정치인들에게 들려주고 싶었던 이야기인지 모른다. 또한 그는 "역사를 해나가는 사람은 민중을 배워야 한다"라고 강조하였다. 민중이 배워야 할 역사가 아니라 민중을 배워야 할 역사라는 것이다. 민중을 믿지 않고 민중을 배워야 한다는 것은 과거 신의주 학생 사건 때의 체험이 반영된 것인지도 모른다.

국민투표는 예상대로 유신 헌법에 대한 절대 다수의 찬성으로 끝났다. 그 다수는 "못 믿을 것"이요, "정치 아니하는 사람"의 양심도 아니다. 그래서 애초부터 "민중을 믿지 않는 사람"이었던 그는 절망하지 않았다.

## 흙덩이가 돼서라도

사실 정치권력의 교체보다 세상을 한번 씻어내자는 것이 함석헌의 꿈이었다. 혁명을 위한 그의 행동은 "평생 가지는 지론持論"을 따랐다. 하나는 "급진적으로 나가자"는 사상이요, 다른 하나는 "역사의 입장을 지르자"는 실천 행동이었다. 그것은 "지배와 피지배 관계"라고 규정한 정치를 깨뜨리는 것이 목표였다. 문제는 "참 악독한" 정치를 길러준 책임이 궁극적으로는 씨올에 있다는 것이다. 이 정치로부터 씨올을 해방시키기 위해 함석헌은 국가와 민족을 구하겠다고 나선 구원의 정치와 싸웠다. 사실 정치의 의미를 아는 것은 반드시 정치를 한다는 사람들이 아니었다.

정치가들은 열심은 열심이지만, 말을 거꾸로 타고 앉은 사람들입니다. 이날까지 인간을 속여온 큰 허깨비가 있다면, 그것은 '정치가 역사를 만들거니' 하는 생각입니다. 이것은 완전히 망상입니다. 정치가 역사를 만드는 것이 아니라 역사가 정치를 낳습니다. … 그렇기 때문에 눈이 있는 사람에게 정치가는 모두 돈키호테같이 보입니다. 그런데 그

돈키호테에게 붙잡혀 나갈 길을 못 나가고 있으니 우리야말로 돈키호테 이상의 웃음거리입니다.

함석헌이 "허깨비"라고 본 정치를 오늘날 정치인들은 주저 없이 "생물生物"이라고 말한다. 민民이 주인인 민주주의 시대라면서도 아직도 무슨 최고위원이니 거물이니 하는 것들이 돌아다니고 심지어 민을 "통치"한다는 철학마저 곧잘 들먹인다. 그만큼 함석헌이 철저하게 부정하는 정치 현실은 도리어 그의 양심을 "돈키호테 이상의 웃음거리"로 만들어버리기 쉬웠을 것이다. 까닭에 "세상은 장님이며, 오직 사랑하는 사람들만 본다"는 어느 시인의 말처럼, 그것은 그가 깜깜하다고 한 세상의 정치가들을 위한 하나의 가르침으로 아직도 남아 있는 셈이다.

소위 거물이라는 사람들은 진리의 세계에서 하면 아직 어린애도 못 됩니다. 장자는 그것을 시슬豕蝨이라고 했습니다. 그런 사람들은 제 세계만 알기 때문에 바다에서 온 자라를 보면 미쳤다고 하는 우물 안 개구리 같아 문제를 문제 삼을 줄도 모릅니다.

시豕란 돼지의 총칭이고, 슬蝨이란 남에게 기생하며 피를 빨아먹는 이를 가리킨다. 그 돼지와 이 같은 존재를 거물이라고 여기는 것이 정치적 미신이요, 그 미신과 싸워야 하는 존재가 씨올이라는 것이다. 그런데 그 거물들은 보수와 진보를 막론하고 지금도 우리 주위에 즐비하다. 그 점에서 민주화 '이후'를 이야기한다는 오늘날의 정치도 씨올의 관점에서 아직 민주화 이전이라고 말할 수밖에 없다. 함석헌은 《씨올의 소리》를 내기 20년 전에도 '다스린다'는 뜻의 정치라는 말 자체가 반민주적이라고 지적한 바 있다. 오늘날 일상화된 일본어 '정치'는 일제가 침략하기 전에는 쓰이지 않았던 말이다. 공자도 정政이란 "올바름에 있다〔正也〕"라는 말만 했을 따름이다. 함석헌은 정치를 "남을 망하게 만들어놓고 그리고는 그 망하는 것을 비웃"는 야비한 짓이라며 비판해왔다. 그래서 정적과 싸우면서 정치적 열매를 기대하는 정치인들과 달리 그의 행동은 정치 현실과 충돌할 때마다 마치 "우물 안 개구리" 같은 정치적 미신을 깨뜨리기 위한 하나의 영적 대화처럼 보였다. 이 대화는 말하는 사람의 입장이 곧 듣는 사람의 입장으로 전환되는 것을 말했다.

이는 유신 체제 시절 그가 참여한 3·1 민주 구국 선언 사건에서도 그대로 드러났다. 사건 자체는 1976년 3월 1일 저녁 6시 명동성당에서 신·구교 신자 2,000여 명이 참석한 가운데 열린 삼일절 기념 미사에서 신부 김승훈과 목사 문동환이 설교한 뒤 서울여대 교수 이우정이 기도의 형식을 빌려 "이 나라는 민주주의 기반 위에 서야 한다"는 선언문을 낭독한 데서 비롯되었다. 선언의 내용은 나라의 장래를 위해 긴급조치를 철폐하고, 이와 관련된 구속자의 석방을 비롯하여 언론·출판의 자유, 사법부의 독립, 국회 기능의 회복 등을 요구하는 것이었다. 이후 재판 과정에서 사건의 동기와 목적도 당파적인 것이 아니라 "전체 민족의 문제"에 있다는 것이 밝혀졌다. 당시 막후에서 활약한 김정남의 《진실, 광장에 서다》에 따르면, 일명 "명동 사건"이라고 불리는 3·1 민주 구국 선언 사건은 유신 체제의 가장 어두운 시기에 터졌으며, 여기에 참여한 면면들의 비중 때문에 국내외에 적지 않은 영향을 끼친 것으로 평가받았다.

함석헌도 선언에 참여한 10명에 포함되어 긴급조치 9호 위반으로 군사재판에 넘겨졌지만, 일흔을 넘긴 고령을 이유로 윤보선과 더불어 구속에서 제외되었다. 서명자는 함석헌을 비롯해 김대중, 문동환, 서남동, 안병무, 윤반웅, 윤보선, 이문영, 이우정, 정일형 등 10명으로 모두 기독교인이었으며, 첫 서명자는 함석헌이었다. 실질적으로 사건을 주도했던 문익환은 당시 신·구교의 성서 공동 번역 작업의 마무리 때문에 서명에서 빠졌다. 행정학자 이문영의 자서전인 《겁 많은 자의 용기》에 따르면, 본래 서명자가 두 사람 더 있었으나 "밤에 서명하고 새벽같이 취소하러 온" 탓에 10명으로 줄어들었다고 한다.

그런데 함석헌의 생각은 좀 달랐던 것 같다. 독재 정권보다 그 정권을 뒷받침하는 정치적 미신과의 싸움이 문제였기 때문이다. 재판정에서 그는 선언문 작성을 맡았던 문익환이 "전 민족의 슬기와 지성이 총동원되어야 하는 일"이요 "우리 5천만 온 겨레가 새 역사 창조에 발 벗고 나서는 일"이라는 3·1 민주 구국 선언의 취지를 설명하는 것을 들었다. 하지만 정작 함석헌이 충격을 받았던 것은 미처 생각지 못했던 다음의 한마디였다.

장준하의 뒤를 잇기 위해서입니다.

문익환의 목소리에 놀란 사람은 함석헌 말고는 없었던 것 같다. 그것

1976년 3월 동교동 김대중 자택에서, 민주구국선언 사건 연루자 출옥 후 발족된 '민주주의와 민족통일을 위한 국민연합'지도부. 왼쪽부터 이문영 상임위원장, 함석헌, 윤보선, 김대중 공동 의장, 예춘호 상임위원.

은 장준하가 경기도 포천 약사봉에서 갑작스런 의문사를 당한 지 6개월 여 만의 일이었다. 그리하여 다음 재판 때부터 함석헌은 굵은 베옷을 입고 재판정에 나갔다. "상복"이었던 그의 베옷 차림은 미국의 시사주간지 《타임》에 실리기도 하였다. 그는 재판정에서도 자리에 앉지 않고 처음부터 끝까지 서서 재판을 받았다. 그리고 장준하와 그의 동지들과 씨울 앞에 "울음으로 사죄"한다는 고백을 《씨울의 소리》를 통해 세상에 알렸다.

　내가 재판을 받으러 서울 길거리를 걸어 다닐 때에 상복을 왜 입었

3·1 민주 구국 선언 공판 직
후 침묵 행진 하는 모습.

던지 아십니까? 재판관이 보라고 입었던 줄 아십니까? 아닙니다. 여러
분이 보라고 했던 것입니다. … 자유가 과연 있느냐? 평등이 과연 있느
냐? 평화가 과연 있느냐고 나는 대들 수밖에 없었습니다. 그 부르짖음
의 표시가 굵은 베옷, 옛날의 모든 예언자들이 일이 있을 때는 눈물로
입고 씨올 앞에 나섰던 그 베옷입니다.

이때부터 함석헌은 장준하를 통해서 눈에 보이지 않는 "영원한 나라"
의 목소리를 듣는 사람이자 동시에 씨올에게 자신의 속마음을 털어놓는
사람으로 다시 태어나게 되었던 것이다. 이 대화가 중단될 수 없었던 것
처럼 세속의 정치적 미신과의 싸움도 그의 일생 동안 멈춘 적이 없었다.

그가 생전의 장준하와 나눈 마지막 대화는 전태일의 어머니 이소선에 의해 공중파를 탄 적이 있다. 장준하가 약사봉에서 의문의 죽음을 당하기 몇 시간 전 함석헌의 원효로 자택을 찾았을 때였는데, 함석헌이 자신과 이야기를 나누던 중에 집 마당에 들어선 장준하를 보자마자 벌떡 일어나 노기 띤 목소리로 다음과 같이 말했다는 것이다.

아니, 내가 그렇게 말해도 자네 못 알아듣고…. 김대중이 잡아 죽이려다 못 죽이고, 이제 당신 차례라고 내가 몇 번 말했나? 집에 안 있고 왜 왔나?

그 순간에 장준하는 마치 잘못을 저지른 아이처럼 그냥 마당에 서서 "알겠습니다. 가겠습니다"라면서 도로 문밖으로 나갔는데, 그때 뒷모습이 "너무나 슬퍼 보였다"고 한다. 그것이 함석헌과 장준하가 이승에서 만난 마지막 순간이었다.

박정희 정권이 저지른 김대중 납치 사건은 장준하의 의문사보다 2년 앞서 일어났다. 이 사건에 대해서는 여러 가지 설이 있지만, 김대중은 자신을 없애라는 박정희의 지시에 따라 중앙정보부장 이후락이 1973년 8월에 동경에서 자신을 납치했으며, 그 원인은 자신의 반체제 운동에 있었다고 《김대중 자서전》에서 회고했다. 그런데 독재자 박정희와 동일시되던 유신 체제를 반대한 것이 납치의 주요한 이유였다면, 당시 신성불가침의 존재였던 박정희와 그 정권을 약 15년간 끈질기게 정면에서 비판해왔던 장준하에 대한 함석헌의 걱정은 조금도 지나친 것이 아니었을

1975년 2월 21일 민주회복을 위한 모든 국민의 노력을 단일화하자는 성명을 발표하는 장준하.

것이다. 특히 장준하의 '개헌 청원 100만인 서명운동'은 그에게 함석헌이 이제 "당신 차례"라며 위험을 경고하는 충분한 이유가 되었다고 본다.

함석헌을 가장 가까이에서 지켜보던 《씨올의 소리》 편집장 박선균에 따르면, 그 무렵 함석헌은 박정희가 "요즘 함 대통령, 장 총리 잘 있나?"라고 주위에 물었다는 이야기를 전해 듣고 "사람을 몰라도 그렇게 모를 수가…" 하면서 말끝을 흐렸다고 한다. 장준하를 야단친 것도 그와 관련된 것인지 모른다. 다만, 장준하가 의문의 죽음을 당했을 때 그 의문의 진원지를 겨냥해서 함석헌은 "내가 그의 끝을 보기 쉽지…"라는 어떤 극단적인 분노와 슬픔을 드러낸 적이 있다고 한다.

그를 한번 내세워 보고 싶었는데, 그가 이 나라의 정치를 맘껏 할 수 있는 길이 있다면 내가 흙덩이가 돼서라도 디디고 올라서게 해주고 싶었는데!

이는 장준하의 죽음을 앞에 두고 형식적으로 한 말이 아니었다. 이미 옥중의 장준하를 당선시키기 위해 야당인 신민당에 입당까지 했던 그였다. 그러나 장준하를 위해 때가 오기만을 기다리던 함석헌은 망연하게도 그의 영정 앞에서 "제1호" 분향자가 되고 말았다.

장준하의 죽음 앞에서 현실 정치에 대한 함석헌의 심중을 엿볼 수 있었는데, 자신이 "흙덩이가 돼서라도" 기어이 "내세워 보고 싶었"다고 고백했기 때문이다. 젊은 날 장준하의 곁을 떠나지 않았던 《씨올의 소리》 독자 안병원의 회고에 따르면, 1970년대 정치인들에 대한 인물평을 요구받자 함석헌은 김대중은 놀라운 재능을 가졌으나 덕이 좀 부족하고, 김영삼은 사람은 괜찮으나 학문이 너무 안됐고, 이철승李哲承은 왠지 급해 보여서 아쉽다고 평했으며, 유진산에 대해서는 세론과 달리 꽤 높은 평가를 해주었다고 한다. 그리고 장준하에 대해서는 그가 대통령이 된다면 "한국 사람의 복"일 것이라고 대답했다고 한다. 장준하에 대한 그의 커다란 기대와 믿음은 추모시에서도 엿볼 수 있다.

소나무 밑 동자 놈아
우리 스승 어디 갔냐?
소나무 우뚝 서 있건만
동자 놈 간 곳 없다.

약사봉아 물어보자
네 무슨 약 감추었나
스승은 숨겨놓고

죽을 사死 자만 내놓느냐?

우리 엄마 30년을
전신불수 누워 있다.
이 산속에 있을 스승
구름 깊어 모를레라.

시에서 "30년"은 해방 후 30년을 말한다. 함석헌은 민족의 운명을 역사의 산 속에 쓰러져 있는 "전신불수"의 엄마에 비유하면서, 그를 고쳐 민족 전체를 살려낼 수 있는 "스승"으로 장준하를 꼽았다. 장준하는 함석헌이 일생 동안 시를 써서 추모한 세 명의 인물 가운데 하나다. 다른 두 사람은 '오산'의 상징 남강 이승훈과 《성서조선》을 내던 친구 김교신이다. 함석헌에게 그들 세 사람은 민족 해방과 민족 통일을 위해 일생을 바친 순정과 열정의 표상이었다. 그들에게서 결코 분리시킬 수 없는 '조선 사람'의 정신이 씨올을 관통하고 있던 만큼 장준하의 죽음은 오래도록 민족 통일을 꿈꾸던 함석헌의 가슴에서 사라질 수 없었다.

## 변질된 씨올, 똥 묻은 명함

함석헌은 3·1 민주 구국 선언 사건으로 징역 5년, 자격 정지 5년을 최종 선고받았다. 이승만의 자유당 정권 때 〈생각하는 백성이라야 산다〉로 잠시 경찰서 유치장에 끌려갔다가 풀려난 이후 16년 만이다. 선고 형량은 윤보선, 김대중과 같았다. 대법원이 관련자들의 상고를 모두 기각해서 확정된 형량이었는데, 인권변호사 한승헌의 말처럼 "정찰제" 형량이었던 듯하다. 하지만 "정찰제" 형량이라 하더라도 사건을 대하는 정신적 태도가 같은 것은 아니었다.

이 사건의 의미를 정치적 입장에서 간략하게 언급한 김대중은《김대중 자서전》에서 이 사건이 재야 종교인과 지식인들의 순수한 열정을 자신의 마음속에 깊이 각인시킨 계기이자 자신과 재야 민주 인사들을 연결시킨 최초의 고리였다고 밝힌 바 있다. 이와 다르게 이문영은 자서전《겁 많은 자의 용기》에서 별도의 장을 할애해 비교적 자세하게 이 사건을 다루며 유신 체제라는 "악"과 싸워야 했던 양심적인 지식인의 입장을 기술하였다.

그러나 함석헌의 태도는 그들과 뚜렷한 차이를 드러냈다. 그는 민족을 위해 헌신한 장준하의 길을 따르자고 결심하고, 자신의 부족함을 뉘우친다고 고백했다. 사건의 중심에는 장준하가 있으며, 장준하의 어깨에 민족의 미래가 달려 있다는 것이다. 그리고 자신이 받는 재판 자체에는 무관심하다는 듯이 그는 〈재판정에 설 때 내게 온 말씀〉을 쓸 때도 미래에 대한 전망을 드러냈다.

이제 우리는(내가 아니고 우리입니다) 어떻게 하면 내가 잘 살겠나가 아니라, 우리나라를 강하게 만들까가 아니라, 이 인류를 건지는 것이 문제입니다. 이 지구를 건지는 것이 문제입니다. 폭풍우를 만난 배 위에서는 절대로 내 생각을 할 수 없습니다. 지금 이 지구라는 배가 폭풍우를 만났습니다. 밖에서 오는 폭풍이 아니라 제 속에서 터져 나오는 폭풍입니다. … 우리는 아주 중대한 순간에 섰습니다. 여기는 너 나가 없습니다. 네 나라 내 나라도 없습니다. 이것은 폭풍우에 직면한 순간입니다.

요컨대 인간이 회개하지 않으면 망해가는 오늘날의 인류와 지구를 건질 수 없다는 것이다. 이 이야기가 재판정에서 행한 그의 최후 진술인지 아닌지는 확실하지 않다. 만약 이런 꿈이 최후 진술과 관련 있는 것이라면, 군법회의 재판정은 그의 '죄'를 심판하는 자리가 아니라 도리어 그가 한 시대의 정치적 미신을 심판하는 자리였던 것이나 다름없다. 이날 함석헌은 "정말 가슴 하나 두근거림도 없이, 두렵거나 미워함도 없이" 재판정에 나섰다. 그만큼 마음이 차분해졌던 것은 자신이 소련 군정 아래서 신의주 학생 사건으로 폭행과 처형의 순간을 경험한 이래 30여 년 만이었다고 한다. 그러나 이번에도 조선총독부나 소련 군정에서처럼 국가주의는 그에게 정부 전복 음모란 반역적인 혐의를 뒤집어씌웠다.

그때마다 함석헌은 도리어 자신이 "영靈의 나라"에 산다는 것을 의심하지 않았다. 이 꿈나라에서 개인적 삶을 이루는 "영원한 생명"은 낭만주의자들이 말하는 우주적 유기체의 한 부분이었다. 그것은 만물의 영장靈長이라는 인간이 같은 인간들 전체와 공유하는 도덕성의 심판자였기 때문이다. 이에 따라 그의 탈속적인 믿음은 군법회의 법정에서나 세속적 통념으로부터도 자유로울 수밖에 없었다.

나아가 아직 3·1 민주 구국 선언 사건이 재판 중일 때 그는 자신의 세 가지 즐거움이 공자가 말한 인생삼락三樂과는 별개인 삼불락三不樂이라고 이야기하기도 하였다.

문명이 파산을 하고 세상 끝날이 내다뵈니 하늘나라 가깝다던 말씀이 아주 분명해지니 시일락야是一樂也요, 남편 노릇 잘못했기 때문에 그것이 무덤 문에까지 짐인데, 늙은 아내 전신불수 7년에 그 시중을 내가 해보며, 만일이라도 처지가 바뀌었더라면 하는 생각을 하니 이야말로 시이락야是二樂也요, 재판정에 서서 네가 나를 재판하느냐, 내가 혹 너를 재판하는 것 아니겠느냐 하는 순간 은은히 뵈는 십자가가 그 뒤에 나타나, 나도 암루暗淚를 삼키며 "저들을 불쌍히 여깁소서" 같이 할 수 있으니 시삼락야是三樂也입니다.

이 역설적인 세 가지 즐거움은 그가 "죽을 줄 모르는 인간의 욕망"이 가장 나쁜 것이라면서 죽음과 친해진 후에 "욕망의 망원경"을 거꾸로 대고 봤던 것인지도 모른다. 그로부터 2년쯤 지난 1978년 5월 초에 함석헌은 아내 황득순을 먼 세상으로 떠나보냈다. 그가 아내의 죽음을 두고 "나의 마땅히 받아야 할 벌을 대신 받은 것이요, 나의 생애의 마지막 손질을 하기 위해 희생이 된 것"이라고 고백한 것도 "영의 나라"를 믿기 때문이었다. 그래서 일찍이 아내를 "믿음의 친구"로 생각하지 못한 것을 자신의 "큰 잘못"이라며 슬퍼했다. 아내는 항상 "나야 뭐"라고 하면서 땅의 나라에 남긴 것이라고는 "글자 그대로 아무것도 없"는 씨올이었다는 것이다.

다 아는 일이지만, 새삼 듣고 나서 슬프고 부끄러웠습니다. 그러나 또 기뻤습니다.

아내의 죽음을 두고 그가 슬픔과 부끄러움과 기쁨을 자아낸 것은 은연 중에 "세상이 허망해져서 살 생각이 없어"진 어두운 현실을 반영한 것처럼 보였다. 일생을 씨올로 살다간 아내는 씨올의 본성을 잃어버린 자기 주위의 경우와 극명하게 대비되었다. 그러한 현실이 너무 답답하고 자신의 꿈마저 절망감의 포로가 된 것을 참을 수 없어 함석헌은 "남강 선생님 영 앞에"서 호소하기도 했다.

과연 제가 걱정했던 대로 오산은 지금 아무 정신이 없는 사람들 집단입니다. … 선생님의 마음이 머무실 곳은 '지붕 위에 지저귀는 참새 무리' 같은 뜨거운 가슴의 학생들 사이이지, 구경꾼들의 먹고 내다버리는 쓰레기 사이가 결코 아닙니다. 얼마 아니 되는 돈과 똥 묻은 명함에 팔리는 놈들, 어린아이들도 알 만한 그 판단도 못 하고 있습니다.

이 글을 쓴 날은 1979년 2월 4일인데, 기묘하게도 그는 꼭 10년 뒤인 1989년 2월 4일에 운명하게 된다. 그 10년간 함석헌은 세상으로부터 점점 멀어져갔다. 함석헌은 "선생님(남강 이승훈)을 팔아 이득을 얻자는" 행위를 격렬하게 비판했다. 남강이 "똥 묻은 명함"이나 "얼마 아니 되는 돈"에 팔려 다니도록 만든 저급한 인격들을 차마 그냥 두고 볼 수 없다며 한탄과 격분을 드러냈다. 아무리 스승의 정신을 살리고 기념한다는 좋은 명분이라도 그것을 내세우는 자가 자신의 명예나 금전적 이해를 먼저 생각한다면, 그 순간부터 그것은 이미 "정신이 없는 사람들 집단"의 몹시 걱정스러운 일이 될 수밖에 없다는 것이다.

할 수 없는 것은 약아빠져서 누구의 말 들으려 하지 않는 변질된 씨올입니다. 그것은 이미 제 바탕을 잃고 악의 앞잡이 노릇을 하는 것이기 때문에 그런 가라지들을 가지고는 나라를 할 수 없습니다.

함석헌은 아주 분명하고 구체적으로 "변질된 씨올"의 특징을 설명하였다. 무엇보다도 자신이 "악"과 싸우고 있기 때문에 "악"의 근원에 대해서 말하지 않을 수 없다는 것만 같다. 즉 "약아빠져서", "제 바탕을 잃고", "누구의 말을 들으려 하지 않"으며 "악의 앞잡이 노릇"을 하는 존재는 양심상 이미 "하늘나라"에 갈 수 없는 사이비 인격을 가리킨다. 그것이 우리 주위에서 씨올을 앞세우고 점잖은 소리들을 하고 있다는 "변질된 씨올"이다. 그가 "나라를 할 수 없"다고 말한 것은 '나'를 '나라'라고 부르는 것이 '나라'의 근원이라고 하듯이 '나'의 주체적 이웃 관계로 파악하는 나라는 반드시 국가가 아니라 규모와 관계없는 공동체의 살림을 일컫는데, 그들에게 맡길 수 없는 "나라"의 살림살이가 도리어 그들에게 맡겨졌으므로 불행하다는 것이다. 본래 씨올은 "제 바탕"을 잃지 않아서 약아빠지지도 않고 착하기 때문에 어리석고, 어리석기 때문에 속고, 속기 때문에 가르칠 수 있는 사람이라고 했다. 그렇다면 가르칠 수 없거나 혹은 가르칠 필요가 없을 만큼 겉으로는 가는 눈빛을 반짝이면서 약점을 보이지 않는 행동을 하는 세련된 사람일수록 "변질된 씨올"이란 뜻일지 모른다.

함석헌은 벼가 잘 자라도록 김을 매어 "가라지"를 솎아내는 농부처럼 "어리석은" 씨올이 역사를 한번 갈아엎도록 시대의 농부를 자처했다. 이때 그는 〈씨올에게 보내는 편지〉를 쓰면서 통상적인 경어체를 쓰지 않았다.

하나님이 씨올을 부끄럽게 만드시는 것은 스스로 자기를 위해 분을 일으켜, 생명의 권위를 도로 찾아, 당신의 참과 의를 증거할 수 있게 하기 위해서다. 생각해보라. 이렇게 죽은 민족이 어디 있나? 감각이 있고, 의분이 있고, 결단이 있나?

글에서 들끓는 분노가 엿보이는데, 그 격분은 절망에 빠질 때 도리어 '절대의 절망'으로부터 희망을 찾는 의지의 밑천이 틀림없다. 그리고 그 밑천이야말로 이사야 벌린의 말처럼 어떤 목표를 향해 나아가게 해주는 낭만주의자의 자비로운 신성神性이 아닌가 한다.

# 11장

# 높은 봉 구름 위에

## 그 발길이 올 때

혁명을 꿈꾸는 자를 "하나님의 발길에 채여" 다니게 만든 원천은 신성한 의지일 것이다. 그런데 자신이 체험한 인생길이 예측 불허였음을 뜻한 "하나님의 발길"이 언제부터인가 자연스럽게 자기 자신의 일부가 된 것처럼 달라지는 날이 온다. 그것은 그 자전적 이야기가 《씨올의 소리》에 실린 지 10년째를 맞이하던 때였다.

나는 이제는 하나님의 발길에 채여 다닌다는 것을 스스로 압니다.

그의 말은 그 발길이 그대로 좋다는 것도 아니요, "그 발길이 올 때"를 미리 안다는 것은 더욱 아니다. 발길에 차여 다닌다는 것 자체를 안다는 것일 뿐이다. 그만큼 자신이 믿는 "하나님"에게 더 가까이 다가갔다는 말일 것이다. 그래서 갑작스럽게 발길에 차이는 것이 아니라 이제 "하나님의 발길"에 스스로 맞춰 다닌다는 뜻인지도 모른다. 그런데 그 "이제"는 박정희 정권의 유신 체제가 끝나가던 무렵이었으므로 그가 "죽었다"라는 것을 반복적으로 체험한 뒤였다. 그 체험은 자신과 대립하던 자들이 아니라 오히려 가까이하던 사람들 속에서 일어난 일처럼 보였으며, 나라 일도 그와 다르지 않다고 생각했다.

모순이게도 가장 열심히 정의를 부르짖고 나라를 위한다는 사람들이 자기도 모르게 악을 돕고 있습니다.

이는 "변질된 씨올"이 "악의 앞잡이"가 된다는 말이기도 하다. 1979년 미국 퀘이커 봉사회는 함석헌을 노벨평화상 후보로 추천했다. 미국 퀘이커 봉사회는 영국 퀘이커 봉사회와 함께 제2차 세계 대전 때 적군과 아군을 막론하고 부상자 치료를 위해 희생적인 봉사 활동을 펼친 공로로 1947년에 노벨평화상을 수상한 바 있다. 함석헌의 노벨평화상 후보 추천 소식은 《중앙일보》가 미국 《워싱턴 스타》지의 기사를 인용해 2월 26일 자 1판에 1단 기사로 조그맣게 보도하고, 이어 《크리스챤신문》이 3월 3일 자 1면에 사진과 함께 실었다. 그 외에는 어느 언론에서도 보도되지 않았다.

함석헌은 정의와 인권을 위하여 비폭력적 운동으로 일생 동안 헌신했고, 세계 평화를 위한 씨올들의 싸움을 상징화하고 고취하고 있다.

미국 퀘이커 봉사회가 1979년 1월 24일 노벨평화상위원회 앞으로 보낸 후보 추천장 전문이다. 책임자인 바바라 바우만은 그해 3월 초에 내한하여 함석헌에게 노벨평화상 후보 추천 내용을 직접 전해주었다. 그런데 《씨올의 소리》 편집장 박선균에 따르면 그녀가 방문했을 때 함석헌의 반응은 매우 무덤덤했다고 한다.

　미국 퀘이커들이 나를 생각하고 한 것 같으나 사실 나는 한 것이 아무것도 없습니다.

함석헌이 노벨평화상 후보로 추천된 것은 그가 남강의 영 앞에서 "제 마음은 답답하고 슬프고 외롭습니다"라면서 자신의 일생을 눈물로 회고하기 직전이었다. 그때까지 그가 간직한 것이 있다면, 그것은 돈이나 권력이나 명예가 아니라 젊은 날부터 꾸던 꿈, 그리고 그 꿈에 깃든 씨올뿐이었다. 꿈은 외견상 언제나 조용하고, 현실과 현실주의자들로부터 일정한 거리를 두고 떨어져 있기 마련이다. 사실 생애 최초로 자신의 세계관을 밝힐 때부터 "영원한 생명"으로 "하늘나라"에 거주하길 바란 것 자체가 현실적이라고 할 수 없었다.

평상시에 함석헌은 《바가바드기타》를 우리말로 옮기고 《노자》와 《장자》를 강의하면서 그들과 "날마다 대화'"하며 지냈다. 그것들은 그가 기독교 신앙으로부터 멀어지게 만드는 것이 아니라 그가 〈조선 역사〉를 쓸 때 이미 진리라고 체험한 성경을 보다 깊이 깨닫게 해주는 하나의 설명 자료였다.

그런데 노벨평화상 후보로 추천된 탓인지 모르지만 그의 주변은 조금 달라 보였다. 그해 5월 8일 함석헌의 원효로 자택에서는 부인 황득순의 1주기를 맞이하여 많은 사람이 모인 가운데 추모 예배가 열렸다. 주위에서는 넓은 장소를 얻어 추도식을 하자고 제의했으나 함석헌이 이를 거부하는 바람에 목사 이두수의 사회로 원효로 자택에서 추모 예배가 진행되었다. "후손들이 오늘의 뜻을 완성해달라"는 이문영의 기도와 황득순은 "이 민중의 역사 안에서 함 선생님과 더불어 영원히 살아계실 것"이라는 문동환의 설교, 그리고 "언제 보아도 선하시고 남에게 해로운 일이라고는 조금도 안 하신 분"이라는 김동길의 추모사가 있었던 이날 추모 예배에는 김대중 내외와 윤보선의 부인 공덕귀 등 50여 명이 참석했다.

이어 5월 하순에는 한국기독교교회협의회가 주최한 금요기도회에서 강연했는데, 그 자리에서 '크리스챤 아카데미' 사건을 언급하면서 "내가 죽으면서도 원수를 위해 기도하는 마음으로 우리가 받은 진리를 증거하도록 힘쓰자"라며 기독교인의 진정한 자세를 환기시켰다. 그는 기독교 정신의 핵심이 "정의의 관념"이라고 믿었다. 그해 '평화'를 주제로 한 퀘이커 모임의 하기 수양회가 8월 2일부터 5일까지 서울 성공회대에서 열렸을 때에는 "우리나라에서 민주주의가 잘 안 되는 근본 원인"이 서양인보다 "정의의 관념"이 부족하기 때문이라고 지적하기도 했다.

정의를 위해 싸우다 의문의 죽음을 당한 장준하의 4주기를 맞이하여, 하기 수양회가 끝난 다음 날부터 나흘간 종로 관훈동에서 '민족자주통일운동의 지도자 장준하 선생 추모 서도전書道展'이 열렸는데, 함석헌도 그 전시에 자신의 글씨를 내놓았다.

글씨는 사람입니다. … 종이 위에다가 아니라 우리 씨올의 가슴 바닥에다 글씨를 씁시다. 먹으로가 아니라 뜨거운 푸른 피로 글씨를 씁시다.

이 서도전은 장준하 4주기를 맞이하여 극빈 상태의 가족을 돕기 위해 열렸으며, 《사상계》 제호를 쓴 서예가 김충현을 비롯하여 함석헌, 윤보선, 백낙준, 유진오, 김홍일, 한승헌 등 재야 인사들과 김영삼, 김대중, 양일동 등 야당 정치인, 그리고 고은, 박두진, 이문구, 이호철, 정비석 등 문인들이 작품을 내었다.

서도전이 끝나자마자 함석헌은 퀘이커 세계 대회에 참석하기 위해 스위스로 향했는데, 출국 자체가 불투명하다가 떠나야 하는 당일 아침에 당국으로부터 여권을 받아 예정보다 하루 늦게 출발했다. 이날 'YH 사건'이 일어나자 정말 떠나야 하나 망설이다가 "이미 쏘아논 살"처럼 거둘 수가 없다고 마음을 정리한 것이었다.[23] 처음 도착한 곳은 퀘이커 세

---

23  1979년 8월 11일 새벽 2시에 경찰 1,000여 명이 서울 마포의 신민당 당사에 기습적으로 난입하여 4층에서 회사 운영 정상화와 노동자 생존권 보장을 요구하며 농성 중인 YH무역 여성 노동자 172명을 강제 해산했다. 이 과정에서 노동자 김경숙이 목숨을 잃었고, 의원들과 취재 기자들까지 경찰에 무차별 폭행을 당했다. 이 사건은 유신 체제 철폐를 위한 야당과 재야 민주화 운동 세력의 공동 전선이 이루어지는 계기가 되었다. 당시 박정희 정권은 미국에게 유신 체제를 지원하지 말라고 한 김영삼의 《뉴욕타임즈》 회견 내용을 문제 삼아 10월 초 그를 국회에서 제명해버렸다. 그 직후

계 대회가 열리는 스위스 베른 남쪽의 그바트Gwatt라는 촌락이었는데, 그곳의 조그만 방에서 씨올에게 첫 편지를 쓸 때도 그는 꿈 이야기를 했다.

이러다가도 또 한 번 다른 사건이 생겨 서울로 가게 되면 그때는 이렇게 아름답다고 하던 이곳이 기억 속으로 들어가 박히고 말 것이니 현실은 어찌 꿈이 아니라고 쉽게 말할 수 있습니까?

현실이 꿈과 같듯이 이번 여행 역시 그에게 꿈이 아닐 수 없다는 것이다. 함석헌은 그바트에 모인 약 250명의 퀘이커들과 함께 일주일 동안 세미나를 하고 융프라우 산도 올랐다. 이어 열흘간 제네바와 독일의 괴팅겐, 함부르크, 프랑크푸르트, 보쿰을 여행한 뒤 네덜란드 헤이그의 이준 열사 묘소를 찾았다. 그런 다음 스웨덴을 거쳐 영국의 런던과 우드브룩에서 일주일을 보낸 뒤 9월 중순 유럽을 떠나 캐나다로 건너가 열흘 정도 머물렀다. 그 뒤 미국 뉴욕으로 이동해 한 달 동안 강연과 모임을 하면서 보스턴, 워싱턴, 피츠버그, 영스타운, 클리블랜드, 데이톤, 신시내티 등을 방문했다. 여든의 나이에도 불구하고 타고난 건강 덕분에 여행 내내 상태가 매우 좋았는데, 다만 그가 힘들었다고 한 것이 하나 있었다.

---

대규모 시위가 발생한 부산과 마산에 비상계엄령이 내려졌고, 이어 청와대 인근 안가에서 박정희가 중앙정보부장 김재규에게 피살되는 10·26 사건에 이르게 되었다.

어느 퀘이커 친구가 말했듯이, '제각기 함석헌을 한 조각씩 가지겠다'는 것입니다. 그렇지만 진정으로 말한다면, 나의 한 조각을 가지겠다는 것이 아닙니다. 자기네를 내게다 씌우고 싶어서 하는 것입니다. … 아닙니다. 나더러 자기 것이 되어 달라는 것입니다. 그러기 때문에 그것을 일체 거절하자니 참 힘들었습니다.

함석헌이 "일체 거절"한 것은 자신의 재물 따위가 아니라 오직 "믿는다"는 신념 하나로 살아온 일생이 빚어낸 고상한 인격이나 깨끗한 양심을 내어주는 일이었을 것이다. 그 일부를 그에게서 떼어다가 자기 것으로 만들고 싶어 하는 자라면 야바위꾼이나 절도범과 다를 바 없을 것이다. 물론 그가 격정적으로 비판했던 "예수 팔아먹는 자"들처럼 그의 사후에도 여전히 자신의 주장이나 학설을 함석헌에게 "씌우고 싶어" 하거나 함석헌의 정신을 "자기 것"의 도구로 삼고 싶어 하는 자칭 학자나 지식인이 한둘이 아니다.

이와는 다른 경우지만, 그가 자신의 일부를 필요로 했던 요구를 거절하지 못했다가 진짜 "힘들었"던 일이 하나 있었다. 그것은 누구도 예상하지 못한 부마항쟁과 10·26 사건 때문에 몇 차례 국제전화를 한 끝에 12월 초까지 잡혀 있던 일정을 취소하고 11월 15일 귀국 비행기에 올랐다가 겪게 된 일이었다.

함석헌은 돌아온 지 열흘째 되던 날인 11월 24일 토요일 오후 서울 명동의 YWCA 강당에서 열리는 결혼식에서 주례를 섰다. 그런데 결혼식에 신랑만 있고 신부는 없었다. 이른바 'YWCA 위장 결혼식 사건'으로 불리는 통대선출저지 국민대회였던 것이다. 그것은 유신 체제 때 박정희를 대통령으로 뽑던 '통일주체국민회의 대의원'들이 후임 대통령을 결정하지 말고, 유신 헌법을 철폐한 후 직선제 대통령 선거를 해야 한다는 시위였다.

당시 계엄군에 의해 개 끌려가듯 끌려간 참석자들은 참혹한 고문을 당했다. 그날 함석헌도 붙잡혀가서 조사를 받고 다음 날 새벽 2시가 되어서야 집으로 돌아왔다. 그러나 다음 날인 26일에 다시 수감되어 그가 가장 싫어하던 군복을 입은 채 김재규가 수감되어 있었다는 지하 철창에 보름 동안 갇혀 있다가 12월 10일에 나왔다. 당시 보안사령관이었던 전두환이 12·12 사태를 일으키기 이틀 전이요, 통일주체국민회의가 국무총리 최규하를 제10대 대통령으로 선출한 지 나흘 후였다.

수없이 가택 연금을 당하고, 재판을 받으러 군사법정에 드나들기는 했지만 철창에 갇힌 것은 무려 21년 만이었다. 측근이었던 목사 박선균과 당시 《씨올의 소리》에서 일하던 박영자에 따르면, 함석헌이 수감 중인 감방에 전두환이 다녀간 적은 있었으나 만난 적은 없었으며, 어느 영관급 장교는 함석헌이 성경을 보고 싶다고 하자 아무 말 없이 들어주었다고 한다. 결국 그가 원칙으로 삼던 "드러내논 반역"은 하나의 꿈이 되고 말았다. 아울러 그가 "하나님의 발길에 채여" 다녔다는 인생길도 그렇게 꿈같은 이야기로 전해지고 있을 뿐이다.

## 악, 우리가 싸워야 할 것

이 위장 결혼식 하루 전 종로5가 기독교회관에서 열린 금요기도회에서 함석헌은 《마태복음》 16장을 읽으며 시작한 설교에서 대통령 직무 대행 최규하의 "위기 관리 내각"에 충고했다. 그런 다음 설교를 마치면서 자신의 고독한 심정을 토로했는데, 이는 《쿠오바디스Quo Vadis》의 한 장면을 연상케 했다. 정국이 긴박하게 돌아가던 시기에 자신이 찾던 예수는 보이지 않았기 때문이다.

할 말을 거침없이 다 해주고 미련도 없이 '또 다른 동네로 가자. 거기서도 우리가 복음을 전해야 한다' 하시며, 스적스적 가시던 예수, 아! 당신은 지금 어디 계십니까?

다음 날 오후에 그가 만난 것은 그토록 찾던 예수가 아니라 그를 감방으로 끌고 간 신군부의 군인들이었다. 그리고 해가 바뀐 1980년 1월 25일에 함석헌은 보통군법회의에서 윤보선과 함께 징역 1년을 선고받고, 형 확정 과정에서 형 면제 처분을 받았다. 그런데 국가가 씌운 '반역적' 혐의야말로 그 자신의 양심이 결코 용납할 수 없었던 현실 정치였다.

세상에 정치 설계나 해설처럼 실없는 것은 없습니다. 그 사람들은 그저 말해 던지면 그만입니다. 거기 어떠한 책임도 따르는 것이 없습니다. 그것이 정치가입니다. … 그러기에 우리는 그런 실없고 무책임한 전망이나 설계는 하지 않습니다.

함석헌은 자신이 불신하는 정치에 의해 1980년 2월 29일 복권되었다.

대통령 직무 대행 최규하에 의해 김대중 등 687명의 복권 대상 시국 사범자들 가운데 한 사람으로 포함된 것이다. 하지만 복권에 어떤 가치나 의미도 부여하지 않았던 것이 오히려 함석헌의 복권이 갖는 특별한 의미였는지도 모른다.

정치나 해보잔 욕심이라도 있다면 나도 혹시 기자가 찾아올 것을 미리 생각하고 자기선전을 위해 대단스럽게 초안을 만들어두었다가 읽어주잔 생각을 했을는지 모르지만, 그러기에는 내 양심이 너무 가늘었고, 또 사실로 무슨 사건이라고 일이 생겨서 다녀도 나는 정치 문제에 관한 한 내가 죄를 지었다는 생각은 터럭만큼도 없었고, 징역을 시킨다 했더라도 억울하단 맘도 밉단 생각도 별로 하지 않았다. 따라서 풀어줬다 해도 속임 없는 말로 고맙단 생각 조금도 없었으니 이제 와서 복권 어쩌고 해도 별 큰일로 느껴지지 않았다는 것은 속임 없는 말이다.

복권에 대한 함석헌의 소감은 사전에 복권을 예상한 김대중의 "국민 여러분을 7년에 걸친 쓰라린 단절 끝에 이렇게 건강한 모습으로 만나게 되니 솟아오르는 감격을 가눌 길이 없습니다"라고 시작하는 장문의 화려한 성명과 대조적이었다. 그날 이후 유행어가 된 "서울의 봄"은 정치를 "헛깨비"라고 강조하던 함석헌을 역사의 무대 저편으로 물러나게 하였다. 권력을 다투는 정치인들에게 정치는 "생물"이지 "헛깨비"일 수가 없었다. 실제로 민주화 운동 시절부터 경쟁하던 김대중과 김영삼은 "유신 본당本堂"을 외치며 나온 김종필과 함께 정치적 주도권 경쟁에 뛰어들었

《씨올의 소리》 창간 10주년 기념 강연회(1980년 4월 18일, 서울 YWCA 강당).

다. 바야흐로 유신 체제의 청산을 위한 민주화의 물결이 대학가와 노동
계를 휩쓸던 때였다. 일부 지식인들은 시국 성명을 냈고, 계엄 해제를 요
구하는 학생들의 가두시위도 연일 절정으로 치닫고 있었다.

　이런 역사 풍경 속에서 함석헌은 《씨올의 소리》 창간 10주년을 기념
하여 10회에 걸쳐 전국 순회 강연회를 열기로 하였다. 첫 강연회는 4월
18일 서울에서 시작하여 대구, 부산, 광주, 전주, 제주, 청주, 원주, 춘천
을 거쳐 5월 31일 대전에서 끝마칠 예정이었다. 강사는 김동길(역사), 김
용준(화학), 문익환(신학), 서남동(신학), 송건호(언론), 안병무(신학), 장을
병(정치학) 등으로, 그들과 함께 함석헌은 서울의 YWCA 강당을 비롯하
여 YMC 강당(대구, 광주), 교회(부산, 전주), 대학 학생회관(제주) 등에서 강
연에 나섰다. 그때 그가 강연회 참석자들과 같이 〈애국가〉를 합창하던 모

습은 매우 인상적이었다.

　그런데 5월 17일 제주 강연회 이후 예정되었던 모든 강연회는 취소되었다. 5월 18일 0시를 기해 전두환의 신군부가 광주에 계엄령을 내렸기 때문이다. 그날 밤 함석헌은 서울로 올라가는 비행기 안에서 제주에서 함께 강연한 서남동과 얼굴을 마주쳤으나 서로 인사조차 할 수 없었다. 박선균이 목격한 바에 따르면, 서남동은 이미 김대중 내란 음모 사건으로 두 명의 기관원에게 전격 연행되던 중이었다.

　그날 이후 함석헌도 역사의 무대에서 자취를 감추고 말았다. 동시에 그의 분신과 같은 《씨올의 소리》도 7월 호를 끝으로 두 번째 강제 폐간을 당했다. 함석헌은 《씨올의 소리》가 폐간되자 영구 독자들로부터 미리 받아둔 구독료를 돌려주기로 했다. 그러나 환불 통지를 받은 독자들은 예외 없이 모두 환불을 사양한 것으로 알려졌다. 이때 《씨올의 소리》와 함께 폐간된 정기간행물은 《창작과 비평》을 비롯해 모두 172종이었으며, 617개 출판사가 등록 취소되었다. 《씨올의 소리》 폐간호의 마지막 편지는 10년간 다달이 쓰던 〈씨올에게 보내는 편지〉와 똑같은 제목으로 독자들에게 전달되었다.


　지금은 말세입니다. 근본으로 돌아가야 하는 때입니다. 이제 하늘 소리를 여러분이 직접 들으셔야 합니다. '더 좋은 것으로 주시기 위한 것입니다.' 나는 하늘나라 중앙방송국에서 초단파를 타도록 애타는 기도를 할 것입니다. 언제든지 초단파에 맞추어 귀를 기울이시기 바랍니다. '마음이 뜨겁고 빛이 환해질 때까지.'

이 마지막 편지는 오직 "하늘 소리"를 들어야 한다는 "애타는 기도"일 뿐 어떠한 분노나 슬픔도 드러내지 않고 있다. 그것은 "근본으로 돌아가야 하는" 어두운 현재와, 장차 "빛이 환해질" 미래 사이에서 "더 좋은 것으로 주시"는 신의 약속을 믿고 함석헌이 《씨올의 소리》와 함께 역사의 무대 뒤로 사라져가던 모습이었다. 이에 앞서 비상계엄령 아래 김대중은 내란음모 혐의로 구속되었고, 김영삼은 자택에 연금되었으며, 김종필은 부정 축재자로 몰렸다. 이른바 안개 정국의 끝에서 나라의 미래는 안개 낀 앞길보다 더욱 어두워지고 말았다.

그 어둠 속에서 함석헌이 공개적으로 모습을 드러낸 것은 1981년 3월 하순이었다. 주변에서 고심 끝에 마련한 '함석헌 선생 80회 생신 기념 강연회'에서였다. 그것은 역사의 무대에 복귀한 것이 아니라 무대를 떠난 뒤에 남겨진 꿈의 자취와 같았다. YWCA 대강당에서 열린 강연회에서 사회를 맡은 안병무는 원래 예정에 없던 모임을 꾸린 것에 대해 "할 말 다 못 하는 세상" 때문이라고 운을 뗐다. 이어 함석헌이 아직 "세상에 살아 있는 동안"에 그의 사상을 발굴해야 할 필요가 있다며 그의 전집 출간 계획을 발표하였다. 이날 강연회는 김용준이 함석헌의 약력을 보고하고, 김동길이 '함석헌 선생님의 역사관'을 발표한 뒤 함석헌의 답사로 마무리되었다. 안병무의 요청으로 건강을 비는 큰 박수와 함께 등단한 함석헌은 과거 《성서조선》 사건으로 옥고를 치를 때 옥중에서 명태 요리법을 놓고 배를 타서 먹는다는 함경도 사람과 배를 타지 않고 먹어야 맛있다는 서울 사람이 다투다가 모두 벌을 받았다는 생선 이야기로 답사를 시작했다.

한 머리면 몇 토막에 한 토막은 몇 점인가
하루하루 점여내니 어느덧 끝점 하루
하루는 죽는 날인데 만萬날 수壽만 넉이네 《《성서조선》 1939년 5월 호)

원래 네 연으로 구성된 이 시는 유영모가 1939년 5월 세상을 떠난 문
일평을 추모하기 위해 쓴 〈호암 문일평 형이 먼저 가시는데〉라는 글의 말
미에 다른 시와 함께 실려 있다. 함석헌은 두 달 전쯤 아흔하나로 세상을
떠난 유영모가 그래도 자기를 사랑한 줄 알았다는 자기고백을 하면서 그
의 시 〈자감自感 일생선一生鮮〉을 읊었는데, 마치 "인간의 도마 위에서는
쓸데없는 찌꺼기" 같지만 "님께서 벼려주시면 배부르게 오천 인"을 먹일
수 있다고 하는 믿음의 세계를 생선에 비유해 "영원의 나라"로 날아오르
려는 꿈 이야기를 한 것 같았다.

그해에 함석헌은 오산학교 동문회장으로 선출되었다. 남강 이승훈의
정신을 들어 오산학교 재건을 적극 반대하던 그가 오산을 대표하는 얼굴
이 되었으니 하나의 아이러니가 아닐 수 없다. 그다음 해에는 26년간 거
주하던 원효로를 떠나 쌍문동으로 거처를 옮기고, 7월과 8월 두 달 동안
인도와 아프리카에서 열리는 퀘이커 모임에 참석하기 위해 영어 교사 곽
영두와 함께 출국했다. 그는 그 모임에서 국가주의와 싸우려면 "성령의
칼"로 무장해야 한다는 소신을 밝혔다.[24]

---

24 곽영두가 서울 퀘이커 모임에서 발행하는 《친우회보》에 기고한 〈서쪽으

쌍문동 자택 서재에서 《바가바드기타》를 보면서(1980년대).

우리가 대항하여 싸워야 할 원수들은 인간이 아니라 권세와 세력의 악신惡神들과 암흑세계의 지배자들과 하늘의 악령들입니다. 그러므로 지금 하나님의 무기로 완전 무장을 하십시오. 그래야 악한 무리가 공격해올 때에 그들을 대항하여 원수를 완전히 무찌르고 승리를 거둘 수 있을 것입니다. … 우리가 싸울 때는 《바가바드기타》의 정신에 마음을 두어야 하며, 그것은 이기는 것이 이기는 것이 아니고, 지는 것이고 이기는 것입니다. 간디의 비폭력 정신을 깊이 새겨야 하며 우리 자신을 희생하는 것입니다.

로〉에 따르면, 그해 7월에 함석헌은 홍콩을 거쳐 뉴델리에 도착해 일주일간 머물면서 퀘이커 아시아 모임이 주최한 '군비 철폐와 평화 문제' 세미나에 참석하였다. 이어 8월 초에는 간디평화재단이 주최한 행사에서 '비폭력과 반국가주의'를 발표하고, 케냐 나이로비로 건너가 2주일간 열리는 퀘이커 세계 대회에 참석하였다.

꿈을 꾸는 사람은 항상 같은 언행을 반복하기 마련이다. 함석헌이 악과 싸우기 위해 "하나님의 무기"를 이야기한 것도 젊은 시절부터 일관된 것이었다. 간디의 비폭력 정신을 가슴 깊이 새기자는 것도 마찬가지였다. 새로운 세계를 찾는 꿈같은 여행도 끊임없이 때와 장소를 가리지 않았다.

함석헌은 아프리카를 떠나 11월 말에 귀국할 때까지 그리스와 영국, 북미를 돌았는데, 지중해를 건널 때에는 바울이 생각나 눈물을 흘렸다고 한다. 그러나 그가 "팔자 좋게" 세계 여행을 하던 시절에 그의 반국가주의와 비폭력 운동은 시대의 어둠 속에 묻혀버리고 말았다.

## 씨올이 믿지 말아야 할 것

전두환 정권의 폭거에 맞선 것은 정치인이 아니라 학생들이었다. 1985년 또다시 노벨상 후보로 추천된 함석헌은 멕시코에서 열리는 퀘이커 세계 대회에 참석하기 위해 출국했다. 그가 미국과 멕시코, 캐나다를 여행하던 때 한국에서는 민족통일·민중해방·민주쟁취의 '삼민三民'과 '민중민주주의'의 깃발이 등장했다. 당시 학생 운동의 이념과 노선을 정리한 《80년대 학생운동사》에 따르면, '삼민'은 자유민주주의의 이데올로기를 극복한 "민중민주주의 민족혁명운동"의 기본 개념을 함축적으로 제시한 것이었다.

민중이 역사를 움직이는 주체다.
민중이 나라의 주인이 되는 사회가 건설되어야 한다.

이 명료한 주장은 오래전부터 함석헌이 주장해온 것과 별다른 차이가 없었다. 그는 민중을 씨올의 동의어로 쓰기도 했으며, 씨올이란 말을 쓰기 전에는 민중이란 말로 표현할 때도 적지 않았다. 단지 혁명을 꿈꾸는 함석헌에게 필수불가결한 "하나님"만 없을 뿐이다. 그것은 계급주의적 관점에서 외치는 '민중'을 씨올과 확연하게 구별해주는 결정적인 요소였다. 간혹 무정부주의자라는 소리까지 듣곤 했던 그가 말한 씨올 공동체는 젊은 날부터 자신의 내면에 깊이 뿌리 내린 "하늘나라"였다. 이 상상의 공동체는 베네딕트 앤더슨Benedict Anderson이 "상상의 공동체"라고 말한 국민국가의 형태가 아니었다. 말하자면 남한의 자본주의 "천국"이나 전두환 정권의 공화국도 아니었지만, 프롤레타리아 천국이나 김일성의 조선민주주의인민공화국처럼 "하나님"의 부재를 명시한 국가 공동체는 더욱 아니었다. 본질적으로 그가 꿈꾸는 나라는 "제 동류同類 잡아먹고 호화판으로 놀자"는 사회진화론자들의 국가지상주의 공동체가 아니었기 때문이다.

자유주의도 공산주의도 다 같이 의미 없습니다. 벌써 탈이데올로기 시대라고, 대놓고 주인인 씨올을 보는 눈 앞에서 무시하면서 갈보질을 해온 지 이십 년도 넘습니다. 독수리 들끓으면 시체 그 골짜기에 있는 줄 아는 모양으로, 그만하면 자유주의 국가도 공산주의 국가도 다 인류를 이끌어갈 능력도 성의도 없다는 것을 알 수 있습니다. 그러면 세계의 씨올의 할 일은 어서 속히 그 과거의 관계를 깨끗이 청산하고 새로운 국가관을 세우는 일입니다. 그러기 때문에 통일 방안이 문제가 아니라 통일을 통해 새로 세우고자 하는 그 나라가 어떤 나라냐 하는 것이 문제입니다. (필자의 《노자》 강의 녹취록)

민족의 통일을 내세우고 통일 방법을 궁리하는 것보다 중요한 것은 분단 이후 세우고자 하는 "새 나라"의 성격이나 이념이라는 것이다. 그 나라를 위해 씨울이 해야 할 일은 낡은 국가주의를 청산하는 것인데, 이를 위해 함석헌은 국민을 세뇌시킨 정치적 미신 몇 가지를 들었다. 먼저 국가 공동체가 목소리를 높이면서 강요하는 애국심이다.

애국심을 최고로 알면 못 쓰는 거야. '애국심이 최고는 아니다' 그러면 국가주의자는 나를 목을 자르려고 할지도 몰라. 그런 줄 알고도 나는 될 수만 있다면 '애국심은 최고는 아니다' … 최고라면 하나님이 최고지. 본래는 모든 것이 다 나왔던 거기가 최고지. … 그걸 아는 걸 이성이라고 그래. 그런데 그 지성보다 힘을 숭배하고 돈을 숭배하는 데서 이렇게 됐어! (필자의 《노자》 강의 녹취록)

애국심보다 더 강력한 국가주의의 병원체는 없다. 함석헌이 꿈꾸는 나라는 애국심이 필요 없는 "하늘나라"이지 부국강병의 강대국이 아니다. 하늘나라를 지향하는 씨울은 어렸을 때부터 애국심을 세뇌시키는 국민국가의 '국민'도 아니고, 사회주의 국가의 '인민'도 아니다. 따라서 함석헌은 그 국민이나 인민을 위한다는 복지 정책도 하나의 기만책으로 간주했다. 마치 국가가 국민에게 선심을 베푸는 것처럼 복지 정책을 선전하는데, 그것은 본디 나라의 주인이 씨올임을 망각케 하는 "정치업자"들의 최면에 불과하다는 것이다.

복지 사회를 이룬다고 하고 소리를 높여 선전하지만, 그것은 마치 나무를 크게 하기 위해 뿌리와 잎을 다 잘라버리는 것과 마찬가지로 어리석은 일입니다. 씨올은 그런 것을 믿어서는 안 됩니다.

오늘날 함석헌이 말한 씨올은 보수가 보는 진보, 혹은 진보가 말하는 보수의 자리에 있지 않다. 혁명을 꿈꾸기에 진보적이라고 할 수도 있겠지만 "땅의 역사가 끝나면 오게 될 천국을 예고한다"는 진보의 세계는 계시적인 것이지 학문적이거나 정치적인 것이 아니기 때문이다. 까닭에 함석헌은 박정희 정권 때부터 툭하면 입에 올리는 '민생民生'도 반민중적이고 반시대적인 낡은 구호라고 일갈했다.

민생이 첫째라는 말은 옳은 듯하면서 잘못된 말입니다. 사람은 옳은 것을 위해서 모험을 하는 데서 사람이 됐지, 결코 먹는 것을 첫째로 해서 된 것은 아닙니다. (그것은) 씨올이 하는 소리가 아닙니다. 씨올을 위하는 척하면서 거짓을 하는 생각에서 나왔습니다.

오늘날 복지나 민생 문제를 외면할 사람은 없을 것이다. 보수니 진보니 관계없이 복지와 민생을 이야기하며, 언론도 "친서민" 운운하며 거들고 있는 형편이기 때문이다. 그러나 복지와 민생 문제가 근원적으로 해결된 것은 아니다. 어떤 정치적 이념도 어떤 정치인도 그것을 실현하지 못했으며 그 책임도 지지 않았다. 그래서 그들의 무책임에 대한 책임이 결국 씨올에게 돌아온다는 것이 함석헌의 문제의식이었다. 처음부터 씨올 자신이 져야 할 책임을 그들에게 손쉽게 전가한 씨올의 책임이라는 것이다. 즉, 민생의 민民을 "옳은 것"에 두지 않고 "먹는 것"에 두었기 때문에 스스로 나라의 주인 노릇을 포기한 결과라는 것이다.

그 나라는 씨올의 가슴에 있지, 국가주의가 주입한 국가 공동체의 천국은 아니었다. 하지만 씨올 공동체는 현실적으로 이루어질 수 없는 꿈이다. 그래서 그 꿈 때문에 그는 "하나님의 발길에 채여" 다녔을지도 모른다. 자신이 살고 있는 현세를 임시로 머무는 "가숙假宿"으로 여기던 젊은 시절부터 그의 꿈은 현실에 어울리는 삶의 방식에 익숙해지는 데 도움이 되지 않았기 때문이다.

## 나는 님의 갈대 피리

함석헌은 강제로 폐간된 《씨올의 소리》와 함께 역사의 무대에서 조용히 퇴장했다. 항상 시국에 앞장섰던 그의 모습도 점차 잊혀가기 시작했다. 그가 여든을 맞이하던 즈음이었다.

그 무렵 함석헌은 시인 이열에게 보낸 편지에서 자신을 "님의 갈대 피리"라고 읊은 바 있다. 아마 그가 젊은 날에 읽었다는 《기탄잘리》의 한 구절처럼 "당신의 손길에 나를 맡길 수 있는 사랑"의 노래가 그리웠는지도 모른다. 갈대 피리를 부는 목적도 마음의 높은 봉 구름 위에서 "영의 음"을 내자는 것이었기 때문이다. 그것을 듣는 존재는 '님'이므로 '님'이 아

《노자》 강의 모습(1980년대, 명동 가톨릭 여학생관).

니면 피리를 불어야 할 까닭도 없었다.

하지만 그의 일상은 크게 달라지지 않았다. 오래전부터 한 달에 한 번 씩 "한국의 슈바이처"라 불리던 의사 장기려의 부산 모임에 참석하여 성경 말씀을 나눴으며, 평소에는 새벽마다 집 뒤 세심천이라는 약수터를 찾았다. 또한 약 10년 전부터 이어오던 화요일의 《노자》 강의와 목요일의 《장자》 강의를 계속했으며, 그보다 오래전에 시작한 일요일의 성경 강의도 계속했다. 특히 무위자연無爲自然을 이야기하던 노장老莊과 대화하는 일을 끊지 않았다.

나는 노자 · 장자를 좋아하는 것이 아니라 '깊은 숲에 깃들이는 뱁새'
같이 '시냇가에 마시는 두더지'같이 날마다 그들을 만나고 대화를 하
면서 살아가는 사람이다.

그가 노장을 평화주의의 거울처럼 말한 것은 "인간 본질의 일면인 악"
과 싸우면서 살아온 경험 때문인지 모른다. 이뿐만 아니라 역사적 사건
에 대한 그의 관심도 달라진 것은 없었다. 비록 역사의 무대에서 자취를
감추었다고 하더라도 그에게 당시 전두환 정권이 저지른 "광주의 피"보
다 더 중요한 일은 없었다. 씨올의 미래를 꿈꾸던 그에게 역사적 현실을
외면하는 것은 자신의 꿈을 망각하는 것과 마찬가지였기 때문이다. 흉탄
에 쓰러진 간디를 추모하던 1982년 1월 30일 서울 YMCA 대강당에서
함석헌은 누구보다도 먼저 아직도 금기시되던 '광주'를 살려내야 한다고
나섰다.

나는 도저히 '광주 사태'를 잊을 수 없습니다. 나만이 아니라 모든 사
람들이 이걸 잊을 수 없을 겁니다. 난 이 자리에서 미리 잘라 말씀드립
니다. '내란 음모'라고 왜곡된 '광주 사태'는 반드시 바로잡혀야 합니
다. 역사에 있어서 이 문제를 바르게 해결하지 못하면 이 민족은 낙제
합니다. 도대체 광주에서 무슨 내란 사건이 있었단 말입니까? … 만약
그것이 밝혀지지 않고, '광주 사태'가 '내란'이란 이름으로 역사에 적힌
다면 이놈의 민족은 망하는 겁니다.

그때까지 공식석상에서 '광주'의 명예를 이야기한 학자는 거의 없었던 것 같다. 아직 김영삼이 가택 연금 중 무기한 단식을 시작하기 1년 4개월 전이자 김대중이 사형을 선고받고 청주교도소에 복역 중일 때였다. 그것은 그가 좋아하던 타고르의 노래처럼 "마치 절망한 사람처럼 슬프게 신음하고 있다"는 갈대 피리 노릇을 한 것이었다. 그로부터 2개월 뒤 부산 미국문화원 방화 사건이 일어났다. 문제의 젊은이들은 미국이 '광주'에 대해 책임이 있다는 표시를 한 것이었다. 함석헌은 1983년 명동성당에서 열린 강연회에서 미국문화원 방화 사건으로 사형을 선고받은 문부식을 살려야 한다고 주장했다.

　1983년 5월에 김영삼이 '광주'의 이름으로 단식에 들어가자 함석헌 자신도 홍남순, 이문영, 문익환, 예춘호 등과 함께 '긴급민주선언'을 발표하고 단식에 동참했는데, 아마도 정치적으로 무언가 돌파구가 생기기를 기대했던 것 같았다. 그들은 김영삼이 6월 9일 전두환에게 폭력 정치의 중단을 요구하는 '제2긴급민주선언'을 내고 단식을 중단할 때 같이 그만두었다.

　그러나 그의 관심은 단기적인 수명을 가진 독재 권력보다 장기지속적인 문명에 있었다. 그해 여름 강화도에서 열린 퀘이커 하기 수양회에서 '평화'를 주제로 그는 "하나님"을 버린 현대 문명과 국가주의를 강하게 비판했다. 오늘날 유행하는 인문주의의 토대가 잘못되었다는 것이다.

　그것이 마치 무엇과 같은고 하니, 포플러 나무 한참 자라는 가지를 뚝 잘라서 박으니까 제법 뿌리가 나와! 몇 달 만에, 몇 주일 있으니까

뿌리가 나와서 '포플러 나무 같다' 그러는 모양으로 그래! (조형균의 녹취
록 중에서)

이 포플러 나무처럼 함석헌은 인간의 "겉 살림"은 근원적으로 종교라
는 "속 살림"의 결핍에서 비롯되었다고 강조했다. 마침 문명비평가인 강
기철의 제의로 그다음 해부터 함석헌은 구도求道를 위한 '대담의 모임'을
시작했다. 매달 한 차례씩 진행된 이 모임에서 함석헌, 강기철, 김재준,
이병린은 민족과 인류, 현재와 미래, 한국과 세계에 대해 의견을 나눴다.
이 모임은 해마다 시대의 방향, 현대 위기의 진단, 진리 사회의 도래 등
의 큰 주제를 정해 1986년까지 3년간 계속되다가 이병린과 김재준이 세
상을 떠남으로써 사라지고 말았다.

그러나 탈속적인 인물들과 가진 대담의 모임에 반해 그가 살던 세속
의 풍토에 대해서는 비관적인 심정을 감출 수 없었던 것 같다. 당시 부산
에서 열린 퀘이커 하기 수양회에서 그는 다음과 같이 "낙심"한 이야기를
꺼냈기 때문이다.

나는 '우리나라가 아니라 남의 나라에 산다'고 말합니다. 한국 사람
이 어떻게 이럴 수가 있을까? 나는 이날까지 팔십을 살았어도 지금처
럼 더럽고 고약하고 지저분한 나라는 몰랐습니다. 낙심을 안 할 수가
없어. 그러나 다음 순간 '낙심하면 안 되지. 낙심을 하면 네가 하나님을
믿는다고 할 수 없잖아!' 정신을 가다듬고…. (필자의 녹취록 중에서)

이 나라는 "더럽고 고약하고 지저분한" 곳이 되었는데, 그것은 "한국 사람"이 한 짓이라는 것이다. 그 사이에 시국은 점점 뜨거워져갔다. 대학과 노동계의 전두환 군부 타도 투쟁은 한층 폭넓게 확산되었으며, 투쟁 방식도 과격해져 학생과 노동자의 분신이 잇따랐다. 당시 함석헌은 김대중의 움직임에 관심을 보였는데, 그것은 정치적 문제 해결의 실마리가 잘 보이지 않았기 때문이었을 것이다. 김대중은 1982년 12월 23일 형 집행 정지 처분을 받고 미국으로 떠났다가 김영삼의 '광주'를 위한 단식을 적극 지지한 후 1985년 2월 12일에 귀국했다.

김대중 씨는 무사히 왔지요. 초소를 열 곳이나 만들어 군은 경계한다 해서 가볼 생각은 하지 않고 있는데, 오늘 아침 전화를 해주어서 서로 안부나 물었습니다.

과연 도약과 추락의 눈부신 경험을 반복하는 낭만주의답게 함석헌은 단 한 번도 새로운 세계를 찾는 꿈꾸는 사람의 일관된 몸짓을 바꾼 적이 없었다. 그 무렵 함석헌은 두 번째로 노벨평화상 후보에 추천되었다. 하지만 스스로 "간디도 받지 못한 노벨평화상"이라면서 전혀 기대하지 않았다.

다음 해인 1986년 5월에 그는 흥사단 강당에서 열린 해직 교사들 중심의 민주교육실천협의회 창립식에서 축사를 했다. 그 자리에서 함석헌은 "국민학교란 이름을 놔두고 어떻게 민족민주 교육을 말할 수 있느냐?"고 지적했는데, 이는 10년 뒤 '씨올 교육을 배우는 모임'의 극소수 교사들이 주도한 국민학교를 초등학교로 개칭하자는 운동에 결정적 계기가 되었다.

1987년 새해가 밝아오자 함석헌은 장공長空 김재준과 함께 〈새해 머리에 국민 여러분께 드리는 글〉을 발표했다. 그 글은 군부 정권, 학생, 야당, 군인, 근로자와 기업주, 그리고 국민(씨올)에게 각각 진심 어린 충고를 한 것이었다.

국민을 전투의 대상으로 아는 이 정부의 횡포를 용인해서는 안 됩니다. 악의 뿌리가 문제입니다.

이 글에서 두 사람은 자신들을 "곡식이 어디 있는지 안다"는 늙은 쥐〔老鼠知穀〕에 비유하면서 의롭고 인자하게 나라의 장래를 걱정하였다. 그것은 마치 "길 없는 길을 걸어온 늙은이"라고 자처한 괴테처럼 다음 세대가 되풀이해서 방황하지 않도록 처음부터 올바른 길을 걷는 한 걸음이 그 자체로 목표가 되어야 한다는 것이었다. 그들이 "비록 제1선에서 일하지는 못하지만, 우리 역사가 어디로 가야 할지를 분별할 수 있"다고 한 것은 먼 길을 가는 데 북극성을 바라보고 방향을 찾는 것처럼 무한한 꿈을 꾸었기 때문일 것이다.

이 글을 발표한 지 여드레 만에 김재준은 세상을 떠났다. 그리고 함석헌의 탈속적인 꿈꾸기도 세속의 법칙을 따르는 땅의 나라에서 더욱 멀어져 갔다. 역사적인 6·29 선언이 있던 날, 우연하게도 그는 담도암으로 쓰러져 서울대학교 응급실로 실려 갔다. 그해 정월에 터진 서울대학교 학생 박종철의 고문치사 사건의 충격으로 모든 민주화 세력이 힘을 합쳐 전두환 정권의 퇴진을 위해 6·10 대회를 치른 직후였다.

함석헌은 대수술을 받던 병실에서도 김대중과 김영삼 '양김'이 민주 정권을 탄생시키기 위해 서로 손잡고 나아가길 학수고대했다.[25] 정치적으로 민주화 운동을 대표하던 양김 세력은 경쟁적으로 전두환 정권 이후를 준비하던 중이었다. 당시 김대중과 김영삼은 각각 "다음 기회를 생각해보겠다"거나 "마음을 비웠다"라고 말하면서도 서로 대통령 후보를 양보할 생각이 없다는 의심을 사고 있었다. 그러나 양김이 힘을 합치지 않고서는 새로운 민주 정권의 출현이 불가능하다는 여론이 지배적이었다.

이에 따라 선거를 두 달쯤 앞둔 10월 20일에 열린 민주당 의원 총회에서는 양김이 참석한 가운데 후보 단일화를 이뤄내기 위해 네 시간 동안이나 토론이 계속되었다. 양김 사이의 분열을 방지하기 위하여 단일 후보를 선출하기 전까지는 어떠한 일이 있어도 양김의 퇴장을 허락할 수 없다는 분위기였다. 그런데 갑자기 김대중은 "백병원에 입원 중인 함석헌 씨가 위독하다"라는 연락을 받았다면서 굳게 닫혔던 회의장 문을 열

---

25  그해 7월 어느 날 필자는 함석헌의 병실에서 하룻밤을 지냈는데, 그때 병문안을 온 정치인이 양김이 후보 단일화에 합의할 것이라고 이야기하자 함석헌은 놀란 표정으로 "정말이요?" 하면서 자리에서 벌떡 일어나려다가 수술 직후의 통증으로 그만 도로 누운 적이 있다. 함석헌은 6·10 대회를 치르기 전에 민주화 세력이 먼저 대통령 후보를 결정해야 한다는 의견을 밝히기도 했다고 한다.

고 나가버렸다. 김대중에게는 함석헌을 문병하는 것이 대통령 후보 단일화보다 더 중대한 일이었다는 것이다. 이는 그만큼 함석헌의 비중이 컸다는 것을 웅변하는 하나의 에피소드라 할 수 있다.

그러나 그 시간에 함석헌은 서울대학교병원이 아니라 쌍문동 자택에서 아무 일도 없다는 듯이 마당을 쓸고 있었다. 이어 양김 진영은 대통령 선거 직전까지 함석헌의 자택을 수없이 드나들었다.[26] 결국 1987년 12월 16일 치러진 대통령 선거는 군사 정권의 청산을 기대하던 많은 사람들에게 실망을 안겨주었다. 선거 하루 전날, 병석病席의 함석헌은 퀘이커의 젊은이 두 명과 함께 두물머리에 있는 다산 정약용의 묘소를 찾았다. 그를 모시고 갔던 김완순에 따르면, 그는 근처에서 오래된 이끼를 캐고 돌아오던 저녁 교문리 고개를 넘으며 "저 붉은 해를 보니 여한이 없다"면서 잠시 서쪽 하늘을 응시했고, 누구를 찍어야 할지 몰라 질문하자 "난 투표 안 할란다"라고 분명하게 대답했다고 한다. 실제로 함석헌은 아예 투표소에 가지 않았다. 마치 잘못 출제된 사지선다형 문제처럼 노태우, 김영삼, 김대중, 김종필이 경쟁하던 선거에서 노태우는 유력한 후보였던 양김이 득표한 것을 합친 것보다 훨씬 적은 표를 얻고도 대통령에 당선

---

26  박영자에 따르면, 함석헌은 자기를 찾아온 한 후보의 부인과 그 부인의 절친한 여성 운동가에게 그는 《노자》 제29장의 "장차 천하를 먹으려고 발버둥을 치는 자를 보면 나는 그 먹지 못함을 볼 뿐이다. 천하란 신령스런 그릇이므로 거기에 무엇을 어쩌지는 못하는 것이다[將欲取天下而爲之 鳴見其不得己 天下神器 不可爲也]."를 풀이해주었다고 한다.

서울올림픽 평화대회 추진위원장 시절 노태우, 사마란치와 함께한 평화의 불 점화식에서(1988년 9월 12일).

되었다.

이에 앞서 그는 동아일보사가 제정한 제1회 인촌仁村 언론상을 수상했다. 인촌 김성수가 친일파라는 주장 때문에 그의 수상에 일부 부정적인 시각이 있었지만, 그는 전혀 개의치 않고 수상하며 상금으로 받은 5,000만 원을 전부 남강재단에 기증했다. 이듬해인 1988년 서울올림픽 때는 노태우 정권에 반대하는 일부 민주화 운동가들로부터 "망령이 들었다"는 소리까지 들어가면서 대통령 노태우, 국제올림픽위원회 위원장 사마란치와 함께 서울올림픽 평화대회 추진위원회의 공동의장으로 평화의 문 앞에 불을 지폈다.

그에게 쏟아진 비난들은 앞서 그가 말했듯이 그들을 함석헌에다 "씌우고 싶어서 하는 것"처럼 보였기 때문인지 모른다. 하지만 당시 민주화 운동가들은 그가 믿었던 "영의 나라"의 주민이라고 할 수 없었다. 아울러 그것은 땅의 나라에서 자기가 부정한 것을 부정하는 낭만주의자에게 일관된 행동이기도 하였다.

### 내 몸을 실험용으로

드디어 올림픽이 열리는 해가 되었다. 그해 첫날부터 꼭 400일째 되는 날, 그는 자신이 "고난의 땅"이라 부르던 세상에서 일생을 마쳤다. 생애 최후를 앞두고 약 1년간 쓴 '탁상일기'에 따르면, 그는 내과와 치과에도 자주 다녔으며 언론과 인터뷰도 하고 상당수의 초청 강연도 승낙할 정도로 건강이 좋았다.[27] 우선 1월 4일에는 오산 100주년 기념관 준비 모임에 참석해서 영원한 스승 남강을 기렸고, 민주화 운동 동지인 장공 김재준 목사 1주기 추모 예배 후에는 일기에 시 한 수를 남겼다.

長空己不在 (장공기부재)

---

27  탁상일기란 함석헌이 한 장씩 넘기는 일력에 날마다 일어난 일을 아주 간단하게 메모해놓은 것인데, 필자가 10여 년 전에 쌍문동 자택을 찾아 유품들을 살펴볼 때 마침 책상 위에 있던 것이 눈에 띄어서 생각나는 대로 붙인 이름일 뿐이다.

不在是長空 (부재시장공)

在俊若長空 (재준약장공)

長空與實在 (장공여실재)


장공은 이미 가고 없는데

이 빈 자리야말로 장공이로구나

재준이 장공이라 하니

저 하늘과 같이 있겠네


　또한 간디 40주기를 맞이해서 추모 강연회도 가졌다. 그동안 진리 실험의 스승인 간디를 기리던 행사도 이번이 마지막이 되었다. 탁상일기에는 흥미로운 내용도 있었다. 자신의 생애 마감을 꼭 1년쯤 앞둔 날 그는 "밤에 꿈 아닌 꿈"을 꾸다가 "꿈속에 계시를 받는 말이 있다"라고 했는데, 그 계시의 내용이 무엇인지는 적어놓지 않았다.

　그즈음 김대중은 무슨 선물을 보내왔고, 대한적십자사 총재를 지낸 서영훈徐英勳도 다녀갔다. 서영훈은 7월 중순에도 다녀갔는데, 아마도 서울 올림픽의 평화선언 때문이었을 것이다. 이어 3월 11일 저녁에는 서울의 퀘이커 모임이 그의 미수米壽를 기념하여 종로 여전도회관에 마련한 자리에 참석했다. 그 자리에서 그동안 함석헌을 깊이 존경해온 연세대학교 교수 김동길은 특유의 언변으로 옛날 그의 '로맨스'에 대하여 언급했다. 이에 함석헌은 "동길 박사가 그 말을 하도록 해주어 고맙다"라면서 항상 그래 왔듯 매우 진지하고 겸손한 태도로 자신의 심중을 고백했다.

그것은 조금도 변명의 여지가 없는 사실입니다. 여러분은 내 어두운 면을 아셔야 합니다.

잠시 그 자리에 참석한 각계 인사 수백 명 사이에는 고요한 정적이 흘렀다. 지난 30년간 벗어버리지 못했던 낡은 옷을 던져버리고 "이제 날개를 단 것처럼 훨훨 날아올라갈 수 있게 되었다"라는 높은 목소리가 강당에 울려 퍼졌다.

그해 3월 17일은 그가 삼팔선을 넘어 월남한 지 40주년이 되는 날이었는데, 그는 일기에 "삼팔선 월남 40주년"이라고 적어두었다. 이날을 기념하기 위해 4월 5일 식목일에는 자신의 운명을 가른 휴전선 근처에 나무 한 그루를 심었다. 그 이틀 전에는 아내 황득순의 묘소를 찾았다. 아내는 땅의 나라에서 자기의 모든 것을 바쳐 그의 영이 "하늘나라"의 주민으로 살아가도록 헌신해준 사랑의 존재였다. 4월 혁명의 날엔 《성서조선》을 내던 김교신을 생각하면서 복간할 《씨올의 소리》 편집회의를 열었다.

하지만 땅의 나라에서는 그가 곧 세상과 작별할 줄 아는 사람이 없었다. 개중에는 그의 자택을 찾아와서 국회의원 선거 때 찬조 연설을 부탁하는 철없는 정치 지망생도 한둘이 아니었다. 그들은 앞서 직선제 대통령 선거 때처럼 그가 "투표 아니 하기로 결심"한 것을 몰랐던 모양이다.

그에게는 정치 따위보다 의미가 깊었던 《노자》 강의도 끝을 맺었다. 이 마지막 강의는 5월 초하루에 명동 가톨릭 여학생관 뒤뜰에서 열렸다. 봄날이 가고 7월에 온실에서 넘어진 일이 있었는데, 그의 부음이 전해지기

쌍문동 자택 온실에서(1980년대).

딱 7개월 전이었다.

　　오후에 온실에서 넘어지다. 함석헌 부고訃告 받다.

　그는 무슨 예감을 했는지 자기의 부고를 자기가 받았다고 일기에 적
어놓았다. 그 직후 함석헌은 서울대학교병원 12층 108호실에서 9월부
터 6개월간의 투병 생활에 들어갔다. 자신의 집과 대지, 강연료와 원고료
등은 이 기간에 모두 남강문화재단에 기증했다.
　1988년 11월 22일, 함석헌은 육군 소장 출신의 오산고등학교 교장 전
제현의 손을 잡고 아래의 유언을 남겼다.

선생님(남강 이승훈)께서 돌아가실 때, 선생님 유골로 골격 표본을 만들어 학생들 공부하는 데 쓰게 하라는 유언을 하셨어요. 그때 경성대학 의학부에서 표본을 만들었는데, 일본인들이 끝끝내 묻으라고 강요해서 선생님의 뜻을 이루어드리지 못했는데, 이제 내가 그 뜻을 이루어드리고 싶습니다. 의논을 해서 내 뇌와 심장 같은 장기는 방부제에 담고 뼈는 살을 발려내고 표백을 해서 철사로 엮어 표본을 만들어 오산학교 학생들이 썼으면 좋겠어요. 이건 내가 오래전부터 마음에 작정을 해두었던 겁니다. (전제현, 《전하고 싶은 이야기들》, 남강문화재단출판부, 1994)

전제현의 말대로 "무릇 형태가 있는 것은 남김없이 세상에 돌려주고 하늘나라로 가시려는" 마음이었던 것 같다. 이 유언은 점점 닳아빠지는 현대 문명 속에서 눈에 보이지 않는 영이 반드시 존재한다는 기독교 신앙을 "사랑의 빛"으로 남긴 소박한 씨올의 본보기였다. 그러나 그의 몸은 유언대로 되지는 않았다.

그의 유언 직후에 《씨올의 소리》 복간호가 8년 만에 나왔다. 그리고 1989년 2월 4일 새벽 그는 영원한 사랑을 이야기하는 낭만주의자의 "결말 없는 소설"처럼 "고난의 땅"에서 무한한 사랑의 꿈을 씨올에게 심어놓고 "영의 나라"로 올라갔다. 그가 우주적 꿈으로부터 세상에 나온 지 32,106일째를 맞이하던 날이었다.

덧붙이는 글

# 씨올을 찾아서

## 찾는 자

꿈은 낭만주의자에게 물고기가 살아가는 물속이나 마찬가지라고 한다. 함석헌을 낭만주의자라고 부르는 것은 그의 특정 저작물이 지닌 이념이나 가치에 중점을 둔 이야기가 아니다. 씨올을 낭만주의의 기원이나 정의 안에서 일방적으로 해석하려는 오만한 시도도 아니다. 서구의 낭만주의에 빠진 것이 함석헌의 삶이라고 이야기하려는 것은 더더욱 아니다. 다만 함석헌은 스스로를 "인생의 의미를 찾는 자"라고 규정했는데 이보다 더 명확하게 그가 낭만주의자임을 드러내는 것도 없을 것이다.

씨올도 그가 일생 동안 찾던 것의 누적적累積的 성과물이다. 이 "찾는 자"의 낭만적 상상화는 독일의 시인 노발리스Novalis가《푸른 꽃Heinrich von Ofterdingen》에 등장시킨 주인공 하인리히를 떠올리게 해준다. 이 미소년이 지혜로운 성자聖者를 찾아가는 모습이야말로 "하나님의 발길에 채여서"

다닌 함석헌의 일생과 비슷해 보이기 때문이다. 소설에서 성자 실베스터는 이상적인 푸른 꽃을 찾는 주인공에게 "보다 높은 세계와 연결시켜주는" 양심을 "순수하고 진지한 의지"라면서 "하나의 마음은 하나의 세계처럼 점차 모든 세계로 나아간다"는 진실한 꿈을 들려준다. 그러나 "찾는 자" 함석헌의 일생은 그가 시집《수평선 너머》를 내면서 자조했듯이 무엇인가를 찾다가 실패한 사람의 일생이기도 하다.

의사를 배우려다 그만두고, 미술을 뜻하다가 말고, 교육을 하려다가 교육자가 못 되고, 농사를 하려다가 농부가 못 되고, 역사를 연구했으면 하다가 역사책을 내던지고, 성경을 연구하자 하면서 성경을 들고만 있으면서, 집에선 아비 노릇을 못 하고, 나가선 국민 노릇을 못 하고, 학자도 못 되고, 기술자도 못 되고, 사상가도 못 되고, 어부라면서 고기를 한 마리도 잡지 못하는 사람.

이 "실패의 사람"은 직업적으로 한 우물을 파지 못한다. 그러나 사상가 이사야 벌린Isaiah Berlin은 결과적으로 끝내 이루어낸 것보다 무엇을 찾으려던 동기야말로 낭만주의자의 특징이라고 말한다. 이것은 그가 50대 초반에 "스스로 내린 하나의 판단"인데, 이 자화상을 그려낸 고유의 문체는 그가 자신의 실존을 새롭게 표현했던 방식인지도 모른다. 또한 자신의 "실패"를 의도적으로 강조하기 위해 여느 작가에게서는 볼 수 없는 고백의 틈새를 아주 탁월하게 활용한 것이기도 하다. 즉, 자기에게 붙어 다니는 잡스러운 과거를 제거하고, 그 "실패" 뒤에 가려져 있는 자기의 참모습을 마지못해 시상詩想을 통해서 보여준다는 것이다.

그래서 "실패의 사람"이 주는 인상은 종결을 공백으로 남겨둔 만큼이나 불확정적인 상태가 된다. 그것은 장차 《죽을 때까지 이 걸음으로》도 과거완료형이 될 수 없는 〈나의 자서전〉이라는 것을 예고하고 있다. 그것의 형식은 자칭 "범인凡人의 자서전"이라고 쓴 백범 김구의 《백범일지》라든가 최근에 출간된 김대중의 《나의 자서전》과도 매우 다르다. 그들처럼 독립운동가나 정치인의 이야기는 아니지만, 그는 일반적으로 출생과 부모와 고향부터 이야기하는 관행을 따르지 않는다. 게다가 곡절 많은 인생길을 회고한 〈나의 자서전〉은 간디의 《나의 진리실험 이야기》라든가 카를 융Carl Gustav Jung의 《무의식의 자아실현 이야기》의 경우처럼 연대기에 따라 자기 인성人性의 역사를 중심으로 서술된 것도 아니다. 장 자크 루소Jean Jacques Rousseau가 《고백록》에서 "내가 보여주려고 한 것은 바로 나 자신"이라고 말한 것처럼 〈나의 자서전〉도 "고난의 밤"에 소외된 담론으로 우리에게 함석헌이란 고유명사의 실체를 새롭게 각인시켜준다.

나는 역시 나였습니다. idea는 내게 반드시 없지 않았습니다. 그러나 그 idea를 실지로 실현하려면 어떻게 할지를 모르겠습니다. 모른다기보다 도리어 너무 잘 알아서라고도 할 수 있습니다.

말하자면, 자신의 삶은 어떤 "이데아idea"의 실현에 있다는 것이다. 문제는 그것을 실현하는 방법을 몰라서 "실패"한 것이 아니라 그 방법을 "너무 잘 알아서" 외려 예정된 "실패"를 감수할 수밖에 없었다는 것이다.

뒤집어 보면, 그것은 자신의 "이데아"가 애당초 실현될 수 없는 꿈이었다는 뜻이 틀림없다. 그래서 불가피하게 "실패"할 줄 알면서도 꿈을 포기하기는커녕 세속적 삶을 마감하는 날이 가까워질수록 더욱더 꿈의 세계로 향하는 의지를 불태우게 된다는 것이다. 그럴수록 함석헌은 〈나의 자서전〉을 쓴 '저자著者'를 파괴하고 자신의 낭만적 영혼을 사랑할 독자讀者를 찾는다.

내 가슴은 아마 몸통 웅덩인지도 모른다. 내 생각은 아마 지향 없이 갈려 부는 봄바람인지 모른다. 내 말은 아마 피다가 채 피지 못하고 벌레 먹어 때 아니게 떨어지는 꽃인지도 모른다. 허지만 그렇다고 글을 어찌 내 글이라 할 수야 있겠느냐?

그것은 "글 제가 쓴 거"라는 것이다. 그 이야기는 단순한 과거회상형의 자서전이 '아니'라는 말이기도 하다. 나아가 아예 머리말 자체를 "말끄트머리"라고 고친 화자話者는 도리어 독자에게 "나는 미친듯이 아우성을 치며 회리바람을 돌지 않을 수 없느니라"고 털어놓고 있다. 그 회리바람이야말로 그의 낭만적 영혼의 몸부림으로 보이는 풍경이 아닐 수 없다. 무엇인가를 찾는 '독자'라면 그가 "고난의 밤"에 만났던 "몸통 웅덩이", "봄바람", "꽃"의 풍경을 가벼이 지나치지 말아야 할 것이다. 그것은 "찾는 자"의 고통스러운 서사이며, 그 서사의 절정을 이루는 것은 씨올의 탄생에 있기 때문이다. 까닭에 자전적 이야기를 한 권의 단행본으로 묶어낼 때도 자신이 "책이랍시고 내는 대로 내게 두는" 방식에 따른 하나의 저자였을 뿐이라고 일축한다. 그 저자를 "책에 붙어먹는 좀버러지"에 비유하고, 그 이야기를 "어찌 내가 썼다는 말이냐?"라고 되묻는다. 비평가 롤랑 바르트Roland Barthes가 "말하는 것은 언어이지 저자가 아니다"라면서 "저자의 죽음"을 강조한 것보다 10년 전의 일이다.

흥미롭게도 〈나의 자서전〉은 소설적 모델이나 연대순을 전적으로 따르지 않는다. 또한 다른 인물들의 자서전에서 거의 빠지지 않는 가계도의 외가 부분도 나타나지 않는다. 별도로 쓰여진 〈나의 어머니〉가 그 일부를 보충해주고, 그것이 자신의 인성을 중점적으로 이야기하는 이력의 출발점을 보여주듯이 그의 자서전 중에 비어 있는 곳을 발견하기란 그리 어렵지 않다. 즉, 자서전을 쓰면서 "무엇을 아끼고, 무엇을 뛰어넘고, 무엇을 말하지 않았는지 그 자신이 먼저 잘 알고 있었다"는 앙드레 지드 André Gide의 말처럼 함석헌이 70대에 회고한 '나'의 이야기들은 지난 20세기에 한반도 거주민들이 겪어야 했던 불가피하고 비극적인 삶이 그 배경을 이루게 된다.

따라서 함석헌의 〈나의 자서전〉만 가지고서는 출생부터 노년에 이르기까지 '나'의 상像을 종합적으로 완결시키기 어렵다. 예를 들어 그의 일생의 향방을 좌우한 해방 공간의 이야기도 〈나의 자서전〉에서는 비어 있다. 나중에 별도로 기록한 〈내가 맞은 8·15〉와 〈내가 겪은 신의주 학생 사건〉을 읽지 않는다면 "하나님의 발길에 채여서" 다닌다는 그의 삶도 연속성을 찾기 어려울 것이다. 더욱이 그가 《씨올의 소리》를 내던 기간은 〈나의 자서전〉을 연재한 후 30년이나 더 생존하던 기간이기도 하다.

이와 같이 함석헌의 《죽을 때까지 이 걸음으로》는 거룩한 드라마의 인물들처럼 서로 논리적 연결도 일정하지 않고, 또한 지나치게 다듬어 씀으로써 도리어 불투명성을 드러내지도 않는다. 하기야 그것이야말로 과거의 문제를 해결하는 방향으로 이야기를 귀결시키는 정치적 인물들의 자서전과 다른 점이라고 할 수 있을지 모른다. 덧붙이자면, 일제 치하에서 자신이 꿈꾸던 세상을 이야기한 〈내가 맞은 8·15〉와 정치적 덫에 걸린 자신의 운명을 그대로 옮겨놓은 〈내가 겪은 신의주 학생 사건〉 사이의 관계는 극적이기는커녕 본질적으로 불확실하다. 왜냐하면 언제나 이야기의 주된 고리는 자신이 처한 현실을 그대로 나타내려는 데 맞춰져 있기 때문이다. 게다가 어떤 도발의 가능성 때문에 그의 고백이나 증언이 고자 한 이야기는 자서전의 작품으로서의 가치 만큼이나 행위로서의 가치를 강조한다. 그 행위로서의 가치야말로 바로 우리가 함석헌의 자서전을 언급하는 진짜 이유라고 할 수 있다.

그러므로 〈나의 자서전〉은 나중에 쓰인 〈하나님의 발길에 채여서〉 다음에 읽는 편이 도리어 효과적일 것 같다. 실제로 〈하나님의 발길에 채여서〉는 〈나의 자서전〉을 간추린 것도 아니며, 보다 젊은 날에 쓴 것도 아니다. 그것보다 더 간추린 20쪽짜리 필경본인 〈나는 어떻게 퀘이커가 됐나〉가 있는데, 이것을 읽어보면 내용이나 순서상 《씨올의 소리》에 두 차례에 걸쳐 연재된 바 있는 〈하나님의 발길에 채여서〉는 〈나는 어떻게 퀘이커가 됐나〉를 바탕으로 보다 자세하게 보충하고 새롭게 손질한 것임을 알 수 있다. 그러나 사람들이 자기에게 "왜 퀘이커가 됐느냐?"라고 종종 묻는다는 첫 문장은 바뀌지 않았다.

내가 퀘이커 모임의 회원이 된 것은 사실입니다. 그러나 나는 퀘이커가 된 것은 아닙니다. 도대체 퀘이커는 돼서 될 수 있는 것입니까?

문제는 자신이 퀘이커 교도가 아니라는 것이다. 그는 어렸을 때 장로교에서 학습교인이 된 이후 무교회에 들어간 일도 없다고 말한다. 이른바 퀘이커 회원이 된 것도 "잘돼서 됐다기보다는 잘못돼서 된 것일 것"이라는 것이다. 그것도 "두려움과 평화, 슬픔과 감사, 부끄러움과 자신"이 혼합된 인생길을 걸어간 것의 하나이므로 자기 자신을 "이날 껏 하나님의 발길에 채여 오는 사람"이라고 고백하고 있다. 그만큼 우리는 순수한 삶을 추구하는 구도자求道者의 모습을 그의 선문답禪問答에 내장된 문맥에서 만나게 된다. 함석헌이 구별하는 "퀘이커 회원"과 "퀘이커" 사이에는 미묘한 차이가 있다기보다 세속적으로 쉽게 이야기하는 어떤 대답 자체가 자신에게는 무의미하다는 뜻인지 모른다. 그리고 자신의 목적론적 삶의 의미를 더욱 명확하게 나타내주기 위해 별도로 영어 표현("to answer that of God in every man")을 쓰기도 한다. 그의 말대로 그것은 "각 사람 속에 있는 하나님의 것에 대답"을 시도해보다가 자기 자신이 "하나님의 발길에 채여서" 다닌 "찾는 자"의 인생길이므로 낭만주의자가 피할 수 없던 '고난'이었는지도 모른다.

"찾으라, 그러면 만난다" 했습니다. 퀘이커들은 하나의 조직적인 운동이 있기 전에 맨 첨부터 누가 지어준 것 없이 스스로 자기네를 '찾는 자'라고 불렀답니다마는 나도 퀘이커의 일을 알기 전 나 스스로를 역시 찾는 자라고 했습니다.

우리가 주목해야 할 점은 스스로를 퀘이커 대신 "찾는 자"라고 규정한 그의 태도일 것이다. 자신이 선택한 "찾는 자"의 삶에 불만이 없는 것처럼 말하는 태도는 시인 횔덜린Friedrich Hölderlin이 "신적神的으로 만족스러워하는 존재"를 만나는 이야기와 달라 보이지 않는다. 실제로 그가 자신의 과거를 설명하기 위해 필요한 현재의 자신을 자연스럽게 "하나님의 발길에 채여서"라고 밝힌 것은 "스스로 만족한다"는 그리스 최고의 선善과 상통하는 것 같다. 이 선이야말로 소년이 헤매던 끝에 찾아낸 "푸른 꽃"과 같이 낭만주의자가 품고 있던 "내면적인 독립성과 참된 지혜"를 의미하는 씨올의 세계라고 할 수 있다.

## 씨올 이야기 '더 읽기'

씨올 이야기는 그의 삶과 정신을 떠나서 말할 수 없다. 그것은 그가 꾼 꿈에서 탄생한 것이기 때문이다. 적어도 나는 그렇게 믿고 '낭만주의자 함석헌'을 그려보고 싶었다. 그런데 벌써부터 세상에 알려진 씨올 이야기가 있다. 어느 날 함석헌은 서울 종로 YMCA에서 열린 다석多夕 유영모의 《대학大學》 강의에 여느 때처럼 극소수의 사람들과 함께 참석해 다음과 같은 말을 들었다.

한 배움 길은 밝은 속알 밝힘에 있으며, 씨알 어뵘에 있으며, 된데 머무름에 있나니라.

(大學之道在明明德, 在親民在止於至善)

이것은 《대학》의 삼강령三綱領 부분인데, 함석헌이 말한 씨올의 기원이
여기에 있다는 것이다. 하지만 몇 가지 의문들은 그것이 진실이라는 믿음
을 주지 못한다. 나는 씨올의 기원이 함석헌 자신의 삶에 바탕을 두고 있
다고 믿는다. 만약 그날 그 강의에서 들은 '씨알'이 씨올의 기원이라면, 사
상적으로 그의 씨올은 우연에 기초한 "반지빠른 지식"밖에 될 수 없을 것
이다. 단순하게나마 '더 읽기'로 씨올 이야기를 간추리면 다음과 같다.

첫째, 유영모의 '씨알'을 포착한 것은 함석헌 자신이다. 그것은 문제의
씨올 이야기에서도 그대로 드러난다. 그가 그 말을 한쪽 귀로 흘려버렸다
면 오늘날 씨올은 전혀 알려지지 않았을지 모른다. 그것은 언어 전달의
기본 기능에서 발신자가 수신자에게 보낸 메시지의 하나로 볼 수 있다는
말이기도 하다. 하기야 그것을 메시지 발신자와 수신자 사이에 일치된
코드code였다고 보기도 어렵다. 비록 소수이기는 하더라도 유영모의 《대
학》 강의를 들었던 사람은 함석헌만이 아니기 때문이다. 참고로, 그 씨올
이야기를 전파하는 일부 학자들도 그 강좌가 정확하게 언제 열렸는지조
차 말하지 않고 있다. 그것은 유영모의 목요 강좌가 열렸던 1956년 12월
27일이 틀림없다.

과문한 탓인지 모르지만, 함석헌이 유영모의 '씨알'을 포착하기 이전
에 그것을 언급한 사람은 아무도 없었던 것 같다. 만약 씨올이란 말 자체
를 포착하지 못했다면, 그는 《씨올의 소리》를 낼 수 없었을 뿐만 아니라
함석헌 자신의 사상도 달라졌을지 모른다. 그만큼 '씨알'을 포착한 함석

헌의 문제의식을 간과해서는 안 된다는 것이다. 결국 그가 들었다는 '씨알'이 씨올의 기원이라고 말하는 경우라 하더라도 그것은 전적으로 함석헌의 기억력에 의존하고 있는 셈이다. 나아가 최초로 '씨알'이 언론에 알려진 것도 함석헌이 1959년 정월부터 열 번에 걸쳐 《사상계》에 연재한 자전적 이야기에서였는데, 특히 그해 열 번째로 연재된 〈씨올의 설움〉에서 그는 "배움 길은 밝은 속알 밝힘에 있으며, 씨알 어뷔에 있으며, 된데 머무름에 있나니라"를 옮기면서 자신의 씨올정신을 강조하고 있다. 즉, 그의 자전적 이야기에 전적으로 의존하는 '씨알'을 씨올의 사상적 기원으로 간주한다는 것은 일부 학자들의 과도한 상상이자 매우 불합리한 근거라고 본다.

둘째, 그의 기억력보다 더 중요한 것은 유영모의 '씨알'에 잘 드러나지 않았던 '씨'와 '알'에 대한 함석헌의 깊은 인식일 것이다. 그것은 그가 유영모가 강의한 《대학》에서 '씨알'을 포착한 중요한 배경이기도 하다. 왜냐하면 함석헌은 '씨알'이란 말을 듣기 약 8개월 전에 "역사적인 것"의 존재로서 '참 사람'의 의미를 '씨'와 '알'로 파악한 상태였기 때문이다.

우주는 우주의 것이지 내 것이 아니오, 죄도 역사의 것이지 내 것이 아닙니다. 개인의 싹이 터야만 알로서의 있음을 잃어버리고 역사 속에 나와서만 참 사람이 될 수 있습니다. 십자가란 곧 이것 아닌가 합니다. 알(씨)이 땅에 떨어져 싹이 트는 일입니다. 그래서 '어찌 나를 버리시나이까' 한지도 모릅니다. 그것은 '알' 그리스도가 터져 '참' 그리스도가 되는 소리 아닐까요? (〈역사적인 것〉)

함석헌은 "역사적인 것"의 존재로서 '나'를 우주의 일부로 인식하고, 그것을 '알'과 '씨'라는 자연계의 생명처럼 풀이한다. 이것은 〈한국 기독교는 무엇을 하고 있는가〉를 발표한 직후에 쓴 것인 만큼 역사적으로 그가 기독교 신앙의 정수가 무엇인지를 "성서적 입장"에서 재확인한 것처럼 보인다. 유영모의 '씨알'을 거두어들이던 겨울에 앞서 그해 봄에 그는 '씨'와 '알'을 자신의 생각의 터에 깊이 심어두었다는 것이다. 그것이 스스로 "하나님의 발길에 채여" 다닌다는 그의 경험 속에서 용해된 것이 아니라면, 민民이 왜 '씨알'인지 아무런 의미를 설명하지 않는 하나의 대상언어object language를 순간적으로 포착했을 수가 없었을 것이다.

다시 말하자면, 그것은 유영모가 말한 '씨알'이 중요하지 않다는 것이 아니라 그것을 기계적으로 적용하는 씨올 이야기에 문제가 있다는 것이다. 이 '알'과 '씨'에 대한 함석헌의 설명은 그가 창간한 《씨올의 소리》에서 연속되고 있는데, 그것은 자신이 꿈꾸던 삶의 터전에서 비롯된 것이 틀림없을 것이다. 그래서 그가 '씨알'이란 용어를 들은 지 석 달 후, 그러니까 1957년 3월에 천안에서 시작한 씨알농장도 오래전부터 자신이 농사와 종교와 교육을 하나로 엮어내려던 공동체의 꿈을 실현하기 위한 것이지 갑자기 '씨알'을 사상적으로 발전시킬 의도를 갖고 시작한 것은 아니라고 본다.

셋째, '씨알'은 사실 새로운 말이 아니라는 것이다. 가령 낚시꾼들은 "씨알머리가 없다"는 말을 하곤 한다. 한국 퀘이커의 원로이자 해방 직후부터 함석헌의 서울대 강연 내용을 정확하게 구술하고 있는 조형균은 '씨알'이란 말이 평안도 출신 함석헌에게는 낯설었겠지만, 자신처럼 경기도와 중부 지방 출신에게는 매우 낯익은 말이라고 했다. 까닭에 정작 새로운 것이라면 민民을 '씨알'이라고 풀이한 유영모의 생각일 뿐 '씨알' 자체가 새로운 말은 아니라는 것이다. 앞서 함석헌의 기억에 따르면, 그 강의에서 유영모는 탁월한 우리말 말법으로 오직 '씨알'만 새롭게 강조한 것이 아니라 '한배움(大學)', '밝은 속알(明德)', '된데(至善)' 등 전체 구절을 순우리말로 풀이했다. 우리의 주목을 끄는 것도 함석헌이 민民 자를 '씨알'이라고 풀이한 것에 특히 주목했다는 사실일 것이다. 그는 '씨알'이란 말 때문에 귀가 솔깃해진 당시 상황을 《씨올의 소리》에 비교적 자세하게 기록해놓았다.

친민親民은 신민新民이라고도 하는데, 주자朱子는 신민이라 해석하는 것이 더 나을 것이라고 그랬고, 다른 사람들은 본래 씌어 있는 친親 자로 하는 것이 그대로 좋을 거다 했어요. 선생님도 어느 편이나 하면 친민 편이어서 그것이 더 좋을 거라고 하시며, "씨알 어뵘에 있으며" 하셨어요. '씨알'은 민民 자를 말하는 것이고, "어"는 어버이라고 하는 친親 자에 "어버이에게 뵌다"는 뜻에서 "씨알 어뵘"이라고 그랬는데, 그때 '씨알' 소리가 처음으로 나왔어. 민民 자에 대한 우리말은 뭐라고 하겠느냐? 우리말에 없지요. "씨알이라고 그러면 좋지 않아?" 그런 말로 가볍게 말씀하셨는데…, 거기 대한 무슨 풀이는 별로 안 하시고 그랬는데, 그 말씀이 좋아서 잊지 않고 기억하고 있다가 잡지 내게 되면서 '제목을 뭐라고 할까?' 하는 생각을 하면서 이제 '씨알'이란 소리를 그대로 쓰기로 했지요.

이와 같이 함석헌은 '씨알'이란 '민民'을 우리말로 고쳐 읽었다는 사실보다 오히려 그 '씨알'을 하나의 메시지로 포착하고 있다는 점을 분명하게 밝히고 있다. 그 메시지의 유효성이 민의 맥락context에 있다는 것은 함석헌 자신이 '바닥 사람'의 삶을 철저하게 내재화한 것을 의미한다. 그래서 그는 자신에게 하나의 동기를 제공한 유영모의 '씨알'을 단지 '잊지 않고 기억했다'는 것만 언급한 것인지 모른다. 그 정도로 '씨알'이란 말은 말한 사람보다 들은 사람이 더 사상적 이해가 깊었다고 할 수 있다.

그러므로 현재까지 알려진 씨올 이야기처럼 어느 날 갑자기 귀로 들었던 '씨알'을 씨올의 사상적 원천으로 간주한다면, 그것은 원인의 문제를 동기의 문제로 환원시킨 것과 다름없을 것이다. 즉, 씨올의 기원을 두고 언제부터인가 특정한 인물과 특정한 때와 장소를 강조하는 일부 학자들의 주장은 하나의 상상이기 쉽다. 누구보다도 함석헌 자신이 "길에서 주워들은 소리"를 경계한 공자孔子의 말씀을 결코 무시했을 리도 없었을 것이며, 또한 이리저리 잘라 붙여서 하나의 사상을 만들어낸 "칼과 풀"의 "반지빠른 지식"을 누구보다도 강하게 비판했기 때문이다.

넷째, 함석헌 자신이 씨올을 '씨알'과 명확하게 구별하고 있다는 점이다. 처음부터 자신의 생각을 표현하는 데 일정한 한계를 인식하지 않았다면, 그가 '씨알'에 대해 왜 '알'로 쓰지 않고 '올'로 쓰는지 설명할 까닭이 없다는 것이다.

올을 왜 알로 쓰지 않고 올로 썼나? … 어학의 전문 연구가 없으니 말할 자격은 없습니다마는 … 씨올이 모든 삶의 밑뿌리면서도 무시를 당해 거의 잊어버려졌던 데서 다시 제 모습을 찾아 제소리를 내자는 하나의 심벌입니다. (《왜 나는 '알'을 '올'로 쓰는가?》)

이 심벌이 '씨알'과 본격적으로 별거하기 시작한 1970년대 이후에 함석헌이 낸 책에서 과거에 쓰이던 '씨알'이란 단어는 모두 사라져버린다. 자신이 백성이나 민중의 의미로 사용하던 '씨알'을 그때부터 씨올로 고쳐 쓰기 시작한 것은 단순하게 표기상의 문제가 아니라 자신의 사상을 '씨알'로 표기할 수 없다는 의지의 표시가 틀림없을 것이다. 그것은 '씨알'에 의미를 첨가한 변형이 아니라 언어 자체에 대해서 풀이하는 메타언어의 하나로 씨올을 인식한 것이다. 따라서 그가 〈성서적 입장에서 본 조선 역사〉를 쓸 때부터 '민民', '민중', '백성', '조선 사람' 등을 역사의 주체로 내세운 문제의식에 비춰볼 때 미처 씨올이란 말을 발명하기 이전이라고 하더라도, 앞서 언급한 것처럼 '씨알'을 다른 말들에 비해 역사적 문맥에서 그 스스로 어떤 의미를 강조한 메타언어로 전환시켜서 이해한 것으로 볼 수 있다.

본디 진실이란 무조건적으로 자명한 권위를 가진 것이 아니다. 즉, 진실에도 특정한 조건이 필요하므로 씨올 이야기도 특정 해석자의 주관적인 의미 부여에 무조건적으로 따르기보다 함석헌 자신이 일관되게 거짓과 맞서 싸운 체험적 삶에서 발견할 수밖에 없다는 것이다. 씨올이 그 자신을 존재케 해주는 존재라는 진실을 거듭 새기지 않는다면, 씨올의 의미도 알게 모르게 그것을 해석하는 사람들의 언어에 의해 도리어 함석헌의 뜻과 전혀 다르게 진실이 가려지게 될지도 모른다.

요컨대 함석헌이 씨알이란 말을 처음 들었던 것은 해방되고 10여 년이 지난 후였지만, 그가 씨올의 실체를 체험한 것은 그것보다 훨씬 전부터였다는 것이다. 그때부터 자신의 삶과 사고 속에 뿌려진 씨올의 씨앗을 가꾸고 돌보는 노력을 하지 않았다면, 아무리 훌륭한 스승을 만나는 행운이 남달랐다고 하더라도 단지 '씨알'이란 한마디 단어만 갖고 수없이 많은 사상의 꽃을 피워낼 수는 없었을 것이다. 그러나 그의 씨올은 '씨알'과 달리 한글학회의《우리말 큰사전》이나 국립국어연구원의《표준국어대사전》에서는 보이지 않는다. 그것은 지금도 씨올이 머무는 곳이 현실 세상이 아니라 함석헌이 꾸던 꿈 속이라는 뜻인지 모른다.

## 낭만주의자의 터전

씨올은 함석헌이 꾸던 꿈의 터전에서 자란다. 오산에 역사 선생으로 오던 날에도, 자신의 '뼈를 묻기'로 한 오산을 떠날 때에도 그의 발길보다 한 걸음 앞서 달려간 것이 꿈이요, 그 꿈의 결실이 씨올이라는 것이다. 그가 꾸던 꿈의 터전은 학교 교육에서 마련된다. 자전적 이야기의 첫 문장은 셸리Percy B.Shelly의 〈서풍부Ode to the West Wind〉 마지막 구절인데, 이 낭만주의 시인을 처음 만난 것도 평양에서 공부할 때 교과서에 나온 나쓰메 소세키夏目漱石의 글을 읽었을 때였다. 세월이 흘러가도 함석헌은 꿈속의 어린 시절에 읽은 〈종달새〉를 기억한다. 셸리 자신이 "환희의 물결"이라고 읊은 종달새가 "승화의 탁월한 징표"라고 일컬어지듯이 고향의 봄에 만난 종달새의 비상처럼 함석헌의 일생도 학교 교육을 통해서 하늘로 날아오를 꿈부터 꾸게 된다.

꿈꾸기의 관점에서 함석헌의 일생은 세 단계로 나누어볼 수 있다. 첫 시기는 우리의 근대 교육사를 배경으로 꿈을 키우면서 그의 꿈을 어린 학생들에게 심어주던 '인생의 황금 시절'이요, 다음은 그 꿈으로부터 현실로 뛰어들어서 한반도 거주민으로서 인간의 극한적 고통을 겪고 씨올을 잉태하던 시절이요, 마지막은 다시 꿈으로 돌아가기 위해 "나라의 늙은이"로서 미래의 씨올을 살려내려던 시절이다. 이렇게 꿈에서 꿈으로 이어지는 그의 일생은 근대 학교에서 시작되었다고 본다. 비록 참교육의 영속적인 효과는 탈학교적인 것이라고 하더라도, 그가 낭만주의자로 성장하던 터전은 자신의 꿈을 키우던 학교 교육을 떠나서 말할 수는 없을 것이다. 이 학교 체제는 프랑스 혁명 때부터 19세기 후반까지 서구 사회에서 진통 끝에 정착되고, 제국주의 침략 전쟁 때 비서구 지역에 널리 퍼진 바 있다. 기묘하게도 그의 나이는 우리나라에서 공교육 체제가 정착되던 시기와 병행된다.

이에 따라 학교 경험은 그에게 행운의 기회도 되고 상처의 기억도 남긴다. 조선총독부가 지배하던 시절에 함석헌이 입학한 평양고등보통학교는 한반도 전체에서 단 둘뿐인 관립 고등학교 가운데 하나였으며, 그 학교를 3·1운동 때 자퇴하고 나서 다닌 오산학교도 사립 남자 학교 7개교 가운데 하나였다. 게다가 그가 오산학교를 졸업하고 일본 동경으로 유학할 때 한반도에는 2년제 전문학교를 제외하면 4년제 대학이 아예 하나도 없었을 만큼 학교 체제는 온전하지 못했다. 이런 현실에서 초등 교육부터 대학 교육까지 정상적으로 마친다는 것은 여간 귀하고 어려운 일이 아닐 수 없었다.

당시 학교 체제는 여러 가지 면에서 오늘날의 학교 체제와 비교하기 어렵다. 그러나 그가 "생각하는 사람"이 되고 역사 공부를 하고 그리고 역사 선생으로 등장한 과정은 당연히 학교 교육과 관련되어 있다. 스스로 "인생의 황금 시절"이라고 회고한 것도 아이들을 가르치던 10년간이었으며, 학교를 떠나면서 그의 황금 시절도 끝나게 된다. 그 시절에 캐낸 황금이 바로 그의 "성서적 입장"일 것이다. 서양사학자 노명식이 함석헌 사상의 근원적인 토대라고 지적한 〈성서적 입장에서 본 조선 역사〉는 동경고등사범학교에서 역사를 전공한 지 10년 만에 나온 성과물이다. 사상가 함석헌은 〈성서적 입장에서 본 조선 역사〉에서 자신의 "성서적 입장"이 하나의 지식이 아니라 자신이 체험한 우주관이라고 분명하게 밝히고 있다. 그것은 마치 우주가 빅뱅으로 탄생하듯이 그에게도 자아 폭발로 생긴 내면의 빛으로 보인다.

결과적으로 그의 '빅뱅' 체험은 '님'에 대한 인식의 자발성으로 드러나게 된다. '님'은 자기 자신에게서 발견한 자기 고유의 태양이므로 자기 밖에서 찾는 '님'과 다르다. 그것은 시인 박두진이 〈함석헌 선생〉에서 그를 "빛의 사람", "불의 사람", "참의 사람"으로 압축해서 읊은 것을 떠올려준다. 태양이 고갈되지 않듯이 그의 글이나 말에서 '님'에 대한 인식은 항상 인간의 궁극성을 무한히 추구하는 원천이 되고 있다. 대체로 그것을 실현하는 사람은 빛의 존재로서 자신이 고유한 창조자일 수밖에 없다. 왜냐하면 자신의 중심에 태양을 소유하는 사람은 빛을 낼 수밖에 없기 때문이다. 그때부터 꿈을 꾸던 청년 시절과 청년 교사 시절은 함석헌이 "빛의 사람"이라는 사상가로 다시 태어나던 과정이기도 하다. 그가 "아니"라는 말을 하기 시작한 것도 역시 그때부터일 것이다. 이른바 "낯설게 하기"의 표현처럼 "고난의 역사"를 직설한 것이 그에게는 진실을 위한 최초의 투쟁이기도 하다. 그것은 자신이 발견한 고난의 세상이 일생 동안 혁명을 꿈꾸는 낭만주의자의 모습을 드러내게 해주기 때문이다.

문제는 역사적 사실보다 시적 진실인 꿈에 있다. 꿈 때문에 역사를 가르치러 오산에 오고, 꿈 때문에 역사 선생을 그만두고 오산을 떠난 것이다. 오산 자체가 문제가 아니고 그의 꿈이 문제라는 것이다. 씨올은 꿈꾸기의 산물이요, 그의 꿈은 학교 교육의 산물이다. 하지만 학교 체제 자체가 모든 아이들에게 적합한 것은 아니다. 그때나 지금이나 별다를 것이 없는 학교 체제에서 함석헌에게 가장 의미가 있는 것은 역시 학교에서 만난 자신의 스승들이라고 본다. 그에게는 오산에서 만난 남강 이승훈과 다석 유영모, 동경 유학 때 만난 우치무라 간조內村鑑三가 특별하다. 그들은 민족 운동의 지도자요, 동양 고전을 우리말로 밝혀주던 사상가요, 그리고 기독교 정신을 일깨워준 일본인 기독교인이다. 그들의 사회적 신분이나 외모나 국적은 아무런 상관이 없다. 그의 자전적 이야기에서 그들은 인생의 등불이 분명하다.

덧붙이자면, 해방의 소식을 들었을 때 함석헌이 가장 먼저 생각한 인물이 이승훈이요, 삼팔선을 넘을 때 유일하게 의지한 인물이 유영모였다. 그리고 일제 식민지 시절 '조선 사람'이 겪은 고통스러움을 맞바꿀 수 있다고까지 한 사람이 바로 우치무라다. 지금은 선생이 인생의 원수가 되는 경우도 있지만, 그때 함석헌이 학교에서 만난 인생의 등불은 커다란 행운이라고 할 수 있다. 만약 그가 그 시절에 근대 교육을 받지 않았다면 그들을 만날 기회는 영영 주어지지 않았을 것이다. 즉, 함석헌은 근대 학교 덕분에 그들을 만나고, 또 그들을 등불처럼 따르다가 드디어 그 스스로 빛의 존재로 탈바꿈하면서 참스승 소리를 듣게 되었다.

따라서 씨올을 탄생시킨 꿈꾸기를 내놓고 '낭만주의자 함석헌'을 말할 수는 없다. 물론 꿈이란 시인들이 자주 드나든다는 "아주 먼 과거의 풍부한 상상력의 보물 창고"에서 꾸어온다는 보물이기도 하고, 또는 범속한 현실과 대비되는 무의식의 고유한 표현이기도 하다. 물론 함석헌의 꿈 이야기는 그가 밤에 잠을 자다가 꾸었다는 어떤 꿈을 해몽하자는 것이 아니다. 그렇다고 꿈 자체에 대한 연상에 집중하거나 또는 꿈의 연상 작용에 주의를 기울이는 심리학자들의 경우를 빌리자는 것도 아니다. 언제 어떤 꿈을 꾸는지 모르지만 결코 삶을 포기한 적이 없는 것처럼 그의 꿈 꾸기도 씨올의 잉태와 출생의 조건이라는 것이다.

꿈을 꾸는 데는 나는 반드시 남에게 떨어지지 않는 듯합니다.

씨올은 꿈의 언어가 확실하다. 우리가 우주의 실재實在에 참여할 수 있다는 꿈꾸기야말로 씨올이 출현한 결정적인 배경이라는 것이다. 함석헌에게 씨올은 단순한 '민'이 아니라 '상민常民'이다. 그 상常의 정신적인 면이 참이요, 그 상이 구체적인 인간 활동으로 나타낸 존재가 씨올이라는 것이다. 까닭에 아무런 확고한 지위도 없는 씨올이 없으면 세계도 없게 된다. 씨올을 통해서 우주의 세계가 무한하게 펼쳐진 것이기 때문이다. 그래서 낭만주의자는 더욱 '안'으로 들어가서 '참'을 찾는다. 즉, 참에서

"삼라만상이 하나의 근본으로 돌아가는 운동"으로 보이는 세계가 출현하고, 그 세계에서는 "돌고 도는 생명의 자람"만이 남는다. 이렇게 항상 새롭게 영원히 진행하는 세계를 드러내면서 "나서 죽고 죽고 나는 생명의 자람" 속에서 끝끝내 "죽지 않는 인격"이 씨올이라는 것이다. 이 자기 창조의 과정에서 씨올은 객관적으로 존재하는 것이 아니라 자기를 주장하는 주체로만 존재하는 낭만주의자의 확실한 터전으로 자리 잡는다. 그것이 그가 "하나의 세계를 믿고, 세계의 씨올들과 손잡기"를 힘쓴다는 삶이요, 그 뜻에 따라 영원한 세계를 향해 걷던 인생길에서 자신이 차였다는 "하나님의 발길"일 것이다.

함석헌은 '하나님'과 '나' 사이의 대화를 역사라고 말한다. 그 역사의 한 걸음은 "영원한 생명"과 "하늘나라"를 향하고 있다. 그가 믿는 '하나님'은 땅의 역사가 끝나면 온다는 나라의 주인이다. 그 "성서적 입장"을 부정하거나 왜곡하면 함석헌은 자칫 사회진화론자로 변질될지 모른다. 그의 '하나님'은 사회진화론자가 아니며, 그의 "성서적 입장"은 우승열패나 약육강식을 전혀 강조하지 않는다. 만약 함석헌이 사회진화론자였다면 "성서적 입장"이 아니라 우승열패의 논리로 조선 역사와 세계 역사를 서술했을 것이다.

그런데 일부 학자들은 함석헌을 사회진화론자라고 설명하고 있다. 앞서 출판된 《함석헌 저작집》의 머리글에도 "사회진화론자 함석헌"이 쓰여 있다. 여기에는 함석헌이 왜 사회진화론자인지 단 한마디의 설명도 없다. 그것은 마치 진실의 소유권이 자기 자신에게 있다는 듯한, 함석헌 사상에 대한 독단적이고 비학문적인 태도가 분명해 보인다. 그 문제가 처음으로 필자에 의해 제기된 이후 한참 만에야 비로소 함석헌을 사회진화론자라고 주장하는 온갖 변명과 이유가 등장한 것도 사실이다. 학문적으로나 일반적으로 알려진 사회진화론의 개념 자체를 엉뚱하게 교란시키지 않는 한 함석헌은 사회진화론자가 될 수 없다. 나아가 그의 사상적 기반인 "성서적 입장"을 전면 부인하는 만큼 더 이상 논의의 가치도 없다고 생각한다. 당시 행정학자 이문영, 신학자 김경재, 철학자 김상봉 등 오랫동안 함석헌 연구를 진행한 양심적인 학자들도 분명하게 "사회진화론자 함석헌"이란 주장은 크게 잘못된 것이라고 지적한 바 있다. 아울러 정치학자 전복희의 《사회진화론과 국가사상》에 따르면, 사회진화론은 의사擬似 진화론적 기반 위에서 약자의 패배를 자연의 법칙으로 설명하는 이데올로기로서 지난 19세기 말경에 서구산업사회의 첨예화한 계급 갈등에서 반동적으로 출현한 것으로, 한국의 특수한 상황에서 일제의 제국주의적 침략 과정을 뒷받침하는 정치적 이데올로기로 악용된 사실도 간과해선 안 될 것이다.

　요컨대 언젠가 반드시 수정되어야 할 "사회진화론자 함석헌"은 도리어 한 사회진화론자의 허구적인 상상이라고 믿을 수밖에 없다. 그것은 함석헌의 "성서적 입장"의 씨앗이 싹을 틔우고 열매를 맺은 씨올마저 자칫 사회진화론의 도구로 전락시킬지 모른다. 함석헌의 〈성서적 입장에서 본 조선 역사〉와 〈성서적 입장에서 본 세계 역사〉도 당시 양차 세계 대전 사이에 부정당했던 기독교 신앙을 "성서적 입장"이란 제목으로 적극 강조한 것이 사실이다. 이 "성서적 입장"은 〈성서적 입장에서 본 조선 역사〉를 다시 《뜻으로 본 한국 역사》로 고친 이후에도 자신이 일생 동안 일관되게 지키던 "믿음으로 말미암아 사는" 불변의 법칙이요, "의義의 법칙"이기 때문이다. 함석헌에게 "하늘나라"는 땅의 역사가 끝나면 오게 되는 천국이므로 그는 그 진보의 개념이 "소위 생물 진화의 법칙이 아니요, 소위 경제적 생산관계가 아니요, 소위 문화 이상理想이 아니"라고 분명하게 지적하고 있다. 즉, 자신은 사회진화론자나 마르크스주의자나 탈기독교적인 인문주의자가 아니라는 것이다. 그것들은 함석헌이 말한 "씨올주의"와 멀리 떨어져 있다. 이 "씨올주의"에 따라 창간한 것이 《씨올의 소리》였다. 신학자 안병무는 그것을 "어두운 밤에 함석헌 선생의 큰 그림자 밑에 열린 조그마한 창구"라고 했다. 그 창구를 통해서 한 낭만주의자가 깨뜨리려던 것이야말로 어두운 밤에 현실주의의 벽돌로 쌓아올린 사회진화론, 마르크스주의, 탈기독교적인 인문주의였는지 모른다.

## 세상은 밤이더라

함석헌이 꿈을 꾸던 시대의 밤은 어둠의 시간이요, 기도의 시간이다. 빛이 어둠 속에서 나온다고 하듯이 그가 지낸 어둠의 시절은 박두진이 읊은 "빛의 사람" 함석헌을 출현시킨 배경을 이룬다. 누구보다도 함석헌 자신이 1950년대 말에 모두 열 가지 서사narrative로 이루어진 〈나의 자서전〉을 쓰면서 자신이 살던 시기를 다음과 같이 말하고 있다.

밤이다. 세상은 밤이더라.

당시는 우리나라에 전기 시설이 부족해서 농촌이나 도시 주변의 가옥

대부분이 밤에 촛불이나 등잔불을 켜던 시절이기도 하다. 하지만 그가 은유한 밤은 하루를 구분하거나 법적으로 따지는 시간이 아니라 마치 서양 중세의 '성자전聖者傳'에 나오는 성자들이 폭행을 당하던 정치적 폭력의 시간으로 보인다. 그 자서전을 쓰기 전까지 약 30년간, 함석헌은 일제 경찰에 의해서 세 차례, 소련군에 의해 두 차례, 그리고 이승만 독재 정권에 의해 한 차례 투옥된다. 동시에 일제 말기에는 두 자녀를 잃고, 아버지를 잃고, 친구 김교신金教臣을 잃고, 해방 후에는 사형과 유배와 숙청의 위기 끝에 마침내 어머니와 큰아들을 고향에 두고 삼팔선을 넘는다. 나아가 박정희 군사 독재에 맞서 비폭력 평화 운동을 벌이던 민주화 운동 시절에도 끊이지 않았던 것은 단식 투쟁과 가택 연금과 굵은 베옷을 입고 군사재판을 받던 일이다. 그 어둠의 세상은 그에게 하나의 수식이나 형용이 아니라 그가 온몸으로 부딪친 하나의 신화의 세계라고 할 수 있다.

이에 따라 함석헌의 밤은 일시적으로 유배된 어느 다른 세계의 밤인지 모른다. 본디 자신의 내적인 중심의 존재가 속한 곳이 아니기 때문이다. 그 세계의 해방을 시도하는 정신은 필연적으로 고난을 수반하며, 그 고난의 실재는 역사적 진실보다 고등하다는 시적 진실에서만 나타나게 된다. 실제로 일생의 최후를 몇 년 앞두고 있을 때 함석헌은 한 장의 원고지 위에 고난의 절정을 이루는 풍경을 옮긴 적이 있다.(박영자 제공) 그것은 읽는 이마저 추위에 떨게 만드는 겨울밤의 풍경을 느끼게 해준다.


겨울 해가 너머 가고, 우무러진 담 눈이 퍼붓고,
바람은 숲을 물어 골짜기로 내려온다.

나무들은 벌벌 떨고.

그 무서운 겨울밤, 22세 청년靑年이 울부짖는 눈보라 속을 걸어내려
온다.
　하지만 수도원修道院에서 내려오는 길로 추위에 그의 뼈는 말랐고
　주림과 공포로 기진맥진했다.
　저고리 위에는 흰 눈이 덮여 마치 그의 시의屍衣를 마련하려는 듯.
　한 발 걸음 나가면 바람이 도루 몰아 물리친다.
　마치 산 사람의 집에 못가게나 하려는 듯
　험한 산山 길은 그의 다리의 힘을 다 뺏아
　그는 사람 살리라고 부르짖었다.
　추운 눈바람은 그 입을 막았다.
　다시 일어나 가만히 섰다.
　아무 소리도 없이 떨기만,
　그는 기진맥진 해 기력氣力 없이 사나운 눈바람 속에 섰다.
　마치 날개 부러진 새가 물결에 끌려 바다로 밀려 내려가는 듯.

　이것은 너무나 절망적이라서 차라리 하나의 꿈이길 바라고 싶은 정경
이기도 하다. 그 겨울밤에 극한 상황과 맞서서 끝내 쓰러지지 않고 기어
이 "섰다"는 스물두 살의 청년은 누구일까? 우리는 함석헌이 왜 이런 시
를 남겼는지 알지 못한다. 그러나 "다시 일어나"는 청년의 의지는 칼릴
지브란Kahlil Gibran의 《반역의 정신 Spirits Rebellious》에 나오는 주인공처럼 끝

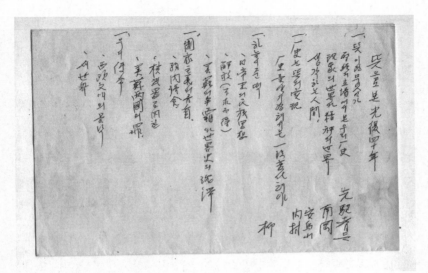

함석헌이 원고지 뒷면에 남긴 육필 메모.

까지 포기하지 않는 모습을 보여준다. 따라서 그가 진실이라고 말한 고
난 자체보다 그 "고난의 밤"을 마주 대하던 그의 저항의식에 오히려 우
리의 눈길이 더욱 끌리게 된다. 고난의 밤은 찬미의 대상이 아니라 그가
말한 "새벽을 기다리는 마음"으로 이겨내야 하는 의지의 현장이 틀림없
다. 그 의지야말로 고난의 밤을 이야기하는 진짜 목적일 것이다.

　이 원고지 뒷면에는 자전적 체험 등이 연대순으로 적혀 있다. 이를테
면 〈성서적 입장에서 본 조선 역사〉에 관한 상당 부분을 비롯해서 "생각
이 달라짐", "죄의 성장", "사상의 전개", "십자가의 도道", "자기희생"
등 "고난의 역사"를 발표한 이후 자신의 사상적 궤적을 아주 간결하게

요약한 것이다. 이 고난의 인생길은 "하나님의 발길에 채여서" 다닌다는 그의 고백을 떠올리게 한다. 그것은 이것과 저것을 구별하기 어려운 밤의 세상을 부각시키고 있다. 역시 고난은 어둠의 영역과 분리되지 않는다.

그러나 함석헌이 처음으로 어둠에 대한 인식을 드러낸 것은 〈나의 자서전〉을 쓰던 때가 아니다. 이미 30년 전 "고난의 역사"를 발표하기 훨씬 전부터 "온 땅이 암흑에 덮혔다"라고 말한다. 그 암흑은 "진리가 밝혀지기를 기다릴 시대"의 특징으로서 "혼돈 가운데 방황"하는 세상이라는 것이다. 또한 여든을 넘긴 후에도 빛을 찾는 열정으로 함석헌은 자기가 살아온 한반도를 "군국주의, 제국주의, 산업주의의 역사의 긴긴 밤 무대"라고 회고한다. 그 밤은 낭만주의 시인들이 동경하던 밤도 아니요, 괴테Goethe가 인간이 돌아가야 하는 "어머니"라고 부른 밤도 아니다. 차라리 나는 톨스토이에게 빠뜨릴 수 없던 기도의 밤을 닮았다고 본다. 철학자 바이스바인Nicolas Weisbein에 따르면, 톨스토이Tolstoy는 먼 인생길을 걷기 위해 해가 뜨기 전에 기도드리고 그 하루를 올바로 걸었는지 반성하기 위해 밤에 잠들기 전 기도드렸기 때문이다.

그러므로 그의 밤은 "큰 슬픔"이라는 뜻의 이름을 가진 막심 고리키가 들려주던 "어머니"의 밤인지 모른다. 씨올이 출현하던 밤도 씨올을 "어머니의 목걸이"라고 부른 고통스러운 내면의 밤이다. 까닭에 씨올은 밤에 대한 도전의 산물이 틀림없다. 어둠에서 나온다는 빛처럼 그 어둠의 무대에서 극의 반전反轉을 위해 등장한 빛의 주인공이 씨올로 보이기 때문이다. 또한 역사적으로 하나의 이상적인 세계를 꿈꾸는 존재이지만, 그가 그리는 새로운 사회의 정초석定礎石도 씨올의 명칭 위에 놓일 수밖에 없을 것이다. 다시 말하면, 씨올은 어두운 "고난의 역사"와 섭리적인 "내면의 빛"과 그의 가슴 속에 부는 시대의 바람을 타고 성장한 아름다운 미래의 인간형이라고 할 수 있다. 만약 그 흙과 그 빛 사이에서 그 바람이 돌지 않았다면, 우리는 지난 20세기에 서로 기묘하게 작용하여 영글어진 빛의 열매로서 씨올을 볼 수 없었을지도 모른다. 이 씨올의 의미도 궁극적으로 생명의 전체성이 자기 창조의 과정에 있다고 믿는 데 있다. 원래 어떤 방향을 가리키는 서구적 어원의 의미Sinn/sens라는 말처럼 씨올은 세속에서 자신의 삶을 마감하기까지 자기의 일생을 마주 대하고 스스로 그려보는 "동그라미"의 꿈과 다르지 않다.

전체, 밖을 그리면 ○이요, 하나, 속을 그리면 ● 이다. 씨올에는 안이 밖에 있고, 밖에 안이 있다. 밖의 밖이 안이요, 안의 안이 밖이다.

과연 동그라미는 기하학적으로 전체이자 또한 부분이기도 하다. 이것은 스위스의 낭만주의자 트록슬러Ignaz Paul Vitalis Troxler의 "외부에 있는 자연의 내부는 인간이라는 자연의 내부"라는 시선과 일맥상통한다. 그에 따르면, "우리 내부의 외부에 있는 자연"이 신과 하나가 되게 하기 위해서 우리의 내부에서는 의식을 떠오르게 하고, 우리의 외부에서는 만물을 생명으로 초대한다는 것이다. 이는 무한無限을 자기 안으로 받아들이고, 또한 자기 안에서 무한의 세계로 녹아들려는 낭만주의자의 세계관이다. 즉, 우리가 사물의 본성을 더 깊이 이해하려면 우리 내부의 극한으로 더욱 파고들어야 한다는 것이다.

이 낭만주의자의 관점은 "지구와 겨자씨알이 한 점"에서 만나듯이 씨알도 "나라와 한 점에서" 만난다는 함석헌의 우주관이기도 하다. 그것은 젊은 날부터 자발적으로 일구어놓은 "깨어 있는 꿈"의 그림이자 동시에 그 스스로 그 열매의 씨앗이 되기를 바라던 낭만적 영혼의 방향도 표시해주고 있다. 겨울 해가 넘어간 긴 밤에 홀로 "섰다"는 스물두 살 청년처럼 그가 "깨어 있는 꿈"을 안고 기다리던 시대의 새벽은 실로 빛을 찾는 강렬한 의지의 동의어가 확실해 보인다. 이런 의지의 꿈꾸기야말로 단지 민民을 지칭하는 대상언어 '씨알'과 구별되는 존재로서 낭만주의자 함석헌의 일생을 완성한 씨울인지도 모른다.

그것은 《죽을 때까지 이 걸음으로》를 내면서 세상에 알려진다. 부제를 "나의 자서전"이라고 붙였기 때문이다. 이 자서전의 첫 이야기는 영국의 낭만주의 시인 셸리의 "겨울이 깊으면 봄이 어찌 멀었으리오"라는 시구로 시작된다. 첫마디부터 꿈을 꾸는 낭만주의자는 결코 절망하지 않는다는 인생관을 감추지 않는다.

그 구절에 대한 함석헌의 애착은 매우 강하다. 자신이 "죽은 후에 비석이 설" 경우에는 "벼락이라도 쳐서 그런 못마땅한 것은 아예 그림자도 없이 할 작정"이라고 말하지만 "만일 그 비석 위에 이 글귀라도 써준다면 혹 용서를 할지" 모른다고 할 만큼 그가 사랑했기 때문이다. 자신의 "숨이 끊어지는 순간"에도 부르고 싶고, 그동안 "이루 헤아릴 수 없이" 불렀다는 자신의 심중이기도 하다. 하지만 따뜻한 봄을 기다리는 겨울은 춥고, "가을의 숨결"을 은유한 서풍은 낙엽이 흩어지는 저녁의 색조처럼 어둡다. 오직 "불타는 반항 정신" 때문에 셸리를 자기의 친구로 알고 좋아한다는 함석헌의 결기는 자서전의 첫 마디부터 똑바로 "고난의 밤"을 겨눈다.

물론 앞에서 간단하게 언급한 것처럼 함석헌이 낭만주의자라는 것은 그가 그 시구를 좋아하기 때문이 아니다. 자신이 누구를 좋아한다는 것 자체가 곧 누구의 삶이나 사상과 반드시 일치한다고 볼 수는 없다. 예컨대 피카소Pablo Picasso의 〈아비뇽의 처녀들〉을 좋아하는 사람이 모두 큐비니스트는 아니라는 것이다. 다만, 사람은 자기가 사랑하는 사람을 통해서만 배울 수 있다는 괴테의 말처럼 함석헌이 가슴에 낭만주의를 새긴 것도 셸리의 〈서풍부〉를 읊을 때부터가 아닌가 짐작해볼 따름이다.

이 이야기가 첫 회 연재된 《사상계》의 편집 후기에는 단지 그가 "오래간만에" 써준 "옥고玉稿"를 "수개월에 걸치어 연재될" 것이라는 짤막한 한마디만 언급되어 있다. 그러나 편집자의 건망증 때문인지 모르지만, 그것은 "오래간만에" 쓴 글이 결코 아니다. 그 서사를 연재하기 두 달 전에 〈"생각하는 백성이라야 산다"를 풀어 밝힌다〉를 세상에 알리고, 또한 이보다 두 달 전에는 분단 정부와 한국전쟁을 비판한 〈생각하는 백성이라야 산다〉로 18일간 투옥된 바 있기 때문이다. 이때 그는 "밥 맛을 참으로 안 것도 거기서, 사람 맛을 안 것도 거기서, 세상을 뒤집어 볼 줄 안 것도 거기서"라고 고백한다. 그래서 편집자가 말한 "옥고"의 바탕도 그 옥고로부터 잉태된 것인지 모른다. 인간의 양심이 "흙 속의 진주처럼 여전히 살아 있다"라는 글의 주제를 강력하게 뒷받침해주는 것도 자칭 "인생대학"이라는 "거기"의 경험 덕분일 것이다.

인간의 양심을 둘러싼 현실을 진주가 묻혀 있는 어두운 흙 속이라고 은유하면서도 함석헌은 "이 부조리를 깨치고, 이 짙은 어둠을 뚫으며, 이 수수께끼를 풀 때까지" 끊임없는 저항을 다짐하는 의지를 드러낸다. 그 것은 안병무가 "가슴에 화살 맞은 사람"으로 묘사한 그의 일생이 진리의 로맨스를 꿈꾸게 만든 낭만적 영혼이 아닐 수 없다는 것이다. 그 영혼이 태초의 밤으로 함석헌을 이끌던 순간에 "깜깜한 깊음 위에 움직이는 얼" 은 고통스러운 수정작용受精作用을 계속하면서 씨올을 잉태한 것인지 모 른다. 역사는 밤에 이루어진 것이다.

### 엉겅퀴 찔레 밭에서

함석헌이 찾는 씨올은 어디에 있을까? 그것을 그는 1970년 4월에 창간 된 월간지 《씨올의 소리》에서 밝히고 있다. 이른바 "큰 통령[大統領]"이 되 기 위해서 박정희와 김대중이 맞서기 꼭 1년 전이다. 그의 말대로 세상 이 정치라는 "옛날 소리"에 팔려 다니던 시절에 함석헌은 할아버지가 동 네 아이들에게 옛날이야기를 들려주듯 씨올 이야기를 들려준다. 자기가 찾는 씨올은 "어머니의 목걸이"요, 그 목걸이를 찾는 곳은 "엉겅퀴 찔레 밭"이라고 말한다.

태아가 어머니를 빨아먹고 크듯이 새 역사는 옛 역사를 삭여 먹고야 만 됩니다. … 민民이냐 씨올이냐가 문제 아닙니다. … 국민國民, 신민 臣民하면서 몇 천 년 남의 살림을 살았습니다. 그러는 동안에 우리 조 상의 피와 뼈가 쌓여서 된 이 땅이 왼통 엉겅퀴 찔레 밭이 돼버렸습니 다. 이제 그 엉겅퀴 밭에 어디 내 어머니가 주었던 목걸이가 떨어졌나

찾노라면 목걸이만이 아니라 어머니가 살아납니다. 사실 목걸이는 어머니의 표시밖에 다른 것 아닙니다. 어머니의 몸은 죽겠지만 어머니의 혼은 그 물려준 목걸이 속에 살아 있습니다. 그럼 어떻게 그것을 경히 여기겠습니까? 우리의 주체성을 찾기 위해, 우리의 '나'를 찾기 위해 잃었던 말을 찾아보아야 합니다. … 씨올보다 더 좋은 말이 있거든 고칠 셈치고 우선은 써봅니다.

이 이야기의 내용은 준엄하다. 마치 역사의 법정에 울리는 어떤 판결문 같기도 하다. 언제 어떻게 잃어버렸는지도 모르는 "어머니의 목걸이"를 왜 찾아내야 하는지 엄숙하게 묻는가 하면, 또한 씨올의 출생 목적도 명확하게 드러내주고 있다. 그러므로 "어머니의 목걸이"를 찾아 나선 함석헌은 "엉겅퀴 찔레 밭"이 되어버린 현실 자체를 수용하지 않는다. 그 밭은 "조상의 뼈와 피가 쌓여서" 이루어진 땅이지만, "국민", "신민"이라는 정치적 미신/신화 속에서 엉겅퀴 따위의 잡초가 자라는 썩은 밭이 되었다는 것이다. 그가 《씨올의 소리》를 내는 목적도 바로 그 신화의 탈신화脫神話에 있지만, 탈신화 자체가 목적의 전부는 아니다. 그의 목적은 말 그대로 "어머니의 목걸이"를 찾아서 어머니의 혼을 만나는 데 있기 때문이다.

사실 함석헌은 씨올을 어머니의 표시로서 민民의 완전한 원형으로 여기지도 않는다. 그것보다 "더 좋은 말"이 나타나면 "고칠 셈치고" 우선 잠정적으로 사용한다는 여지를 두고 있다. 그것은 오늘날 사상적으로 접근하는 씨올이 최종적으로 완결된 용어가 아니라는 말이기도 하다. 이렇게 씨올의 절대화를 경계함으로써 그의 진정한 합리성은 자칫 씨올로 인하여 발생할 수 있는 도구화를 예방한다. 물론 '큰 통령'을 뽑는 데 익숙한 정신 풍토 때문에 장차 씨올보다 "더 좋은 말"이 나올 가능성은 무척이나 희박해 보인다. 그러나 그 찔레 밭의 풍토를 교체하고 변화를 일으켜야 한다는 기본 자세는 조금도 변하지 않는다. 함석헌은 불을 지르는 폭력 혁명을 혁명다운 혁명이 아니라고 말한다. 역사화된 혁명은 그에게 구원의 종교가 될 수 없다. 그래서 "어머니의 목걸이" 찾기는 혁명 개념 자체에 대한 혁명의 교훈을 보여준다. 씨올은 선거 때마다 정치적 깃발을 따라다니는 구원의 환상을 깨뜨리는 존재가 아니다. 그가 《씨올의 소리》를 내는 이유도 이제 "그 엉겅퀴 밭에 어디"에 떨어져 있을 목걸이 찾기를 포기할 수 없다는 의지의 표현이 틀림없을 것이다.

나는 씨올이라는 잡지를 이 고생을 하면서도 그 나올 때는 화가 나서 '네가 뭐이기에 감히 나보고 글을 써라 마라 그래?' 그런 말이 자꾸 여기까지 나올려는 것을 참고 하려니 … 어떻게 하겠어요? 그래도 그 부끄러움을 참으면서도 이걸 내야만 돼! 안 내서는 안 돼! 왠고 하니, 제가 아무리 억눌러도, 아무리 깎아도 쓰면 역시 깎을 수 없는, 깎으면서도 남은 중에서도 그 말이 갈 수 있는 여지가 있어요. … 그렇게 하면 혁명의 가능성이 그 바닥에도 남는다 그 말이에요.

이 고백은 힘없이 내뱉는 절망적인 푸념이 아니다. 그것은 요즘 유행하는 말로 소통의 시도처럼 보이기도 한다. 혹은 새로운 혁명의 가능성을 찾아 나선 고결한 이성의 강렬한 의지라고 할 수 있다. 그가 내는《씨올의 소리》 자체도 자신이 인정하지 않는 미신의 탈미신화를 위한 최소한의 소통을 기대한다는 것이다.

과연 함석헌은 "어머니의 혼"이 약속한 "영원한 미래"를 향해 그 가능성을 믿고 낭만주의자의 의지를 불태우게 된다. 그러나 그 미래는 전적으로 합리적이어야 한다는 경직된 시각으로부터 벗어나 있다. 안병무가 "조그만 창구"라고 말한 《씨올의 소리》를 통해서 10년간 다달이 쓴 〈씨올에게 보내는 편지〉는 "따뜻한 가슴"의 이야기를 그대로 드러내준다. 그렇다면 그의 편지를 받은 사람은 누구였을까? 물론 형식적으로 편지의 발송자와 수취인은 정해져 있다. 그러나 어느 특정인의 손에만 그의 편지가 머무른다거나 혹은 누구라도 편지 내용을 이해한다고 볼 수는 없을 것 같다. 오히려 너무나 명백하게 공개된 편지 내용이므로 "더 읽기"를 하지 않는다면 진실 자체를 발견하기 어려울 수도 있을 것이다. 마침 전태일을 기리면서 동지同志 장준하와 함께 박정희 유신 체제의 철폐를 위한 민주화 운동에 몸을 던진 시절이므로 언제나 정보기관이 편지를 먼저 보았을지도 모르고, "반지빠른" 글쟁이들은 구겨진 쪽지를 보듯이 눈앞에서 그냥 지나쳤을지도 모른다.

당시 함석헌은 박정희의 독재 정권을 "강도"요 "도둑"으로 불렀다. 이런 태도는 매우 위험하고 어리석은 "바보의 짓"이라고 자인한 일도 있다. 강도 앞에서 "강도야!"라고 소리치는 것은 "얻을 것이 칼밖에 없는" 행위라는 것이다. 그렇지만 너무나 절박한 현실을 외면할 수 없으므로 혼자서라도 "도둑이야!"라고 소리를 질러 집안 식구들을 깨우지 않으면 안 된다고 믿는다. 그것이 《씨올의 소리》를 내는 또 하나의 이유였다. 역시 "철학보다 운동이 먼저"라는 것이다. 그 소리는 "듣는 귀"가 따로 있는 "하늘 소리"라면서 그 소리의 망網에서만 "도둑이야!"라는 소리가 들리고, 또한 "엉겅퀴 찔레 밭"의 풍경도 보인다고 말한다.

바꿔 말하자면, 그것은 도둑맞은 사람 또는 도둑 잡을 사람에게 동지의식을 살려내는 새로운 소리가 필요했다는 뜻이다. 그 도둑의 "정치"도 엉겅퀴 따위의 잡초가 우거진 풍토를 배경으로 하고 있다. 그 풍토는 "아니"의 역사 풍경이지만, 그가 꿈꾸는 미래에는 존재하지 않는다. 이미 "어머니의 목걸이"를 잃어버렸을 때 '나'의 "영원한 미래"도 함께 잃어버렸기 때문이다. 지금은 '남'이 대신 들어앉아 있는 '나'의 자리를 도로 찾는 일이야말로 "정치업자政治業者"에게 허락한 정치를 청산하는 혁명의 본분일 것이다.

그러므로 '지금', '이곳'에서 "어머니의 목걸이"를 되찾아야 하는 혁명의 원리에는 하루아침에 세상을 바꿀 수 있다는 폭력 혁명의 환상이 없다. 정신분석학자 빌헬름 라이히Wilhelm Reich가 《파시즘의 대중심리》에서 지적한 것처럼 진정한 혁명가란 독설로써 질병을 다루는 의사가 아니라 질병의 원인을 조용히 용기 있고 끈질기게 찾아내어 그것과 싸우는 의사와 같다. 함석헌도 "엉겅퀴 찔레 밭"을 갈아엎지 않으면 안 되는 줄 알지만, 불을 질러서 몽땅 태워버리자는 말을 하지 않는다. 그런 방법을 몰랐기 때문도 아니며, 목적이 수단을 정당화하지 않는다는 자명한 이치 때문만도 아니다. 무엇보다도 그 방법으로 올바르게 "어머니의 목걸이"를 찾아낼 수가 없다는 것이다. 즉 "몇 천 년 남의 살림"을 해온 까닭에 남의 살림 속에도 내 살림이 있고, 내 살림 안에도 남의 살림이 있기 때문에 불이 나면 남의 살림이 속시원하게 타버릴 수도 있겠지만, 그나마 보잘 것 없는 내 살림도 불가피하게 잿더미가 될 수 있다는 뜻일 것이다. 나아가 "어머니의 목걸이"마저 불길에 타버린다면, 그나마 그것을 찾을 수 있는 길이 영영 사라지고 말 것이므로 도리어 그것은 원치 않는 결과를 초래하는 폭력인지도 모른다.

이에 따라 씨올의 세계를 건설하기 위해서 함석헌은 "그 말이 갈 수 있는 여지"를 매우 중요시하게 된다. 그가 그리는 이상주의理想主義의 원천으로서 씨올에는 순수하고 평화로운 풍경이 있다. 거기에서 농부가 봄에 뿌리는 알차고 귀한 씨앗을 연상하는 것은 매우 자연스럽기조차 하다. 그러나 그 농부가 "굶어 죽어도 씨앗을 베고 잔다"는 신념을 포기하고 도중에 종자로 남긴 벼를 빻아 밥을 해먹고 말았다면, 그런 풍경은 다시 볼 수 없을 것이다. 마찬가지로 씨올도 최후의 존재로서 일종의 씨앗을 연상시킨다. 함석헌은 씨올이라고 부르는 백성 민民 자의 어원을 어머니의 품에 안겨 아기가 젖을 빠는 형상이라고 풀어준다. 그래서 씨올에는 "어머니의 표시"가 있고, 씨올을 부를 때는 잃어버린 "어머니의 혼"을 만날 수 있다는 것이다. 거기에는 자신이 소련군의 옥중에서 그리다가 삼팔선을 넘어온 후에 지구 위에서 영영 다시는 만날 수 없게 된 어머니의 형상이 담겨 있는 것 같기도 하다. 그 어머니를 시대의 "엉겅퀴 찔레 밭"에서 태초의 시간부터 무한 세계의 영원한 존재로 부활시킨 것이 또한 씨올이 아닐까?

## 꿈으로

씨올은 젊은 날 기독교 신앙의 씨앗처럼 함석헌의 가슴에 심어졌던 "영원의 나라"와 "영원한 생명"의 열매가 틀림없다. 그가 내던 《씨올의 소리》도 권력이나 명예를 좇기 위한 사치스러운 지식인의 장식품이 아니다. 이 월간지를 출생시킨 것은 바로 불같은 열정일 수밖에 없을 것이다. 영어로 열정enthusiasm의 그리스어 기원이 "신神 안에 들어간다"는 의미인 것처럼 함석헌이 《씨올의 소리》를 통해서 실현하려던 것은 영원의 세계를 향한 꿈꾸기라는 것이다.

그래서 학자들을 앞세우지도 않았고, 그들의 재능이나 학식을 과시하는 지면을 제공하지도 않았다. 괴테가 지적하듯이 그런 사람들은 그 만큼 허영심도 강해서 근시안적인 대중들로부터 머리가 비상하다는 찬사를 받으려고 이런저런 글쓰기를 위해 종종 급급한 모습을 드러내기 때문인지 모른다. 그들과 달리 세속적 현실과 충돌하는 삶은 일생 동안 지속된다. 예컨대 자전적 이야기에서 그는 "레지스트resist란 단어가 없다면 영어를 배우지 않았을 것"이라고 말한다. 영어를 배우기 전에 먼저 레지스트를 알았다는 것은 아마 현실을 부정하는 자신의 열정을 과장한 것이 틀림없을 것이다. 그러나 그것 때문에 그를 레지스터resister라고 쉽게 단정해버린다면 그의 삶과 사상은 진실로부터 더욱 멀어질 수 있다. 이를테면 일제에 대항하여 독립운동을 벌였거나 분단 이후 통일 운동과 반독재 투쟁을 벌였다가 자신의 귀중한 생명을 잃어버린 의사義士나 열사烈士 등 수많은 레지스터들에 비한다면 함석헌의 레지스트가 돋보인다고고 말하기는 어렵다. 그러므로 함석헌을 저항인이라고 규정하는 것과 함석헌의 저항에 대해서 말하는 것은 차원이 다른 문제라고 생각한다.

    이제 우리는 저항이 아니라 도전을 해야 합니다.

    그가 말하는 〈저항의 철학〉이나 〈레지스탕스〉는 적어도 혁명과 분리될 수 없는 만큼 그 저항의 목적과 대상도 근시안적인 "정치업자"들의 정파적 시각과 다르다는 말이기도 하다. 우리가 함석헌을 혁명을 꿈꾸는 낭만주의자라고 말하는 이유도 여기에 있다. 이사야 벌린의 말대로 낭만주의자는 불굴의 의지로 가치를 창조하고, 목표를 창조하기 위해 최종적으로 자기만의 고유한 세계관을 창조하는 존재이기 때문이다. 이 과정에서 함석헌은 씨올을 발명하고, 기존의 지식이나 사물의 구조로 이해되지 않는 "영원의 나라"의 건설을 위해 자기의 몸을 던지고 저항을 통해서 자기의 자유를 확보해간다. 그것이 "저항"이 아니라 "도전"을 말한 배경일 것이다. 마치 정치적으로 로마 제국과 싸운 예수를 "저항인 예수"가 아니라 "반역자 예수"라고 부르는 것처럼, 자신의 신앙을 "우러러보는 십자가"에 있지 않고 "지는 십자가"에 있다는 것을 강조한 점에서 함석헌의 "도전"은 곧 현실에 대한 반역의 태도를 드러낸 낭만주의자의 모습으로 보인다는 것이다.

    조금만 주의를 기울인다면, 저항의 의미도 한국 현대사라는 빙산의 끝처럼 보이는 사건에 있지 않고, 아랫부분에 내장된 깊은 사색의 보물 창고에서 시인의 직관적 감수성으로 "영원한 생명"의 본성에서 찾아야 한다는 것을 알 수 있다. 그 생명의 실체가 바로 씨올이요, 그것은 그가 다시 꿈의 세계로 되돌아갈 때 우리에게 남겨놓은 "사랑의 빚"이라는 유산인지 모른다. 안병무의 말대로 그것은 그가 〈성서적 입장에서 본 조선 역사〉를 "반역자의 입장"에서 쓸 때부터 '하나님'과 손잡아야 한다는 "인간 혁명"의 꿈을 한순간도 버린 적이 없기 때문일 것이다.

거듭 말하지만, 씨올에는 "영원의 나라"와 "영원한 생명"의 꿈이 깃들어 있다. 알베르 카뮈Albert Camus의 말을 빌리자면, 그것은 신의 존재가 부당하다고 이의를 제기하면서 신과 동등한 새로운 인간의 출현을 주장하는 사회주의 혁명이 아니다. 비단 마오쩌둥毛澤東뿐만이 아니지만, 한때 그를 용龍이라고 생각했다가 문화혁명을 보고 미꾸라지에 지나지 않는다면서 "침을 뱉었다"는 것도 그의 꿈이 어디에 있는지를 보여준다. 또한 겉으로는 서로 비슷해 보이는 낭만주의자의 꿈 같아도 지식이나 사상 등 추상적 가치를 목적한 도스토옙스키Dostoevskii의 "형이상학적 혁명"과도 다르다. 함석헌에게는 오직 "씨올에 돌아가는 태도" 말고는 없기 때문이다. 그 씨올은《씨올의 소리》가 탄생하기 약 35년 전부터 함석헌이 그리던 '조선 사람'의 꿈이자 그보다 10년 전에 이야기한 혁명적 인간의 청사진 같기도 하다. 일평생 함석헌을 "찾는 자"로 만든 것은 꿈이다. 꿈을 꾸는 동안 그는 씨올이 자신에게 말하는 소리를 들었으며, 그는 씨올의 말과 노래를 우리에게 들려주었다. 씨올은 그의 내부에서 자랐으므로 씨올은 곧 그 자신이 되었다. 그 운명의 놀라움은《씨올의 소리》를 내던 "엉겅퀴 찔레 밭"에서 고독한 꿈으로 다시 우리를 찾고 있는지 모른다.

나름대로 글쓰기를 위해 '함석헌'을 다시 읽었다. 그냥 좋아서 읽었지만 내게는 딱히 잡히는 것이 없었다. 그래도 간과할 수 없었던 것은 그의 빈틈없는 믿음의 세계였다. 그러나 그 믿음으로 끝끝내 붙잡고 놓지 않았던 것이 젊은 날부터 꿈꾸던 '인간혁명'인 줄은 꿈에도 몰랐었다. 그것은 어언간 내 인생의 긴 여름이 쓰라리게 지나가버린 후에야 살갗에 베이듯이 새파란 꿈을 잃고 다시 읽기 시작한 '함석헌'이 나도 모르게 비극적인 인간으로 보였기 때문인지 모른다. 그렇지만 괴테의 말대로 인간이란 존재를 아는 것은 여러 가지 연구를 해본 참된 학자의 몫일 것이다.

이 책도 사상가 함석헌에 대한 연구가 아니라, 함석헌이 꾸던 꿈을 찾아보려는 작은 시도에 지나지 않는다. 꿈이야 누구나 꾸는 것이요, 누구의 전유물이 될 수도 없다. 나는 '함석헌'을 따라 등잔 밑처럼 어둡고 답답한 현실로부터 벗어나서 아득한 태곳적 꿈의 향기가 가득한 마음의 꽃

밭을 걸었다. 뜻밖에도 꽃밭이 씨올의 고향이라는 소리도 들렸고, 꿈에서 깼을 때는 씨올이 물과 같다는 생각도 났다. 물은 수소와 산소가 결합해서 생성되지만 수소와 산소가 아닌 새로운 신비의 물질이듯이, 씨올도 같은 사람이지만 역사적으로 전혀 다른 차원의 인간으로 탈바꿈한 혁명적 존재가 확연해졌던 것이다.

　과연 꿈을 꾸지 않고 '함석헌'은 읽히지 않는다. 그가 "불꽃"이라고 명명한 씨올도 꿈속이 아니면 만날 수 있을지 의문이다. 씨올은 과거와 현재와 미래라는 시간의 고리를 사정없이 끊어버릴 때 빛났으며, 나아가 태어날 때부터 죽어야 하는 비극적인 인간의 운명을 태워버릴 때 가장 밝았기 때문이다. 씨올을 자처하던 함석헌은 탈속적이고 아름다운 노년의 표상이기도 하다. 오늘날 우리 주위에는 마치 소포클레스의 무대처럼 "파쟁과 불화"를 일으키면서 "마지막으로 비난받는 노년"을 챙기는 경우도 종종 보게 된다. 겉으로야 어떤 종파에 속하든지 간에 '함석헌'이 가장 의미 있게 읽히는 이유는 신앙에 있을 것이다.

　생각하면, 인생은 짧다고 하나 인생길의 곡절은 길다. 그 곡절의 구비마다 가장 풍성하게 남겨놓은 귀한 인간의 이야기가 '함석헌'이라고 믿는다. 젊은 날에 가톨릭여학생관에서 나는 《노자》와 성경 강의를 수년간 들었다. 덕분에 그때 녹음해둔 그의 생생한 목소리를 지금도 가끔씩 듣는다. 때로는 화요일 밤에 강의를 끝내고 귀가하는 그의 뒤를 따라 버스 정류장까지 걷던 명동 길을 나는 혼자서 더러 걸어보기도 한다. 다시는 돌아올 수 없는 풍경 속에서 지나가는 세상이 별처럼 반짝거리며 아려온다.

벌써 마흔 해 가까이 되는 버릇도 하나 있다. 날마다 조그만 액자 속에 있는 그의 얼굴과 말없이 이야기하는 일이다. 대여섯 해 전에 '당신은 낭만주의자다'라고 불렀을 때는 내게 빙긋이 웃어주었던 얼굴이기도 하다. 나는 우연히 손에 잡힌 《씨올은 외롭지 않다》를 읽기 전까지 그의 이름조차 들어본 적이 없었다. 이에 앞서 뜻하지 않게 나이 열일곱에 처음 맛본 어떤 절대의 절망의 그림자 때문에 마음의 막다른 골목에서 목격한 씨올보다 '외롭다'는 말에 더 끌렸던 것 같다.

책을 읽고 나서 흥미를 더해가던 어느 초가을 일요일, 아침부터 점심도 거른 채 붙잡고 있던 《뜻으로 본 한국 역사》의 마지막 쪽을 덮고 막 도서관 현관문을 지날 때였다. 저녁 하늘에 노을이 붉게 물들었는데, 갑자기 커다란 불덩이의 태양이 머리 안에서 이글이글 폭발하는 바람에 발걸음을 멈추고 말았다. 그 자리에서 보니 저 앞에 지나가는 버스도 제 할 일을 하는 것처럼 보였다. '아! 그럼 나도 살아야 할 이유가 있나 보다'라는 한 구절의 서글픈 독후감이 스쳐갔다. 그러나 나는 아직도 지나가는 세상 때문에 방황하고 있다.

한번은 절망적인 마음으로 "도대체 당신은 누구냐?"라고 물었다가 몹시 화난 그의 표정 때문에 깜짝 놀랐는데, 그때 나는 자기 소설의 플롯을 알려고 하는 자는 "총으로 쏴 죽이겠다"라고 선포한 마크 트웨인이 떠올랐었다. 이번에 나는 '낭만주의자 함석헌'을 써놓고 가만히 사진 속의 얼굴을 살폈다. 다행히 나를 물끄러미 바라보면서 '왜 썼느냐'라고 미소를 띄운다.

# 함석헌 연보

**1901년**　　　　**3월 13일 장남으로 태어나다**

평안북도平安北道 용천군龍川郡 부라면 원성동 일명 사점(사자도獅子島)에서 아버지 함형택咸亨澤과 어머니 김형도金亨道 사이에 5남매 가운데 장남으로 태어나다. 본래 셋째로 태어났으나 그의 부모가 청일전쟁淸日戰爭을 겪으면서 위로 둘을 잃어 첫째가 되다.

**1904년(4세)**　　**일본군을 보다**

러일전쟁露日戰爭 때 국경에 위치한 집의 사랑채에서 일본군을 목격하다.

**1905년(5세)**　　**천자문을 떼다**

자신에게 석헌이란 이름을 지어준 집안의 어른(5촌)이자 한학자 함일형咸一亨으로부터 《천자문千字文》을 떼다.

**1906년(6세)**　　　**교회에 나가다**
　　　　　　　　　　**덕일학교에 다니다**

동네 장로교 교회에 다니기 시작하다. 이 교회를 세운 함석규는 함일형의 맏아들로 배재
학당을 나온 목사이다. 함일형이 동네 삼천제三遷齊 서당을 근대 교육기관으로 탈바꿈시
킨 덕일학교德一學校에서 신식新式 교육을 받다. (일부 〈함석헌 연보〉에 보이는 "덕일소학교"
란 잘못된 표기이며, "소학교"란 조선총독부가 1938년 9월에 "심상尋常소학교"란 명칭 변경에 이어,
1941년 4월부터 시행한 "국민학교" 이전까지 통용된 일본식 명칭이다.)


**1909년(9세)**　　　**장로교 '학습 교인'이 되다**

목사 함석규咸錫奎가 어린 함석헌을 '학습 교인'으로 세워주다. 이때 기독교와 맺은 인연
은 일생 변치 않는다.


**1912년(12세)**　　　**일심단을 만들다**

당시 "빼앗긴 나라를 되찾자"면서 동네 친구들과 함께 민족 감정이 새겨진 일심단一心團
을 만들고, 안중근의 단지동맹斷指同盟을 흉내 내다.


**1914년(14세)**　　　**공립 양시소학교에 들어가다**
　　　　　　　　　　**남강 이승훈의 이름을 처음 듣다**

덕일학교에서 공립 양시보통학교楊市普通學校로 편입하다. 당시 보통학교란 "교육에 관
한 칙어勅語"에 따라 대개 8세부터 12세 사이에 아동을 "충량忠良한 국민國民"으로 만들
어내기 위한 조선총독부의 제1차 조선교육령 시행기(1911-1922)에 4년제 초등교육기관
의 공식 명칭이다. 소년 함석헌은 필수과목인 일본어를 배우지 못했다는 이유로 자기 학

력보다 훨씬 아래 "학년에 배정된 것을 후회"하다. 이해 남강南岡 이승훈李承薰의 이름을 처음 듣다.

**1917년(17세)**　　**공립 평양고등보통학교에 입학하다**
　　　　　　　　**황득순과 결혼하다**

일명 평고平高(평양고등보통학교) 졸업생에게 경성의학전문학교京城醫學專門學校의 무시험 특례 입학이 주어졌으므로 한의사인 아버지의 권유에 따라 장차 의사가 되려는 맘을 먹다. 평고는 조선총독부가 경성고등보통학교京城高等普通學校에 이어 두 번째로 설립한 중등교육기관이다. 재학생의 연령은 대개 12세부터 16세이며, 당시 수업연한은 4년제(단 여자고등보통학교는 3년제)이다. 이해 신입생으로 한 살 아래 황득순黃得順과 중매로 결혼하다.

**1919년(19세)**　　**3·1 만세 학생 시위에 앞장서다**
　　　　　　　　**평양고등보통학교를 자퇴하다**
　　　　　　　　**고향에 돌아와 방황의 시간을 보내다**
　　　　　　　　**'빠르나 급하지 않게'로 걸음걸이를 고치다**

숭덕학교崇德學校 교사 함석은咸錫殷을 만나 만세 시위에 참여하다. 함석은은 함일형의 차남이자 함석규의 동생으로 평안도 지역의 청년 운동 책임자이다. 평고 학생들의 시위 운동을 지도하는 과정에서 함석헌에게 평고 연락과 〈독립선언서〉의 배포 책임이 주어지다. 함석헌은 3월 1일부터 일주일간 평양경찰서 앞 시위를 주동하고, 그 시위 때문에 일본인 교장이 요구하는 '반성문'을 거부해 자퇴하다. 이때부터 2년간 동네 수리조합 급사와 명신학교 교사 생활 등으로 방황의 시간을 보내다. 이 기간에 계몽운동가 김마리아의 강연회에 참석해서 자신의 느림보 걸음걸이를 "빠르나 급하지 않게" 걷는 습관으로 바꾸다.

1921년(21세)    **오산학교에서 학업을 계속하다**
              **스승 유영모를 만나다**

아버지의 허락을 받아 다시 학교에 다니려고 서울에 올라왔다가 입학 시기도 "지났고"
또 "떼를 쓸 줄 몰라" 실망한 채 고향으로 돌아갈 때 서울역 앞에서 우연히 만난 집안 형
이자 목사 함석규가 강하게 권유하여 오산학교伍山學校를 찾아가다. 그해 가을에 부임한
서른두 살의 교장 유영모柳永模를 만나 이를 계기로 새로운 인생길의 방향을 찾다.


1923년(23세)    **동경 유학을 떠나다**
              **관동대진재 때 첫 유치장 경험을 하다**

오산학교를 공동 수석으로 졸업하고 동경東京 유학을 떠나다. 대학 입시를 준비하던 중
에 "지옥地獄"이 따로 없다는 관동대진재關東大震災의 현장에서 구사일생으로 살아남다.
당시 일본인의 '조선인 학살'의 위기에 직면해서 생애 처음으로 경찰서 유치장에서 하룻
밤을 새우다.


1924년(24세)    **동경고등사범학교 문과에 입학하다**
              **재일본조선교육연구회 창립 회원이 되다**
              **시인 셸리를 "일생의 친구"로 삼다**

자신이 전공하고 싶던 "미술"을 포기하고, 민족 교육이 "급선무"라고 판단해 동경고등사
범학교(이하 동경고사)를 선택하다. 이해 창립된 재일본조선교육연구회의 회원이 되다. 또
한 젊은 사회주의 학자의 영향으로 영화 〈겨울이 만일 온다면〉을 관람한 후 영국의 낭만
주의 시인 셸리Percy B.Shelly를 "일생의 친구"로 삼다.

**1925년(25세)　　우치무라 간조의 성경 연구 모임에 나가다**

김교신金教臣을 따라 동경에서 기차로 한 시간 정도 떨어진 이마이칸今井館의 '성서연구회'에 매주 참석해 우치무라 간조內村鑑三의 성경 강의를 듣다.


**1927년(27세)　　《성서조선》 창간에 참여하다**
**〈몬저 그 의를 구하라〉라는 글을 싣다**

동경고사 4학년 재학 중 '성서연구회'에서 만난 신앙 동지들(김교신, 양인성, 유석동, 송두용, 정상훈)과 함께 "성서를 조선에!"라는 목적으로 동인지《성서조선聖書朝鮮》지를 창간하다. 창간호에 〈몬저 그 의義를 구하라〉라는 글을 기고하다.


**1928년(28세)　　우치무라로부터 세례받다**
**오산고등보통학교 역사 교원으로 부임하다**

이해 3월에 동경고사 졸업생으로 우치무라로부터 세례를 받다. 이어 오산으로 돌아와서 "선한 목자는 자기 양을 위해 목숨을 버린다"는 〈요한복음〉을 읽고, 그때 "교원教員"이라 불리던 교육자의 생활을 시작하다.


**1930년(30세)　　오산성서연구회를 만들다**
**〈프로테스탄트의 정신〉을 강연하다**

오산에서 "성서를 조선에!" 심는 실천 활동을 시작하다. 이해 5월에 서거한 남강 이승훈의 전기를 쓰고, 7월에 평안북도 선천宣川에서 '프로테스탄트의 정신'을 주제로 생애 최초의 공개 강연에 나서다.

**1931년(31세)**　　　**온몸으로 첫 신앙 체험을 하다**
　　　　　　　　　　　**정주경찰서에 일주일간 투옥되다**
　　　　　　　　　　　**영어판 《성서》를 강의하다**

새해 첫날 〈시편詩篇〉을 읊다가 온몸이 전율하는 신비한 순간을 체험하다. 그 직후부터
일요일에는 일반인을 위한 "기독전基督傳"을 강의하고, 목요일에는 학생들에게 영어판
성경을 가르치다. 이해 9월에 "적색赤色" 활동 혐의로 가택수색을 당하고, 일경에 체포되
어 정주경찰서로 압송되어 일주일간 수감되다. (참고로, 이해 1931년은 현재 〈함석헌 연보〉가
실린 모든 책들 속에 1930년으로 잘못 표기되어 있다. 그것은 함석헌이 자서전에서 1930년으로 잘못 기
억한 착오를 그대로 옮긴 것처럼 보인다.)

**1932년(32세)**　　　**'루비콘 하河를 건넌 자'가 되다**

어떤 결행을 알릴 때처럼, 로마의 카이사르가 한 말을 인용하여 김교신에게 보낸 편지의
한 구절에서 자기 자신을 "루비콘 하를 건넌 자"라고 말하다. 이때부터 2년간 《성서조선》
에서 그의 이름으로 쓴 글을 찾아볼 수 없게 되다. 그 무렵에 "교원" 생활에 회의을 품고
사표를 내려다가 "10년"을 권유한 김교신의 충고를 듣고 마음을 돌리다.

**1933년(33세)**　　　**〈사도행전 연구〉를 발표하다**

겨울철 성서 강습회가 처음 열리고, 《사도행전》의 특성에 대해 듣다. 본래 정식 명칭은
"본지本誌독자 동계 성서 강습회"이다. 이 강습회는 그가 오산을 떠나기 직전까지 매회
일주일간 계속되다.

**1934년(34세)**　　　**《성서적 입장에서 본 조선 역사》를 발표하다**

**《프로테스탄트의 정신》이 단행본으로 나오다**
**〈성서적 입장에서 본 세계 역사〉를 발표하다**

제2회 성서강습회에서 닷새 동안 〈조선 역사〉를 연속 강의하다. 이 강의 내용은 김교신의 권유에 따라 《성서조선》 1934년 2월호부터 1935년 12월호까지 21회 연재되다. 이해 김교신은 성서조선사에서 함석헌의 《프로테스탄트의 정신》을 국판 32쪽으로 정가 10전錢에 성서문고聖書文庫 제1권으로 출판하다.

**1935년(35세)**　　**〈성서적 입장에서 본 세계 역사〉를 발표하다**
　　　　　　　　　**가출옥한 도산 안창호를 만나다**

제3회 성서 강습회에서 〈성서적 입장에서 본 세계 역사〉를 강의하다. 이해 함석헌은 가출옥한 도산 안창호를 용산의 삼각지에 있는 한 여관에서 김교신 등과 함께 만나다.

**1936년(36세)**　　**〈기독교사〉를 발표하다**

제4회 성서 강습회에서 〈기독교사基督敎史〉를 강의하다.

**1937년(37세)**　　**〈인자의 교육〉을 발표하다**
　　　　　　　　　**《무교회》를 출판하다**
　　　　　　　　　**〈서풍의 노래〉를 옮기다**

제5회 성서 강습회에서 〈인자人子의 교육〉을 강의하다. 또한 성서문고 제2권으로 《무교회》를 김교신과 함께 발행하다. 이해 12월 말에 열릴 예정이던 제6회 성서 강습회는 시국 문제에 관한 논의 끝에 중지하다. 이에 앞서 중일전쟁中日戰爭 발발 직후 헬렌 켈러 Helen Keller의 평양 강연회에 참석하고 이어 부전고원赴戰高原 답사 여행 후 셸리의 〈서풍의 노래Ode to the West Wind〉를 우리말로 옮기다. 그해 도道 학무국 시학관들에 의해 기습적인 장학 검열을 당한 '조선 역사' 시간은 나중에 한국사학자가 된 이기백을 비롯하여 오산 학생들에게 잊지 못하는 "마지막 수업"이 되다.

**1938년(38세)**　　　**오산고등보통학교 교원을 사임하다**
　　　　　　　　　　　**《히브리서》를 강의하다**
　　　　　　　　　　　**어린 아들과 딸을 홍역으로 잃다**

이해 3월, 부임한 지 10년 만에 학교를 떠나기 전, 비공개로 열린 제7회 성서 강습회에서 〈히브리서〉를 강의하다. 홍역을 치르던 두 살배기 아들과 네 살배기 딸을 잃은 것도 그즈음이다. 이해 3월부터 시행된 조선총독부의 제3차 조선교육령에 따라 오산고등보통학교는 오산중학교로 명칭이 바뀌다.

**1939년(39세)**　　　**《묵시록》을 강의하다**
　　　　　　　　　　　**오산에서 서울로 이주하려던 계획을 중지하다**

제8회 성서 강습회에서 '묵시록 연구'라는 제목으로 강의하다. 이 자리에서 개성 호수돈여학교好壽敦女學校 교원이자 김교신의 양정고보 제자인 농촌운동가 류달영柳達永을 처음 만나다. 이해 가을에 "오산 동지들"의 반대로 일찍이 김교신과 나눈 "큰 계획"에 따라 준비해오던 서울행을 포기하다.

**1940년(40세)**　　　**평양 송산농사학원을 열다**
　　　　　　　　　　　**《내촌감삼 선생과 조선》을 출판하다**
　　　　　　　　　　　**평양 대동경찰서에 투옥되다**
　　　　　　　　　　　**옥중에서 아버지의 부음을 듣다**

## 투옥으로 성서 강습회에 불참하다

의사 최태사의 재정적 도움으로 3월에 평양 송산리에 있는 농사학원을 김두혁金斗爀으로 부터 인수하고, 또한 김교신과 공저 《내촌감삼內村鑑三 선생과 조선》을 출판하다. 그러나 9월에 일어난 김두혁과 연관된 '계우회鷄友會 사건' 때문에 평양 대동大同경찰서에서 미결 수로 옥고를 치르다. 이에 따라 송산농사학원의 꿈도 사라지고, 11월에는 옥중에서 아버 지의 부음訃音을 듣다. 함석헌을 대신해서 용천으로 찾아온 김교신이 상주喪主가 되다.

**1941년(41세)**　　《성서조선》에서 자취를 감추다
　　　　　　　　　　만주 길림성을 여행하다

출옥 후 〈지우誌友 여러 형제들께〉라는 인사를 끝으로 더 이상 《성서조선》에 글을 싣지 않다. 아버지가 물려준 땅을 일구면서 동생 함석창咸錫昌이 참사관으로 근무하던 만주滿 洲 길림성吉林省을 방문하여 현지 땅값을 알아보고 만주 이민을 고민하다. 이해 12월에 일본군의 진주만 기습 작전으로 태평양전쟁이 일어나다.

**1942년(42세)**　　《성서조선》지 사건으로 서대문형무소에 투옥되다
　　　　　　　　　　처음 시를 쓰다
　　　　　　　　　　옥중에서 《불경》을 만나다

김교신과 함석헌을 포함하여 모두 12명이 서대문형무소에 투옥되다. 일경道警察局은 3월에 《성서조선》에 실린 주필 김교신의 〈조와弔蛙〉를 빌미로 "500년 앞을 내다본 조선 의 독립운동"을 탄압하기 위해 전국적으로 약 300여 명의 《성서조선》 독자들을 검거하 고 가택수색을 벌이다. 함석헌은 서대문형무소로 가던 길에 오산에 들러 기차 안에서 쓴 시詩〈주님 찾아〉를 오산성서연구회의 신앙 동지들 앞에서 읊다. 이어 옥중에서는 《불경》 을 읽다. 그 사건 직전에 김교신의 주례로 장남 함국용咸國用의 결혼식이 열리다.

## 1943년(43세)  고향에서 농부로 살다

출옥 후 고향에서 "풀 아래 머리를" 들이밀고 농사를 짓다. 이때부터 《노자老子》와 《장자 莊子》에 심취하다.

## 1944년(44세)  김교신과 마지막 하루를 보내다

어느 추운 겨울날, 김교신이 용천으로 함석헌을 찾아오다. 전쟁터에 끌려가는 신앙 동지들을 구하기 위해 함께 "홍남에 가보자"는 권유를 "갈 맘이 없"어 어렵게 물리친 것이 이승에서 김교신과 마지막 만남이 되다.

## 1945년(45세)  친구 김교신이 세상을 떠나다
　　　　　　　　　용암포 자치위원장에 선출되다
　　　　　　　　　용천군 자치위원장에 선출되다
　　　　　　　　　평안북도 자치위원회 문교부장이 되다
　　　　　　　　　신의주 학생 사건의 주범으로 투옥되어 절체절명의 위기
　　　　　　　　　　를 겪다

김교신이 4월에 홍남질소비료공장에서 발진티푸스로 갑자기 세상을 떠나고, 8월에 "똥통을 멘 채" 해방을 맞이하다. 해방 공간에서 정치 현실에 참여하여 민족 교육에 헌신하던 중 "신의주 학생 사건"의 주범으로 몰려 소련군에 의해 처형의 위기에 직면하다.

## 1946년(46세)  김일성의 신의주 방문 때 출옥하다
　　　　　　　　　시집 《쉰 날》이 묶이다
　　　　　　　　　가옥과 토지를 몰수당하다

## 소련군정 치하에서 '반역자'로 찍혀 두 번째 투옥되다

김일성金日成이 정월에 "학생 사건"을 수습하러 신의주를 방문한 직후 출옥하다. 옥중에서 약 300여 편의 시를 쓰다. 시집 제목을 50일간의 옥고와 "썩은 날"을 빗대 《쉰 날》이라 붙이다. 단지 아버지의 재산을 상속받았다는 이유로 3월에 공산당에 의해 제3차 숙청 대상이 되어 가족이 집을 잃고 길거리로 내쫓기다. 그리고 12월에 오산 학생들의 소련군정 반대시위에 연루되어 첫 외손주를 보던 크리스마스이브에 다시 공산당 보안대에 의해 두 번째로 끌려가다.

1947년(47세)    **삼팔선을 넘다**
**유영모와 한 달간 전라도 일대를 여행하다**
**하루 한 끼 식사를 시작하다**
**〈그 사람을 가졌는가〉를 쓰다**

두 번째 출옥 후, 평안북도 인민위원회 위원장인 백영엽白永燁 목사의 동태를 10일마다 보안대에 고하라는 명령을 따르지 않아 시베리아 유형에 직면해서 박승방의 강권과 최태사의 도움으로 삼팔선을 넘다. 월남 후 오류동 송두용의 집에 머물다가 노연태의 집으로 옮기다. 그즈음 하루 한 끼 식사를 시작한 것을 비롯하여 월남할 때 생각한 〈그 사람을 가졌는가〉를 쓰고, 유영모와 함께 전라도를 한 달간 여행하고, 그리고 친구 김교신의 정릉 자택을 찾아보다.

1948년(48세)    **YMCA 일요일 성경 강의를 시작하다**
**월남한 아내와 재회하다**

월남 후 오류동에서 일요일마다 성경 모임을 계속하다. 이해 7월에 아내와 둘째 아들 등 가족과 재회하지만, 어머니와 맏아들과 장손은 영원히 만나지 못하다.

| 1950년(50세) | 《성서적 입장에서 본 조선 역사》가 단행본으로 간행되다 |
|---|---|
| | 《바가바드기타》를 만나다 |
| | 장편시 〈흰 손〉을 읊다 |
| | 한국전쟁 동안 대구에서 어머니의 부음을 듣다 |

일제강점기 《성서조선》에 연재되었던 《성서적 입장에서 본 조선 역사》가 단행본으로 출간되다. 그 직후 한국전쟁이 터지자, 부산 근처에서 피난생활을 하면서 성경 모임을 계속하던 중 우치무라의 무교회주의 신앙으로부터 벗어난 것을 보여주는 장편시 〈흰 손〉을 읊다. 이때 헌책방에서 영어판 《바가바드기타》를 구해 읽다. 대구大邱에서 어머니의 부음을 전해 듣다.

| 1953년(53세) | 《수평선 너머》를 내다 |
|---|---|

| 1954년(54세) | 《말씀》지를 창간하다 |
|---|---|

탈脫우치무라와 자신의 독자적인 신앙을 강조하는 부정기 개인 잡지를 내다.

| 1955년(55세) | 자신의 2만 날을 기념하다 |
|---|---|

하루씩 날짜를 세는 삶을 시작한 이래 생후 2만 날을 맞이하여 12월에 스승 유영모를 모시고 만둣국을 함께 먹다.

| 1956년(56세) | 《사상계》에 〈한국 기독교는 무엇을 하고 있는가〉를 발표 |
|---|---|
| | 하다 |
| | '씨'와 '알'을 말하다 |
| | '씨알'이란 말을 처음 듣다 |

## 거주지를 용산구 원효로에 마련하다

이해 정월에 한국 기독교의 현실을 비판하는 글을 《사상계思想界》에 기고하여 기독교계에 커다란 충격을 주다. 12월 말경 목요강좌에서 유영모로부터 '씨알'이란 말을 처음 듣다. 그러나 이보다 8개월 전에 '씨'와 '알'에 대한 자신의 철학적 설명을 《말씀》지에 발표하다.

**1957년(57세)　　'씨울농장'을 시작하다**
**　　　　　　　　　장기려의 부산 모임에 참석하다**

첫 병역 거부자로 1년간 복역한 홍명순洪命淳과 천안에서 단둘이 씨알농장을 시작하다. 평생 이발사로 보낸 정만수鄭萬洙가 무상으로 함석헌에게 농장 땅을 기증하다. 이해부터 인술仁術을 펼친 저명한 의사 장기려張起呂의 부산 모임에 한 달에 한 번씩 참석하다.

**1958년(58세)　　〈생각하는 백성이라야 산다〉를 발표하다**
**　　　　　　　　　이승만 정부에 의해 투옥되다**

그가 《사상계》 8월호에 "6·25 싸움" 8주년을 기념하여 기고한 〈생각하는 백성이라야 산다〉라는 글이 이승만 정부에 의해 반공법 위반 혐의에 걸려 월남 후 처음으로 투옥되다.

**1959년(59세)　　자전적 이야기를 《사상계》에 처음 연재하다**
**　　　　　　　　　《새 시대의 전망》을 출간하다**
**　　　　　　　　　《타임》지에 실린 '샤르뎅'을 처음 만나다**

이해 처음으로 자전적 이야기를 10회에 걸쳐 《사상계》에 연재하다. (여기에 처음 실린 글의 순서는 현재 《함석헌 전집》 등에 실린 자전적 이야기의 순서와 다르다.) 그동안 발표된 논설 등을 묶어 《새 시대의 전망》을 출간하다. 사상적으로 자신에게 커다란 영향을 끼쳤다는 신부 테야르 드 샤르댕Teilhard de Chardin에 관한 기사를 《타임Time》지에서 처음 보다.

### 1960년(60세)　칼릴 지브란의 《예언자》를 우리말로 옮기다
　　　　　　　　4·19 학생 혁명 시절을 두문불출로 지내다

이른바 자신의 '스캔들' 때문에 스승과 친구들을 잃고 두문불출한 채 조용히 4·19 혁명 시절을 침묵으로 보내다. 이해 12월에 자신이 번역한 칼릴 지브란Khalil Gibran의 《예언자 The Prophet》를 출간하다.

### 1961년(61세)　군사 쿠데타 직후 〈5·16을 어떻게 볼까〉를 발표하다
　　　　　　　　《인간혁명》을 출간하다
　　　　　　　　한국 퀘이커 모임에 참석하다

박정희 군사 쿠데타에 대한 비판적인 글을 《사상계》에 기고하다. 문제의 '스캔들' 직후에 이윤구(전 대한적십자사 총재) 등의 안내로 퀘이커 모임에 처음 참석하다.

### 1962년(62세)　미국, 영국, 독일 등 서구 세계를 여행하다

미국 국무부와 영국 외무성의 초청 형식으로 미국과 유럽을 처음 여행하다. 여행 중 하버드 대학의 철학 교수 호킹William E. Hocking과 영국의 역사학자 토인비Arnold J. Toynbee 등을 만나고, 독일에서 유학 중이던 신학자 안병무와 함께 수개월간 지내면서 인도 여행을 계획하다.

### 1963년(63세)　독일에서 급거 귀국하다

**군사정권을 비판하면서 민주화 운동에 나서다**
**월남언론상을 받다**

군사 쿠데타 세력의 "민정이양" 소식을 듣자마자, 안병무의 영향으로 인도 여행 계획을 취소한 채 독일에서 급히 돌아오다. 이때부터 "민중을 깨워야 한다"라면서 시민회관 등에서 군사정권을 비판하는 강연에 나서다. 월남月南 이상재李商在를 기리기 위해 이해 《사상계》사가 제정한 언론상을 받다.

**1964년(64세)     한일 협정 반대 운동에 적극 나서다**
**《뜻으로 본 한국 역사》를 출간하다**

한일 협정을 "굴욕외교屈辱外交"라고 간주하고, 그 반대 운동에 앞장서다. 장준하를 중심으로 결성한 대일對日 굴욕외교 반대 범국민투쟁위원회의 전국 순회강연회에 적극 나서다. 두 달 동안 해인사에서 《성서적 입장에서 본 조선 역사》의 개정판으로 《뜻으로 본 한국 역사》를 출간하다.

**1965년(65세)     조국수호국민협의회 상임 대표로 선출되다**

문단, 학계, 언론계, 종교계 등 각계를 대표하는 300여 명의 인사들이 한일 협정을 반대하기 위해 결성한 조국수호국민협의회에서 상임 대표로 선출되다.

**1967년(67세)     장준하의 옥중 당선을 돕다**

옥중에서 국회의원에 출마한 장준하를 돕기 위해 선거유세에 나서다. 당시 당원黨員 신분이 아니면 선거운동을 할 수 없다는 선거법에 따라 야당인 신민당新民黨에 입당하다.

1969년(69세)    **삼선개헌 반대 투쟁에 적극 나서다**

박정희의 삼선개헌을 저지하기 위해 장준하를 포함한 33인의 투쟁위원회의 한 사람이
되다.

1970년(70세)    **월간 《씨올의 소리》를 창간하다**
               **월간 《씨올의 소리》가 폐간되다**

이때부터 '씨알'이라 하지 않고 새롭게 독창적인 사상을 함축한 '씨올'로 표기하다. 그러
나 두 번째 호를 내자마자 곧 바로 "인쇄소 변경"을 핑계로 박정희 정권에 의해 폐간당
하다.

1971년(71세)    **《씨올의 소리》를 복간하다**
               **《퀘이커 300년》을 출간하다**
               **인도에서 비노바 바베를 만나다**
               **전태일 1주기 추모 집회를 열다**
               **《노자》 풀이를 시작하다**

박정희 정부를 상대로 《씨올의 소리》에 대한 폐간 무효 소송을 내고, 당시 대한변호사협
회 회장 이병린李丙璘의 무료 변론으로 대법원에서 승소하다. 통권3호의 복간에 앞서 인
도 여행 중 간디의 제자 비노바 바베Vinoba Bhave를 만나고, 〈전태일 1주기 추도회〉를 《씨
올의 소리》사社 이름으로 열다. 이해부터 17년간 계속된 《노자老子》 풀이가 시작되고, 창
간 후 처음으로 장준하, 계훈제, 법정을 《씨올의 소리》 편집위원으로 임명하다.

1972년(72세)    **《씨올의 소리》 독자 수련회를 열다**

**같이 살기 운동을 제창하다**
**비상계엄령 때 중앙정보부에 연행되다**

자신의 독창적 씨올사상을 실천하기 위해 "수련회"와 함께 "같이 살기 운동"을 내걸다. 이어 비상계엄령 아래 유신維新 체제가 등장할 때 중앙정보부에 연행되다. 박정희 정권의 전체 220개월 중 군대를 동원한 계엄령, 위수령, 비상조치령 등이 내려진 105개월간 그에 대한 경찰의 연행과 가택 연금 등도 이때부터 잦아지다.

1973년(73세)　　**⟨시국 선언⟩을 내다**
　　　　　　　　**유신체제 철폐 운동에 적극 나서다**
　　　　　　　　**구화고등공민학교를 인수하다**
　　　　　　　　**성경 강의를 시작하다**

유신독재에 대항해 최초로 '지식인 15인'이 11월 5일에 ⟨시국 선언⟩을 내다. 그들은 함석헌, 김재준, 법정, 천관우, 계훈제, 김지하, 정수일, 이재오, 조향록, 강기철, 김승경, 박삼세, 이호철, 지학순, 홍남순(이상 서명자 순)이다. 이어 한신대 교수들의 삭발 단식에 동참하던 중 주변의 만류로 그만두다. 그 직후부터 가톨릭 여학생관에서 매주 일요일 성경 강의를 시작하고, 12월 말부터 장준하와 백기완 중심의 ⟨개헌 청원 100만 인 서명운동⟩에 역시 첫 서명자가 되다. 한편 '씨올농장'을 처분해서 장차 "씨올교육의 터를 닦기" 위해 천안의 구화고등공민학교를 인수하여 이사장을 맡다.

1974년(74세)　　**《바가바드기타》를 풀이하다**
　　　　　　　　**《장자》를 풀이하다**
　　　　　　　　**《씨올의 소리》 검열 중지를 요구하다**
　　　　　　　　**목요기도회에 참석하다**

## 민주회복국민회의 공동 대표가 되다

재야在野 인사의 상징으로 박정희의 유신체제를 반대하는 민주화 운동에 적극 나서면서, 기독교계의 인권운동을 내세운 목요기도회에 나가다. 그리고 동양고전을 풀이해서 《씨올의 소리》에 연재를 시작하다.

1975년(75세)  **광고탄압을 받던 《동아일보》를 후원하다**
**민주 국민 헌장을 발표하다**
**장준하를 잃다**

언론의 자유를 위해 싸우던 《동아일보》를 후원하다. 이때 "자유, 너 영원한 활화산이여!"라는 그의 휘호가 페넌트로 제작되다. 자신이 공동대표인 민주회복국민회의가 3월 1일 민중화 운동의 "강령 3장"과 함께 〈민주 국민 헌장〉을 발표하다. 그가 마음속으로 "한국 사람의 복福"이라고 믿던 '대통령 장준하'가 8월에 의문의 죽음을 당하다.

1976년(76세)  **3·1 민주 구국 선언에 참여하다**
**군법회의에서 징역 8년을 선고받다**

이른바 "명동 사건"으로 알려진 "3·1 민주 구국 선언" 사건으로 1심 군사재판에서 징역 8년, 자격 정지 8년을 선고받다. 이 선언의 서명자는 함석헌, 문익환, 문동환, 서남동, 안병무, 윤보선, 윤방웅, 이문영, 이우정, 정일형, 김대중 등 모두 기독교인 11명에 그쳤으며, 서명자의 첫자리를 차지한 것은 다른 시국 선언들의 경우처럼 언제나 함석헌이다. 사건의 주동자인 목사 문익환이 재판정에서 사건의 동기와 목적이 "장준하의 뒤를 잇기 위해서"라는 말을 듣고 나서부터 재판을 받을 때마다 의자에 앉지 않고 끝까지 서 있었으며, 또한 굵은 베옷을 입고 다닌 것이 미국 시사주간지 《타임》에 실리다.

1977년(77세)　　**대법원에서 징역 5년이 확정되다**

함석헌은 최종 판결에서 윤보선, 김대중과 같이 징역 5년, 자격 정지 5년이 확정되다. 이에 앞서 일요일 신촌 퀘이커 모임에서 참석자들의 발을 손수 씻어주다.


1978년(78세)　　**부인 황득순이 별세하다**
　　　　　　　　**'북괴'란 말을 쓰지 말자고 주장하다**

자신이 직접 수년간 병간호를 해오던 부인 황득순이 세상을 떠나다. 언제나 "나야 뭐"라고 하면서 남긴 것이 없이 떠난 아내를 두고 씨올이라고 부르다. 이해 처음 "북괴北傀란 말을 쓰지 말아야 한다"는 주장을 펴다.


1979년(79세)　　**한국인 최초로 노벨평화상 후보에 오르다**
　　　　　　　　**YWCA 위장 결혼 사건으로 연행·구금당하다**

전장戰場에서 적군과 아군을 가리지 않고 부상병을 돌보던 행위로 노벨상을 수상한 바 있는 미국 퀘이커 봉사회의 추천으로 한국인 최초의 노벨평화상 후보가 되다. 이해 8월에 스위스에서 열린 퀘이커 세계 대회 초청을 받고 출국하다. 미국에 머물 때 10·26 사건이 일어나자 남은 일정을 모두 취소하고 급히 돌아오다. 그리고 "YWCA 위장 결혼 사건" 때 진짜 결혼식인 줄 알고 주례를 서주려고 참석했다가 지하 철창에 15일간 구금당한 것을 포함하여 모두 세 차례 연행되다.


1980년(80세)　　**보통군법회의에서 징역 1년을 선고받고 복권되다**
　　　　　　　　**《씨올의 소리》 창간 10주년 전국 순회 기념 강연을 하다**
　　　　　　　　**《씨올의 소리》가 두 번째로 폐간되다**

이른바 "서울의 봄"에 《씨올의 소리》 창간 10주년을 기념하는 강연회를 열다. 그러나 새로운 권력자인 보안사령관 전두환이 전국에 비상계엄령을 내렸을 때 서남동을 비롯하여 강연에 나선 《씨올의 소리》 편집위원들 상당수도 연행되다. 이어 광주 민주화 운동이 좌절되었을 때 《씨올의 소리》가 두 번째 폐간을 당하다.

### 1981년(81세)    오산학교 동창회장이 되다
### 80회 생신 기념 강연회가 열리다

김동길, 김용준, 안병무 등 측근들이 YWCA 강당에서 '함석헌 선생 80회 생신 기념 강연회'를 마련하고, 그 자리에서 《함석헌 전집》 간행을 발표하다.

### 1982년(82세)    쌍문동으로 거처를 옮기다

그의 원효로 4가 70번지 '시대'가 끝나면서 언론에서도 자취를 감추게 되다.

### 1983년(83세)    단식 투쟁에 동참하다

광주 민주화 운동 3주년을 맞이하여, 신촌 퀘이커 친우회 모임집에서 문익환, 예춘호와 함께 '긴급민주선언'을 발표하는 동시에, 김영삼金泳三이 벌이던 장기간 단식 투쟁에 동참하다.

### 1984년(84세)    '대담의 모임'을 시작하다

김재준金在俊, 이병린, 그리고 토인비 연구가 강기철姜基哲 등과 함께 1986년까지 3년간 매달 한 번씩 문명 비판과 인류 문제에 대한 토론을 시작하다.

484

**1985년(85세)**　　노벨평화상 후보에 두 번째 추천되다
　　　　　　　　　　쌍문동 자택이 완전히 불에 타다

이해 함석헌은 두 번째로 노벨평화상 후보에 오르다. 쌍문동 자택에서 원인을 알 수 없는 화재로 가옥과 함께 수천 권의 책이 잿더미가 되다.


**1986년(86세)**　　'국민학교'란 명칭을 고치자고 주장하다

전두환 정권 때 해직된 교사들 중심의 민주교육실천협의회 창립식 축사에서 "국민학교란 명칭을 놔두고 어떻게 민족 민주교육을 말할 수 있느냐?"라고 강조하다. 이것이 1991년 초부터 《씨올교육》을 내던 일부 극소수 교사들의 지속적인 문제 제기에 따라 국회 청원 서명운동이 일어나서 1993년 10월부터 국회 논의를 거쳐 결국 1996년 3월 1일 자로 초등학교란 명칭의 결실을 맺게 되다.


**1987년(87세)**　　'새해 머리에 국민에게 드리는 글'을 발표하다
　　　　　　　　　　제1회 인촌상을 수상하다

정월에 김재준과 함께 둘이서 시국 선언을 발표하다. 그러나 6월 10일 직선제 개헌과 전두환정권의 퇴진을 위한 시민운동의 물결 속에서 그의 자취는 보이지 않게 되다. 이어 노태우가 '6·29 선언'을 하던 날 갑자기 쓰러져 2개월간 입원하여 수술을 받다. 이해 동아일보사가 제정한 제1회 인촌仁村 언론상을 수상하고, 천만 원 상금 전액을 자신의 스승을 기리던 남강재단에 기부하다.


**1988년(88세)**　　간디 서거 40주년 추모 강연을 하다
　　　　　　　　　　88회 미수米壽 기념 강연회에서 '스캔들'에 답하다

휴전선 근처에 기념 식수를 하다
가톨릭 여학생관에서 《노자》 강의를 끝내다
서울올림픽 평화대회 추진위원회 공동의장을 맡다
자신의 몸을 실험용으로 오산고등학교에 기증하다
두 번째 《씨올의 소리》 복간호를 내다

1989년        2월 4일 새벽에 영면하다

# 찾아보기